Collaboration Engineering

Jan Marco Leimeister

Collaboration Engineering

IT-gestützte Zusammenarbeitsprozesse
systematisch entwickeln und durchführen

Springer Gabler

Jan Marco Leimeister
Fachgebiet Wirtschaftsinformatik
Universität Kassel
Kassel
Deutschland

und

Institut für Wirtschaftsinformatik
Universität St. Gallen
St. Gallen
Schweiz

ISBN 978-3-642-20890-4   ISBN 978-3-642-20891-1 (eBook)
DOI 10.1007/978-3-642-20891-1

Die Deutsche Nationalbibliothek verzeichnet diese Publikation in der Deutschen Nationalbibliografie; detaillierte bibliografische Daten sind im Internet über http://dnb.d-nb.de abrufbar.

Springer Gabler

Lektorat: Michael Bursik, *Assistenz*: Janina Sobolewski

Gedruckt auf säurefreiem und chlorfrei gebleichtem Papier

Springer Gabler ist eine Marke von Springer DE. Springer DE ist Teil der Fachverlagsgruppe Springer Science+Business Media
www.springer-gabler.de

Vorwort

Erfolgreiche Zusammenarbeit in Gruppen spielt in einer Zeit immer stärker verteilter und interaktiver Wertschöpfungsstrukturen eine entscheidende Rolle im Kampf um Wettbewerbsvorteile.

Collaboration Engineerings ist ein systematischer Ansatz zur Entwicklung und Umsetzung von Zusammenarbeitsprozessen, die von Praktikern ausgeführt werden können, um hochwertige, wiederkehrende Aufgaben zu erfüllen. Ziel ist insbesondere, die Effizienz und Effektivität der an der Zusammenarbeit (auf ein gemeinsames Ziel hin) beteiligten Akteure zu verbessern sowie qualitativ hochwertige Ergebnisse zu erzielen.

Der Einsatz von Informationstechnologie liefert hierbei neue, vielversprechende Perspektiven, die zu entscheidenden Veränderungen in der menschlichen Zusammenarbeit in Unternehmen und im Privatbereich geführt haben und noch führen werden.

Dieses Buch liefert einen umfassenden, auch für den Nicht-Fachmann verständlichen Einblick in die Konzepte und Methoden, Werkzeuge und Anwendungen computerunterstützter Zusammenarbeit und betrachtet ihre Wirkungen, Potenziale und Perspektiven. Das Buch eignet sich als einführendes Lehrbuch für Studierende an Universitäten und FHs und als Handbuch für Entwickler, Entscheider und Anwender.

Hintergründe und Ursprünge des Collaboration Engineering

Die Gestaltung kollaborativer Arbeit zur Erhöhung der Produktivität von Gruppen wird seit langem in verschiedensten Disziplinen untersucht. Im Folgenden werden mit dem Industrial Engineering aus dem US-amerikanischen Kulturkreis und der Arbeitsgestaltung aus dem deutschsprachigen Raum zwei etablierte Bewegungen aufgezeigt, die jeweils substantielle Grundlagen für die hier vorgestellten Ansätze des Collaboration Engineerings geschaffen haben.

Industrial Engineering Im US-amerikanischen Raum hat sich die Auseinandersetzung mit zielgerichteter Gestaltung von Arbeitsprozessen in Gruppen traditionell aus der Disziplin Industrial Engineering heraus entwickelt. Engineering kann hierbei definiert werden als kreative Anwendung wissenschaftlicher Prinzipien, um Strukturen, Maschinen oder Prozesse zu entwickeln oder zu gestalten. Weiter umfasst es die Nutzung dieser Strukturen, Maschinen oder Prozesse einzeln oder in Kombination unter vollem Verständnis für ihr Design sowie die Vorhersage ihres Verhaltens unter bestimmten Betriebsbedingungen. All dies geschieht im Hinblick auf eine angestrebte Funktionsweise, Wirtschaftlichkeit des Betriebs oder zur Gewährleistung der Sicherheit.

Industrial Engineering ist wiederum eine Teildisziplin des Engineerings und befasst sich mit der Optimierung komplexer Prozesse und Systeme aus Menschen, Geld, Wissen, Information, Werkzeugen, etc. Es hat seine Ursprünge in den Arbeitsgestaltungsbemühungen von Frederick Taylor, Henry Laurence Gantt oder Henry Ford zu Beginn des 20. Jahrhunderts. Es nutzt Methoden der Mathematik, Ingenieurs- und Sozialwissenschaften, um Arbeitsprozesse und ihre Ergebnisse zu definieren, vorherzusagen und zu evaluieren.

Collaboration Engineering nutzt und überträgt Prinzipien des Industrial Engineerings auf die Gestaltung kollaborativer Gruppenarbeit. Durch die systematische Umsetzung wissenschaftlicher Theorien und Methoden macht es komplexe Zusammenarbeitsprozesse effektiver, effizienter und mit wiederholbarem Erfolg in der Praxis standardisier- und somit replizierbar, ohne dass der dauerhafte Einsatz des Ingenieurs (hier: Collaboration Engineers) notwendig wäre. Collaboration Engineering leistet somit einen Beitrag zum Industrial Engineering, in dem es kollaborative Gruppenprozesse ingenieursmäßig optimiert.

Arbeitsgestaltung und -organisation Im deutschen Sprachraum hat die Gestaltung der Arbeitsorganisation (Arbeitsgestaltung) im Feld der Arbeitswissenschaften eine starke wissenschaftliche Basis. Ein Ergebnis der Arbeitsgestaltung ist die Arbeitsorganisation. Arbeitsorganisation beschreibt für die Mikro-Struktur einer Organisation die Art, den Umfang und die Bedingungen, in denen Menschen in mittelbarer oder unmittelbarer Zusammenarbeit mit anderen Menschen mit Arbeitsgegenständen, Informations- und Betriebsmitteln an Arbeitsobjekten zielgerichtete Verrichtungen vornehmen. Dazu gehören Aspekte der Arbeitsaufgaben, der Aufgabenteilung zwischen den Menschen und Betriebsmitteln, der Zusammenarbeit zwischen den Menschen, der Information und Kommunikation, der Arbeitszeit, des Entgeltsystems und der Führung.

Viele dieser Aspekte spielen bei der Gestaltung wiederholbarer, hochwertiger, kollaborativer Arbeitsprozesse, wie sie in diesem Buch thematisiert wird, eine zentrale Rolle. Gruppen können durch den Einsatz ingenieursmäßiger Gestaltungsansätze und geeigneter Technologien dabei unterstützt werden, effektiver und effizienter auf die Erreichung eines gemeinsamen Zieles hinzuarbeiten.

Historisch beschäftigte sich die Arbeitsorganisation hauptsächlich mit Strukturen und Zusammenarbeit innerhalb einzelner Unternehmen. Da die zugrundeliegenden Prinzipien jedoch auch in anderen und neuen Formen der Arbeitsgestaltung anzutreffen sind, zeigt dieses Buch in Zeiten zunehmender digitaler Arbeit Formen der Arbeitsgestaltung

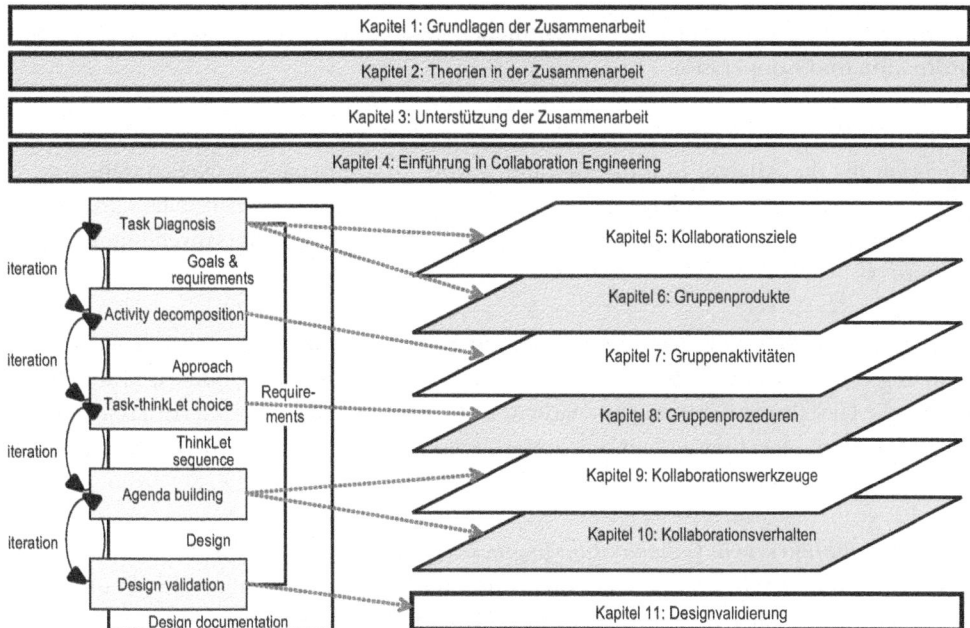

Abb. 1 Gliederung im Überblick (Eigene Darstellung)

auch über Unternehmensgrenzen hinweg, z. B. in verteilten Unternehmensnetzwerken, bei nicht-hierarchisch organisierten Projekten (z. B. Open Source Entwicklung) oder in Mass Collaboration (z. B. Crowdsourcing). Die hier beschriebenen Methoden und Werkzeuge des Collaboration Engineerings leisten einen Beitrag zur Arbeitsgestaltung in kollaborativen Gruppen, indem sie Standardisierung und Replizierbarkeit in komplexen Arbeitsprozessen ermöglichen.

Aufbau und Inhalt dieses Buches

Das vorliegende Buch gliedert sich in 11 Kapitel. Die folgende Übersicht verdeutlicht die in den einzelnen Kapiteln behandelten Aspekte des Collaboration Engineering (Abb. 1).

Teil 1: Grundlagen und Einführung in das Collaboration Engineering (Kap. 1–4) In Teil 1 wird der Leser an die Grundlagen der Zusammenarbeit in Gruppen herangeführt. Insbesondere geht es darum, eine Einführung in die Ansätze des Collaboration Engineering zu geben.

Kapitel 1: Grundlagen der Zusammenarbeit Kapitel 1 gibt einen Überblick über die Bedeutung der Zusammenarbeit, unterschiedliche Formen der Zusammenarbeit, sowie unterschiedliche Arten von Gruppen, in denen Zusammenarbeit stattfinden kann. Kollaboration wird als eine Form der Zusammenarbeit abgegrenzt von Kommunikation, Koordination und Kooperation.

Kapitel 2: Theorien in der Zusammenarbeit Kapitel 2 thematisiert die Bedeutung von Theorien für die Analyse und die Gestaltung von Zusammenarbeit. Neben den wissenschaftstheoretischen Grundlagen wird der Ansatz des Theory Motivated Designs vorgestellt, sowie die Theorie der Activation Supporting Components als Anwendungsbeispiel diskutiert.

Kapitel 3: Unterstützung der Zusammenarbeit Kapitel 3 beschäftigt sich mit der Unterstützung der Zusammenarbeit durch Menschen, (Informations-)Technik und durch die räumliche Gestaltung der Zusammenarbeit. Auf Grundlage der Charakteristika soziotechnischer Systeme wird dargestellt, wie unterschiedliche Formen der Zusammenarbeit zusammenwirken können.

Kapitel 4: Einführung in Collaboration Engineering In Kap. 4 wird Collaboration Engineering als Kernthema dieses Buches definiert und die Rollen im Collaboration Engineering vorgestellt. Der Collaboration Engineering Prozess, die sechs Ebenen des Collaboration Engineering und der Kollaborations-Prozess-Design-Ansatz werden im Überblick dargestellt.

Die Kapitel des zweiten Teils folgen der Struktur des Sechs-Ebenen-Modells (SeKMo) und dem Ablauf des Kollaborations-Prozess-Design-Ansatzes.

Teil 2: Collaboration Engineering anhand des Sechs-Ebenen-Modells und des Kollaborations-Prozess-Design-Ansatzes

Kapitel 5: Kollaborationsziele (Collaboration Goals) Kapitel 5 thematisiert die erste Ebene des Sechs-Ebenen-Modells des Collaboration Engineering. Verschiedene Zielarten, die im Rahmen der Zusammenarbeit auftreten können, werden vorgestellt und die Bedeutung der Zielkongruenz für den Kollaborationserfolg betrachtet.

Kapitel 6: Gruppenprodukte (Group Products) Kapitel 6 befasst sich mit den verschiedenen Arten von Gruppenprodukten, die als Ergebnis der Zusammenarbeit entstehen können. Gruppenprodukte als Artefakte oder Zustände werden auf der zweiten Ebene des SeKMo diskutiert und können Indikator für den aktuellen Arbeitsstand oder den Kollaborationserfolg sein.

Kapitel 7: Gruppenaktivitäten (Group Activities) Mit der Zerlegung der Gruppenaufgabe in Aktivitäten anhand der Produkte oder anhand sogenannter Patterns of Collaboration befasst sich Kap. 7 und die dritte Ebene des SeKMo. Die sechs Patterns of Collaboration und ein Exkurs zu Verhandlungen in Gruppen als einer häufigen Form von Gruppenaktivitäten werden vorgestellt.

Kapitel 8: Gruppenprozduren (Group Procedures) Kapitel 8 setzt sich mit thinkLets als Bausteinen sowie anderen Moderationstechniken für die Umsetzung der Aktivitäten in Gruppenprozeduren auf der vierten Ebene des SeKMo auseinander. Häufige thinkLets, sowie ihre Notation und Verwendung werden in diesem Kapitel beschrieben.

Kapitel 9: Kollaborationswerkzeuge (Collaboration Tools) In Kap. 9 werden entsprechend der fünften Ebene des SeKMo verschiedene Hilfmittel zur Unterstützung der Zusammenarbeit systematisiert und erläutert. Neben Grundlagen der Groupware und des Web 2.0 werden anhand der Raum-Zeit-Matrix IT-gestützte und nicht-IT-gestützte Werkzeuge für synchrone, asynchrone, verteilte und nicht-verteilte Zusammenarbeit präsentiert und ihre Anwendungsfelder diskutiert.

Kapitel 10: Kollaborationsverhalten (Collaborative Behaviors) Das Kollaborationsverhalten umfasst die sechste Ebene des SeKMo und wird in Kap. 10 beschrieben. Dieses Kapitel erläutert die konkrete Agendaplanung und wichtige Aspekte des Gruppenverhaltens und der Entscheidungsunterstützung in Gruppen.

Kapitel 11: Design Validierung (Design Validation) Kapitel 11 befasst sich somit mit der letzten Phase des Kollaborations-Prozess-Design-Ansatzes. Sind alle Ebenen des SekMo berücksichtigt, sollte ein Kollaborationsprozessdesign validiert werden. Kapitel 11 stellt verschiedene Validierungsmethoden vor und gibt Anhaltspunkte für die Auswahl des geeigneten Validierungsansatzes.

Mein Dank gilt allen meinen an der Erstellung des Werkes beteiligten wissenschaftlichen Mitarbeitern und Doktoranden an der Universität Kassel. Dies sind Eva Bittner, Eike M. Hirdes, Philipp Ebel, Katja Lehmann, Niroshan Thillainathan und Shkodran Zogaj. Besonderer Dank gilt Eva Bittner, Anna Morozova und Denise Gundlach für die engagierte Organisationsleistung bei der Erstellung des neuen Werks und Marie Basten für Visualisierungen und Grafiken, sowie Dr. Shakib Manouchehri Far für wertvolle Vorarbeiten.

Zu guter Letzt: Alle Fehler gehen zu Lasten des Autors. Beim Lesen des Buches wünsche ich Ihnen, dass Sie viele neue Aspekte der systematischen Gestaltung von Zusammenarbeit in Gruppen kennen lernen und dass es für Sie eine möglichst viel Nutzen stiftende Lektüre ist.

Kassel und St. Gallen im März 2014,   Jan Marco Leimeister

Inhaltsverzeichnis

Abkürzungen

Ajax	Asynchronous JavaScript and XML
BITNET	Because It's There Net/ Because It's Time Net
CBT	Consensus Building Theory
CE	Collaboration Engineering
CIP	Continous Improvement Process
CSCW	Computer Supported Cooperative Work
CVS	Concurrent Versions System
EBW	Evaluieren-BucketWalk
ECM	Evaluieren-CheckMark
EMS	Elektronische Meetingsysteme
ESP	Evaluieren-StrawPoll
FPM	Facilitation Process Model
FTGP	Focus Theory of Group Productivity
FTP	File Transfer Protocol
GAT	Generieren-Attention
GLH	Generieren-Leafhopper
GmbH & Co. KG	Gesellschaft mit beschränkter Haftung & Compagnie Kommanditgesellschaft
GOP	Generieren-OnePage
GPMI	GenerierenPlusMinusInteresting
GSS	Group Support System
IKT	Informations- und Kommunikationstechnologien
IM	Instant Messaging
IS	Informationssysteme
IT	Informationstechnik
KoPDA	Kollaborations-Prozess-Design-Ansatz
KVP	kontinuierlicher Verbesserungsprozess
MIAB Model	Motive-Incentive-Activation-Behavior Model
NLS	oN-Line System
OPS	Organisieren-PopcornSort
PMBOK	Project Management Body of Knowledge

RFF	Reduzieren-FastFocus
RIA	Rich Internet Application
RSS	Really Simple Syndication
SBS	Social Bookmarking Systeme
SeKMo	Sechs-Ebenen-Kollaborationsmodell
SMART	Specific, Measurable, Accepted, Realistic, Terminated
SVN	Subversion
SWOT	Strengths, Weaknesses, Opportunities, Threats
UML	Unified Modeling Language
URL	Uniform Resource Locator
VDI	Verein Deutscher Ingenieure
VNC	Virtual Network Computing
VoIP	Voice-over-IP
WWW	World Wide Web
XML	Extensible Markup Language

Teil I
Grundlagen und Einführung in das Collaboration Engineering

Grundlagen der Zusammenarbeit

1

Zusammenfassung

Zusammenarbeit findet in unterschiedlichen Formen statt und nimmt in modernen Organisationen eine zentrale Rolle ein. Eine gruppenzielorientierte Form der Zusammenarbeit stellt die Kollaboration dar: Diese bezieht sich auf die Bearbeitung gemeinsamen Materials und umfasst die Aspekte Kommunikation, Koordination und Kooperation. Kommunikation ist das aufeinander bezogene Verhalten zweier oder mehrerer Personen und deren Interaktion mit dem Ziel der Übertragung von Information und dem Verständnis von Bedeutungsinhalten. Koordination ist das Management von Abhängigkeiten zwischen Aktivitäten, die zur Erreichung eines Ziels ausgeführt werden. Koordinierte Systeme können parallel und jeweils unbeeinflusst voneinander arbeiten, während Kooperation in höherem Maße Abstimmung der Akteure erfordert. Kooperation zielt auf die Erreichung von Individualzielen ab, im Gegensatz dazu steht bei Kollaboration die gemeinsame Verwirklichung des Gruppenziels im Vordergrund. Dementsprechend wird der Gruppenprozess zur Realisierung dieses Ziels betrachtet. Ferner wird bei Kollaboration die Erreichung des Gruppenziels mithilfe der gemeinsamen Manipulation von Ressourcen angestrebt, wohingegen sich Kommunikation, Koordination und Kooperation vor allem mit den einzelnen Akteuren, ihrem Verhalten und ihrer Interaktion beschäftigen. Demnach wird Kollaboration definiert als die Arbeit von zwei oder mehr Individuen an gemeinsamem Material, das bewusst planvoll so strukturiert wurde, dass es die Realisierung eines gemeinsamen Gruppenziels ermöglicht.

Dieses Kapitel schildert in Abschn. 1.1 zunächst die Bedeutung der Zusammenarbeit. Abschnitt 1.2 beschäftigt sich anschließend mit der Abgrenzung der Begriffe Kommunikation, Koordination, Kooperation und Kollaboration als Formen der Zusammenarbeit. Abschnitt 1.3 stellt verschiedene Gruppentypen und ihre Merkmale im Hinblick auf die Zusammenarbeit vor, bevor die zentralen Inhalte des Kapitels abschließend zusammengefasst werden.

J. M. Leimeister, *Collaboration Engineering*,
DOI 10.1007/978-3-642-20891-1_1, © Springer-Verlag Berlin Heidelberg 2014

Beispiel

In einem Unternehmen der Automobilbranche entwickeln Materialwissenschaftler, Ingenieure, Designer und Betriebswirte eine innovative Fahrzeugkarosserie, die stabiler, leichter und kostengünstiger herzustellen ist als bisherige Modelle. Kunden des Unternehmens und Marktexperten werden in den Entwicklungsprozess eingebunden, damit die fertige Karosserie Kundenbedürfnisse befriedigt. Gemeinsam werden Konzepte und Prototypen entwickelt, diskutiert und verbessert. In der Online-Enzyklopädie Wikipedia generieren Nutzer Artikel zu selbstgewählten Themen oder ergänzen und korrigieren die Beiträge anderer. Der Umfang der angesammelten und laufend aktualisierten Informationen sowie die Qualität der Beiträge entstehen durch die Zusammenarbeit vieler Autoren. Automobilentwicklung und der Aufbau einer Online-Enzyklopädie sind zwei Beispiele für die große Bedeutung der Zusammenarbeit. Kap. 1 gibt einen Überblick über die Grundlagen der Zusammenarbeit und stellt zudem verschiedene Arten von Gruppen vor, in denen diese stattfinden kann.

1.1 Die Bedeutung der Zusammenarbeit

Wie oben genannte Beispiele verdeutlichen, findet Zusammenarbeit alltäglich und in verschiedenen Formen statt: Wir arbeiten zusammen an beruflichen und privaten Aufgaben, was gleichzeitig am selben Ort oder zeitversetzt und an verschiedenen Orten erfolgen kann; wir agieren in Gruppen, Teams, Organisationen oder virtuellen Communities. Zusammenarbeit kann einerseits durch geeignete Methoden, Technologien und Hilfsmittel unterstützt werden, andererseits werden durch neue Technologien neue Formen der Zusammenarbeit ermöglicht. Zusammenarbeit kann geplant und strukturiert werden oder ungeplant ablaufen. Die menschliche Zusammenarbeit ist für viele Bereiche notwendig, u. a. für sämtliche Prozesse und Abläufe in Organisationen. Beispiele für die Zusammenarbeit im privaten Bereich finden sich im Familienleben, bei der Kindererziehung, gemeinsamen Anschaffungen oder der Lebensplanung. Im öffentlichen Leben findet Zusammenarbeit in Vereinen, beim Mannschaftssport, in Gewerkschaften oder karitativen Institutionen statt. Im beruflichen Leben lassen sich Beispiele bei jeglicher Art von Arbeit finden, an der mindestens zwei Personen beteiligt sind, z. B. in der Produktentwicklung, bei Vertragsverhandlungen oder der Entwicklung von Geschäftsmodellen. Gründe für die Zusammenarbeit ergeben sich u. a. aus der Tatsache, dass Menschen gemeinsam Aufgaben erledigen und Ziele erreichen können, die sie als Einzelner nicht bewältigen würden: Eine Einzelperson verfügt in der Regel nicht über alle notwendigen Ressourcen, Einblicke sowie fachlichen Kompetenzen, um komplexe Fragestellungen des privaten oder beruflichen Alltags zu lösen.

Potenziale der Zusammenarbeit Potenziale der Zusammenarbeit liegen daher z. B. in der Erhöhung der Qualität oder im vereinfachten Zugang zu Expertenwissen, aber auch in der Einsparung von Ressourcen (z. B. Zeit und Geld) sowie in der Unterstützung von Gruppenentscheidungen.

In Abschn. 1.2 wird Kollaboration als eine Form der Zusammenarbeit von den verwandten Konzepten der Koordination, Kooperation und Kommunikation abgegrenzt. Zudem werden die Zusammenhänge dieser Konzepte verdeutlicht. Ein weiterer relevanter Aspekt der Zusammenarbeit ist die Konstellation der Teilnehmer. Daher werden in Abschn. 1.3 die Begriffe Gruppe, Team, Virtuelle Gemeinschaft sowie Organisation definiert und ihre Bedeutung für die Zusammenarbeit hervorgehoben.

1.2   Grundlagen und Abgrenzung des Begriffes Kollaboration

Während im Abschn. 1.1 grundlegend auf die Bedeutung von Zusammenarbeit eingegangen wurde, fokussiert dieses Buch, wie bereits angedeutet, im Weiteren auf Kollaboration, einer besonderen Form der Zusammenarbeit. Um diesen Begriff als eine Komponente für die Verwendung im Rahmen von Collaboration Engineering zu definieren und darzustellen, wie sich Kollaboration von anderen Formen der Zusammenarbeit abgrenzt, soll im Folgenden eine Herleitung des Begriffes stattfinden. Kollaboration beinhaltet dabei Aspekte der Kommunikation, Kooperation und Koordination zwischen Individuen, um ein gemeinsames Ziel zu erreichen.

1.2.1   Kommunikation

Der Begriff Kommunikation leitet sich aus dem lateinischen Wort *communicatio* ab, welches zu Deutsch Mitteilung bedeutet. Dorsch et al. (2004) definieren im psychologischen Wörterbuch die Kommunikation als einen Prozess der Informationsübertragung, der die Komponenten Kommunikator und Kommunikant, die Kommunikationsmittel, -kanäle sowie -inhalte aller Art umfasst. Robbins (2001) ergänzt, dass die Kommunikation sowohl die Übertragung als auch das Verständnis von Bedeutungsinhalten darstellt. So genügt es nicht, nur Informationen und Gedanken von einer Person zur anderen weiterzugeben, sie müssen vom Empfänger auch verstanden werden. Dorsch et al. (2004) definieren des Weiteren die Kommunikation als „wichtigste Form sozialer Interaktion" (Dorsch et al. 2004). Dabei stellt Interaktion aus sozialwissenschaftlicher Sicht „die gegenseitige Beeinflussung, die wechselseitige Abhängigkeit und das Miteinander-In-Verbindung-Treten zwischen Individuen und sozialen Gebilden" dar (Haack 2002). Damit ist folglich das aufeinander bezogene Verhalten zweier oder mehrerer Personen mit dem Ziel des Informationsaustausches gemeint. Die Interaktion baut auf einer Gegenseitigkeit zwischen den Beteiligten auf, sie stellt also einen symmetrischen Prozess dar. Fehlt diese Symmetrie, kann keine Interaktion stattfinden; in diesem Falle wird von asymmetrischer Kommunikation gesprochen (Dorsch et al. 2004). Nach Thiemer (2004) umfasst die Kommunikation „[…] die Gesamtheit aller Verhaltensweisen, durch welche menschliche Kontakte entstehen, sich beeinflussen und vertiefen lassen. Kommunikation hat die grundlegende Funktion, Menschen zusammenzuführen" (Thiemer 2004). Basierend auf diesen Definitionsansätzen wird in diesem Buch der Begriff **Kommunikation** wie folgt verwendet:

> Kommunikation ist das aufeinander bezogene Verhalten zweier oder mehrerer Personen und deren Interaktion mit dem Ziel der Übertragung von Information und dem Verständnis von Bedeutungsinhalten.

1.2.2 Koordination

Ein weiterer zu betrachtender Aspekt der Kollaboration ist die Koordination. Teufel et al. (1995) bezeichnen die zur Abstimmung aufgabenbezogener Tätigkeiten stattfindende Kommunikation im Rahmen von Gruppenarbeit als **Koordination**.

> Koordination ist die auf Basis geeigneter Kommunikationsprozesse durchzuführende Abstimmung dezentraler Handlungen und Entscheidungen interdependenter organisatorischer Einheiten im Hinblick auf die optimale Erfüllung der Ziele. Es ist allerdings auch möglich, dass in koordinierten Systemen Zusammenwirken erreicht wird, das nicht unabdingbar von den Beteiligten initiiert worden sein muss. Koordinierte Systeme können dabei parallel und jeweils unbeeinflusst voneinander arbeiten (Nastansky 1993).

In Zusammenarbeitsprozessen dient somit nicht jede Art der Kommunikation der Koordination. Kommunikation ist jedoch zur Koordination notwendig: In koordinierter Zusammenarbeit sind die Handlungen der Akteure aufeinander abgestimmt, sie müssen jedoch in ihrer Durchführung nicht voneinander abhängig sein und auch kein gemeinsames Werkstück beinhalten.

1.2.3 Kooperation

Kooperation ist im Gegensatz zur Koordination nur möglich, wenn die kooperierenden Systeme aufeinander bezogen sind (Piepenburg 1991). Damit eine Kooperation stattfinden kann, ist es notwendig, dass mehrere Akteure an gemeinsamem Material arbeiten, d. h. dass durch die Mitwirkung aller Kooperationspartner materielle oder immaterielle Artefakte geschaffen werden. Kooperation bezeichnet im allgemeinen wirtschaftlichen Sprachgebrauch jede Art der Zusammenarbeit von Personen und Institutionen. Nastansky (1995) verwendet den Begriff im Kontext des Informationsaustauschs in Gruppen zur Erreichung eines gemeinsamen Zieles.

> Kooperation ist das Tätigsein von zwei oder mehr Individuen, das bewusst planvoll aufeinander abgestimmt die Zielerreichung eines jeden beteiligten Individuums in gleichem Maße gewährleistet (Piepenburg 1991).

Im Rahmen der Kooperation ist demnach ein notwendiger Aspekt von zentraler Bedeutung: das kommunikative Handeln. Piepenburg (1991) nennt Zielidentität, Plan-Kompatibilität, Ressourcenaustausch, Regelbarkeit und Kontrolle in diesem Zusammenhang als wichtige Bedingungen der Kooperation und unterscheidet dabei zwischen konjunktiver und disjunktiver (bezogen auf die Art und Weise) sowie unmittelbarer und mittelbarer Kooperation (bezogen auf die räumliche und/oder zeitliche Distanz), die in diesem Bereich als mögliche Dimensionen fungieren (Piepenburg 1991). In der disjunktiven Kooperation reicht es aus, wenn lediglich einer der Kooperationspartner den Handlungsablauf bis hin zum Kooperationsziel vollzieht. In der konjunktiven Kooperation arbeiten hingegen die Beteiligten mit je eigenen, eindeutig umrissenen Handlungsanteilen der Zielerreichung entgegen. Das übergeordnete Kooperationsziel wird erst erreicht, wenn alle Beteiligten ihre Teilhandlungen ausgeführt haben und entsprechend das jeweilige Teilziel erreicht wurde. Eine unmittelbare Kooperation zwischen den Partnern ist dabei immer dann gewährleistet, wenn sich alle Mitwirkenden zur gleichen Zeit am gleichen Ort aufhalten und dabei ein antizipiertes Ziel verfolgen. Dabei müssen die Kooperationspartner allerdings nicht zu jeder Zeit des Kooperationsprozesses am gleichen Ort anwesend sein; die Möglichkeit einer zumindest zeitweise direkten, nicht ausschließlich auf technischen Hilfsmitteln basierenden Kommunikation muss jedoch bestehen. Mittelbare Kooperation umfasst alle übrigen Formen wie zeitversetzte Arbeit am gleichen Ort, zeitgleiche Arbeit an verschiedenen Orten sowie zeitversetzte Arbeit an verschiedenen Orten (Piepenburg 1991).

1.2.4 Kollaboration

Der Begriff Kollaboration steht, wie angedeutet, in engem Zusammenhang mit den bereits angesprochenen Aspekten Kommunikation, Kooperation sowie Koordination. Es ist jedoch an dieser Stelle notwendig, eine Abgrenzung zwischen Kooperation und dem diesem Buch zugrunde liegenden Verständnis von Kollaboration vorzunehmen, da Kooperation im deutschsprachigen Raum häufig genutzt wird, um Kollaboration synonym zu ersetzen (Schwabe 2001). Der Begriff Kollaboration wird im Deutschen selten verwendet, da er im Sinne von landesverräterischer Zusammenarbeit negativ konnotiert ist. Einige Autoren wie Nastansky (1995) empfehlen daher die Benutzung des Begriffs Kooperation.

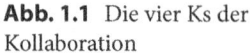 **Abb. 1.1** Die vier Ks der Kollaboration

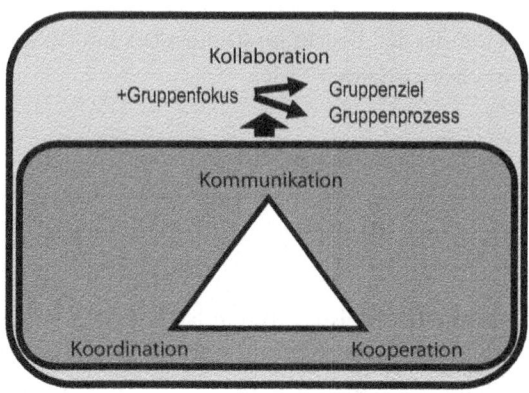

Eine Abgrenzung nehmen Höfferer und Sandrieser (2009) im Sinne der Nutzung neuer Informations- und Kommunikationstechnologien (IKT) vor. Die Autoren schreiben, dass kollaborieren heutzutage nicht mehr das Arbeiten für den Feind bedeutet, sondern unter dieser Bezeichnung die gemeinsame Arbeit an einem Projekt unter der Nutzung von IKT zu verstehen ist. Kollaboration beinhaltet somit mehr als die reine Kooperation. Die Realisierung eines Gruppenziels mithilfe der gemeinsamen Veränderung von Ressourcen liefert die Unterscheidungsaspekte. Von Bedeutung ist allerdings, dass die Begriffe sich dahingehend voneinander abgrenzen, dass Kooperation neben Kommunikation und Koordination als einer der drei Teilbereiche von Kollaboration fungiert. Kollaboration ist hingegen als Oberbegriff für diese Aspekte zu betrachten.

In diesem Buch werden daher die Begriffe Kollaboration und Kooperation nicht synonym verwendet. Kollaboration umfasst die drei Ks (Kommunikation, Koordination, Kooperation) (Holmer et al. 2001; Appelt et al. 2001). Mehr als die anderen drei Ks zeichnet sich Kollaboration jedoch durch einen verstärkten Gruppenfokus aus (Abb. 1.1).

Während sich Kommunikation, Koordination und Kooperation vor allem mit den einzelnen Akteuren, ihrem Verhalten und ihrer Interaktion beschäftigen, steht bei Kollaboration die gemeinsame Verwirklichung des Gruppenziels im Vordergrund. Dementsprechend wird auch der Gruppenprozess zur Erreichung dieses Ziels betrachtet.

> Kollaboration ist die Arbeit von zwei oder mehr Individuen an gemeinsamem Material, die bewusst planvoll darauf ausgerichtet wurde, ein gemeinsames Gruppenziel zu erreichen. Zur Erreichung dieses Gruppenzieles sind Kommunikation, Koordination und Kooperation der beteiligten Akteure notwendig.

Kollaboration und kollaborativ werden im Folgenden als festgesetzte Begriffe gemäß der Herleitung in dieser Lerneinheit verwendet. Die vorgestellte Abgrenzung der vier Ks kann

u. a. dazu genutzt werden, (IKT)-Werkzeuge zu kategorisieren und auszuwählen, die für bestimmte Teilfunktionen der Kollaboration eingesetzt werden können. Dies betrifft z. B. Werkzeuge zur Kommunikationsunterstützung etc. In Kap. 9 werden in diesem Zusammenhang verschiedene Werkzeuge vorgestellt, die in unterschiedlichen Ausprägungen Mechanismen der Kommunikation, Koordination und Kooperation in Kollaborationsprozessen unterstützen können.

1.2.5 Ebenen der Zusammenarbeit aus der Zielerreichungsperspektive

Briggs (1994) betrachtet verschiedene Arbeitsformen unter dem Aspekt der technischen Unterstützung und stellt ein drei-Ebenen-Modell der Zusammenarbeit auf (Abb. 1.2).

Häufig setzen Menschen individuellen Aufwand ein, wenn sie ein Gruppenziel anstreben, dies geschieht jedoch ohne Koordination zwischen den einzelnen Arbeitsaufwänden. Unkoordinierte Gruppenarbeit ist allerdings auch keine Kollaboration: Die Teamleistung einer Sprintergruppe besteht dann aus den addierten Einzelzeiten aller Läufer. Die Gesamtproduktivität wird schlicht als die Summe der individuellen Ergebnisse (Output) dargelegt. Im Sinne der Systematik, die in Abschn. 1.2.4 thematisiert wurde, handelt es sich hierbei nicht um Kollaboration, da deren konstituierenden Merkmale (Kommunikation, Koordination, Kooperation, Gruppenfokus und gemeinsames Material) bei dieser Art der Zusammenarbeit in der Regel nicht erfüllt sind. Beachtet werden sollte an dieser Stelle zudem, dass auf individueller Ebene weiterhin Technologien zur Produktivitätssteigerung der individuellen Ausgaben wirken. Als Beispiele sind hier etwa Terminplaner, Textverarbeitung, Tabellenkalkulation, Dateimanager und Präsentationsgrafikpakete zu nennen, die in Unternehmen von Einzelpersonen genutzt werden, um individuelle Arbeit auf das Unternehmensziel hin zu leisten. Die Steigerung der Produktivität individueller Arbeit ist jedoch zur Gesamtproduktivitätssteigerung fraglich, wenn Koordination und Kommunikation fehlen. Solange die individuellen Aufwände nicht aufeinander abgestimmt sind, besteht also die Gefahr, dass die Mitglieder einander entgegengesetzt arbeiten (Briggs 1994).

Wie bei den Läufern eines Staffellaufes beruhen einige Formen der Zusammenarbeit auf individuellem, jedoch aufeinander abgestimmtem Aufwand. Aufgaben, Ergebnisse oder entscheidende Ressourcen werden zur Zielerreichung untereinander ausgetauscht. Technologien, die zur Kommunikation und Unterstützung der Koordination individueller Aufwendungen eingesetzt werden, sind auf dieser Ebene angesiedelt. Hier finden sich beispielsweise auch Werkzeuge wie Steuerprogramme für Teams (Briggs 1994). Arbeiten die Akteure an gemeinsamem Material, handelt es sich zwar um eine Kooperation, jedoch nicht um Kollaboration: Zur Kollaboration fehlt der Aspekt der Gruppenbezogenheit, der gemeinschaftlichen Bemühung innerhalb eines Gruppenprozesses.

Abb. 1.2 Ebenen der
Zusammenarbeit (Briggs 1994)

Sprint

Ansammlung individueller Arbeit:
Keine Koordination notwendig

Koordinierte Arbeit:
Einzelne Anstrengung und individuelle
Ziele mit abgestimmter Übergabe

Staffel

Gemeinsame Arbeit:
Gemeinsame Anstrengung
auf ein Gruppenziel

Mannschaft

Folglich handelt es sich um Kollaboration, wenn Menschen mit gemeinschaftlichem Aufwand (vergleichbar mit den Mitgliedern einer Rudermannschaft) zusammenarbeiten statt als aufeinander abgestimmte, jedoch unabhängige Individuen tätig zu sein. Ein Beispiel für eine Kollaborationssituation im Unternehmenskontext sind durch IKT unterstützte Teamsitzungen. Kollaboration birgt im Vergleich zu den anderen beiden vorgestellten Ebenen vollkommen neue Möglichkeiten und Herausforderungen. Wie der Steuermann einer Rudermannschaft nutzen Teams in ihrer Zusammenarbeit daher oftmals die Unterstützung eines Spezialisten, um auf Effizienz und Effektivität im Prozess zu achten (Briggs 1994). Wie Kollaboration durch einen solchen Spezialisten, der auch Facilitator genannt wird, unterstützt werden kann, wird in Kap. 3 ausgeführt.

1.3 Gruppen, Teams, virtuelle Gemeinschaften und Organisationen

Die Konstellation der Teilnehmer stellt einen wichtigen Aspekt der Zusammenarbeit dar, denn die Gestaltung und der Erfolg der Zusammenarbeit können von der Art der Gruppe abhängen. Unter einer Gruppe ist nach Lewin (1948) eine Zusammensetzung aus zwei oder mehr Menschen zu verstehen, die miteinander interagieren und in dem Sinne interdependent sind, dass ihre Bedürfnisse und Ziele eine gegenseitige Beeinflussung bewirken. In der Literatur existieren verschiedene Möglichkeiten, den Begriff Gruppe anhand seiner konstituierenden Eigenschaften zu erklären. Gruppen werden u. a. anhand folgender Merkmale beschrieben (Schneider 1975):

Merkmale von Gruppen

- Mitglieder: Anzahl der Personen; hierbei sprechen einige Autoren von mindestens zwei (Dyade) Mitwirkenden, andere setzen mindestens drei voraus. Gruppen mit wenigen Mitgliedern werden als Kleingruppen, solche mit vielen Beteiligten als Großgruppen bezeichnet.
- Interaktion: Wechselseitige Beziehungen zwischen den Mitgliedern, das aufeinander bezogene Handeln oder die gegenseitige Beeinflussung.
- Gruppenstruktur: Verfolgung gemeinsamer Ziele und die Verteilung der Aufgaben auf bestimmte Individuen. Gruppen sind geprägt durch die Statusstruktur (Unterschiede in

der sozialen Stellung der Mitglieder), Rollenstruktur, Führungsstruktur, Kommunikationsstruktur oder auch Affekt-Struktur (Sympathie oder auch Antipathie der Gruppenmitglieder untereinander) (Lechner und Schmid 2001).

- Normen/Werte/Standards: Übereinkünfte, die innerhalb der Gruppe für Regeln sorgen und beim Verstoß gegen diese mithilfe von Sanktionen eingreifen und somit vor Konflikten bewahren sollen.
- Gruppenbewusstsein: Gefühl der Zusammengehörigkeit, Gruppengeist, Entstehung eines Wir-Gefühls (Forster 1978). Gruppen mit starkem Wir-Gefühl werden als Primärgruppen, solche mit schwächerem Wir-Gefühl werden als Sekundärgruppen bezeichnet (Schneider 1975).

Die Merkmale einer Gruppe haben Einfluss auf Zusammenarbeitsprozesse innerhalb dieser Gemeinschaft und auf die Methoden, Technologien und Werkzeuge, die zur Unterstützung der Zusammenarbeit eingesetzt werden können. Mitglieder in Großgruppen ohne hierarchische Führungsstruktur, die stark durch gemeinsame Normen und Ziele geleitet werden (wie z. B. bei Wikipedia), verhalten sich anders als Mitglieder in hierarchisch geprägten Kleingruppen, wie z. B. Mitarbeiter einer Abteilung in Großkonzernen. Mit Arbeitsgruppen, Teams und virtuellen Communities werden im Folgenden drei häufig vorkommende Gruppenarten beschrieben und im Hinblick auf die darin stattfindende Zusammenarbeit näher betrachtet.

1.3.1 Arbeitsgruppen

Eine im beruflichen Kontext häufig auftretende Gruppenart ist die Arbeitsgruppe.

> Der Begriff Arbeitsgruppe beschreibt eine Gruppe von Mitarbeitern, die eine gemeinsame Aufgabe stark funktions- und arbeitsteilig durchführt. Sie haben von der übergreifenden Organisation meist vorgegebene Aufgaben zu erfüllen, sind dadurch fremdbestimmt und somit vor allem als Leistungsempfänger zu betrachten (Wölm und Rolf 1992; Gebert 1992).

Die klassische Arbeitsgruppe ist in Anlehnung an tayloristische Arbeits- und Funktionsteilung dadurch gekennzeichnet, dass die Feinsteuerung, Personal- und Arbeitszeitplanung zu den Aufgaben des Vorgesetzten oder Meisters gehören. Die Mitarbeiter führen rein produzierende Tätigkeiten aus. Die neue Definition der Arbeitsgruppe ist hingegen durch ein erhöhtes Maß an Koordination, Selbstabstimmung und Interaktion gekennzeichnet. Die Bedeutung der Bildung von Arbeitsgruppen in Unternehmen wurde bereits Ende der 1920er Jahre durch die Hawthorne-Studien (Roethlisberger und Dickson 1939; Sundstrom et al. 2000) untersucht. Ursprünglich von der Erforschung der Wirkung verschiedener Faktoren auf die Arbeitsproduktivität ausgehend, wurde im Rahmen der Studien auch die große Bedeutung informeller Gruppen für die Einstellung der Mitarbeiter zu ihrer Arbeit und die Produktivität bekannt (Kauffeld 2001). Die Gruppenbildung als solche wurde allerdings vielfach als ein Problem betrachtet (Guzzo 1996). Erst der soziotechnische Ansatz sorgte für eine gemeinsame Betrachtung der technischen und sozialen Systeme in Unternehmen und widersprach damit der bis dahin dominierenden Anschauung der *machine theory of organization* (Isermann 2004), die soziale Prozesse in Organisationen nicht berücksichtigte. Ansätze, die sich mit der Unterstützung und Gestaltung von Zusammenarbeit beschäftigen, wie sie in diesem Buch thematisiert werden, müssen demnach neben technologischen Aspekten insbesondere die sozialen Gruppenprozesse und Eigenschaften der Gruppenmitglieder berücksichtigen. Erste Ansätze zur Bildung teilautonomer Arbeitsgruppen in Unternehmen, die innerhalb gewisser Vorgaben selbstorganisiert zusammenarbeiten, gehen auf die Gruppenbildung in den 1970er Jahren in Montagewerken von Volvo zurück (Antoni 2000). Durch die Diskussion alternativer Konzepte in der Automobilindustrie lieferten jedoch erst Womack et al. (1991) den notwendigen Anstoß zur Betrachtung des Trends, Gruppen und Teams in Unternehmen zu bilden. Mit steigender Autonomie und Verantwortung von Arbeitsgruppen gewinnen Methoden, Technologien und Hilfsmittel zur Unterstützung der Zusammenarbeit an Bedeutung.

1.3.2   Teams und virtuelle Teams

Team Die Begriffe Arbeitsgruppe und Team werden in der Literatur häufig synonym verwendet. Gemein haben beide Begriffe, dass die Arbeit in der Regel am gleichen Ort und zur gleichen Zeit stattfindet (Isermann 2004). Teams sind jedoch – anders als Arbeitsgruppen – nicht primär geplanter und formeller Natur (Comelli und Rosenstiel 1995) und instrumental interpretierbar (Wiswede 1992).

> Das Team ist eine Gruppe von Individuen, die zusammen arbeiten, um Produkte herzustellen oder Dienstleistungen (vgl. Leimeister 2012) zur Verfügung zu stellen, für die sie gemeinsam verantwortlich sind. Teammitglieder teilen gemeinsame Ziele und verpflichten sich gegenseitig dazu, diese zu erreichen. Sie sind bei der Aufgabenerfüllung voneinander abhängig und beeinflussen die Ergebnisse durch ihre Interaktion (Mohrman et al. 1995).

Nach den oben genannten Definitionen ist jedes Team eine (Arbeits-)Gruppe, aber nicht jede Gruppe ein Team (Guzzo 1996; Katzenbach und Smith 1993; Hertog und Tolner 1996; Keiser 2002). Diese Unterscheidung ist jedoch lediglich konzeptioneller Art. Weitere Autoren (Kauffeld 2001; Antoni 2000; Bay 1998) unterscheiden nicht zwischen den Begriffen und stellen fest, dass es lediglich Teams mit unterschiedlichem Reifegrad gibt. Unterschiede in der Kohäsion (Zusammenhalt) und den wechselseitigen Beziehungen lassen sich dadurch deutlicher erklären als mit einer Unterscheidung zwischen Teams und

Gruppen (Bay 1998; Isermann 2004). Der Begriff Team betont den kollektiven Geist, während die Gruppe eher im Sinne einer organisatorischen Zugehörigkeit verstanden wird (Kauffeld 2001).

Forster (1978) erkennt dabei in den unterschiedlichen Definitionen von Teams fünf gemeinsame Merkmale, welche ein Team kennzeichnen. Ein Team ist demnach eine: „*(1) kleine funktionsgegliederte Arbeitsgruppe (2) mit gemeinsamen Zielen, Normen und Werten, (3) wechselseitigen Beziehungen der Teammitglieder, (4) ausgeprägtem Teamgeist und (5) starkem Gruppenzusammenhalt.*" (Forster 1978). Die Teamarbeit selbst ist weiterhin nach Haug (1998) von flachen hierarchischen Strukturen geprägt und damit weitestgehend unabhängig von vorhandenen Hierarchien in Unternehmen. Die Führungsfunktionen verteilen sich überwiegend auf die Mitglieder des Teams, ohne dabei die wesentlichen Strukturen und grundlegenden Prozesse in Organisationen zu bedrohen (Katzenbach und Smith 1993). In Unternehmen arbeiten Teams z. B. häufig im Rahmen befristeter Projekte zusammen, beispielsweise bei der Einführung neuer Produkte. Die neuen Erkenntnisse und Fortschritte der Informations- und Kommunikationstechnik (IKT) berühren auch die Arbeit in traditionellen Teams. Teams bieten Möglichkeiten, ungeachtet zeitlicher und räumlicher Grenzen miteinander zu arbeiten, und rücken den Fokus in Richtung der virtuellen Teamarbeit.

Virtuelles Team Zu dem Begriff des virtuellen Teams existiert eine Vielzahl an unterschiedlichen Definitionen (Lipnack und Stamps 1998; Senst 2001; Duarte und Snyder 2001; Hertel et al. 2005).

> Ein virtuelles Team ist eine Gruppe von Menschen, die voneinander abhängig sind und verteilt an verschiedenen Orten, zu verschiedenen Zeiten und über organisationale Grenzen hinweg mit Hilfe von technologischer Unterstützung auf ein gemeinsames Ziel hinarbeiten (Lipnack und Stamps 2000).

Die Autoren beziehen sich bei ihrer Definition auf die Nutzung der Informationstechnologie zur Bewältigung der zeitlichen, räumlichen und organisatorischen Grenzen im Vergleich zu traditionellen Teams. Senst (2001) erkennt vor allem die organisatorischen Unterschiede wie Kultur und Sprache als besondere Ausprägungen der Heterogenität in Teams (Isermann 2004) und erklärt: „Virtuelle Teamarbeit bezeichnet den interdependenten und zweckgebundenen Arbeitsprozess einer Gruppe von Individuen, die ein gemeinsames Ziel verfolgen und dabei räumliche oder zeitliche Hindernisse mit Hilfe von Kommunikationsmedien überwinden." (Senst 2001).

Scholz (2002) erkennt vor allem, dass zeitliche Asynchronität auch in traditionellen Teams zum Regelfall geworden ist, und fasst Merkmale zusammen, welche die virtuelle Teamarbeit kennzeichnen. Die Zuordnung von Mitarbeitern auf feste Arbeitsplätze findet dabei immer weniger statt. Virtuelle Teams bestehen zielorientiert und sind nur temporär ausgelegt. Sie sind dezentralisiert und basieren auf extremer Selbstorganisation. Bei räumlicher Distanz implizieren sie intensive Interaktion, verbunden mit persönlichen und kollektiven Lernprozessen (Scholz 2002). Demnach tragen die virtuellen Teams im Wesentlichen die Merkmale traditioneller Teams. Sie werden jedoch in ihrer dezentralen Struktur durch moderne IKT unterstützt (Konradt und Hertel 2002). Zur Differenzierung unterschiedlicher Arten virtueller Teams identifizieren Konradt und Hertel (2002) vier zentrale Kriterien:

- Grad der Autonomie und Hierarchie: Von traditionell hierarchischer Führungsstruktur bis zur vollständigen Selbstorganisation.
- Zeitperspektive: Von befristeter bis hin zu langfristiger Zusammenarbeit.
- Abgrenzung: Von klarer Zugehörigkeit der Teammitglieder bis zu einer dynamischen Mitgliedschaft nach Bedarf.
- Komplexität: Von ähnlichen Berufsfeldern bis zu interdisziplinären, interkulturellen Teams.

Virtuelle Teams lassen sich in zwei Typen unterscheiden: Virtuelle Funktionsteams, welche auf langfristige Zusammenarbeit ausgelegt und dauerhaft in der Organisation verankert sind, sowie virtuelle Projektteams, die nur temporär für einen klar umrissenen Zeitraum zusammenarbeiten. Diese Formen können dahingehend weiter unterschieden werden, ob die Teams aus internen oder externen Mitarbeitern zusammengesetzt sind (Hertel und Konradt 2007). Ein virtuelles Funktionsteam kann beispielsweise aus Marketingmanagern bestehen, die an verschiedenen internationalen Standorten eines Unternehmens beschäftigt sind, ihre Strategien aber langfristig gemeinsam entwickeln und abstimmen. Ein virtuelles Projektteam ist demnach z. B. eine Gruppe aus Mitarbeitern der Unternehmenszentrale, Mitarbeitern im Zielmarkt und externen Beratern, die den Eintritt in einen neuen Markt vorbereiten und durchführen.

Ein wesentliches Nutzenpotenzial von virtuellen Teams liegt darin, dass unabhängig von Raum und Zeit ein hohes Maß an Expertenwissen vereint werden kann. Experten aus verschiedenen Bereichen können ungeachtet ihres Ortes in die Zusammenarbeit eingebunden werden. Durch den hohen Wissensstand können in virtuellen Teams komplexe Projekte bewältigt werden. Die virtuelle Teamarbeit beinhaltet aber auch diverse Herausforderungen, mit denen die Teammitglieder selbst konfrontiert werden. So gibt es nur wenige persönliche Kontakte zwischen den Teammitgliedern. Dies erschwert es, ein soziales Netzwerk sowie gegenseitiges Vertrauen aufzubauen, was für einen gemeinsamen Erfolg in virtuellen Teams besonders wichtig ist: Schließlich kommunizieren internationale virtuelle Teams über Zeitgrenzen und Sprachbarrieren hinweg, wodurch auch kulturelle Unterschiede das Arbeiten beeinflussen. Die größte Herausforderung besteht jedoch darin, dass die voneinander räumlich getrennten Mitglieder zu einem „echten Team" mit einem ausgeprägten Teamgeist zusammenwachsen (Stöger und Thomas 2007; Keiser 2002).

1.3.3 Virtuelle Gemeinschaften

Als eine besondere Form der virtuellen Teamarbeit wird die gemeinsame Kooperation und Interaktion innerhalb virtueller Gemeinschaften (Virtual Communities) gesehen (Hertel und Konradt 2007). Eine Gemeinschaft besteht aus Personen, die sich aus einem gemeinsamen Interesse heraus zusammengeschlossen haben. Es wird weder die Größe der jeweiligen Gemeinschaft noch die Anzahl der Gemeinschaften begrenzt, an denen eine Person teilnimmt. Das gemeinsame Interesse kann hierbei auf verschiedenen Ebenen existieren, wodurch sich eine Art Netzwerk entwickeln kann (Delanty 2003; Hertel und Konradt 2007). Unterschieden wird häufig zwischen Gemeinschaften, welche bewusst initiiert wurden, und solchen, die von ihren Mitgliedern selbst nicht explizit wahrgenommen werden (Henschel 2001). Des Weiteren wird zwischen Gemeinschaften mit einem privaten Hintergrund ohne ökonomische Ziele und solchen Gemeinschaften, welche gezielt von Unternehmen aufgebaut und mit dem Ziel der Wertschöpfung eingesetzt werden, unterschieden (Markus 2002; Beinhauer 2004).

Zum Begriff der virtuellen Gemeinschaften existieren unterschiedliche Definitionen. Bei einem Vergleich von verschiedenen Begriffserklärungen ergeben sich zwei zentrale Charakteristika: Demnach handelt es sich bei virtuellen Gemeinschaften um Gruppen von Personen (1), die über elektronische Medien kommunizieren und interagieren (2) (Fremuth und Tasch 2002). Leimeister (2005) definiert virtuelle Gemeinschaften nach einem Vergleich verschiedener Definitionen wie folgt:

> „Eine virtuelle Gemeinschaft ist eine besondere Form von Gemeinschaft und damit eine Unterart sozialer Gruppen. Sie ist ein Zusammenschluss von Menschen mit einem Bedürfnis nach Information und Interaktion oder dem Bedürfnis, eine spezifische Rolle in einer Gemeinschaft auszufüllen. Grundlage und verbindendes Element ist eine gemeinsame Idee oder ein gemeinsames Ziel (hierunter fallen auch Aufgaben, Interessen oder Probleme), das auf Basis von impliziten oder expliziten Verhaltensregeln verfolgt wird. Die Interaktion wird durch ein technisches Subsystem vermittelt und unterstützt, das den Aufbau von Vertrauen und einem Gemeinschaftsgefühl auch ohne die unmittelbare physische Präsenz der Gemeinschaftsmitglieder ermöglicht. Zusammen mit dem technischen Subsystem, bestehend aus der Community-Plattform und der Infrastruktur des Internets, bilden virtuelle Gemeinschaften damit interdependente sozio-technische Systeme" (Leimeister 2005).

Es existieren verschiedene Arten, virtuelle Gemeinschaften zu systematisieren. Eine naheliegende Unterscheidung ergibt sich aus der wirtschaftlichen Ausrichtung der Betreiber. So trennt Zupancic (1999) zwischen kommerziellen und nichtkommerziellen Gemeinschaften. Brunold, Merz und Wagner hingegen unterscheiden nach der Mitgliedermotivation in die Kategorien Informationsaustausch, gemeinsame Aktivitäten, Kaufen und Verkaufen sowie in eine Sammelkategorie, die Community-Plattformen und andere Sonderfälle umfasst (Brunhold et al. 2000). Markus (2002) differenziert weiterhin in Anlehnung an Schubert (1999) zwischen Gemeinschaften mit sozialer, professioneller und kommerzieller Orientierung und verfolgt im Weiteren schwerpunktmäßig die kommerziellen Communities. Nichtsdestoweniger können viele real anzutreffende virtuelle Communities nicht eindeutig zugeordnet werden. Das liegt einerseits an der besonderen Spezifität einer virtuellen Gemeinschaft und andererseits daran, dass selbst die vorhandenen Kategorien nicht überschneidungsfrei sind (Leimeister und Krcmar 2003). Die aufgezeigten Systematisierungsansätze veranschaulichen, wie vielfältig virtuelle Gemeinschaften sind. In virtuellen Gemeinschaften, wie in jeder anderen Art von Gruppe auch, sind verschiedene Gründe für Zusammenarbeit und unterschiedliche Zusammenarbeitsprozesse möglich, die durch geeignete Methoden, Technologien und Hilfsmittel unterstützt werden können.

1.3.4 Organisationen

Im Gegensatz zu Communities, bei denen es sich meist um eher informale Großgruppen mit gemeinsamen Interessen sowie keiner bzw. wenig formaler Struktur handelt, sind Organisationen eher formale Großgruppen mit spezifischen Aufgaben bzw. Verantwortlichkeiten, welche zu einem bestimmten Zweck miteinander verbunden sind und meist über hierarchische Strukturen verfügen.

Der Begriff Organisation stammt vom griechischen Wort Organon, was so viel wie Werkzeug bedeutet und sich am ehesten mit Bewerkstelligung übersetzen lässt. Dabei geht es um die Planung und Durchführung eines Vorhabens. Für den Begriff existiert keine einheitliche Definition, da er sowohl im allgemeinen Sprachgebrauch als auch in der Forschung vielfältig verwendet wird. Macharzina (1999) sammelt verschiedene Definitionen und deutet den Begriff Organisation als:

- eine bewusste Lebenseinheit aus bewussten Teilen. Organisation ist demnach etwas Geistiges, es kommt stets auf die innere Seele an (Plenge 1964),
- ein zielgerichtetes Sozialsystem, in dem Informationen gewonnen und verarbeitet werden (Heinen 1968),
- ein zielorientiertes, psychosoziales und technologisches System (Kast und Rosenzweig 1970),
- die planmäßige Zusammenfassung von Menschen und Sachen im Hinblick auf die Erreichung eines bestimmten Zieles (Hoffmann 1973),
- ein System von Regeln, das die Aufgabenerfüllung der Unternehmung zielgerichtet und dauerhaft ordnet (Grochla 1978),
- die zielorientierte Steuerung der Aktivitäten in einem sozialen System mit mehreren Mitgliedern und auch als das soziale Gebilde selbst (Laux und Liermann 2005) sowie
- einen Ordnungsrahmen für das betriebliche Geschehen (REFA 1991).

In diesen Definitionen zeigen sich bereits verschiedene Aspekte sowie die Notwendigkeit der Zusammenarbeit innerhalb von Organisationen.

> „Eine Organisation ist ein kollektives oder korporatives soziales System [...], das vor allem Koordinations- und Kooperationsprobleme lösen soll. Es existieren Ziele, welche die Organisation kennzeichnen, es sind Mitglieder der Organisation vorhanden, es gibt ein Innenverhältnis, das sich durch eine Mischung aus formalisierten und informellen Handlungen und Strukturen auszeichnet, und es bestehen Außenverhältnisse zu anderen Organisationen sowie Anpassungs- und Austauschbeziehungen mit einer vielfältigen Umwelt. Organisationen sind Akteure zweiter Ordnung, in denen Ressourcen von Akteuren erster Ordnung (Mitarbeiter) zusammengeführt werden, um spezifische Zwecke zu verfolgen. Ganz unabhängig davon, ob die Zusammenlegung dazu dient, unterschiedliche oder gleichgerichtete Interessen von Organisationsmitgliedern zu verfolgen, macht erst die Zusammenlegung selbst eine solche Interessendurchsetzung möglich" (Allmendinger und Hinz 2002).

Beispiele für Organisationen können u. a. Unternehmen, Parteien, Kirchen, Vereine oder auch Medien sein. Sie zeichnen sich durch folgende Merkmale aus (Schwarz 1996):

- Sie wurden bewusst und planvoll zur dauerhaften Erreichung eines bestimmten Zieles gebildet.
- Sie beinhalten eine gedanklich geschaffene, allgemeinverbindliche Struktur und Ordnung.
- Sie streben eine dauerhafte Zielerreichung durch Koordination der Mitglieder und der Mittel an.

In diesem Abschnitt wurden verschiedene Gruppenarten vorgestellt. Die Art der Gruppe und ihrer Merkmale hat Einfluss auf die Gruppenprozesse, die Gestaltung und den Erfolg der Zusammenarbeit (Abb. 1.3). Daher sollten die beschriebenen Grundlagen zu Gruppen bei der Planung von Kollaborationsprozessen Berücksichtigung finden.

1.4 Zusammenfassung

Zusammenarbeit findet in unterschiedlichen Formen statt und nimmt in modernen Organisationen eine bedeutende Rolle ein. Kollaboration, eine besondere Form der Zusammenarbeit, zeichnet sich zusätzlich zu den Komponenten Kommunikation, Koordination und Kooperation durch einen starken Gruppenfokus aus. Wie kollaborative Zusammenarbeit erfolgreich gestaltet und unterstützt werden kann, ist Bestandteil dieses Buches. Bei der Betrachtung der Zusammenarbeit von Gruppen, Teams, Communities und Organisationen lässt sich feststellen, dass die gemeinsame Erreichung eines verbindenden Grup-

Gruppe:	Merkmale:	Typen: Arbeitsgruppen	Teams	Virtuelle Teams	Virtuelle Gemeinschaften	Organisationen
Gruppe: mindestens 2/3 Mitglieder; Interaktion; Gegenseitige Beeinflussung; gemeinsame Ziele; Verteilung der Aufgaben; Normen, Werte, Standards; Gruppenbewusstsein (Wir-Gefühl).	Größe:	Kleingruppen			Informelle Großgruppen	Formale Großgruppen
	räumliche/ zeitliche Verteilung:	arbeiten am gleichen Ort und zur gleichen Zeit			arbeiten über räumliche, zeitliche und organisationale Grenzen hinweg	
	Interaktion:				über elektronische Medien	
	Beziehungen:	Koordination, Selbstabstimmung		starker Gruppenzusammenhalt	wenige persönliche Kontakte	ein kollektives oder korporatives soziales System
	Organisation:	fremdbestimmt		nicht primär geplanter, formeller Natur	Selbstorganisation	hierarchische Struktur; zweckorientiert
	Aufgaben:	meist vorgegebene Aufgaben				spezifische Aufgaben/ Verantwortlichkeiten
	Ausrichtung:	funktions- und arbeitsteilige Durchführung		funktionsgegliederte Arbeitsgruppe		Lösung der Probleme in den Bereichen Koordination und Kooperation
	zusätzliche Merkmale:			kollektive Verantwortlichkeit; wechselseitige Beziehungen der Teammitglieder	Typen: a) Funktionsteams (langfristig), b) Projektteams (temporär) · Typen: a) explizite/ implizite b) kommerzielle/ nicht-kommerzielle	Innen-/ Außenverhältnisse

Abb. 1.3 Übersicht der Gruppentypen und ihrer Merkmale. Eigene Darstellung

penziels eine bedeutende Rolle spielt. Jeder Mensch verfolgt bei der Durchführung seiner Tätigkeiten in erster Linie allerdings individuelle Ziele. Die Kunst der Leitung von Gruppen ist es dabei, die individuellen Ziele in das gemeinsame Gruppenziel zu integrieren und damit die Zusammenarbeit erfolgreich zu gestalten. Aspekte der Vereinbarkeit von Gruppen- und Einzelzielen werden in Kap. 5 näher beleuchtet.

1.5 Wiederholungsfragen

1. Warum und in welchen Situationen arbeiten Menschen zusammen? Welchen Nutzen bietet Zusammenarbeit in diesen Situationen gegenüber Einzelarbeit?
2. Nennen und definieren Sie die 3 Ks. Welche Bedeutung haben sie jeweils für die Kollaboration.
3. Was ist Kollaboration und wie unterscheidet es sich von anderen Formen der Zusammenarbeit?
4. Wie beeinflusst die zu bewältigende Aufgabe die Wahl der Arbeitsform?
5. Welche unterschiedlichen Gruppenarten kennen Sie? Wie lassen sie sich voneinander abgrenzen?

Verwendete Literatur

Allmendinger, J., & Hinz, T. (2002). *Perspektiven der Organisationssoziologie. Organisationssoziologie*, (Kölner Zeitschrift für Soziologie und Sozialpsychologie). Sonderheft 42.

Antoni, C. H. (2000). *Teamarbeit gestalten*. Grundlagen, Analysen, Lösungen. Weinheim: Beltz.

Appelt, W., Busbach, U., & Koch, T. (2001). Kollaborationsorientierte asynchrone Werkzeuge. In *CSCW Kompendium*. Berlin: Springer.

Bay, R. H. (1998). *Teams effizient führen – Teamarbeit, Teamentwicklung, TQM im Team*. Würzburg: Vogel.

Beinhauer, M. (2004). Knowledge communities – Informationssystem zur Unterstützung des Wissensmanagement in virtuellen Wissensgemeinschaften. *Wirtschaftsinformatik, 46*, 225.

Briggs, R. O. (1994). *The focus theory of group productivity and its application to development and testing of electronic group support systems*. PhD. Tucson: University of Arizona.

Brunhold, J., Merz, H., & Wagner, J. (2000). *Virtual Communities: Strategie, Umsetzung, Erfolgsfaktoren*. Landsberg/Lech: Verlag Moderne Industrie.

Comelli, G., & Rosenstiel, L. von (1995). *Führung durch Motivation – Mitarbeiter für Organisationsziele gewinnen*. München: Vahlen.

Delanty, G. (2003). *Community. Key Ideas*. London: Routledge.

Dorsch, F., Häcker, H. O., & Stapf, K.-H. (2004). *Dorsch Psychologisches Wörterbuch*. Bern: Hans Huber.

Duarte, D. L., & Snyder, N. T. (2001). *Mastering virtual teams: Strategies, tools, and techniques that succeed*. San Francisco: Jossey-Bass.

Forster, J. (1978). *Teams und Teamarbeit in der Unternehmung. Eine gesamtheitliche Darstellung mit Meinungen und Beispielen aus der betrieblichen Praxis*. Bern: Haupt.

Fremuth, N., & Tasch, A. (2002). *Virtuelle und mobile Communities. Begriffserklärungen und Implikationen für Geschäftsmodelle.* Arbeitsberichte des Lehrstuhls fur Allgemeine und Industrielle Betriebswirtschaftslehre an der Technischen Universitat München. Hrsg.: Prof Ralf Reichwald.

Gebert, D. (1992). Arbeitsgruppe. In *Handwörterbuch der Organisation.* Stuttgart: C. E. Poeschel Verlag.

Grochla, E. (1978). *Einführung in die Organisationstheorie.* Stuttgart: Poeschel.

Guzzo, R. A. (1996). Fundamental considerations about work groups. In M. A. West (Hrsg.), *Handbook of work group psychology.* Chichester: Wiley.

Haack, J. (2002). Interaktivitat als Kennzeichen von Multimedia und Hypermedia. In Klimsa I. (Hrsg.), *Information und Lernen mit Multimedia und Internet. Lehrbuch für Studium und Praxis.* Weinheim: Beltz.

Haug, C. (1998). *Erfolgreich im Team: Praxisnahe Anregungen für effiziente Team- und Projektarbeit.* München: Beck.

Heinen, E. (1968). *Einführung in die Betriebswirtschaftslehre.* Wiesbaden: Gabler.

Henschel, A. (2001). *Communities of practice: Plattform für individuelles und kollektives Lernen sowie den Wissenstransfer.* Bamberg: Difo-Druck.

Hertel, G., & Konradt, U. (2007). *Telekooperation und virtuelle Teamarbeit.* München: Oldenbourg Wissenschaftsverlag.

Hertel, G., Geister, S., & Konradt, U. (2005). Managing virtual teams: A review of current empirical research. *Human Resource Management Review, 15,* 69–95.

Hertog, F. D., & Tolner, T. (1996). Groups and teams. In *International encyclopedia of business and management.* London: Routledge.

Höfferer, M., & Sandrieser, B. (2009). Von der Zusammenarbeit im zweiten und der Collaboration im ersten Leben. *HMD* 46.

Hoffmann, F. (1973). *Entwicklung der Organisationsforschung.* Wiesbaden: Gabler.

Holmer, T., Haake, J. M., & Streitz, N. (2001). Kollaborationsorientierte synchrone Werkzeuge. In *CSCW Kompendium.* Berlin: Springer-Verlag.

Isermann, O. (2004). *Traditionelle und virtuelle Teams.* Hamburg: Verlag Dr. Kovač.

Kast, F. E., & Rosenzweig, J. E. (1970). *Organization and management: A systems approach.* New York: McGraw-Hill.

Katzenbach, J. R., & Smith, D. K. (1993). The discipline of teams. *Harvard Business Review, 71,* 111–120.

Kauffeld, S. (2001). *Teamdiagnose.* Göttingen: Hogrefe-Verlag.

Keiser, O. (2002). Virtuelle Teams. Konzeptionelle Annäherung, theoretische Grundlagen und kritische Reflexion. In *Managementwissen.* Frankfurt: Lang.

Konradt, U., & Hertel, G. (2002). *Management virtueller Teams: Von der Telearbeit zum virtuellen Unternehmen.* Weinheim: Beltz.

Laux, H., & Liermann, F. (2005). *Grundlagen der Organisation: Die Steuerung von Entscheidungen als Grundproblem der Betriebswirtschaftslehre.* Berlin: Springer.

Lechner, U., & Schmid, B. F. (2001). *Communities – business models and system architectures: The blueprint of MP3.com, Napster and Gnutella revisited.* System Sciences, 2001. Proceedings of the 34th Annual Hawaii International Conference on System Sciences (HICSS 34).

Leimeister, J. M. (2012). *Dienstleistungsengineering und -management.* Berlin, Heidelberg: Springer.

Leimeister, J. M. (2005). *Virtuelle Communities für Patienten: Bedarfsgerechte Entwicklung, Einführung und Betrieb.* Wiesbaden: Deutscher Universitätsverlag.

Leimeister, J. M., & Krcmar, H. (2003). Virtuelle Communities. *wisu – Das Wirtschaftsstudium, 32,* 659–668.

Lewin, K. (1948). *Resolving social conflicts.* New York: Harper & Row.

Lipnack, J., & Stamps, J. (1998). *Virtuelle Teams: Projekte ohne Grenzen.* Wien: Ueberreuter.

Lipnack, J., & Stamps, J. (2000). *Virtual teams: People working across boundaries with technology.* Chichester: Wiley.

Macharzina, K. (1999). *Unternehmensführung: Das internationale Managementwissen – Konzepte – Methoden – Praxis.* Wiesbaden: Gabler.

Markus, U. (2002). Integration der virtuellen Community in das CRM: Konzeption, Rahmenmodell, Realisierung. In *Electronic Commerce* (Vol. 15). Lohmar: Eul.

Mohrman, S. A., Cohen, S. G., & Mohrman, A. M. (1995). *Designing team-based organizations: New forms for knowledge work.* San Francisco: Jossey-Bass.

Nastansky, L. (1993). *Workgroup Computing. Computergestützte Teamarbeit (CSCW) in der Praxis. Neue Entwicklungen und Trends.* Hamburg: Steuer- und Wirtschaftsverlag.

Nastansky, L. (1995). *Groupware – Kommunikation, Kollaboration, Koordination.* Paderborn. Vorlesungsskript.

Piepenburg, U. (1991). Ein Konzept von Kooperation und die technische Unterstutzung kooperativer Prozesse in Burobereichen. In *Kooperative Arbeit und Computerunterstützung.* Stuttgart: B.G. Teubner Verlag.

Plenge, J. (1964). Drei Vorlesungen über die allgemeine Organisationslehre, Essen a.d. Ruhr, 1919. In *Cognito ergo sumus. Eine Auswahl aus den Schriften von Johann Plenge.* Berlin: Duncker & Humblot.

REFA (1991). *Methodenlehre der Betriebsorganisation – Grundlagen der Arbeitsgestaltung.* München: Verband für Arbeitsgestaltung, Betriebsorganisation und Unternehmensentwicklung.

Robbins, S. P. (2001). *Organisation der Unternehmung.* München: Pearson Studium.

Roethlisberger, F. J., & Dickson, W. J. (1939). *Management and the Worker.* Cambridge: Harvard University Press.

Schneider, H. D. (1975). *Kleingruppenforschung.* Stuttgart: Teubner.

Scholz, C. (2002). Virtuelle Teams – Neuer Wein in neue Schläuche. *Führung und Organisation, 71,* 26–33.

Schubert, P. (1999). *Virtuelle Transaktionsgemeinschaften im Electronic Commerce. Management, Marketing und Soziale Umwelt.* Lohmar: Josef Eul Verlag.

Schwabe, G. (2001). *Theorien zur Mediennutzung bei der Gruppenarbeit.* Berlin: Springer.

Schwarz, P. (1996). *Management in Nonprofit Organisationen: Eine Führungs-, Organisations- und Planungslehre für Verbände, Sozialwerke, Vereine, Kirchen, Parteien usw.* Bern: Haupt Verlag.

Senst, E. (2001). *Virtuelle Teamarbeit: Ein Lernprogramm im Medienverbund zur Einrichtung und Betreuung virtueller Teams.* Kiel: Sensed-Media.

Stöger, G., & Thomas, G. (2007). *Teams ohne Grenzen: Und es geht doch: Virtuelle Teams erfolgreich vernetzten, führen, leben.* Zürich: Orell Füssli Verlag AG.

Sundstrom, E., McIntyre, M., Halfhill, T., & Richards, H. (2000). Work groups: From the Hawthorne studies to work teams of the 1990s and beyond. *Group Dynamics, 4,* 44–67.

Teufel, S., Sauter, C., Mühlherr, T., & Bauknecht, K. (1995). *Computerunterstützung für die Gruppenarbeit.* Bonn: Addison-Wesley.

Thiemer, J. (2004). *Erlebnisbetonte Kommunikationsplattformen als mögliches Instrument der markenführung - dargestellt am Beispiel der Automobilindustrie.* Dissertation. Universität Kassel.

Wiswede, G. (1992). Gruppen und Gruppenstrukturen. In *Handwörterbuch der Organisation.* Stuttgart: CE Poeschel Verlag.

Wölm, J., & Rolf, A. (1992). Zur Geschichte der Gruppenarbeit. In *Kooperative Arbeit und Computerunterstützung.* Gottingen: Verlag für Angewandte Psychologie.

Womack, J. P., Jones, D. T., & Roos, D. (1991). *Die zweite Revolution in der Automobilindustrie.* Frankfurt: Campus Verlag.

Zupancic, D. (1999). Ein Blick in die Zukunft virtueller Gemeinschaften. *IO Management, 5,* 42–46.

Theorien in der Zusammenarbeit

2

Zusammenfassung

Der Abschnitt Theorien der Zusammenarbeit beschäftigt sich mit der wissenschaftlichen Herangehensweise an das Thema Zusammenarbeit und Kollaboration. Hierbei wird ein Fokus auf Theory Motivated Design (Briggs 2006) gelegt (vgl. Abschn. 2.1), um einerseits den Erfolg und andererseits die Wirkung von Technologien zu erklären und wiederholbar zu gestalten. Als Anwendungsbeispiel für Theory Motivated Design wird auf die sogenannten Activation-Supporting Components (Leimeister et al. 2009) eingegangen (vgl. Abschn. 2.2). Das zugrundeliegende Motive-Incentive-Activation-Behavior Model von Rosenstiel (2003) erklärt den Zusammenhang zwischen Motiven, Anreizen, Aktivierung und Verhalten. Darauf aufbauend wird erklärt, wie basierend auf dem Modell Komponenten zum Hervorrufen bestimmter Verhaltensweisen entwickelt werden können, deren Nutzung in der Zusammenarbeit möglich ist.

Nachdem in Kap. 1 die Grundlagen zur Zusammenarbeit vorgestellt wurden, werden im Rahmen dieses Kapitels Theorien zur Zusammenarbeit diskutiert. Hierfür werden die Bedeutung von Theorien und von Ursache- und Wirkungsmechanismen für die Forschung in Anlehnung an den Theory Motivated Design Ansatz erläutert. Dabei wird zum einen auf die Entwicklung von Theorien und zum anderen auf ihre Verwendung eingegangen. Abschließend wird die Theorie der Activation-Supporting Components vorgestellt.

Beispiel

An einem Beispiel von Sheperd et al. (1995) kann gezeigt werden, wie der Einsatz von Theorien hilft, die Zusammenarbeit oder in diesem Fall die Ergebnisse der Zusammenarbeit zu verbessern. Um die Menge an Ideen eines Brainstormings zu erhöhen, haben sich die Wissenschaftler der Theorie des sozialen Vergleichs (Social Comparison Theory) bedient. Diese besagt, dass Menschen ihre eigenen Meinungen und Fähigkeiten bewerten wollen. Dies tun sie über den Vergleich zu anderen. Weiterhin wird angenommen, dass die Menschen bestrebt sind, ihre Fähigkeiten zu verbessern. Diesen Ansatz nutzten Sheperd et al. (1995) indem sie den Teilnehmern eines Workshops beim Brainstorming ein Diagramm zeigten, dass ihre Leistung dokumentierte. Neben der Menge an Ideen, welche die Teilnehmer bis dahin generiert hatten, wurde auch eine „Durchschnittslinie" dargestellt, die angab, was eine Gruppe dieser Stärke an Ideen normalerweise erreichen sollte. Die Teilnehmer des Workshops verglichen ihre Gruppenleistung mit den Werten der Durchschnittslinie, waren um Verbesserung bemüht und erzeugten aufgrund dessen mehr Ideen.

2.1 Wissenschaftstheoretische Grundlagen und theoriegestützte Entwicklung

Die anfängliche Entwicklung von Technologien zur Unterstützung der Zusammenarbeit basierte vornehmlich auf praktischen Erfahrungen, gesundem Menschenverstand sowie Intuition. Hieraus entstanden zwar technologisch funktionierende Technologien wie Lotus Notes oder NetMeeting, aber auch Anwendungen, die weniger akzeptiert und von den Nutzern nicht angenommen wurden. Zu diesen zählt u. a. auch das System *The Coordinator*, das mit vielen, scheinbar nützlichen Funktionalitäten (virtuelle Arbeitsumgebung, Speichermöglichkeit für Dokumente, Teamkalender, etc.) ausgestattet war, aber von Nutzern nicht akzeptiert, sogar „abgestoßen" wurde, weil beispielsweise eine eingehende Nachricht das System zu blockieren pflegte, vor deren Beantwortung somit keine weiteren Tätigkeiten im System möglich waren (Deci und Ryan 1985; Briggs et al. 2003a). Derartige Misserfolge unterstützen die Annahme, dass bei der Entwicklung solcher Technologien Verbesserungspozentiale bestehen.

Theory Motivated Design Briggs (2006) schlägt hierzu mit **Theory Motivated Design** einen Ansatz vor, bei dem unterschiedliche Fragen und Überlegungen im Vorfeld berücksichtigt werden sollen, um Systeme effizienter zu gestalten. Fragen, die hierbei mithilfe von aufgestellten Theorien geklärt werden können, sind beispielsweise:

- Wie kann der Erfolg bestimmter Technologien zur Unterstützung der Zusammenarbeit erklärt und wiederholbar gestaltet werden?
- Sind bestehende, erfolgreiche Systeme noch zu verbessern und wie kann dies herausgefunden werden?
- Wie können bisher nicht bedachte, funktionsfähige Lösungen gefunden werden?
- Wie können gravierende Fehler mancher Technologien erklärt und vor allem vermieden werden?

Derartige Fragen können mithilfe fundierter Theorien aus der Perspektive des logischen Positivismus (Erkenntnistheorie) diskutiert werden und helfen, die Entwicklung und Anwendung von Technologien zu optimieren. Eine Theorie bietet hierbei eine Basis für das Verständnis, wie Technologien genutzt werden können, um die angestrebten Resultate zu erreichen. Werden die Mechanismen und Ursache-Wirkungs-Zusammenhänge der beobachteten und zu verbessernden Ergebnisse erkannt, können Technologien weitaus effizienter eingesetzt und gezielter gestaltet werden (Briggs et al. 2003a).

2.1.1   Theory Motivated Design

Aus erkenntnistheoretischer Sicht stellt eine gute Wissenschaftstheorie immer eine Beziehung von Ursache und Wirkung dar, aus der sich ein wahrnehmbarer Sachverhalt erklärt. Ein solcher im Fokus der Betrachtung liegender Sachverhalt ist beispielsweise ein Ergebnis, das mithilfe einer Technologie verbessert werden soll (z. B. Kreativität, Produktivität). Hierbei liegt der Interessensschwerpunkt jedoch nicht auf der Technologie, sondern auf einem besseren Ergebnis, welches erzielt werden soll (z. B. die Steigerung der Produktivität). Dies setzt einen bestehenden Wirkungsmechanismus für Veränderungen voraus und die Möglichkeit des Hervorrufens dieses Mechanismus durch eine gezielte Technologie. Aus Sicht des logischen Positivismus lassen sich nach Briggs somit Fragen hinsichtlich der in Ursache-Wirkungs-Zusammenhängen betrachteten Aspekte erklären und auf dieser Basis Ausgestaltungsmöglichkeiten von Technologien begründen (Briggs et al. 2003a).

2.1.2   Einsatz von Theorien

Nach Card (1989) dient Theory Motivated Design hauptsächlich der strukturierten Herangehensweise an die Forschung im Bereich der Mensch-Maschine-Systeme. Aber es wird auch eingesetzt, um Produkte auf Basis von Theorien zu verbessern und zu entwickeln. Beim Einsatz von Theory Motivated Design wird auf eine Kombination der folgenden Punkte eingegangen (Card 1989):

1. ein gut definiertes Problem,
2. eine Theorie, die Einsicht in das Problem gibt,
3. ein Artefakt, in welchem die Theorie zur Problemlösung eingebettet ist,
4. eine Wiederverwendung der Theorie oder Technologie, um andere Probleme zu lösen.

Erst durch die klare Definition des Problems können Theorien gesucht werden, um das Problem zu lösen oder eine Verbesserung herbeizuführen. Die Auswahl der Theorie geschieht basierend auf dem Problem und den enthaltenen Thesen, die Ursache-Wirkungs-Zusammenhänge darstellen. Die Thesen werden in einem Artefakt (Modell, Prototyp,

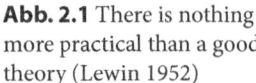 **Abb. 2.1** There is nothing more practical than a good theory (Lewin 1952)

etc.) eingebettet. Schließlich kann die verwendete Theorie oder Technologie auch genutzt werden, um weitere Probleme zu lösen oder in anderen Fällen Verbesserungen herbeizuführen.

2.1.3 Entwicklung von Theorien

Um das Ziel des Technologieeinsatzes nicht zu verfehlen, muss der Wirkungsmechanismus, der das fokussierte Ergebnis erzielen soll, genau definiert werden (Briggs et al. 2003a). Die wichtigste Grundlage einer guten Theorie ist somit die genaue Definition des Forschungsgegenstandes. Er bezieht sich immer auf die Wirkung, die in der Theorie erklärt werden soll. Einbezogen werden müssen in diese Definition auch mögliche unterschiedliche Ursachen und Einflussfaktoren des zu verbessernden Ergebnisses. Aus der Definition des Betrachtungsschwerpunktes ergibt sich schlussendlich die Forschungsfrage, welche die betreffende Theorie belegen soll. Im darauffolgenden Schritt gilt es, sich mit der Frage zu beschäftigen, ob der gewählte Forschungsgegenstand tatsächlich der Bedeutsamste ist, um einen Fortschritt zu erzielen, oder ob es möglicherweise andere Aspekte gibt, deren Verbesserung effektiver wäre. Ist dem nicht so, kann die Theorie aufgestellt werden (Briggs 2006) (Abb. 2.1).

Theorien, Axiome und Thesen Eine gute Theorie ist so aufgebaut, dass sie auch Veränderungen der Ergebnisse berücksichtigt. Dazu bedarf es einer besonderen Struktur der implizierten Aussagen. In einer Theorie werden dazu Axiome und Thesen verwendet. Ein Axiom ist ein zugrunde gelegter Ausgangssatz, wie beispielsweise: „Alle individuellen Handlungen dienen dem Zweck, die individuellen Ziele zu erreichen". Er stellt eine Annahme eines Mechanismus dar, der auf den festgelegten Betrachtungsschwerpunkt einwirkt. Eine These präsentiert Beziehungen von Ursache und Wirkungen, die bestehen, wenn die gesetzte Theorie Bestand hat. Ein Beispiel: „Der individuelle Aufwand hinsichtlich der Erreichung eines Gruppenziels hängt von der Übereinstimmung mit den eigenen

Zielen ab". In einer These werden also unterschiedliche, sich gegenseitig bedingende Sachverhalte aufgestellt und miteinander in einer Ursache-Wirkung-Beziehung in Verbindung gebracht.

Aufgrund der einfachen Natur solcher aufgestellter, voneinander abhängiger Sachverhalte bieten sie in der Entwicklung von Technologien zur Unterstützung der Zusammenarbeit eine Hilfestellung. Dies macht Briggs (2006) an folgendem Beispiel deutlich: Wird die grundlegende Aussage unterstellt, dass der individuelle Aufwand eines Teilnehmers umso höher wird, je größer die Übereinstimmung seiner eigenen Ziele mit denen der Gruppe ist, dann bietet dies für die Entwicklung einer geeigneten Technologie folgende Schlussfolgerung: Ist es machbar, eine Technologie zu entwickeln, die die Zielkongruenz zwischen Individual- und Gruppenzielen erhöht, so lässt sich durch den Einsatz dieser Technologie der individuelle Aufwand der Teilnehmer erhöhen.

Thesen können in Beziehungsdiagrammen dargestellt werden, in denen jeweils eine Ursache bzw. Wirkung aufgeführt wird. Die Pfeile zeigen dann die positive oder negative Wirkung auf. Diese Diagramme bieten den Vorteil, Fehler hinsichtlich der Beziehungen zueinander aufzeigen zu können. Da sie immer Aussagen nach dem Schema „Je höher der Wert von X, desto höher der Wert von Y" (oder umgekehrt) treffen, lassen sich unklar formulierte Beziehungen schnell identifizieren. Fehlende oder nicht benötigte Beziehungen innerhalb der Thesen werden schnell erkannt. Auch wenn Axiome in diesen Diagrammen nicht auftauchen, sind sie doch immer Grundlage für die aufgestellten Thesen. Die Theorie ist schlussendlich die Aufstellung der verschiedenen Aussagen und Beziehungen, die das Phänomen bedingen könnten (Briggs 2006).

2.1.4 Implikationen für die Entwicklung von Technologien

Fundierte Theorien bieten für die Entwicklung von Technologien zur Unterstützung der Zusammenarbeit Antworten auf wichtige Fragen, wie sie auch zu Beginn des Kap. 2 gestellt wurden. Sie können dabei den Entwicklungsprozess deutlich verbessern sowie den Einsatz von Technologien effizienter gestalten. Im Folgenden werden hierzu Chancen aufgezeigt, die sich auf Basis von Wissenschaftstheorien für die Beantwortung dieser Fragen ergeben.

Erfolg von Theorien Der Erfolg eines Technologieeinsatzes lässt sich messen, indem das Ausmaß der gewünschten Veränderung hinsichtlich des Betrachtungskriteriums bestimmt wird. Eine Theorie zeigt die Gründe und Aspekte dieses Betrachtungsschwerpunktes auf und gibt somit Ansatzpunkte für Verbesserungsvorschläge. Die Theorie legt die Beziehungen zwischen den unterschiedlichen Aspekten des Betrachtungsschwerpunktes fest. Darauf aufbauend können Entwickler vielfältige Möglichkeiten zur Unterstützung des bestehenden Mechanismus entwickeln. Ohne eine Theorie gibt es indessen für den Entwickler keinen Anhaltspunkt, der zu weiteren Ideen und damit zu einer Verbesserung der Ergebnisse verhelfen kann. Erst mit dem Entwurf einer Theorie erhält er eine Grundlage zur Beurteilung weiterer Möglichkeiten. Hat eine Theorie Bestand, bilden die Beziehungen zwischen Ursachen und Wirkungen eine Basis für die Frage, wie und ob eine Verbesserung durch gezielten Technologieeinsatz erreicht werden kann. Auf der Basis theoretischer Thesen können durch logisches Denken Einsichten erzielt werden, wie sie durch eine nichttheoretische Betrachtung unmöglich wären (Briggs 2006).

Trotz der Tatsache, dass einige Theorien und Zusammenhänge auf den ersten Blick logisch erscheinen, gibt es unter den existierenden Theorien einige, die keinen Wert für die Gestaltung und Anwendung von Technologien zur Unterstützung der Zusammenarbeit besitzen. Hierbei wird oftmals der Fehler begangen, dass beispielsweise ein Mechanismus für viele unterschiedliche mögliche Resultate herangezogen wird. So bestehen etwa Theorien, welche den Gruppenprozess als ausschlaggebend für Effektivität, Kreativität, Zusammenhalt und Zufriedenheit heranziehen. Jedoch hängen nicht alle diese Ergebnisse ausschließlich vom Prozess der Zusammenarbeit ab; Eingriffe, die in diesem Fall die Effektivität fördern sollen, könnten gleichzeitig etwa die Kreativität behindern. Da den Ergebnissen nicht zwangsläufig die gleichen Ursachen zugrunde liegen, müssen sie getrennt voneinander betrachtet werden und nicht im Rahmen eines Modells. Eine weitere Gefahr ist das Aufstellen vager bzw. verallgemeinerter Bedingungen anstelle der klaren Definition des im Interesse liegenden Phänomens. Dies führt ebenfalls zu absurden Aussagen ohne hilfreichen Charakter für die Ausarbeitung unterschiedlicher Gestaltungsmöglichkeiten von Technologien zur Unterstützung von Zusammenarbeit (Briggs 2006).

Für die zukünftige Forschung ist es von Bedeutung, Theorien unabhängig von Technologien zu betrachten. Obwohl die Technologien einen wesentlichen Bestandteil der Forschung darstellen, sollten Fragen zu wissenschaftlichen Kontexten, die sich auf die Entwicklung von Technologien beziehen, separiert werden. Eine wissenschaftliche Frage könnte hier lauten: „Was sind Ursachen für Produktivität in der Zusammenarbeit?". Für die separate Betrachtung der Entwicklung von Technologien würde das die Frage aufwerfen: „Wie kann die Technologie genutzt werden, um diese Ursachen zu aktivieren?". Die Technologie ist hierbei nur die Möglichkeit, einen bestimmten Sachverhalt zu verstärken oder zu begünstigen. Eine weitere Problematik ist, dass der Einbezug der Technologie eine Theorie leicht veralten lässt, wenn Neuerungen in der Entwicklung auftreten. Zudem sind bei der Kombination von wissenschaftlichen und technologischen Kontexten die Theorien nicht auf andere Technologien anwendbar (Briggs 2006).

Theorien in der Forschung Der Fokus der Forschung muss sich von der Betrachtung auf Technologien hin zu der Analyse der Prozesse verschieben, welche die technologischen Hilfsmittel unterstützen sollen. Dies lässt sich damit begründen, dass durch den Einbezug von Technologien in Forschungsfragen und Theorien eine zu große Verallgemeinerung entsteht, die den Fortschritt behindert. So wurde in den Ergebnissen der frühen 90er Jahre zwar festgestellt, dass der Einsatz von Groupware die Produktivität und Zufriedenheit der Zusammenarbeit erhöht, jedoch konnte nicht der Schluss gezogen werden, dass neben den positiven auch negative Veränderungen durch den Einsatz der gleichen Technologie hervorgerufen werden können. Weiterhin sind konkrete Beispiele für Technologien von Klassifizierungen zu unterscheiden. Werkzeuge gleicher Klassen müssen für sich betrachtet werden, denn sie verursachen unterschiedliche Wirkungen auf die Zusammenarbeit. Die Verallgemeinerung verfälscht das Ergebnis der Betrachtung, wenn beispielsweise die Vorteile von Brainstorming-Werkzeugen auf unterschiedlichen Tools angewendet werden und die Unterscheidung der Klassen nicht berücksichtigt wird. Es dürfen daher keine Schlüsse außerhalb des Rahmens gezogen werden, in dem die betreffende Technologie eingesetzt wird. Ebenfalls kann anhand eines Anwendungsbeispiels, im Rahmen dessen Technologie einer bestimmten Klasse zum Einsatz kommt, nicht gleich automatisch festgestellt werden, mit welcher Wirkung zu rechnen ist, wenn andere dieser Klasse zugehörige Werkzeuge eingesetzt werden. Erst die Analyse des durch Technologien unterstützten Prozesses anstelle der ausschließlichen Betrachtung von Technologien lässt das Aufstellen gültiger Vergleiche und begründeter Schlüsse zu (Briggs 2006). Als ein Beispiel für die Anwendung des Theory Motivated Designs wird nachfolgend die Entwicklung von Activation-Supporting Components vorgestellt.

2.2 Anwendungsbeispiel Activation-Supporting Components

Bei vielen Tätigkeiten hängen die Ergebnisse oft von der Integration und Partizipation der Teilnehmer ab, wie beispielsweise anhand von Open Innovation Projekten oder Ideenwettbewerben zu erkennen ist, bei denen die Aufgabe darin liegt, vielfältige Ideen zu generieren (Leimeister et al. 2009). Entscheidend für den Erfolg solcher Projekte ist die aktive Teilnahme der Zielgruppe. Um dies zielgerichtet unterstützen zu können, wird die Theorie der Activation-Supporting Components nach Leimeister et al. (2009) vorgestellt, die auf dem Motive-Incentive-Activation-Behavior Model (MIAB) von Rosenstiel (2003) basiert. In diesem Zusammenhang sollen von den Erkenntnissen des MIAB Models ausgehend Artefakte zur Aktivierung und Stärkung der Partizipation entwickelt werden.

2.2.1 Das Motive-Incentive-Activation-Behavior Model (MIAB)

Das Verhalten von Menschen wird nicht nur von Motiven gelenkt, sondern zusätzlich durch externe Faktoren und Situationen (Anreize) stark beeinflusst. Das Motive-Incentive-Activation-Behavior Model (MIAB) beschreibt, wie durch Anreize Verhalten hervorgerufen werden kann (Abb. 2.2).

Ein Motiv ist eine zeitlich relativ konstante und situationsabhängige Verhaltenstendenz. Das Wort wird im Sprachgebrauch synonym mit den Begriffen Beweggrund, Antrieb, Leitgedanke oder Bedürfnis verwendet. Motive entstehen im Laufe des individuellen Sozialisierungsprozesses und resultieren in bestimmten Situationen in spezifischem Verhalten (Ebner et al. 2008).

In diesem Zusammenhang ist auch der Begriff der Aktivierung von Bedeutung: Er besagt, dass Individuen auf interne oder externe Anreize (engl. Incentive) reagieren. Ein An-

Abb. 2.2 Motive Incentive
Activation Behavior Model
(nach Rosenstiel 2003)

reiz ist eine wahrgenommene Reaktion, die von einem angeborenen Verlangen bis zu einer
monetären Vergütung reichen kann. Durch das Auslösen des Anreizes wird ein Verhalten
aktiviert.

Verschiede Motivationskonzepte bauen auf dem MIAB Model auf und unterscheiden
zwischen intrinsischer (innerer) und extrinsischer (externer) Motivation (Herzberg et al.
1959; Heider 1982; Deci und Ryan 1985). Während intrinsische Motive dann bestehen,
wenn Individuen ein Verhalten äußern, ohne dass externe Einflüsse oder Anreize vorhanden sind, sind extrinsische Motive von externen Anreizen abhängig. Beinflussbar sind
somit nur extrinsische Motive. Dies kann verwendet werden, um durch Verstärkung von
Anreizen ein erwünschtes Verhalten (Teilnahme an einer Ideenplattform) der Teilnehmer
zu bewirken bzw. durch das Auslassen von Anreizen andere Verhalten nicht zu fördern.
Um aber herauszufinden und zu verstehen, wie genau Anreize verstärkt werden können,
müssen zunächst Motive und Quellen der Motivation einer näheren Betrachtung unterzogen werden.

2.2.2   Arten der Motivation

Wie bereits erwähnt, unterscheiden verschiedene Motivationskonzepte zwischen intrinsischer und extrinsischer Motivation. Abbildung 2.3 stellt die beiden Arten dar und differenziert innerhalb der Ausprägungen in fünf Motivationsquellen.

Arten der intrinsischen Motivation   Die intrinsische Motivation gliedert sich in intrinsische Prozessmotivation und internes Selbstverständnis auf. Intrinsische Prozessmotivation liegt vor, wenn die Arbeit an sich, also der Spaß oder die Freude diese auszuführen,
und nicht das Ziel der Arbeit das Motiv ist. Internes Selbstverständnis ist die Quelle der
Motivation, wenn eigene Werte, Einstellungen und Kompetenzen ein Verhalten hervorrufen, das diese bestärkt (Barbuto und Scholl 1999).

Intrinsische Motive werden durch die Handlung selbst befriedigt (Schanz 1991b). Sie
liegen dann vor, wenn Tätigkeiten, z. B. ein Hobby, nur um ihrer selbst willen ausgeübt
werden, und steigen mit der Übereinstimmung zwischen Wünschen eines Individuums
und seiner Aufgabe. Dies ist beispielsweise dann der Fall, wenn Teilnehmer einer Ideenplattform oder Community nach Selbstverwirklichung streben oder Spaß daran haben,
neue Ideen zu entwickeln (Leimeister et al. 2009).

Abb. 2.3 Die 5 Quellen der
Motivation am Beispiel der
Nutzung von Enterprise Wikis.
(In Anlehnung an Lin 2013)

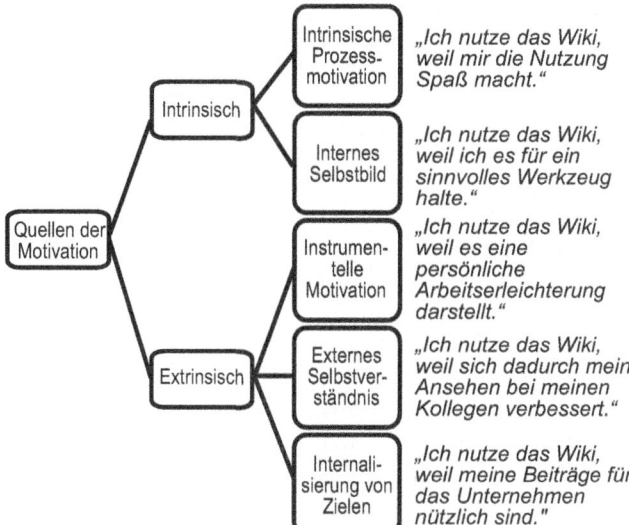

Arten der extrinsischen Motivation   Im Gegensatz dazu liegt extrinsische Motivation dann
vor, wenn Tätigkeiten nicht um ihrer selbst willen ausgeübt, sondern durch einen externen
Anreiz initiiert werden. Externe Motive sind somit Mittel zum Zweck der Bedürfnisbe-
friedigung (Schanz 1991a). Barbuto und Scholl (1999) nennen drei Quellen extrinsischer
Motivation: Instrumentelle Motivation, externes Selbstverständnis und Internalisierung
von Zielen. Instrumentelle Motivation liegt vor, wenn ein Verhalten zu bestimmten direkten Kompensationen führt. Direkte Kompensationen sind z. B. materielle Werte wie Geld
oder immaterielle wie Karriereoptionen oder das Streben nach Macht (McClelland 1985).
Das Auftreten von immateriellen Kompensationen, die z. B. Zugang zu bestimmtem Wissen oder anderen geschützten Inhalten darstellen können, ist auf vielfältige Weise möglich.
Die Motivationsquelle externes Selbstverständnis basiert auf dem eigenen Selbstbild und
Erwartungen einer korrespondierenden sozialen Rückmeldung und Anerkennung (Barbuto und Scholl 1999). Mitglieder einer sozialen Gruppe verhalten sich z. B. so, dass sie
die Erwartungen anderer Gruppenmitglieder erfüllen, akzeptiert werden und einen Status
erlangen. Hierzu zählt auch Verhalten, das der Selbstdarstellung dient und eine Profilie-
rungsmöglichkeit gegenüber anderen darstellt. Für die Internalisierung von Zielen hingegen sorgt eine Motivationsquelle, die auf der Verinnerlichung gesellschaftlicher Normen
und Werte basiert (Barbuto und Scholl 1999).

2.2.3   Components for Activation and Participation Support

Extrinsische Motivationsquellen bieten im Gegensatz zu intrinsischen Motivationsquellen Ansatzpunkte zur Manipulation und somit zur Beeinflussung eines Verhaltens an. So

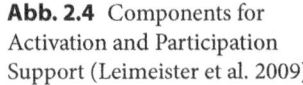 **Abb. 2.4** Components for Activation and Participation Support (Leimeister et al. 2009)

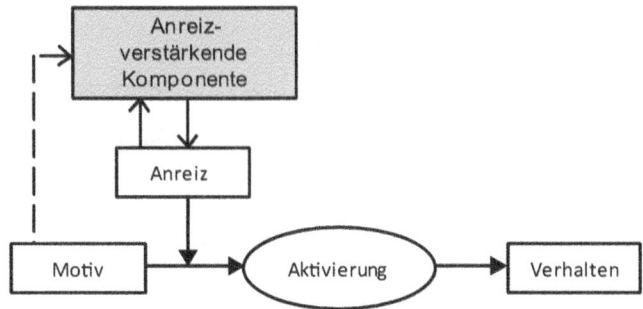

können externe Anreize gezielt geschaffen werden, um Motivation und erwünschte Verhaltensweisen hervorzurufen. Solche Verhaltensmanipulationen können durch anreizverstärkende Komponenten erzielt werden.

Basierend auf dem Ansatz des Theory Motivated Designs wurde das MIAB Model (Abb. 2.4) mit der Erweiterung einer anreizverstärkenden Komponente aus der Motivationstheorie heraus entwickelt. Demnach können anreizverstärkende Komponenten gestaltet werden, die den aus der Theorie abgeleiteten Effekt hervorrufen (Aktivierung und Stärkung der Partizipation). Werden diese Komponenten implementiert, können z. B. bei Teilnehmern, die auf Internetplattformen agieren, extrinsische Motive angesprochen werden, was anschließend zu der Partizipation der Teilnehmer führt.

2.3 Zusammenfassung

Das Kap. 2 behandelt Theorien und geht dabei auf deren Bedeutung für die Zusammenarbeit ein. Theorien bilden dabei Ursache-Wirkungs-Zusammenhänge. Es wird auf die Verwendung der Theorien zur Lösung von Problemen und auf das Aufstellen von Ursachen und Wirkungsmechanismen für die Forschung eingegangen. Anhand des Theory Motivated Design Ansatzes nach Briggs wird erläutert, wie theoretische Ansätze helfen, die Zusammenarbeit zu gestalten oder zu verbessern. Je nach genutzter Theorie können verschiedene Ergebnisse erreicht werden, wie z. B. Verbesserungen im Bereich der Effektivität, der Kreativität, dem Zusammenhalt oder der Zufriedenheit. Als Beispiel des Theory Driven Designs werden die Activation-Supporting Components nach Leimeister et al. (2009) vorgestellt und deren Herleitung diskutiert.

In den folgenden Kapiteln wird noch näher auf den Einsatz von Theorien und Theory Motivated Design in der Kollaboration eingegangen, vor allem in Kap. 5 mit der Focus Theory of Group Productivity, der Yield Shift Theory of Satisfaction und der Consensus Building Theory.

2.4 Wiederholungsfragen

1. Beschreiben Sie die Begriffe Theorie, These und Theorem und grenzen Sie sie voneinander ab.
2. Welche Vorteile hat der Einsatz von Theorien bei der Gestaltung der Zusammenarbeit?
3. Beschreiben Sie Theory Motivated Design.
4. Welche Theorien der Zusammenarbeit kennen Sie?
5. Beschreiben Sie den Ansatz „Activation Supportin Components" und gehen dabei insbesondere auf die eingesetzte Theorie ein.

Verwendete Literatur

Barbuto, J. E., & Scholl, R. W. (1999). ‚Leaders' sources of motivation and perceptions of followers' motivation as predictors of leaders' influence tactics used' *Psychological Reports, 84,* 1087–1109.

Briggs, R. O. (2006). On theory-driven design and deployment of collaboration systems. *International Journal of Human-Computer Studies, 64,* 573–582.

Briggs, R. O., de Vreede, G.-J., & Nunamaker, J. F. Jr. (2003a). Collaboration engineering with Think-Lets to pursue sustained success with group support systems. *Journal of Management Information Systems, 19,* 31–64.

Card, S. K. (1988). Theory-driven design research. In McMillan G. R., Beevis, D., Salas, E., Sturb, M. H., & Sutton R. (Hrsg.) *Applications of Human Performance Models to System Design* (pp. 501–509). New York-London: Plenum Press.

Deci, E. L, & Ryan, R. M. (1985). *Intrinsic motivation and self-determination in human behavior.* New York: Plenum Press.

Ebner, W. Leimeister, M., Bretschneider, U., & Krcmar, H. (2008). Leveraging the wisdom of crowds: Designing an IT-Supported ideas competition for an ERP software company. *Proceedings of the 41st Annual Hawaii International Conference on System Sciences HICSS 2008, 49,* 417–427.

Heider, F. (2013). *The psychology of interpersonal relations.* Hilldale: Psychology Press.

Herzberg, F., Mausner, B., & Snyderman, B. B. (1959). The motivation to work. *Journal of Economic Issues, 51*(4), 157.

Leimeister, J. M., Huber, M., Bretschneider, U., & Krcmar, H. (2009). Leveraging crowdsourcing: Activation-Supporting components for IT-Based ideas competition. *Journal of Management Information Systems, 26,* 197–224.

Lewin, K. (1952). *Field theory in social science: Selected theoretical papers.* D. Cartwright (Hrsg.). London: Tavistock.

Lin, D. (2013). Die fünf Quellen der Motivation bei der Nutzung von Enterprise Wikis. *11th International Conference on Wirtschaftsinformatik,* 643–657.

McClelland, D. C. (1987). *Human motivation.* New York: Cambridge University Press.

Rosenstiel, L. von. (2003). *Grundlagen der Organisationspsychologie-Basiswissen und Anwendungshinweise* (5. überarbeitete Aufl.). Stuttgart: Schaeffer-Poeschel.

Schanz, G. (1991a). *Motivationale Grundlagen der Gestaltung von Anreizsystemen* (S. 3–30). Stuttgart: Poeschel.

Schanz, G. (1991b). *Handbuch Anreizsysteme.* Stuttgart: Schaeffer-Poeschel.

Shepherd, M. M., Briggs, R., Reinig, B. A., Yen, J., & Nunamaker, J. F. Jr. (1995). Invoking social comparison to improve electronic brainstorming: Beyond anonymity. *Journal of Management Information Systems, 12,* 155–170.

Unterstützung der Zusammenarbeit

3

Zusammenfassung

Zusammenarbeit tritt in soziotechnischen Systemen auf (Koch und Gross 2007) (vgl. Abschn. 3.1). Diese bearbeiten Aufgaben und setzen sich aus Menschen und Technologien zusammen. Doch um die Zusammenarbeit zu unterstützen, muss diese gesteuert werden. Dafür wird die sogenannte Facilitation benötigt, die der Vorbereitung, Durchführung und Nachbereitung der Zusammenarbeit dient (vgl. Abschn. 3.2). Dafür muss ein Facilitator verschiedenen Aufgaben nachgehen: Zum einen muss er die Gruppe anleiten, um ein Gruppenziel erreichen zu können, aber zum anderen ist es auch seine Aufgabe, die Kommunikation und den Austausch in der Gruppe zu erleichtern. Ferner kann die Zusammenarbeit über moderne IKT unterstützt werden (vgl. Abschn. 3.3), was unter dem Begriff Computer Supported Collaborative Work (CSCW) zusammengefasst werden kann. Schließlich lässt sich noch die physische Umgebung, der Raum, in dem die Zusammenarbeit stattfindet, anpassen, um der Gruppe optimale Arbeitsbedingungen für die gemeinsame Tätigkeit zu geben (vgl. Abschn. 3.4).

Nachdem in Kap. 2 auf die Theorien der Zusammenarbeit eingegangen wurde, behandelt das folgende Kapitel die Unterstützung der Zusammenarbeit durch Technik und Menschen. Abschn. 3.1 gibt einen Überblick über soziotechnische Systeme und begründet, warum sowohl technische als auch menschliche Aspekte der Zusammenarbeitsunterstützung berücksichtigt werden müssen. In Abschn. 3.2 wird auf die Rolle der Facilitation und Moderation als Formen der menschlichen Unterstützung der Zusammenarbeit eingegangen sowie deren Ziele und Aufgaben diskutiert. Der anschließende Abschnitt beschreibt die technische Unterstützung der Zusammenarbeit. Dabei wird erst ein Einblick in die Entwicklung IKT-gestützter Zusammenarbeit bis hin zu Computer Supported Collaborative Work (CSCW) gegeben. Abschließend wird kurz auf die Gestaltung von Räumen für die Zusammenarbeit eingegangen.

J. M. Leimeister, *Collaboration Engineering*,
DOI 10.1007/978-3-642-20891-1_3, © Springer-Verlag Berlin Heidelberg 2014

Beispiel

Nachdem Frank von seinem Vorgesetzten die Aufgabe erhalten hat, das monatliche Meeting der Abteilungsleiter zu organisieren, ist er sich unsicher, wie er diese Aufgabe bewältigen soll. Um Hilfe zu erhalten, fragt er einen erfahrenen Kollegen, wie man den Ablauf eines Treffens gestalten könne, um optimale Ergebnisse zu erlangen und somit seinen Vorgesetzten zu beeindrucken. Der Kollege rät ihm, als Erstes die Teilnehmer per Mail anzuschreiben, um Themen für das Meeting zu sammeln und diese abzustimmen. Weiterhin müsse er die Rolle des Moderators übernehmen und sich überlegen, wie er das Meeting ausgestalten und die Teilnehmer führen will. Frank liest mehrere Artikel über die Unterstützung der Zusammenarbeit, während er auf die Antworten der Themennachfrage wartet. Er entscheidet sich für eine klassische Moderation und erstellt einen Moderationsplan, um den Teilnehmern auch schon vor dem Meeting einen Einblick in die zu bearbeitenden Themen zu geben. Über die Teilnehmer informiert er sich ebenfalls vorab, um für alle Eventualitäten gewappnet zu sein. Selbstsicher und mit einem guten Gefühl geht er anschließend in das Meeting.

3.1   Grundlagen soziotechnischer Systeme

Bevor im Folgenden auf die technische Unterstützung der Zusammenarbeit eingegangen wird, soll zunächst eine Einführung in soziotechnische Systeme stattfinden, in die sich CSCW und Groupware einreihen. Dieser Begriff geht auf Forschung durch das Londoner Tavistock Institute in den 1950er Jahren zurück (Trist und Bamforth 1951). Emery und Trist schreiben hierzu, dass das Management begreifen muss, dass der Unternehmenserfolg davon abhängt, wie die Organisation als soziotechnisches System funktioniert, diese daher nicht einfach als ein technisches System mit ersetzbaren Individuen, die in ein System eingefügt werden und sich diesem anpassen müssen (Emery et al. 1969), betrachtet werden kann. Der Begriff soziotechnisches System beinhaltet derweil drei Phrasen: System, Sozial und Technik. Diese sollen an dieser Stelle näher erläutert werden.

System Systeme verfolgen immer einen bestimmten Zweck und ein bestimmtes Ziel (Koch und Gross 2007). Einzelne Teile eines **Systems** können nicht alleine das Ziel erreichen, sich jedoch gegenseitig beeinflussen.

> Ein System ist die Gesamtheit einer aus mehreren Einzelteilen bestehenden funktionalen Einheit, die zur Ausführung einer bestimmten Aufgabe oder einer Reihe von Aufgaben dient.

Technisches System Technische Systeme sind als Subsysteme aufzufassen, da diese nicht unabhängig von anderen Systemen existieren. Sie können statisch bzw. dynamisch sein:

Dies bedeutet, dass **technische Systeme** im Gegensatz zu sozialen Systemen ausgeschaltet werden können (z. B. wird ein Computer nach der Benutzung heruntergefahren) (Herrmann 2001; Koch und Gross 2007).

> Technische Systeme sind das Ergebnis einer Produktion im Rahmen von Arbeit, deren Prozesse von außen gesteuert werden (etwa beim Auto) oder deren Selbststeuerung von außen vorgegeben ist (etwa beim Computer) oder bei denen die Veränderung der Selbststeuerung von außen lenkbar ist (Herrmann 2001).

Soziales System Während technische Systeme von außen durch die Umwelt gesteuert werden (z. B. benötigt ein Auto einen Fahrer, um seinen Zweck zu erfüllen), verhalten sich soziale Systeme autonom und werden durch die Umwelt lediglich beeinflusst. Sie umfassen folgende Charakterisierungsmerkmale:

- Ein soziales System bildet sich durch ein Geflecht von Kommunikationsprozessen zwischen Menschen.
- Jeder Kommunikationsakt schafft die Möglichkeit weiterer Kommunikation. Dadurch erfindet sich das System ständig neu und erhält sich selbst am Leben, es agiert autopoietisch[1].
- Die systeminterne Kommunikation nutzt und entwickelt ein Sprach- und Sinnsystem, das die Eigenarten dieses Systems abbildet. Durch die Kommunikation wird erkannt und festgelegt, wer oder was zum bzw. nicht zum System gehört. Diese Festlegung erfolgt aus diesem selbst heraus (selbstreferentielle Systeme).
- Durch die Kommunikation werden Erwartungen und Rechte thematisiert, durch die wiederum Rollen festgelegt werden, in denen Menschen als Mitglieder des sozialen Systems aktiv werden.

Der Betrachtung der einzelnen Phrasen des Begriffes nach bestehen soziotechnische Systeme aus einem technischen und einem sozialen Subsystem. Herrmann definiert ein soziotechnisches System daher als „eine Kombination aus organisatorischen, technischen, pädagogischen und kulturellen Strukturen und Interaktionen" (Koch und Gross 2007). Gross und Koch ergänzen Herrmanns Definition um eine Aufgabe und ein Ziel, welches durch den Einsatz eines soziotechnischen Systems erreicht werden soll.

Soziotechnisches System Ein soziotechnisches System besteht aus den einzelnen, oben beschriebenen Komponenten und lässt sich wie folgt definieren:

---

[1] Autopoiese ist der Prozess der Selbsterschaffung und -erhaltung eines Systems.

Ein soziotechnisches System ist eine organisierte Menge von Personen und Technologien, welche zur Erreichung eines bestimmten Ziels (der primären Aufgabe) ausgerichtet und strukturiert sind (Koch und Gross 2007).

Der Primäraufgabe kommt dabei eine besondere Bedeutung zu, da sie das **soziotechnische
System** und seine beinhalteten Teilsysteme zusammenhält (Koch und Gross 2007). Ziel
des Arbeitssystems ist die Verwandlung von Input in Output, die als primäre Aufgabe des
Systems angesehen wird (Sydow 1985). Ein primäres Arbeitssystem besteht aus einem von
der Umwelt abgegrenzten, technischen und sozialen Teilsystem. Dieses besteht aus Mitgliedern, die bestimmte aufgabenbezogene Rollen erfüllen. Diese Rollen lassen sich aus
der Arbeitsstruktur ableiten und werden neben der Persönlichkeit des Mitarbeiters von
Sydow als ebenso relevant erachtet (Sydow 1985).

3.2 Steuerung der Zusammenarbeit (Facilitation)

Die Facilitation verbindet die beteiligten Personen und ihre Beziehung zueinander, die zu
bewältigenden Aufgaben sowie die Möglichkeiten einsetzbarer Technik zur Realisierung
produktiver Ergebnisse im Rahmen der Zusammenarbeit. Ursachen für das Scheitern einer Zusammenarbeit können dabei u. a. Probleme bei der Planung, Konflikte unterschiedlicher Interessenvertreter, fehlende oder schlecht formulierte Ziele oder die eingesetzte
Technik sein. Solche Probleme führen zu einer hohen Anzahl von Treffen, die nicht die
gewünschten Ergebnisse erzielen und die aufgrund dessen finanziell sowie zeitlich mit zu
hohem Aufwand verbunden sind. Des Weiteren besitzen Gruppen nur bedingt die Fähigkeit zur Selbststeuerung. Je mehr Teilnehmer einer Gruppe angehören, desto schwieriger
wird die Bearbeitung von gemeinsamen Materialien: Beispielsweise wird bei dem gemeinsamen Verfassen oder Ändern bestehender Texte, Zeichnungen oder Tabellen durch die
fehlende Möglichkeit der Edition die Teilnahme aller Beteiligten erschwert. Diese und andere Gründe schränken den Nutzen der Zusammenarbeit ein und schmälern die eigentlichen Vorteile. Facilitation umschließt in diesem Kontext sowohl die Vorbereitung als auch
die Durchführung und Nachbereitung der Zusammenarbeit durch einen Außenstehenden
(Bostrom et al. 1993).

Facilitation
Facilitation ist ein dynamischer Prozess, der die Beziehungen zwischen Menschen,
Aufgaben und Technologie verwaltet sowie Aufgaben strukturiert und zur effektiven
Erfüllung der Sitzungsergebnisse beiträgt (Bostrom et al. 1993).

Abb. 3.1 Hauptaufgaben der Facilitation

Insbesondere der Einsatz von Methoden und dienlichen Technologien zur Förderung der Effektivität/Effizienz von Meetings, aber auch die Kenntnis über ihre Grenzen bildet den Inhalt von **Facilitation**, welche zwei Hauptaufgaben verfolgt (Dickson et al. 1996):

Hauptaufgaben der Facilitation

- **Task Interventions:** Hilfestellung für die Teilnehmer, damit diese sich auf die Aufgabe(n) der Zusammenarbeit konzentrieren können.
- **Interaction Interventions:** Anleitung, Förderung und Erleichterung der Kommunikation innerhalb der Gruppe (Abb. 3.1).

Der Einsatz von Facilitation ist keine Garantie für den Erfolg kollaborativer Arbeitsformen. Jedoch kann der Ausgang einer solchen gemeinsamen Anstrengung hinsichtlich der angestrebten Ergebnisse in die gewünschte Richtung gelenkt werden, wobei dies von den

Fähigkeiten des Facilitators abhängt (Bostrom et al. 1993). Was in diesem Zusammenhang ein Facilitator ist, welche Aufgaben ihm zukommen und welche Anforderungen an ihn gestellt werden, wird im Folgenden erläutert.

Facilitator Der Facilitator ist ein neutraler Unterstützer bei der Zusammenarbeit von Gruppen. Er ist sowohl für die Planung als auch für die methodische und technische Aufbereitung, Strukturierung, Umsetzung und damit für die Erleichterung solcher Arbeitssituationen verantwortlich. Hauptziel eines Facilitators ist es, die Zusammenarbeit zu fördern und die Gruppeninteraktion zu unterstützen. Obwohl der Facilitator sich nicht zwingend mit den bestehenden Inhalten auseinandersetzen muss oder darauf einwirken soll, ist Facilitation nur wirklich effektiv, wenn der Facilitator die Inhalte bei seiner Arbeit berücksichtigt, ohne sie jedoch zu beeinflussen. Auch wenn dem Einfluss des Facilitators nicht gänzlich ausgewichen werden kann, weil seine Beteiligung durch Fragetechniken, Problemformulierungen oder das Aufbereiten von Zwischenergebnissen nahezu unvermeidlich ist, kann er durch einen kompetenten und geschickten Facilitator doch minimiert werden. Die Anforderungen, die an einen Facilitator gestellt werden, formen somit ein vielseitiges Profil. Neben Kommunikationsvermögen benötigt der Facilitator Flexibilität, um auf neu entstehende Situationen und wechselnde Teilnehmer eingehen zu können. Weitere Eigenschaften des Facilitators sind beispielsweise das Verständnis für Gruppen und deren Zusammenarbeit hinsichtlich eindeutiger Ziele, das Fokussieren von gezielten Aufgaben oder Führungskenntnisse und -fähigkeiten. Störende Charaktereigenschaften eines Facilitators sind Egozentrik, das unbedingte Durchsetzen oder Einbringenwollen der eigenen Meinung, das Beeinflussen der Gruppe durch Angabe von Lösungshinweisen oder die Angst vor heiklen Situationen und Themen.

3.2.1 Aufgaben der Facilitation

Aus den Anforderungen an den Facilitator und den Gründen, die zu dessen Einsatz führen, ergeben sich konkrete Aufgaben an die Facilitation. Clawson et al. (1993) fassen diese nach empirischen Untersuchungen in 16 Aufgaben zusammen, die jeweils teilweise Task Interventions (T) oder Interaction Interventions (I) entsprechen:

- **Planen und erstellen (T):** Die Zusammenarbeit wird im Voraus durch den Facilitator geplant. Diese Planung umfasst sowohl die Abgrenzung von Ergebnisvorstellungen als auch das Festlegen eines Besprechungsprogramms und der Zeitplanung. Ferner werden die Gruppenaktivitäten hinsichtlich der geplanten Ziele und unter Berücksichtigung der Gruppenkonstellation festgelegt.
- **Zuhören, klären und Informationen integrieren (I):** Die Meinungen und Anliegen der Gruppe, beispielsweise hinsichtlich der Zieldefinition oder der Ablaufplanung, werden vom Facilitator berücksichtigt und einbezogen.

- **Flexibilität zeigen (T)(I):** Der Facilitator ist situativ wendig und kann sich flexibel auf verschiedene und parallele Anforderungen trotz einer vorherigen Planung einstellen („think on feet").
- **Gruppenziele fokussieren (T):** Der Facilitator bestimmt die gewünschten Ziele der Zusammenarbeit, legt sie der Gruppe offen und lenkt die Arbeit in die entsprechende Richtung.
- **Erstellen und Verstärken einer offenen, positiven und partizipativen Umgebung (I):** Facilitation regt die Beteiligung der Einzelnen an, beispielsweise durch Fragetechniken oder eingesetzte Technologien, und fördert die gleichverteilte Partizipation der Akteure, indem mögliche Dominanzunterschiede identifiziert und ausgeglichen werden.
- **Technologien auswählen und einrichten (T):** Die eingesetzten Technologien und Werkzeuge werden auf die Gruppe, die erforderlichen Aufgaben und gewünschten Ergebnisse abgestimmt.
- **Lenken und leiten von Treffen (T):** Die Leitung der Gruppe durch den Facilitator wird sowohl durch bestehende Strukturen (z. B. Ablaufpläne) als auch durch die angewendeten Technologien unterstützt. Hierfür ist es wichtig, die Gruppe mit eventuell unbekannten Aktivitäten vertraut zu machen, Zeitlimits zu setzen und Verhaltensregeln für den Umgang miteinander festzulegen.
- **Entwickeln und stellen der richtigen Fragen (T):** Zur bereits aufgeführten Anregung der Beteiligung der Teilnehmer ist es Aufgabe des Facilitators, geeignete Fragenarten zu wählen und entsprechende Fragen zu formulieren.
- **Eigenverantwortung stärken und Gruppenverantwortung fördern (T):** Der Facilitator achtet insbesondere darauf, dass die Gruppe ihre Verantwortung für die zu erarbeitenden Ergebnisse wahrnimmt, ohne diesen Vorgang jedoch inhaltlich zu beeinflussen oder zu beeinträchtigen.
- **Aktiv Beziehungen aufbauen (I):** Dem Facilitator kommt ebenso die Aufgabe zu, die Beziehungen zwischen den Teilnehmern zu fördern, aber auch sicherzustellen, dass die Mitarbeiter eine Beziehung zu ihm selbst aufbauen können. Für die positive Entwicklung dieser Bindungen sollte er aufmerksam die bestehenden und sich verändernden Emotionen der Teilnehmer wahrnehmen und einfühlsam berücksichtigen können. Konversationen außerhalb des Arbeitsinhalts können beispielsweise die Atmosphäre auflockern und Beziehungen fördern.
- **Selbstsicherheit zeigen (T)(I):** Um eine Gruppe anleiten und unterstützen zu können, benötigt der Facilitator ein selbstbewusstes Auftreten. Von Unruhen oder Drucksituationen sollte er sich nicht beeinflussen lassen. Vielmehr sollte er die Fähigkeit besitzen, solche Situationen mit Überzeugung und Durchsetzungsvermögen, aber auch mit der nötigen Ruhe und ohne Einfluss von Selbstdarstellung zu entschärfen.
- **Konflikte und negative Emotionen konstruktiv bewältigen (I):** Bei der kollaborativen Arbeit treten häufig Unstimmigkeiten oder sogar Konflikte auf. Der Facilitator kann in solchen Situationen die verschiedenen Meinungen und Divergenzen sowie bereits

sichtbare oder unsichtbare Übereinstimmungen herausfiltern und geeignete Hilfsmittel zur Unterstützung der Suche nach Übereinstimmung einsetzen.

- **Fördern/unterstützen vieler Perspektiven (I):** Durch den Einsatz verschiedener Techniken oder Methoden, aber auch durch das Einbringen gezielter Beispiele ist es Aufgabe des Facilitators, die Teilnehmer dazu anzuregen, die Arbeit und ihre Gedanken aus verschiedenen Blickwinkeln zu betrachten und damit einen möglichst weitläufigen Bezugsrahmen zu schaffen.

- **Technologien und deren Beschränkungen verstehen (T):** Der Einsatz von IKT ist ein wichtiger Bestandteil der Unterstützung von Meetings durch Facilitation. Für den Facilitator resultiert daraus die Anforderung, geeignete Systeme zu kennen und diese situativ anwenden zu können sowie ausreichende Kenntnisse zur Problembehebung zu besitzen, wenn technische Schwierigkeiten auftreten.

- **Technologien und Ergebnisse des Einsatzes von Technologie verständlich machen (T):** Um eine Gruppe in der Zusammenarbeit effektiv durch den Einsatz von IKT zu unterstützen, müssen die Teilnehmer über die Funktionen und Verfahrensweise einer solchen Software durch den Facilitator aufgeklärt und im Umgang damit angelernt werden. Treten in diesem Zusammenhang Probleme seitens der Teilnehmer auf, ist es Aufgabe des Facilitators, diese umgehend zu thematisieren und zu lösen.

- **Informationen der Gruppe präsentieren (T):** Der Facilitator sorgt für einen sicheren Informations- und Kommunikationsfluss innerhalb der Zusammenarbeit, u. a. auch durch das Ausgeben schriftlicher Informationen wie Arbeitszwischenstände oder Beiträge zu relevanten Themen. Dies beinhaltet das Verfassen eindeutiger Anweisungen, aber auch sprachliche Kompetenzen wie beispielsweise eine klare und deutliche Aussprache.

3.2.2 Moderation

Bei der Zusammenarbeit spielt der Faktor Mensch eine besondere Rolle. Seine Fähigkeit, in Gruppen zu interagieren, zu kommunizieren, Konflikte zu lösen oder gar Gruppen zu führen, hat einen entscheidenden Einfluss auf den Erfolg der Zusammenarbeit. Eine besondere Rolle kommt hierbei der Moderation zu, da es durch den Zusammenschluss mehrerer oder gar sehr vieler Personen zwangsläufig zu unterschiedlichen Gedanken, Erfahrungen, Bearbeitungsschwerpunkten und Zielen kommt. In diesem Zusammenhang wird im nachfolgenden Abschnitt zunächst darauf eingegangen, was erfolgreiche Moderation kennzeichnet, welche Ziele durch die Moderation von Arbeitsgruppen verfolgt werden und welche Rolle dabei dem Moderator selbst zuteil wird.

Abgeleitet aus dem lateinischen Wort moderare (mäßigen, lenken oder steuern), werden bei der **Moderation**

> „[…] Arbeitsgruppen unterstützt […] ein Thema, ein Problem oder eine Aufgabe,
> - auf die Inhalte konzentriert, zielgerichtet und effizient,
> - eigenverantwortlich,
> - im Umgang miteinander zufriedenstellend und möglichst störungsfrei
> - sowie an der Umsetzung in die alltägliche Praxis orientiert
>
> zu bearbeiten." (Hartmann et al. 1999, S 16).

Der Anreiz, Arbeitssituationen mithilfe von Moderation zu gestalten und zu verbessern, entstand vor allem durch das Problem, dass Widerstände auftraten hinsichtlich der Arbeitseffektivität und der Umsetzung erarbeiteter Maßnahmen in geleiteten, teilweise vom Leiter beeinflussten Arbeitsprozessen (Hartmann et al. 1999). Konflikte und Missverständnisse unter den Gruppenmitgliedern, deren teilweise ineffektive Beteiligung, defizitäre Kommunikation zwischen den Beteiligten aufgrund ungleich verteilter Dominanzverhältnisse und -verhaltensweisen sowie fehlende oder mangelhafte Strukturen innerhalb des Arbeitsprozesses stellen dabei weitere Schwierigkeiten und Probleme in Arbeitsgruppen dar. Diese stören die Effizienz der Zusammenarbeit und lassen Moderation im Rahmen der kollaborativen Arbeit sinnvoll werden (Matzdorf und Cohn 1992; Valacich et al. 1992). Der Erfolg von Moderation unterliegt zwei Faktoren: zum einen dem Einfluss der Gruppe, mit der Verantwortung und Motivation für die Beteiligung an der inhaltlichen Arbeit, dem Einbringen von eigenem Wissen, Erfahrungen und Ideen verbunden sind, und zum anderen dem Moderator, welcher als ein Unterstützungsorgan der Gruppe fungiert und der durch das Anwenden verschiedener Moderationsmethoden und -techniken den Arbeits- und Gruppenprozess strukturiert und damit optimiert. Hierbei bringt er sich aber weder inhaltlich ein noch ergreift er Partei für einzelne Teilnehmer oder deren Input (Hartmann et al. 1999).

Ziele der Moderation Moderation hat demnach zum Ziel, bestehende oder auftretende Probleme und Schwierigkeiten in Arbeitsgruppen zu erkennen und diese durch die Steuerung und Unterstützung eines Außenstehenden auszugleichen. Hauptziele sind hier:

- Die Beachtung und Nutzung des gesamten Gruppenwissens für hochwertige Ergebnisse,
- die Schaffung eines Arbeitsklimas ohne Hierarchien oder Dominanzverhältnisse,
- die Vermeidung von unsachlichen Störungen und das Zurückführen von Konflikten auf sachliche Inhalte
- sowie eine hohe Akzeptanz der erarbeiteten Ergebnisse durch die Eigenverantwortlichkeit der Teilnehmer (Hartmann et al. 1999).

Aufgaben des Moderators In Gruppenarbeitsprozessen spielen sich Aktionen auf der Gruppen-, Personen- und Aufgabenebene ab, denen der Moderator aufmerksam Beach-

Abb. 3.2 Computergestützte
Zusammenarbeit

tung schenken muss. Aus diesen Ebenen ergeben sich nach McGrath drei Funktionen
einer Moderation hinsichtlich der Erreichung der angestrebten Ziele (McGrath 1991):

- **Aufgabenbezogene Funktion:** Der Moderator ist verantwortlich für die Förderung des
  Arbeitsprozesses der Gruppe und die Schaffung einer Arbeitssituation, die eine angestrebte Lösungsfindung realisierbar macht.
- **Gruppenbezogene Funktion:** Ebenso bestehen an den Moderator Anforderungen hinsichtlich der Funktionalität der Gruppe als ein soziales Gebilde. Unterstützend wirkt
  hier beispielsweise die Einführung von Kommunikationsregeln (z. B. bei jeder Kritik
  eine Begründung liefern oder Verbesserungen aufzeigen).
- **Personenbezogene Funktion:** An dieser Stelle müssen die einzelnen Gruppenmitglieder und deren Beziehung untereinander beachtet und gefördert werden.

Diese Funktionen werden bei der Zusammenarbeit vom Moderator übernommen und koordiniert.

3.3 Technische Unterstützung der Zusammenarbeit

Der Grundgedanke computergestützter menschlicher Zusammenarbeit existierte bereits
lange vor der Entwicklung der ersten Rechnersysteme als theoretisches Konzept. In seinem
Artikel „As we may think" beschreibt Bush im Jahre 1945 ein aus heutiger Sicht gerade-
zu visionäres System (Winkler 1997), das er als Memex bezeichnet (Bush 1945). Dieses
dem heutigen Personal Computer ähnliche System sollte Menschen bei der Verarbeitung
von Informationen helfen und in diesem Zusammenhang auch Werkzeuge für die Interaktion untereinander zur Verfügung stellen (Winkler 1997; Möller 2005). Das von Bush
beschriebene *Memex* sollte hierbei dem Nutzer als ein Terminal dienen, an dem er diver-

se Buchseiten, die über Codes miteinander verknüpft sind, betrachten und diese mittels Fototechnik mit Bemerkungen versehen kann. Dabei erinnert das System nicht nur an modernen Hypertext, sondern auch an den aktiven Nutzer, der außer der Konsumierung von Inhalten diese auch kommentiert, bewertet, mit anderen verknüpft und letztendlich auch eigene Inhalte schafft (Abb. 3.2).

Computergestützte Zusammenarbeit In den 1960er Jahren tauchte die Idee computergestützter Zusammenarbeit in der Arbeit von Licklider wieder auf. Er wollte die in der Natur stattfindende Symbiose auf die Beziehung zwischen Mensch und Computer übertragen und sah darin die Hoffnung, dass in nicht allzu vielen Jahren menschliche Gehirne und Rechenmaschinen sehr eng aneinander gekoppelt sein würden und die daraus entstandene Partnerschaft denken würde, wie es noch kein menschliches Gehirn zuvor tat, und Daten in einer Weise verarbeiten würde, wie es Rechenmaschinen seinerzeit nicht taten (Licklider 1960). In dem späteren Beitrag „The Computer as a Communication Device" erfasste er in diesem Rahmen Methoden, die über die Kommunikation hinaus gingen und Aspekte der Kooperation beinhalteten (Licklider und Taylor 1968).

Als einen weiteren Schritt in diese Richtung, inspiriert durch die Vision von Bush, fasste Engelbart Charakteristika für ein computerbasiertes System zur Informationsorganisation zusammen und stellte im Jahre 1968 das oN-Line System (NLS) vor. Er zeigte am Beispiel von zwei Nutzern, die in einer Telekonferenz am gleichen Text arbeiteten, wie computergestützte Kooperation und Kommunikation implementiert werden könnten (Möller 2005).

Im Jahre 1981 verband erstmals das BITNET[2] Großrechner von wissenschaftlichen Institutionen und öffentlichen Forschungseinrichtungen in den USA miteinander. BITNET benutzte ein einheitliches Kommunikationsverfahren, das auch von Rechnernetzen wie dem European Academic Research Network eingesetzt wurde. So entstand ein weltweites, homogenes Rechnernetz, das zu Beginn der 1990er Jahre an die 3.500 Rechner in über 1.400 Organisationen miteinander vernetzte.

Computer Supported Collaborative Work/Groupware Gleichzeitig entwickelte sich im akademischen Umfeld der Begriff **Computer Supported Collaborative Work (CSCW)**, ein Ansatz zur Unterstützung der Arbeit von Individuen durch Technologie.

> CSCW betrachtet, wie Gruppen zusammenarbeiten, und versucht herauszufinden, wie Technologie (insbesondere Computer) diese unterstützen kann (Ellis et al. 1991).

---

[2] Ursprünglich stand das BITNET, ein kooperatives Rechnernetzwerk zwischen der City University of New York und der Yale University, als Abkürzung für „Because It's There Net" und wurde später in „Because It's Time Net" umbenannt.

Mit der Einführung des Internets erfolgte 1996 die Auflösung des BITNETs. Auf Grundlage des neuen weltweiten Netzwerks präsentierten aber in den folgenden Jahren große Softwareanbieter wie IBM unter dem Namen Groupware Softwarelösungen zur Unterstützung der täglichen Arbeitsprozesse von Gruppen. Stark geprägt durch das Marketing entwickelte sich diese Groupware nach Meinung einiger Autoren zeitweise zu einem Hype, dennoch erreichte es in vielen Unternehmen nicht den erhofften Erfolg, der zuvor von führenden Software-Anbietern in Aussicht gestellt worden war (Conlin 2005). In Kap. 9 wird näher auf Groupware eingegangen.

3.4   Räumliche Gestaltung für die Zusammenarbeit

Aufgrund der Veränderungen, denen die unterschiedlichen Formen der Zusammenarbeit ausgesetzt sind, steigen auch die Anforderungen an physische Umgebungen, in denen diese stattfinden soll. Die Zusammenarbeit von Teams und ihr Aufeinandertreffen in Konferenzen oder kooperativen Arbeitsphasen sind dabei geprägt durch einen hohen Grad an Flexibilität und Dynamik. Diesen Aspekten sind daher bei der Auswahl und Neugestaltung von Arbeitsräumen Aufmerksamkeit zu schenken. Hierzu existieren bereits verschiedene Ansätze aus unterschiedlichen Fachrichtungen wie Arbeitswissenschaften, Architektur oder auch Informationstechnik. Um den Anforderungen einer effizienten und kooperativen Arbeitsumgebung gerecht werden zu können, spielen verschiedene Faktoren eine wichtige Rolle. Von Bedeutung ist, zunächst einen sorgfältigen Planungsvorgang hinsichtlich angestrebter Ziele und Erwartungen an den Raum, in dem Zusammenarbeit stattfinden soll, vorzunehmen. Weiterhin sollte eine Bedarfs- und Anforderungsanalyse durchgeführt werden, um nicht nur eine gestalterisch angenehme Arbeitsatmosphäre zu schaffen, sondern zudem gezielt bestehende Beschränkungen und Probleme (beispielsweise des IKT-Einsatzes) der zu unterstützenden Zusammenarbeit zu relativieren. Auf die folgenden Aspekte sollten dabei nach Mittelmann bei der Gestaltung von kooperativen Arbeitsräumen eingegangen werden (Mittleman 1995):

- Einrichtung und Atmosphäre
- Anordnung und Ausstattung der Arbeitstische
- Gestaltung der Bildschirmplätze
- Darstellung und Visualisierung
- Infrastrukturelle Rahmenbedingungen
- Beleuchtung
- Akustik und Soundeffekte

3.5   Zusammenfassung

Das Kap. 3 behandelt die Unterstützung der Zusammenarbeit. Dabei werden zunächst die Grundlagen soziotechnischer Systeme vorgestellt. Anschließend wird auf die Facilitation eingegangen, eine Methodik zur Förderung und Unterstützung der Zusammenarbeit durch Menschen, nach der verschiedene Themen möglichst wirksam, zielorientiert und auf ihren Inhalt fokussiert bearbeitet werden sollen. Ein Facilitator ist ein neutraler Unterstützer der Zusammenarbeit in Gruppen. Er ist sowohl für die Planung als auch für die methodische und technische Aufbereitung, Strukturierung, Durchführung, Nachbereitung und damit für die Erleichterung solcher Arbeitssituationen verantwortlich. Die Facilitation unterliegt dabei zwei Hauptanforderungen: der Task Intervention (die Hilfestellung der Teilnehmer, sich auf die Aufgabe(n) der Zusammenarbeit zu konzentrieren) sowie der Interaction Intervention (die Anleitung, Förderung und Erleichterung der Kommunikation innerhalb der Gruppe). Dabei zielt die Facilitation nicht ausschließlich auf die Unterstützung von Face-to-Face-Meetings ab, sondern auch auf die Unterstützung von Gruppen, deren Teilnehmer räumlich und/oder zeitlich voneinander getrennt sind. Moderation wird dabei als eine besondere Art der Facilitation genannt, die Arbeitsgruppen unterstützt und zu dem Gruppenziel führt. Der nachfolgende Abschn. 3.3 beschäftigt sich mit der technischen Unterstützung der Zusammenarbeit. Dabei wird ein Überblick über die Entwicklung der IKT-gestützten Zusammenarbeit bis hin zum interdisziplinären Forschungsgebiet CSCW gegeben, welches die Gruppenarbeit und Zusammenarbeit sowie die unterstützenden Informations- und Kommunikationstechnologien behandelt. Abschließend wird in Abschn. 3.4 kurz auf das Thema der räumlichen Gestaltung der Zusammenarbeit eingegangen.

3.6 Wiederholungsfragen

1. Nennen und erläutern Sie ein soziotechisches System und gehen Sie dabei auf dessen Bestandteile ein.
2. Welche Arten der Unterstützung der Zusammenarbeit kennen Sie?
3. Wofür steht CSCW und erklären Sie dessen Bedeutung?
4. Nennen Sie die beiden Hauptaufgaben der Facilitation und beschreiben Sie diese.
5. Nennen Sie die Ziele der Facilitation und der Moderation.

Verwendete Literatur

Barbuto, J. E., & Scholl, R. W. (1999). Leaders' sources of motivation and perceptions of followers' motivation as predictors of leaders' influence tactics used. *Psychological Reports, 84*, 1087–1109.

Bostrom, R. P., Anson, R., & Clawson, V. K. (1993). Group facilitation and group support systems. In: L. M. Jessup & J. S. Valacich (Hrsg.), *Group support systems new perspectives* (S. 146–168). New York: Macmillan.

Briggs, R. O. (2006). On theory-driven design and deployment of collaboration systems. *International Journal of Human-Computer Studies, 64*, 573–582.

Briggs, R. O., de Vreede, G.-J., & Nunamaker, J. F. Jr. (2003). Collaboration engineering with think-Lets to pursue sustained success with group support systems. *Journal of Management Information Systems, 19*, 31–64.

Bush, V. (1945). As we may think. *The Atlantic Monthly, 176*, 101–108.

Card, S. K. (1988). Theory-driven design research. In: McMillan, G. R., Beevis, D., Salas, E., Sturb, M. H., & Sutton R. (Hrsg.) *Applications of human performance models to system design* (S. 501–509). New York-London: Plenum Press.

Clawson, V. K., Bostrom, R. P., & Anson, R. (1993). The role of the facilitator in computer-supported meetings. *Small Group Research, 24*, 547–565.

Conlin, M. (2005). E-mail is so five minutes ago. *Business Week, 3961*, 111–112.

Deci, E. L., & Ryan, R. M. (1985). *Intrinsic motivation and self-determination in human behavior.* New York: Plenum Press.

Dickson, G. W., Lee-Partridge, J. E., Limayem, M., & Desanctis, G. L. (1996). Facilitating computer-supported meetings: A cumulative analysis in a multiple-criteria task environment. *Group Decision and Negotiation, 5*(1), 51–72.

Ebner, W., Leimeister, M., Bretschneider, U., & Krcmar, H. (2008). *Leveraging the wisdom of crowds: Designing an IT-supported ideas competition for an ERP Software Company.* Proceedings of the 41st Annual Hawaii International Conference on System Sciences HICSS 2008 49, 417–17.

Ellis, C. A., Gibbs, S. J., & Rein, G. L. (1991). Groupware: Some issues and experiences. *Communications of the ACM, 34*, 39–58.

Emery, F. E., Thorsrud, E., & Trist, E. L. (1969). *Form and content in industrial democracy: Some experiences from Norway and other European countries* (Bd. 3). London: Tavistock Publications.

Hartmann, M., Rieger, M., & Funk, R. (2007). *Zielgerichtet moderieren: ein Handbuch für Führungskräfte, Berater und Trainer.* Weinheim: Beltz.

Heider, F. (2013). *The psychology of interpersonal relations.* Hilldale: Psychology Press.

Herrmann, T. (2001). Kommunikation und Kooperation. In: G. Schwabe, N. Streitz N, & R. Unland R (Hrsg.), *CSCW Kompendium* (S. 15–25). Springer.

Herzberg, F., Mausner, B., & Snyderman, B. B. (1959). The motivation to work. *Journal of Economic Issues, 51*(4), 157.

Koch, M., & Gross, T. (2007). Computer-supported cooperative work. *Enzyklopädie der Wirtschaftsinformatik OnlineLexikon, 18*, 204.

Leimeister, J. M., Huber, M., Bretschneider, U., & Krcmar, H. (2009). Leveraging crowdsourcing: Activation-supporting components for IT-based ideas competition. *Journal of Management Information Systems, 26*, 197–224.

Lewin, K. (1952). *Field theory in social science: Selected theoretical papers.* D. Cartwright (Hrsg.). London: Tavistock.

Licklider, J. C. R. (1960). Man-computer symbiosis. *Ire Transactions On Human Factors In Electronics*, HFE-1, 4–11.

Licklider, J. C. R., & Taylor, R. W. (1968). The computer as a communication device. *Science and technology, 76*(2), 3.

Lin, D. (2013). Die fünf Quellen der Motivation bei der Nutzung von Enterprise Wikis. *11th International Conference on Wirtschaftsinformatik*, 643-657.

Matzdorf, P., & Cohn, R. C. (1992). *Das Konzept der themenzentrierten Interaktion* (S. 39–92). TZI. Pädagogisch-therapeutische Gruppenarbeit nach Ruth C. Cohn. Stuttgart: Klett-Cotta.

McGrath, J. E. (1991). Time, interaction, and performance (TIP): A theory of groups. *Small Group Research, 22*, 147–174.

Mittleman, D. D. (1995). Planning and design considerations for computer supported collaborative environments. *Journal of the Association for Information Systems, 10*.

Möller, E. (2005). Die heimliche Medienrevolution – Wie Weblogs, Wikis und freie Software die Welt verändern. *Telepolis*, 240.

Rosenstiel, L. von (2003). *Grundlagen der Organisationspsychologie-Basiswissen und Anwendungshinweise,* (5. überarbeitete Aufl.). Stuttgart: Schaeffer-Poeschel.

Schanz, G. (1991a). *Motivationale Grundlagen der Gestaltung von Anreizsystemen* (S. 3–30). Stuttgart: Poeschel.

Schanz, G. (1991b). *Handbuch Anreizsysteme.* Stuttgart: Schaeffer-Poeschel.

Shepherd, M. M., Briggs, R., Reinig, B. A., Yen, J., & Nunamaker, J. F. Jr. (1995). Invoking social comparison to improve electronic brainstorming: Beyond anonymity. *Journal of Management Information Systems, 12,* 155–170.

Sydow, J. (1985). *Organisationsspielraum und Büroautomation.* Berlin: de Gruyter.

Trist, E. L., & Bamforth, K. W. (1951). Some social and psychological consequences of the Longwall method of coal-getting. *Human Relations, 4,* 3–38.

Valacich, J. S., Jessup, L. M., Dennis, A. R., & Nunamaker, J. F. (1992). A conceptual framework of anonymity in Group Support Systems. *Group Decision and Negotiation, 1,* 219–241.

Winkler, H. (1997). *Docuverse: Zur Medientheorie der Computer.* München: Boer Verlag.

Einführung in Collaboration Engineering

4

Zusammenfassung

Collaboration Engineering (CE) ist ein systematischer Ansatz zur Ausgestaltung von wiederholbaren Kollaborationsprozessen. Er hat zum Ziel, die Effizienz und Effektivität der gemeinsamen Bemühungen und Aufwendungen von Menschen in Organisationen zu erhöhen (vgl. Kolfschoten et al. 2006a). Collaboration Engineering ist ein Ansatz zur Entwicklung und zur Umsetzung von Kollaborationsprozessen, die von Practitioners (vgl. Abschn. 3.3) ausgeführt werden können, um hochwertige, wiederkehrende Aufgaben zu erfüllen (vgl. Kolfschoten et al. 2006b). In diesem Kapitel werden die Rollen im Collaboration Engineering (Collaboration Engineer, Facilitator, Practitioner) dargestellt. Zur Entwicklung von Kollaborationsprozessen existieren zudem drei Hauptkonzepte im Collaboration Engineering, die nachfolgend erläutert werden: Hierbei handelt es sich um den Collaboration Engineering Prozess, das Sechs-Ebenen-Modell des Collaboration Engineerings und der Kollaborations-Prozess-Design-Ansatz.

Dieses Kapitel erläutert in Abschn. 4.1 Collaboration Engineering mit seinen Grundlagen und Rollen. Abschnitt 4.2 bietet mit dem Collaboration Engineering Prozess, dem Sechs-Ebenen-Modell des Collaboration Engineerings und dem Kollaborations-Prozess-Design-Ansatz einen Überblick über die Vorgehensweisen im Rahmen des Collaboration Engineerings, die in den folgenden Kapiteln weiter erläutert werden. Abschließend werden die zentralen Inhalte des Kapitels kurz zusammengefasst.

Beispiel

Der Geschäftsführer eines mittelständischen Unternehmens beauftragt für die Planung und Durchführung von Workshops im Rahmen des KVP (kontinuierlichen Verbesserungsprozesses) einen externen Berater. Um die begrenzte Zeit der beteiligten Führungskräfte effizient und effektiv zu nutzen und einen konsistenten Maßnahmenplan zu entwickeln, berücksichtigt der Berater als Collaboration Engineer alle Ebenen der

J. M. Leimeister, *Collaboration Engineering*,
DOI 10.1007/978-3-642-20891-1_4, © Springer-Verlag Berlin Heidelberg 2014

Kollaboration: Von der Abstimmung der Workshopziele mit der Geschäftsführung bis zur Umsetzung des Workshopkonzepts in einer Abfolge von ausgearbeiteten, werkzeugunterstützten Aktivitäten entwickelt er ein Skript, das im Unternehmen wiederholt und mit planbarem Erfolg eingesetzt werden kann.

Organisationen greifen oft auf externe Facilitatoren zurück, wenn Kollaborationssituationen entstehen, die besondere Formen der Zusammenarbeit erfordern. Sollen beispielsweise in funktionsübergreifenden Teams in Unternehmen neue Geschäftsfelder aufgedeckt oder Produktideen generiert werden, kann ein professioneller Experte einen Workshop konzipieren und leiten. Diese Experten stehen jedoch selten regelmäßig und dauerhaft zur Verfügung. Jeden Workshop neu zu konzipieren, auch wenn es sich um eine wiederkehrende Aufgabe handelt, kann daher mit hohem organisatorischem Aufwand, hohen Kosten und geringen Möglichkeiten, aus vorherigen Kollaborationsprozessen zu lernen, verbunden sein. Wäre es also nicht wünschenswert, den „Facilitator in die Kiste packen" zu können, d. h. Werkzeuge zur Verfügung zu haben, mit denen wiederkehrende Kollaborationsprozesse auch ohne Einsatz von spezialisierten Facilitatoren effizient entwickelt und durchgeführt werden können? Collaboration Engineering hat genau dies zum Ziel.

4.1   Grundlagen des Collaboration Engineerings

Herausforderungen der Zusammenarbeit Viele Organisationen sind für Ihren Erfolg auf Kollaboration angewiesen (Mintzberg 1983). Kollaboration ist dabei ein wiederkehrender Prozess, welcher erst durch die gemeinsamen und vereinigten, geistigen Bemühungen mehrerer Menschen komplettiert wird (vgl. Kap. 1). Beispiele hierfür sind u. a. die betriebliche Risikobewertung, das Auswerten von Angeboten, das Dokumentieren von Projektvorschlägen oder auch die Anforderungserhebung im Rahmen von Softwareprojekten. Kollaboration kann zwar einen erheblichen Mehrwert bieten, birgt jedoch nicht ausschließlich Vorteile: Zielkonflikte, unzuverlässige Informationen, Kommunikationsarmut, unzureichende Argumentationsprozesse und Ablenkung können die Effizienz der Gruppe behindern und den möglichen Nutzen der Zusammenarbeit beschränken. Diese Schwierigkeiten vergrößern sich, wenn die Mitwirkenden dezentral verteilt sind, wie es in einem globalisierten Wirtschaftsumfeld oft der Fall ist (Kolfschoten et al. 2006a).

Technologien und Facilitation zur Unterstützung der Zusammenarbeit Um die Effizienz und Effektivität der Kollaboration zu erhöhen, nutzen viele Unternehmen unterstützende Technologien, wie z. B. Gruppenunterstützungssysteme (vgl. Abschn. 9.4.4). Gute Technologien reichen jedoch nicht aus; der Wert der Technologie hängt davon ab, wie geschickt und zielgerichtet sie eingesetzt wird (Kolfschoten et al. 2006a). Ungeschickt eingesetzte Technologien setzen deshalb nicht unbedingt die erwünschte Gruppenproduktivität frei (de Vreede et al. 2003). Da die Techniken (z. B. Moderationsmethoden) zur Steigerung der Leistung von Gruppen teilweise wenig einleuchtend für Fachfremde zu sein scheinen, sind einige Organisationen auf die Arbeit professioneller Facilitatoren angewiesen. Diese können den Prozess der Zusammenarbeit planen und entwerfen sowie die Gruppe bei ihrer Arbeit durch den Einsatz von Techniken und Technologien begleiten und unterstützen, um die Effektivität und Effizienz der Zusammenarbeit zu erhöhen (Kolfschoten et al. 2006a). Auch wenn die Forschung zeigt, dass der Einsatz von Facilitatoren den Erfolg kooperativer Bemühungen ansteigen lässt (de Vreede et al. 2002), kann es dennoch schwierig sein, die Unterstützung durch Facilitatoren in Organisationen dauerhaft zu ermöglichen. Der Einsatz derartiger externer Berater ist oftmals sehr teuer, insbesondere wenn diese bei wiederkehrenden Aufgaben dauerhaft benötigt werden. Bei Mitarbeitern, die innerhalb der Organisationen als interne Facilitatoren arbeiten, kommt es außerdem häufig vor, dass sie dieses Feld schnell verlassen, um neue Herausforderungen anzunehmen (Agres et al. 2005). Besonders bei wiederkehrenden, hochwertigen Arbeitsprozessen, die kritisch für den Erfolg oder Misserfolg eines Unternehmens sein können, besteht somit eine essenzielle Herausforderung darin, Kollaborationsprozesse nachhaltig, reproduzierbar und unabhängig von einzelnen Akteuren zu designen.

4.1.1 Definition des Collaboration Engineerings

Collaboration Engineering begegnet den zu Beginn von Abschn. 4.1 beschriebenen Herausforderungen. Als ein neuer Ansatz für die Ausgestaltung von Kollaborationsprozessen strebt Collaboration Engineering an, einige Vorteile der Facilitation auch Gruppen bereitzustellen, die keinen Zugang zu professionellen Facilitatoren haben: So hat, wie jede Form der Unterstützung von Zusammenarbeit, auch **Collaboration Engineering** zum Ziel, die Effizienz und Effektivität der gemeinsamen Bemühungen und Aufwendungen von Menschen in Organisationen zu erhöhen. Es versucht, durch ingenieurmäßige Gestaltung einen professionellen Facilitator in wiederkehrenden Aufgaben ersetzbar zu machen.

> Collaboration Engineering ist ein Ansatz zur Entwicklung und zur Umsetzung von Kollaborationsprozessen, die von Practitioners ausgeführt werden können, um hochwertige, wiederkehrende Aufgaben zu erfüllen (Kolfschoten et al. 2006b).

Collaboration Engineering für hochwertige, sich wiederholende Aufgaben Collaboration Engineering ist, wie bereits erwähnt, auf hochwertige, sich wiederholende Aufgaben ausgerichtet. Eine Aufgabe ist dann als hochwertig zu bezeichnen (high-value task), wenn die Organisation aus der Ausführung dieser Aufgaben einen erheblichen Wert ziehen kann oder beträchtliche Einbußen verhindert werden können. Eine Aufgabe gilt als wiederholbar (recurring task), wenn sie mehrmals und mit gleichwertigem Prozessablauf wiederholt wurde bzw. werden kann (Kolfschoten et al. 2006a). Collaboration Engineering visiert wiederholbare Aufgaben an, da Organisationen dabei häufig nur mit knappen Ressourcen (z. B. Planungsaufwand, Arbeitszeit der Teilnehmer etc.) auskommen müssen, die wiederum mit Kosten verbunden sind. Werden diese Ressourcen, insbesondere die Arbeitsleistung eines Collaboration Engineers, zur Verbesserung wiederholbarer Aufgaben eingesetzt, tritt der Nutzen der verbesserten Entwürfe bei jeder Aufgabe in Erscheinung. Je häufiger eine Aufgabe z. B. im Unternehmen ausgeübt wird, desto höher ist demnach der Nutzen für die Organisation aus dem Einsatz des Collaboration Engineerings. Außerdem fokussiert Collaboration Engineering hochwertige Aufgaben, weil der Gewinn bei erfolgreicher Durchführung dieser Tätigkeiten den Erfolg und Gewinn geringwertiger Aufgaben bei weitem übersteigt und somit auch den Unternehmen einen größeren Nutzen beschert (Kolfschoten et al. 2006a). Für die Planung, den Test und die Durchführung von Kollaborationsprozessen für einmalige, nicht-hochwertige Aufgaben wäre der relativ hohe Aufwand, den das systematische Vorgehen des Collaboration Engineerings verursacht, allerdings unverhältnismäßig.

4.1.2 Rollen im Collaboration Engineering

Collaboration Engineering strebt die Gestaltung von Gruppenprozessen in einer solchen Form an, dass sie leicht und erfolgreich von Teams angewendet werden können, die keinen professionellen Facilitator zur Verfügung haben. Somit können neben der in Kap. 3 beschriebenen Facilitatorrolle zwei weitere Hauptrollen im Collaboration Engineering unterschieden werden. Hierbei handelt es sich um den Collaboration Engineer und den Practitioner. Da das Collaboration Engineering zum Ziel hat, wiederholbare Prozessdesigns übertragbar und unabhängig von professionellen Facilitatoren ausführbar zu machen, können die Rollen nach den Aufgaben in der Prozessentwicklung und der Prozessdurchführung getrennt werden:

Die Rolle des Collaboration Engineers Der Collaboration Engineer entwickelt und dokumentiert einen kollaborativen Prozess, der leicht und erfolgreich an einen Practitioner übermittelt werden kann. Das bedeutet, dass der Practitioner in die Lage versetzt werden soll, diesen Prozess künftig ohne weitere Hilfe eines Collaboration Engineers ausüben zu können (Kolfschoten et al. 2006a). Der Collaboration Engineer steht dabei vor einer größeren Herausforderung als der professionelle Facilitator, denn im Gegensatz zum Facilitator muss der Collaboration Engineer einen Prozess entwickeln, welcher mit wiederholbarem Erfolg und voraussagbarem Ergebnis von Practitioners ausgeführt werden kann, ohne dass diese erneut auf ihn zurückgreifen müssen. Der Entwurf muss den Practitioner durch den gesamten kollaborativen Prozess leiten und folglich die Fachkompetenz

Tab. 4.1 Rollen in Kollaborationsprozessen

	Einmalige Ad-hoc Kollaborationsprozesse	Wiederkehrende hochwertige Kollaborationsprozesse
Prozessdesign		Collaboration Engineer
Prozessumsetzung/ Leitung	Facilitator	Practitioner als Facilitator
Prozessteilnahme	Practitioner als Teilnehmer	

des nicht vorhandenen professionellen Facilitators ausgleichen. Dafür muss der Entwurf des Collaboration Engineers komplexere Anforderungen erfüllen als der eines Facilitators: Beispielsweise muss er besser dokumentiert, genauer beschrieben, leicht übertragbar und auch robust sein. In Abschn. 4.2 werden Methoden und Vorgehensweisen des Collaboration Engineerings vorgestellt, die es ermöglichen sollen, diese komplexen Anforderungen zu erfüllen.

Die Rolle des Practitioners Das vom **Collaboration Engineer** entwickelte Kollaborationsprozessdesign wird an die Endanwender in der Organisation, die sogenannten Practitioners (deutsch: Anwender), übertragen. Ein Practitioner ist ein Aufgabenspezialist, z. B. ein Mitarbeiter in einem Produktentwicklungsprojekt, welcher einige wichtige gemeinsame Aufgaben hinsichtlich seines fachlichen Aufgabenbereiches durchführen muss. Er führt einen kollaborativen Prozess auf einer wiederholbaren Basis aus (de Vreede und Briggs 2005). Die Arbeit des Practitioners erfordert ein hochwertiges, wieder anwendbares, übermittelbares Verfahrensschema, das berechenbare Ergebnisse hervorbringen kann (Kolfschoten et al. 2006a). Da Practitioners keine ausgebildeten, professionellen Facilitatoren sind, muss der an sie übertragene Kollaborationsprozess gut strukturiert und einfach durchzuführen sein. Bei der Gestaltung des Prozesses sollte daher die Notwendigkeit der Facilitation soweit wie möglich reduziert werden, z. B. durch die Vordefinition einer Aufgabenreihenfolge und von Anweisungen in einem IT-basierten Gruppenunterstützungssystem. Werden trotzdem Facilitationsleistungen durch einen beteiligten Practitioner benötigt, müssen diese vom Collaboration Engineer im Vorfeld so präzise beschrieben und erläutert werden, dass sie personenunabhängig und mit geringem Einarbeitungsaufwand von einem Practitioner übernommen werden können. Ein Practitioner benötigt hierzu kein aufwendiges Training für Facilitation, sondern lediglich die Kompetenzen, die er zur Durchführung eines bestimmten kollaborativen Prozesses braucht. Practitioner können somit je nach Aufgaben sowohl Teilnehmer am Kollaborationsprozess sein als auch als Facilitatoren wirken. Einen Überblick über die verschiedenen Rollen in einmaligen ad hoc Kollaborationsprozessen (Facilitator vs. Practitioner – siehe Kap. 1) und wiederkehrenden, hochwertigen Kollaborationsprozessen (Collaboration Engineer vs. **Practitioner**), die den Einsatz von Collaboration Engineering erlauben, bietet Tab. 4.1.

Abb. 4.1 Der Collaboration
Engineering Prozess. Nach
Kolfschoten und de Vreede
(2009)

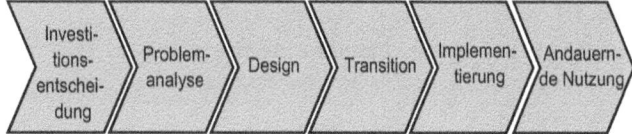

4.2 Vorgehensweise des Collaboration Engineerings

Im Abschn. 4.2.1 werden drei Hauptkonzepte des Collaboration Engineerings vorgestellt:
der Collaboration Engineering Prozess, die sechs Ebenen des Collaboration Engineerings
und der Kollaborations-Prozess-Design-Ansatz. Dabei wird erläutert, in welchen Phasen
Collaboration Engineering abläuft, welche Themenfelder betrachtet werden müssen und
nach welcher Vorgehensweise ein Kollaborationsprozess systematisch entwickelt werden
kann.

4.2.1 Der Collaboration Engineering Prozess

Auf Basis der Definition können vier Phasen des Collaboration Engineerings erkannt
werden: Entwicklung (Design), Überleitung (Transition), Anwendung durch Practitioner
(Implementierung) und der andauernde Einsatz des Kollaborationsprozessdesigns in der
Organisation (andauernde Nutzung). Der Entwicklung vorgelagert sind zwei zusätzliche
Schritte: Im ersten Schritt werden die Arbeit und die Probleme analysiert, im zweiten entscheiden der Collaboration Engineer und die Organisation, ob Collaboration Engineering
ein angemessener Ansatz ist, um die Aufgabe zu bewältigen. Wie in der folgenden Abbil-
dung dargestellt, hat der Ansatz damit sechs Arbeitsschritte, die jeweils noch in kleinere
Aktivitäten unterteilt werden können (Kolfschoten und de Vreede 2009) (Abb. 4.1).

Investitionsentscheidung Nach Beurteilung, ob der Collaboration Engineering Prozess
das Ergebnis der Zusammenarbeit verbessern wird, muss eine Investitionsentscheidung
getroffen werden (Dean et al. 2006). Diese umfasst zwei Urteilsfelder: Erstens sollte der
Collaboration Engineering Ansatz zur Anwendung geeignet sein und zweitens eine ausreichende Werterhöhung des Arbeitsergebnisses zur Folge haben. Der erste Schritt in der
Investitionsentscheidung überprüft, ob die Aufgabe Teil des Anwendungsbereiches von
Collaboration Engineering ist (d. h. hochwertig und wiederkehrend). Der zweite Schritt
untersucht die Erhöhung von qualitativem und quantitativem Wert, der durch die Anwendung von Collaboration Engineering erzielt werden kann (Kolfschoten und de Vreede
2009; Santanen et al. 2006), z. B. ob durch Collaboration Engineering ein besseres Verhältnis von Input und Output realisierbar ist.

Problemanalyse In der Problemanalyse werden das Ziel, die durchzuführenden Arbeiten und die Anforderungen an den kollaborativen Prozess erfasst. Die Planung sollte das Kompetenzniveau der Practitioners und ihre Einsatzbereiche einbeziehen. Ein wichtiger Schritt der Planung ist das Ermitteln der Vielfalt von Umständen und Situationen, welchen der Entwurf Rechnung tragen muss. Beispiele hierfür sind verschiedene Gruppen und Themen innerhalb eines Arbeitsbereiches oder unterschiedliche Sachverhalte. Der fertige Entwurf muss daher eine ausreichende Flexibilität vorweisen, um diesen Veränderungen, welche durch die Vielfalt resultieren, gerecht zu werden (Kolfschoten und de Vreede 2009).

Design In der Designphase des kollaborativen Prozesses geht es darum, die zuvor definierten Anforderungen zu erfüllen. Es gibt drei Hauptschritte in dieser Entwicklungsphase: die Zerlegung des Prozesses in kleine Aktivitäten, die Auswahl der für diese geeigneten think-Lets und die Bewertung des Entwurfes. Zu beachten ist, dass diese Schritte einen deutlich iterativen Charakter haben, der Ansatz demnach auch in späteren Phasen der Entwicklung noch anpassbar ist (Kolfschoten und de Vreede 2009).

Transition In der Phase der Transition übermittelt der Collaboration Engineer den Entwurf des kollaborativen Prozesses dem Practitioner. Dieser Schritt umfasst zwei wichtige Lernvorgänge:

1. Einen, in welchem der Practitioner das Ausführen des kollaborativen Prozesses erlernt,
2. und einen weiteren, bei dem erste Durchführungsversuche des fertigen Prozesses noch Probleme oder Schwierigkeiten aufdecken, auf Basis derer der Prozess angepasst oder verfeinert werden muss (Kolfschoten und de Vreede 2009).

Implementierung Wenn die Phase des Überleitens an den Practitioner abgeschlossen ist, kann der Prozess in ganzem Umfang in Kraft gesetzt werden. Dies erfordert Planung und eine gut strukturierte Vorgehensweise, denn der Kollaborationsprozess wird in die Organisation eingebettet. Dementsprechend gilt es hierbei, Verantwortlichkeiten und die Beteiligung verschiedener Akteure sowie das Budget festzulegen.

Andauernde Nutzung In der letzten Phase ist der Prozess vollständig implementiert und Bestandteil der Organisation geworden; die Practitioners führen den Prozess ordnungsgemäß durch. Wenn kleine Veränderungen der Anforderungen auftreten, können die Practitioners den Aufbau flexibel anpassen, um die neuen Anforderungen zu erfüllen. In einigen Organisationen lernen die Practitioners weitere Mitarbeiter an, um eine vollständige Unabhängigkeit von den Collaboration Engineers zu erlangen (Kolfschoten und de Vreede 2009).

Abb. 4.2 Sechs-Ebenen-Kollaborationsmodell

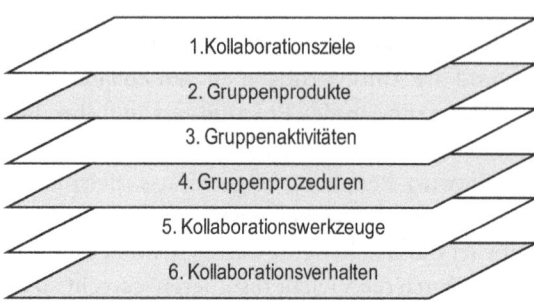

1.Kollaborationsziele

2. Gruppenprodukte

3. Gruppenaktivitäten

4. Gruppenprozeduren

5. Kollaborationswerkzeuge

6. Kollaborationsverhalten

4.2.2 Die sechs Ebenen des Collaboration Engineerings

Um den Collaboration Engineering Prozess zu durchlaufen und ein Design für einen kollaborativen Prozess zu entwerfen, muss ein Collaboration Engineer verschiedene Fragen
beantworten. Die zu klärenden Fragen lassen sich in sechs Themenfelder zusammenfassen, die hierarchisch voneinander abhängig sind. Daraus folgt, dass die Themenfelder bzw.
Ebenen und voraussagbaren Ergebnisse nicht getrennt voneinander betrachtet werden
können, da Veränderungen auf einer Ebene Veränderungen auf anderen Ebenen nach sich
ziehen. Im Folgenden wird ein Überblick über das sogenannte Sechs-Ebenen-Kollaborationsmodell (SeKMo) gegeben (Briggs et al. o.J.). Jede der Ebenen wird in einem späteren
Kapitel detaillierter betrachtet.

▶ **Sechs-Ebenen-Kollaborationsmodell** Das Sechs-Ebenen-Kollaborationsmodell
umfasst die im Collaboration Engineering zu betrachtenden, sich gegenseitig beeinflus-
senden Themenfelder: Kollaborationsziele, Gruppenprodukte, Gruppenaktivitäten, Gruppenprozeduren, Kollaborationswerkzeuge und Kollaborationsverhalten (Abb. 4.2).

Kollaborationsziele Das erste Themenfeld des Collaboration Engineerings beschäftigt
sich mit Kollaborationszielen. Die Überordnung dieser Ebene ergibt sich aus dem Verständnis von Kollaboration als gemeinsame Bemühung, ein Gruppenziel zu erreichen. Das
Ziel ist dabei ein erwünschter Zustand oder ein angestrebtes Ergebnis. Alle weiteren Entscheidungen zum Design eines Kollaborationsprozesses sind vom definierten Gruppenziel
abhängig und müssen darauf abgestimmt werden. Folgende Fragen sind bei der Zieldefinition u. a. zu betrachten: Welche Ziele hat die Gruppe? Welche persönlichen Absichten
haben einzelne Akteure? Wie lässt sich Zielkongruenz herstellen? Welche Rolle spielen
Ziele für die Motivation, Zufriedenheit, Produktivität und das Commitment der Gruppe
und einzelner Mitglieder? Mit diesen Fragestellungen setzt sich Kap. 5 näher auseinander.

Gruppenprodukte Auf der zweiten Ebene finden sich Fragestellungen zu Gruppenprodukten, d. h. den materiellen oder immateriellen Artefakten und Ergebnissen der Gruppenarbeit. Produkte sollten vor Beginn des Kollaborationsprozesses präzise qualitativ und

quantitativ auf Basis der zuvor identifizierten Ziele definiert werden. Nur so kann sichergestellt werden, dass auf den nächsten Ebenen die richtigen Aktivitäten gewählt und korrekt
durchgeführt werden, um die definierten Produkte erhalten zu können. Fragestellungen zu
Produkten sind z. B.: Wie ist die Qualität der Produkte zu messen und zu gewährleisten?
Was ist notwendig, um die Produkterstellung effektiv und effizient zu gestalten? Das Themenfeld Gruppenprodukte der Kollaboration wird in Kap. 6 eingehend behandelt.

Gruppenaktivitäten Gruppenaktivitäten sind die Teilaufgaben, deren Erfüllung zu den
Produkten führt, mit denen dann wiederum das Gruppenziel erreicht wird. Die Ebene der
Aktivitäten ist somit eng mit den ersten beiden Ebenen verknüpft. Die zentrale Frage in
diesem Themenfeld lautet: Was muss die Gruppe tun, um das Gruppenziel zu erreichen?
Das Ergebnis der Beschäftigung mit dieser Frage führt dazu, dass eine Abfolge konkreter
Schritte festgelegt werden kann, die den Entscheidungs- oder Problemlösungsprozess struk-
turiert. Kap. 7 geht aus diesem Grund näher auf Aktivitäten im Kollaborationsprozess ein.

Gruppenprozeduren Die vierte Ebene der Kollaboration umfasst Gruppenprozeduren,
d. h. die sogenannten Patterns of Collaboration (Muster der Kollaboration) und die Kollaborationstechniken, die eingesetzt werden, um die Aktivitäten durchzuführen. Prozeduren
sind gekennzeichnet durch beobachtbare Zustandsveränderungen des Materials, an dem
die Gruppe arbeitet. In diesem Themenfeld wird jedoch nicht definiert, welche Werkzeuge
(technische und nicht-technische Hilfsmittel) genutzt werden, um diese Zustandsveränderungen herbeizuführen. Die zuvor definierten Aktivitäten werden durch Patterns of Collaboration konkretisiert. Hierbei handelt es sich um beobachtbare Regelmäßigkeiten in
Verhalten und Ergebnissen, die sich im Laufe der Zeit in Teamarbeit herausbilden. Sechs
generelle Patterns of Collaboration werden dabei unterschieden: generieren (generate),
reduzieren (reduce), verdeutlichen (clarify), organisieren (organize), evaluieren (evaluate)
und Konsens bilden (build consensus). Für jede Aktivität sollte geklärt werden, welche
Patterns hervorgerufen werden müssen. Ist eine Aktivität durch mehrere Muster gekennzeichnet, kann es unter Umständen sinnvoll sein, die Aktivität in Teilaktivitäten weiter zu
untergliedern. Die Patterns of Collaboration werden ebenfalls näher in Kap. 7 betrachtet.

Kollaborationstechniken sind wiederverwendbare Abläufe, die eine erwünschte Interaktion zwischen Menschen aktivieren, um auf ein Gruppenziel hinzuarbeiten. Das vierte
Themenfeld beschäftigt sich aus diesem Grund auch mit der Frage, welche Techniken man
einsetzen kann, um in den verschiedensten Situationen vorhersehbar und wiederholbar
nützliche Ergebnisse zu erreichen. Ein Beispiel für solche Techniken sind die bereits erwähnten thinkLets: Hierbei handelt es sich um konzeptionelle Bausteine, die vordefiniert
sind und ein bestimmtes Muster der Zusammenarbeit hervorrufen. Sie werden in Kap. 8
umfassend vorgestellt.

Kollaborationswerkzeuge Kollaborationswerkzeuge sind Artefakte oder Systeme, die genutzt werden, um einen Arbeitsvorgang durchzuführen, der eine Gruppe zum Erreichen eines Ziels führt. Das fünfte Themenfeld setzt sich daher mit Design, Entwicklung, Anwendung und Nutzung von Technologien und Hilfsmitteln auseinander, die Gruppen bei der Kollaboration unterstützen. In Kap. 9 werden diese Aspekte näher beleuchtet.

Kollaborationsverhalten Das Kollaborationsverhalten umfasst alle Aussagen und Aktionen der Teilnehmer mit den verwendeten Werkzeugen, die darauf ausgerichtet sind, das Gruppenziel zu erreichen. Kollaborationsverhalten kann sich als strukturiert oder unstrukturiert erweisen, geplant sein oder spontan entstehen. Ziel des Collaboration Engineerings ist es, den Kollaborationsprozess so zu strukturieren, dass wiederholbares, auf das Gruppenziel ausgerichtetes Verhalten angeregt wird. Die Planung des erwünschten Kollaborationsverhaltens mit Hilfe von Skripten dient der konkreten Ausgestaltung des Kollaborationsprozessdesigns. Skripte können sowohl intern sein und nur einzelnen Akteuren, wie z. B. einem Facilitator, zur Verfügung stehen als auch extern und öffentlich einsehbar sein. Es kann sich entweder um implizite Anweisungen handeln oder explizite, die formal in einer Agenda dokumentiert sind. Schon geringe Variationen im Skript können starke Veränderungen der Gruppendynamik hervorrufen. Insbesondere der Entwicklung geeigneter, präziser Leitfragen für den Kollaborationsprozess kommt daher eine zentrale Bedeutung zu. Wie Skripte entworfen und dokumentiert werden können, wird in Kap. 11 erläutert.

4.2.3 Der Kollaborations-Prozess-Design-Ansatz

In den vorangehenden Abschnitten wurde erläutert, dass Collaboration Engineering dazu dient, wiederholbare Prozesse der Zusammenarbeit zu gestalten und diese für den Einsatz durch Practitioners, und damit ohne professionelle Facilitatoren, anwendbar zu machen. Entscheidende Herausforderungen betreffen die Fragen, wie die Gestaltungsschritte ablaufen können und welche Entscheidungen innerhalb der Prozessgestaltung getroffen werden müssen. Während das Sechs-Ebenen-Kollaborationsmodell (SeKMo) die Themenfelder beschreibt, die im Rahmen von Collaboration Engineering adressiert werden müssen, stellt der nachfolgend dargestellte **Kollaborations-Prozess-Design-Ansatz** (KoPDA) gemäß Kolfschoten und de Vreede (2009) den Entwicklungsprozess für Kollaborationsprozesse dar. Der KoPDA befasst sich mit den Schritten zwei, drei und vier des Collaboration Engineering Prozesses, die in Abb. 4.3 hervorgehoben sind. Er beschreibt ein Vorgehensmodell zur Problemanalyse, zum Design und zur Transition von Kollaborationsprozessen (vgl. auch Abschn. 4.2.1).

Abb. 4.3 Kollaborations-Prozess-Design Schritte im Collaboration Engineering Ansatz. Nach Kolfschoten und deVreede (2009)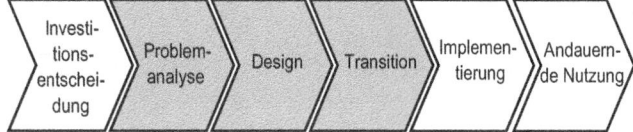

Die Vorgehensweise des KoPDAs vollzieht sich in fünf Schritten, wie nachfolgend in der Abbildung dargestellt (Abb. 4.4):

Zunächst wird die von der Gruppe durchzuführende Arbeit analysiert, bevor im zweiten Schritt die Zusammenarbeit in mehrere Aktivitäten gesplittet wird. Auf Basis dieser Aufteilung erfolgt als dritter Schritt die Auswahl und Anpassung geeigneter thinkLets zu den einzelnen Aktivitäten. Anschließend kann im vierten Schritt unter Einbezug der vorangegangenen Schritte die Agenda für den kollaborativen Prozess konstruiert werden. Schließlich findet im fünften und letzten Schritt eine Bewertung des Designs (entworfenen Kollaborationsprozesses) statt, wobei geprüft wird, ob dieses die gewünschten Erfolge tatsächlich erbringt (Kolfschoten und de Vreede 2009).

Der hier vorgestellte Ansatz impliziert keine lineare Abfolge der Designtätigkeiten. Die einzelnen Schritte sind iterativ und bauen stufenweise auf. Die Entscheidungen, die in den einzelnen Phasen getroffen werden, können die vorangehenden und nachfolgenden Auswahlmöglichkeiten beeinflussen (Kolfschoten und de Vreede 2009).

Schritt 1: Aufgabendiagnose (Task Diagnosis) Die Gestaltung eines Kollaborationsprozesses beginnt mit einem anfänglichen Gespräch, in dem der Collaboration Engineer mit den sogenannten Stakeholdern alle relevanten Anforderungen und Einschränkungen bestimmt, analysiert und verhandelt. Als Stakeholder sind dabei die Auftraggeber oder die Teilnehmer des Kollaborationsprozesses zu verstehen (vgl. Abschn. 6.6). Dazu gehören insbesondere die Analyse der Aufgabe, die Stakeholderanalyse, die Ressourcenanalyse sowie die Analyse von Facilitator(en) und Practitioner(s) (Kolfschoten und de Vreede 2009).

Aufgabenanalyse (Task analysis) Innerhalb der Aufgabenanalyse definieren Collaboration Engineer und Stakeholder gemeinsam die Ziele und Produkte des kollaborativen Prozesses. Daraus leiten sie die Verpflichtungen der Stakeholder für die Ziele und Ergebnisse ab. Beides sind Grundpfeiler für die Entwicklung des eigentlichen Prozesses. Werden diese fehlerhaft definiert, so wird auch der Prozess von den Stakeholdern als nicht erfolgreich bewertet. Die Produkte stellen einen greifbaren Erfolg des gesamten Prozesses dar. In der Aufgabenanalyse muss deshalb festgelegt werden, wie die Produkte weiterhin verwendet werden, um beispielsweise Fragen hinsichtlich einer noch detaillierteren Ausarbeitung der Ergebnisse beantworten zu können. Zusammenfassend beinhaltet die Aufgabenanalyse die Definition und Beschreibung der Ziele und der zu erreichenden Produkte sowie

Abb. 4.4 Der Kollaborations-
Prozess-Design Ansatz. Nach
Kolfschoten und de Vreede
(2009)

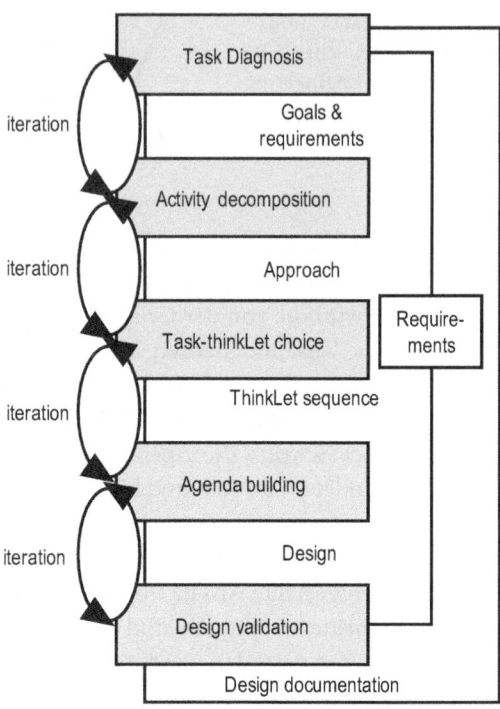

eine Schilderung, was genau weiter mit den Produkten passieren soll (Kolfschoten und de
Vreede 2009).

Stakeholderanalyse (Stakeholderanalysis) Der nächste Teilschritt ist die Analyse der
Stakeholder. Mit diesem Teilschritt soll ein tieferes Verständnis für die Gruppe erreicht
werden, welche den kollaborativen Prozess in Abhängigkeit von ihren Funktionen, Beziehungen untereinander sowie individuellen Interessen durchführen wird (Kolfschoten und
de Vreede 2009). Die Gestaltung des kollaborativen Prozesses sollte den individuellen
Interessen der Teilnehmer weitgehend Rechnung tragen, um deren Aufwand und Wis-
senseinsatz sowie die Akzeptanz des Prozesses und den daraus resultierenden Ergebnissen
zu erhöhen. Zusammenfassend lässt sich die Stakeholderanalyse in die Identifikation der
relevanten Gruppenhintergründe und der Interessen, Motivation und Absichten der einzelnen Teilnehmer sowie in die Definition der einzelnen Rollen gliedern (Kolfschoten und
de Vreede 2009).

Ressourcenanalyse (Ressource Analysis) Zweck der Ressourcenanalyse ist die Fest-
legung der vorhandenen Ressourcen und ihrer Verwendung. Die Dokumentation dieses
Teilschrittes beinhaltet die Ermittlung der Mindestanforderungen an Zeit, Hilfsmittel und
Technologien, welche für die Gestaltung des kollaborativen Prozesses benötigt werden,

sowie die darauf basierende Planung der zeitlichen und finanziellen Ressourcen (Kolfschoten und de Vreede 2009).

Analyse der Facilitatoren und Practitioners (Facilitator/Practitioner Analysis) Ziel dieses letzten Teilschrittes ist eine Profilbestimmung des Fachpersonals, welches das Verfahrensschema des kollaborativen Prozesses anwenden soll. Dieses Profil beinhaltet u. a. die Kompetenzen der Practitioners, deren Erfahrungen und tätigkeitsbezogene Fachkenntnisse sowie deren Charakter (Kolfschoten und de Vreede 2009). Der Collaboration Engineer muss dabei sicherstellen, dass den Practitioners, die Facilitatorenaufgaben übernehmen sollen, zur Ausbildung und Einarbeitung ausreichend Zeit zur Verfügung steht. Die Analyse der Facilitatoren oder Practitioners kann unter verschiedenen Voraussetzungen durchgeführt werden. Sind die einzelnen Facilitatoren oder Practitioners bekannt, kann das Verfahrensschema des kollaborativen Prozesses auf sie abgestimmt werden. Sind die Personen nicht bekannt, können aufgrund eines neu erstellten Profils entsprechende Personen ausgewählt und eingestellt werden (Kolfschoten und de Vreede 2009). Die Dokumentation dieses Schrittes beinhaltet damit die Definition des Profils der Practitioner und der Facilitatoren bezüglich der für ihre Führungsrolle und den Technologieeinsatz relevanten Fähigkeiten und Kompetenzen, Erfahrungen, Fachkenntnisse und Persönlichkeit (Kolfschoten und de Vreede 2009).

Schritt 2: Aufgabenzerlegung (Task Decomposition) Nachdem die Grenzen und Anforderungen des kollaborativen Prozesses geklärt sind, müssen die Ablaufschritte, in denen sich der kollaborative Prozess vollziehen soll, bestimmt werden. Hierzu muss der gesamte Prozess aufgespalten werden, um die einzelnen Aufgabenbestandteile identifizieren zu können. Dies kann in drei möglichen Szenarien geschehen:

1. Zunächst ist es möglich, dass in der Organisation bereits eine Standardvorgehensweise zur Durchführung von ähnlichen gemeinschaftlichen Tätigkeiten besteht. Ist dies der Fall und ist die vorhandene Vorgehensweise zweckmäßig, kann sie als Ansatzpunkt für die Definition der Aufgabenkomponenten genutzt werden.
2. Eine andere Situation liegt vor, wenn die Organisation keine solche Standardvorgehensweise hat. In diesem Fall sollte in der Literatur nach bestehenden Industrienormen für einen Ansatzpunkt zur Zerlegung der Tätigkeit in einzelne Aktivitäten gesucht werden.
3. Ist jedoch die Tätigkeit die erste ihrer Art, muss eine von Grund auf neue Zerlegung des Prozesses in einzelne Komponenten entwickelt werden.

Die folgenden Schritte sind notwendig, um eine Gliederung des Prozesses zu entwerfen (Kolfschoten und de Vreede 2009):

• Jede Tätigkeit hat ein Produkt und das Produkt muss einem Ziel dienen. Gegebenenfalls ergeben sich Anforderungen an die Produkte dadurch, wie diese in den nächsten Schritten verwendet werden.

- Jedes Produkt erfordert eine Aktivität, um erzielt zu werden. Diese Aktivitäten müssen als Einheiten des kollaborativen Prozesses definiert werden.
- Sind die Aktivitäten definiert, müssen sie benannt und in eine Reihenfolge gebracht werden. Dies kann beispielsweise in der folgenden Form geschehen: Aktivität 1 geht Aktivität 2 voran, so dass das Produkt von Aktivität 1 als Input für Aktivität 2 dient.

Mit der Identifikation der Produkte, der Festlegung zugehöriger Aktivitäten sowie ihrer Benennung und Anordnung lässt sich eine Gliederung des kollaborativen Prozesses und eine Beschreibung der Produkte erstellen. Der nächste Schritt ist das weitere Zerteilen und Konkretisieren des Prozesses. Hierzu bestehen folgende zwei Ansätze:

Beim ersten Ansatz erfolgt die Zerlegung des Prozesses in Aktivitäten anhand der Patterns of Collaboration (Generate, Reduce, Clarify, Organize, Evaluate, Build Consensus). Dazu wird für jede Aktivität das Pattern of Collaboration bestimmt, welches hervorgerufen werden muss, um die Aktivität auszuführen.

Der zweite Ansatz ist die systematische Zerlegung des Prozesses in Aktivitäten auf Basis der Produkte. Dieser Ansatz entspringt aus einer weiteren Analyse der Produkte, um sich den grundlegenden Aktivitäten anzunähern, die für das Hervorbringen dieser Produkte notwendig sind. Die systematische Zerlegung sollte bis zu einer Ebene verfolgt werden, auf der die Produkte jeder Aktivität nicht weiter aufgespalten werden können. Die Aufspaltung beruht auf den Anforderungen und Zielen, welche im ersten Hauptschritt, der Aufgabendiagnose, definiert wurden (Kolfschoten und de Vreede 2009).

Die Dokumentation der systematischen Aufgabenzerteilung besteht aus der Definition einer logischen Abfolge von Prozessschritten. Jeder Schritt beinhaltet eine benannte Aktivität, die ein definiertes Produkt erzeugt und etwas zu dem allgemeinen Ziel des kollaborativen Prozesses beisteuert (Kolfschoten und de Vreede 2009).

Schritt 3: Auswahl der thinkLets (Task-thinkLet choice) Im dritten Schritt werden den einzelnen Aktivitäten thinkLet Gestaltungsmuster zugeordnet. Somit wird jeder Aktivität eine Durchführungsmethode zugeschrieben. Die Auswahl der thinkLets ist eine komplexe Aufgabe, denn viele Faktoren beeinflussen die Eignung eines thinkLets für eine Aufgabe. Mit folgenden Maßnahmen kann der Komplexität dieser Auswahl begegnet werden (Kolfschoten und de Vreede 2009): Um zu gewährleisten, dass alle möglichen thinkLets bei der Auswahl Berücksichtigung finden, sollte eine Übersicht aller verfügbaren Gestaltungsmuster hinzugezogen werden. Jedes Gestaltungsmuster besitzt eine Anlage von Richtlinien für den Aufgabenbereich und den Nutzungsrahmen. Die thinkLet Designsprache (thinkLet pattern language) beinhaltet dabei Informationen zur Funktionen der thinkLets und der möglichen Anwendungen. ThinkLets können auf Basis der Patterns of Collaboration klassifiziert werden, die sie hervorrufen, sowie auf Basis der Ergebnisse, welche sie produzieren. Abgesehen von der Eignung für die zu unterstützende Aktivität, muss ein thinkLet auch zu den vorangehenden und nachfolgenden thinkLets passen. Die Ausgabe (Output) eines vorangehenden thinkLets sollte sich demnach als Eingabe (Input) für das gegenwärtig betrachtete thinkLet eignen.

Schritt 4: Agendaentwicklung (Agenda Building) Ein kollaborativer Prozess kann jedoch nicht ausschließlich durch die Aneinanderreihung einzelner thinkLets gestaltet werden. Eine zusätzliche Planung von Aktivitäten und die Definition spezieller Fragen und Anweisungen für jede Aktivität sind ebenfalls erforderlich. Diese werden in der Prozessagenda erfasst. Die Agenda sollte zusätzlich zu den Aktivitäten zur Realisierung der Gruppenziele konkrete Pausen, Präsentationen und jegliche anderen von der Gruppe durchzuführenden Aktivitäten erfassen. Ebenfalls sollte sie für jede Aktivität die erforderliche Zeit sowie Richtlinien für das Zeitmanagement beinhalten. Weiterhin müssen die konkreten Fragen und die Aufgaben für die Gruppe formuliert werden.

Schritt 5: Validierung (Validation) Im letzten Schritt wird der Entwurf des kollaborativen Prozesses bewertet (siehe auch Kap. 11 für Validierungsmethoden). Hierfür stehen verschiedene Möglichkeiten zur Verfügung, die im Folgenden kurz erläutert werden sollen (Kolfschoten und de Vreede 2009):

- Pilotierung: Ein Pilot ist eine Implementierung des kollaborativen Prozesses in kleinem Maßstab. Dieser ist hilfreich, um die Qualität des Prozesses abzuschätzen. Die Pilotimplementierung soll aufdecken, ob der Prozess mit den gegebenen Ressourcen, Teilnehmern und Prozessleitern erfolgreich durchgeführt werden und hochwertige Ergebnisse hervorbringen kann.
- Testdurchlauf: In einem Testdurchlauf können die Auftraggeber, potenzielle Facilitatoren und eventuell Teilnehmer mögliche Stolperfallen und Schwierigkeiten für die Facilitation, die Wahrscheinlichkeit über die Annahme des Prozesses durch die Teilnehmer, die erwartete Qualität und Wirksamkeit der Ergebnisse sowie die Wiederverwendbarkeit bestimmen bzw. aufdecken. Im Gegensatz zur Pilotierung ist der Testdurchlauf noch keine Implementierung und kann durch andere Teilnehmer etc. vom späteren realen Prozess abweichen.
- Simulation: Durch die Simulation des Prozesses versucht der Collaboration Engineer, Fragen, welche den Teilnehmern gestellt werden, zu beantworten und den Prozess zu durchdenken. Außerdem berücksichtigt er, wie die Outputs in der nächsten Aktivität genutzt werden könnten.
- Experteneinschätzung: Aus der Vielfalt an Vorgehensweisen, die dem Collaboration Engineer zur Verfügung stehen, ergibt sich weiterhin eine Vielzahl an unterschiedlichen Lösungen. Das Diskutieren des entwickelten Verfahrensmusters mit Kollegen könnte bei der Suche nach alternativen oder besser geeigneten Lösungen hilfreich sein. Eine solche Diskussion könnte außerdem ineffiziente Teile des Entwurfes identifizieren. Ein Kollege kann in diesem Fall andere Ansätze anbieten und die erwarteten Erfolge prüfen.

Die Bewertung eines Entwurfes wird normalerweise nicht separat dokumentiert. Die Veränderungen, welche aus der Bewertung resultieren, sollten jedoch in der Prozessdokumentation ebenfalls abgeändert und vermerkt werden (Kolfschoten und de Vreede 2009).

4.3   Zusammenfassung

Collaboration Engineering begegnet den Herausforderungen der Zusammenarbeit mit Methoden zur Entwicklung und Umsetzung von Kollaborationsprozessen für hochwertige, sich wiederholende Aufgaben. Im Gegensatz zur Rolle des Facilitators, der Zusammenarbeit vorbereitet und begleitet, ist es die Aufgabe eines Collaboration Engineers, Prozesse so zu entwickeln und zu dokumentieren, dass Practitioners sie ohne weitere Hilfe ausüben können. Der Collaboration Engineering Prozess durchläuft sechs Phasen, von der Investitionsentscheidung bis zur andauernden Nutzung des Kollaborationsprozesses in der Organisation. Sechs Ebenen des Collaboration Engineerings müssen hierbei explizit bearbeitet werden: Ziele, Produkte, Aktivitäten, Prozeduren, Werkzeuge und Verhalten. Um die sechs Themenfelder systematisch zu konkretisieren und die Problemanalyse-, Design- und Transitionsphase des Collaboration Prozesses zu präzisieren, bietet der Kollaborations-Prozess-Design-Ansatz ein Vorgehensmodell. In fünf iterativen Schritten wird zunächst die Kollaborationsaufgabe analysiert und anschließend in Teilaktivitäten zerlegt. Den Aktivitäten werden thinkLets zugeordnet. Auf Basis der Aktivitätenfolge wird eine Agenda entwickelt, bevor das Design evaluiert wird. Kap. 4 hat eine Einführung in die wichtigsten Konzepte des Collaboration Engineerings gegeben.

In den folgenden Kapiteln werden die einzelnen Aspekte des Collaboration Engineerings detaillierter erläutert. Dabei folgen die Kapitel der Struktur des Sechs-Ebenen-Modells der Kollaboration.

4.4   Wiederholungsfragen

1. Was versteht man unter Collaboration Engineering, wann wird es eingesetzt und welchen Nutzen bietet es?
2. Welche Rollen werden im Collaboration Engineering unterschieden und was sind die jeweiligen Aufgaben der Rolle?
3. Wie läuft der Collaboration Engineering Prozess ab?
4. Mit welchen Phasen des Prozesses beschäftigt sich der Kollaborations-Prozess-Designansatz und wie wird er durchgeführt?
5. Was versteht man unter den sechs Ebenen des Collaboration Engineering? Erläutern Sie die einzelnen Ebenen und die Zusammenhänge des 6-Ebenen-Modells der Kollaboration mit dem KoPDa.

Verwendete Literatur

Agres, A., de Vreede, G.-J., & Briggs, R. O. (2005). A tale of two cities: Case studies of GSS transition in two organizations. *Group Decision and Negotiation, 14,* 267–284.

Briggs, R.O., Kolfschoten, G. L., de Vreede, G.-J., Albrecht, C., Dean, D. L., Lukosch, S. (im Erscheinen). A six layer model of collaboration for designers of collaboration systems. In: J. F.

Nunamaker Jr., R. O. Briggs & N. C. Romano Jr. (Hrsg.), *Advances in collaboration systems* (S. 1–14). Armonk: M.E. Sharpe, Inc.

Dean, D. L., Hender, J. M., Rodgers, T. L., & Santanen, E. L. (2006). Identifying quality, novel, and creative ideas: Constructs and scales for idea evaluation. *Journal of the Association for Information Systems, 7*, 646–699.

Kolfschoten, G. L., & de Vreede, G.-J. (2009). A design approach for collaboration processes: A multimethod design science study in collaboration engineering. *Journal of Management Information Systems, 26*, 225–256.

Kolfschoten, G. L., Briggs, R., de Vreede, G.-J., Jacobs, P., & Appelman, J. (2006a). A conceptual foundation of the thinkLet concept for collaboration engineering. *International Journal of Human-Computer Studies, 64*, 611–621.

Kolfschoten, G. L., Briggs, R. O., & de Vreede, G.-J. (2006b). *Definitions in collaboration engineering.* Symposium on Case and Field Studies of Collaboration (HICSS39), 16–23.

Mintzberg, H. (1983). *In structure in fives: Designing effective organizations.* Englewood Cliffs: Prentice-Hall.

Santanen, E., Kolfschoten, G. L., & Golla, K. (2006). *The collaboration engineering maturity model.* Proceedings of the 39th Annual Hawaii International Conference on System Sciences (HICSS 06) 1–16.

de Vreede, G.-J., & Briggs, R. O. (2005). *Collaboration engineering: Designing repeatable processes for high-value collaborative tasks.* System Sciences, 2005. HICSS '05. Proceedings of the 38th Annual Hawaii International Conference on System Sciences, 1–17.

de Vreede, G.-J., Boonstra, J., & Niederman, F. A. (2002). *What is effective GSS facilitation? A qualitative inquiry into participants' perceptions.* Proceedings of the 35th Annual Hawaii International Conference on System Sciences HICSS 35 02, 616–627.

de Vreede, G.-J., Davison, R. M., & Briggs, R. O. (2003). How a silver bullet may lose its shine – Learning from failures with group support systems. *Communications of the ACM, 46*, 96–101.

Teil II

Collaboration Engineering anhand des Sechs-Ebenen-Modells und des Kollaborations-Prozess-Design-Ansatzes

Kollaborationsziele (Collaboration Goals)

5

Zusammenfassung

Ziele bilden die Grundlage für die Zusammenarbeit und stellen den Ausgangspunkt für das Collaboration Engineering dar. Sie fungieren entsprechend als erste Ebene im Sechs-Ebenen-Kollaborationsmodell (SeKMo). Im Rahmen von CE werden die persönlichen Absichten der Kollaborationsteilnehmer sowie die Gruppenziele als Kollaborationsziele verstanden. Während die persönlichen Ziele auf individueller Ebene formuliert sind, werden die Gruppenziele von den Auftraggebern in Zusammenarbeit mit dem Collaboration Engineer definiert. Hierbei erfolgt eine Operationalisierung der Gruppenziele anhand unterschiedlicher Kriterien (Zielinhalt, Zielausmaß, Zeitbezug, Geltungsbereich). Die Relevanz der Ziele – und insbesondere die Formulierung dieser wird im Rahmen des Collaboration Engineerings anhand von drei grundlegenden Theorien bekräftigt: der Yield Shift Theory of Satisfaction (YSTS), der Consensus Building Theory (CBT) und der Focus Theory of Group Productivity (FTGP). Die YSTS beschreibt die Effekte bzw. Folgen der Zielerreichung bzw. Nicht-Zielerreichung auf die individuelle Zufriedenheit, während anhand der CBT ein Prozessmodell zur Konsensbildung im Rahmen der Kollaboration formuliert werden kann. Die FTGP beschreibt hingegen den positiven Einfluss der Zielkongruenz auf die Entstehung der Bereitschaft zu kognitivem Aufwand seitens der Gruppenmitglieder.

Im vorliegenden Kap. 5 wird zunächst die Bedeutung der Ziele für die Zusammenarbeit und insbesondere für das Collaboration Engineering dargestellt. In Abschn. 5.1 werden neben einer grundlegenden Definition des Zielbegriffes auch die Funktionen und Arten von Zielen beschrieben, wobei primär auf den Unterschied zwischen Individual- und Gruppenzielen sowie deren Zusammenhang im Rahmen der Kollaboration eingegangen wird. Dabei erfolgt auch eine Beschreibung der Vorgehensweise bei der Operationalisierung von Zielen. Die Differenzierung zwischen Individual- und Gruppenzielen gibt zugleich den strukturellen Aufbau des zweiten Abschnitts dieses Kapitels vor (Abschn. 5.2). Entsprechend werden in Abschn. 5.2.1 die Effekte der Zielerreichung bzw. Nicht-Zielerrei-

J. M. Leimeister, *Collaboration Engineering*,
DOI 10.1007/978-3-642-20891-1_5, © Springer-Verlag Berlin Heidelberg 2014

chung auf die individuelle Zufriedenheit auf Basis der Yield Shift Theory of Satisfaction beschrieben. Darauf aufbauend erfolgt in Abschn. 5.2.2 eine Erörterung gruppenbezogener Ziele vor dem Hintergrund der Consensus Building Theory, welche die Bedeutung der Konsensbildung innerhalb einer Gruppe im Rahmen eines kollaborativen Prozesses hervorhebt. Anschließend wird in Abschn. 5.2.3 die Bedeutung der Zielkongruenz für die Produktivität einer Gruppe dargestellt. Dies erfolgt anhand der Focus Theory of Group Productivity, welche u. a. die Entstehung der Bereitschaft der Gruppenmitglieder zu kognitivem Aufwand beschreibt. Hierbei spielt die Zielkongruenz zwischen den individuellen Zielen und dem Gruppenziel eine zentrale Rolle. Abschließend erfolgen in Abschn. 5.3 eine Zusammenfassung der zentralen Erkenntnisse des Kapitels sowie ein Ausblick auf die nachfolgenden Erörterungen im nächsten Schritt.

Beispiel

Christina, Stefan und Holger haben sich über das Xing-Portal kennengelernt. Christina ist gelernte Wirtschaftswissenschaftlerin und hat vor kurzem von ihrer Bank einen umfangreichen Kredit für eine Unternehmungsgründung erhalten. Sie hat sich vorgenommen, in die Automobilbranche einzusteigen und ein Unternehmen zu gründen, welches die aktuell sehr gefragten Elektrofahrzeuge produziert. Ihr Ziel ist es, eine erfolgreiche Unternehmerin zu werden und hohe Profite zu erzielen. Stefan hingegen ist ein begeisterter Ingenieur, der bestrebt ist, möglichst innovative Fahrzeuge technisch zu entwickeln und zu gestalten, die moderner sind als die bereits am Markt bestehenden Elektrofahrzeuge. Der dritte im Bunde ist Holger, ein Werksmechaniker. Er hat kürzlich seinen Meisterabschluss erhalten und beabsichtigt, schnellstmöglich einen Job in seinem Bereich zu finden, um seine finanzielle Sicherheit zu gewährleisten und seine Familie versorgen zu können.

Christina schlägt ihren zwei neuen Bekannten vor, gemeinsam ein Automobilunternehmen zu gründen. Dabei soll als gemeinsames Ziel gesetzt werden, das neu gegründete Unternehmen durch effektive Zusammenarbeit unter den erfolgreichsten Automobilherstellern in der Sparte „Elektrofahrzeuge" zu etablieren. Die drei Mitstreiter beschließen, diesem Vorhaben bzw. Gruppenziel nachzugehen und das Unternehmen zu gründen. Obwohl ihre individuellen Ziele ganz unterschiedlich sind, würde ihnen die Gründung des Unternehmens bei der Verwirklichung ihrer persönlichen Ziele helfen: Christina könnte dadurch eine erfolgreiche Unternehmerin werden, wobei Holger einen sicheren Arbeitsplatz erhalten könnte und Stefan die Möglichkeit hätte, innovative Elektrofahrzeuge zu entwickeln.

Das aufgeführte Beispiel verdeutlicht, dass die persönlichen Ziele der einzelnen Personen sowohl im Vergleich untereinander als auch im Vergleich zu dem gemeinsamen Gruppenziel gänzlich unterschiedlich sind. Trotzdem können sich die drei Individuen darauf einigen zusammenzuarbeiten und ein gemeinsames Ziel zu verfolgen. Die Gründe für die Zusammenarbeit ergeben sich indessen aus der Tatsache, dass die drei Mitstreiter durch

Abb. 5.1 Persönliche Ziele vs. Gruppenziele. Eigene Darstellung

Gruppenziele

Persönliche Ziele

die gemeinsame Bearbeitung von Aufgaben ihre persönlichen Ziele erreichen können, die sie als Einzelne nicht – oder nur mit einem vergleichsweise hohen Aufwand – hätten umsetzen können. Die Realisierung der individuellen Ziele ist dabei jedoch nur gewährleistet, sofern das gemeinsame Gruppenziel erreicht wird (vgl. Abb. 5.1).

Einordnung der Ziele im KoPDA Die unterschiedlichen Ziele und deren Zusammenspiel stellen den Grundrahmen für den Erfolg einer Kollaboration dar. Sie bestimmen das Verhalten der jeweiligen Teilnehmer und beeinflussen u. a. die Effektivität der Kollaboration und somit auch die Gruppenproduktivität. Die zu erreichenden Kollaborationsziele stellen den Ausgangspunkt des Collaboration Engineerings dar. Dementsprechend sind diese im ersten Schritt des Kollaborations-Prozess-Design-Ansatzes (KoPDA) zu verankern (Aufgabendiagnose; Abb. 5.2).

Abb. 5.2 Einordnung der
Ziele im KoPDA. (Eigene
Darstellung in Anlehhnung
an Kolfschoten und de Vreede
2009)

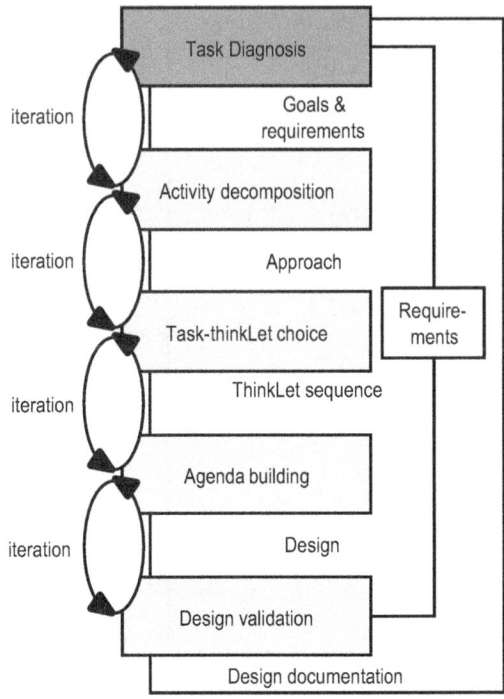

Zieldiagnose Die Formulierung der Kollaborationsziele wird von den Auftraggebern in Zusammenarbeit mit dem Collaboration Engineer vorgenommen. Als Auftraggeber können beispielsweise der Manager eines Unternehmens oder Verantwortliche des Bereiches, in dem der Kollaborationsprozess nach Fertigstellung implementiert wird, fungieren. Die Auftraggeber haben konkrete Vorstellungen darüber, was durch den (geplanten) Kollaborationsprozess realisiert werden soll. Entsprechend werden die zu erreichenden Ziele von den Auftraggebern vorgegeben. Die Ziele müssen jedoch vom Collaboration Engineer entsprechend ‚angepasst' werden, damit eine Zielerreichung durch den entworfenen Kollaborationsprozess gewährleistet werden kann (Näheres hierzu siehe im nachfolgenden Abschn. 5.1). Die Aufgabe des Collaboration Engineers ist es zunächst, alle Kollaborationsziele detailliert zu analysieren. Alle Aufgaben, die es im Zuge des Kollaborationsprozesses zu lösen gilt, beziehen sich indessen auf die formulierten Ziele. Eine Veränderung der Kollaborationsziele geht demzufolge mit einer Veränderung aller nachfolgenden Arbeitsschritte einher. Innerhalb des ersten Teilschrittes der Aufgabendiagnose – der Aufgabenanalyse – wird die konkrete Definition der Ziele und der Ergebnisse des kollaborativen Prozesses vorgenommen.

Output der Aufgaben- und Zieldiagnose Vor diesem Hintergrund sind konkrete Zielvorgaben zum einen und eine klare Zielvereinbarung hinsichtlich der Kollaborationsziele zum anderen als Output der ersten Stufe des Kollaborations-Prozess-Design-Ansatzes zu betrachten. Die definierten Ziele bilden neben den Ergebnissen die Grundpfeiler für die

Entwicklung des eigentlichen Prozesses, da bei einer Fehldefinition dieser Ziele der Vorgang von den Auftraggebern als nicht erfolgreich bewertet wird. Auch wenn Ziele und Ergebnisse meist Lösungen, Entscheidungen oder Analysen darstellen, können sie auch Erfahrungsziele verkörpern; zu diesen kann beispielsweise das Ziel gehören, ein Bewusstsein für Probleme zwischen den Teilnehmern zu entwickeln. Die Ergebnisse stellen in diesem Zusammenhang also den greifbaren Erfolg des gesamten CE-Prozesses dar. In der Tätigkeitsanalyse muss deshalb die weitere Verwendung der Ergebnisse festgelegt werden, um beispielsweise Fragen hinsichtlich einer noch detaillierteren Ausarbeitung der Ergebnisse beantworten zu können.

5.1 Theoretische und praktische Grundlagen zu Zielen

In der wissenschaftlichen Literatur zum Thema Collaboration Engineering beziehen sich viele Schlüsselaspekte der Zusammenarbeit auf Ziele. In Anbetracht der in Kap. 1 aufgeführten Definition, nach welcher Kollaboration gemeinsame Bemühungen und Anstrengungen in Richtung eines gemeinsamen Zieles umfasst, stellen Ziele den wesentlichen Grund für die Existenz von Kollaborationsgruppen dar. Wissenschaftliche Arbeiten fokussieren in diesem Zusammenhang u. a. die Bedeutung von Zielen im Kontext der Gruppenformierung (Hahn et al. 2008), -motivation (Vroom 1964), -kontinuität (Lodewijkx et al. 2006), -produktivität (Wheelan 2009) sowie im Kontext des Gruppenerfolges (Briggs et al. 2009; Levi 2007). Im Rahmen der Kollaboration verpflichten sich die Gruppenmitglieder, auf die vereinbarten Ziele hinzuarbeiten, so dass folglich Kollaborationsziele von allen Mitgliedern gemeinsam geteilt werden. Der Erfolg einer Gruppe bemisst sich im Wesentlichen am Grad der Zielerreichung. Während die Effektivität einer Kollaborationsgruppe an dem Ausmaß der Zielrealisierung bewertet wird, richtet sich die Gruppeneffizienz nach dem sparsamen Einsatz vorhandener Ressourcen im Zuge der Zielerreichung (Cohen und Bailey 1997). Wie in Kap. 4 beschrieben, fungieren die (Kollaborations-) Ziele als erste bzw. oberste Ebene im Sechs-Ebenen-Kollaborationsmodell, wobei eine Veränderung der Ziele Auswirkungen auf alle übrigen Ebenen hat. Ein entworfener Kollaborationsprozess soll im Endeffekt die Erreichung bestimmter, vordefinierter Ziele sicherstellen. Verändern sich jedoch Ziele, gilt es ebenfalls, den (gesamten) Kollaborationsprozess zu verändern, da dieser in seiner bestehenden Form lediglich auf die ursprünglichen Ziele abstellt. Ziele stellen somit den Grundrahmen für die Zusammenarbeit in Gruppen dar und dienen als Orientierungspunkte für die einzelnen Gruppenmitglieder. Dementsprechend ist das Management von Zielen ein wesentliches Element für den Erfolg von Zusammenarbeitsprozessen.

Der Zielbegriff Der Begriff des Zieles ist in sämtlichen Bereichen der Humanwissenschaften weit verbreitet, er nimmt jedoch insbesondere in der psychologischen Forschung einen zentralen Stellenwert ein. Theoretische Ansätze zu Zielen sowie deren Abgrenzung und Erfassung differieren dementsprechend je nach Forschungsziel bzw. -ansatz und domi-

nierender wissenschaftlicher Disziplin, so dass in der Literatur eine Vielzahl unterschiedlicher Definitionen existiert (Lüdtke 2006). Eine in der sozialwissenschaftlichen Literatur
häufig verwendete Definition geht auf Locke zurück, welcher sich bereits Ende der 1960er
Jahre mit dem Ziel-Konstrukt beschäftigte und in diesem Zusammenhang eine Zieltheorie
zur Arbeitsmotivation und zum Leistungsverhalten aufstellte – die sogenannte „Zielesetzungstheorie" (Locke 1968). Locke und Latham (1990), welche die genannte Zieltheorie
aufgegriffen und im Rahmen ihrer Arbeit erweitert haben, definieren Ziele wie folgt:

> Ein Ziel ist ein gewünschter Zustand oder ein gewünschtes Ergebnis (Locke und
> Latham 1990).

Bedeutung von Zielen Nach Laucken (1974) ist ein Ziel einer Person gedanklich bzw.
kognitiv gegeben und beschreibt einen inhaltlich umschreibbaren Zustand (z. B. Gewinn
der Meisterschaft), welcher nach Meinung des Individuums noch nicht vorliegt (z. B. noch
nicht ‚Meister‘ in diesem Jahr). Folglich besteht eine Diskrepanz zwischen der Ausgangs-
lage und dem Zielzustand. Diese Diskrepanz erzeugt einen subjektiv erlebbaren Span-
nungszustand im Individuum, welcher mit zunehmender Zielerreichung reduziert wird
und zu einem Gefühl von Befriedigung führt. Menschen streben danach, die inneren
Spannungen zu minimieren bzw. gänzlich zu lösen, und richten demzufolge ihre gegen-
wärtigen Handlungen auf die Verwirklichung des Zieles aus. Ziele beinhalten somit ein
motivierendes Element, indem sie Aktivitäten zu ihrer Erreichung auslösen und damit das
Verhalten von Menschen beeinflussen (Richter und Pohland 2010).

Zieldimensionen Im Hinblick auf die motivations- und verhaltensbestimmenden Effekte
werden 1) der Zielinhalt und 2) die Zielintensität als die zwei wesentlichen Zieldimensionen angesehen, welche die Ausdauer von individuellen Aktivitäten bestimmen und zu
Zielerreichungsstrategien anregen (Locke und Latham 1990; Steinmann und Schreyögg
2005).

Zielinhalt Der Zielinhalt beschreibt den zu erreichenden Zustand, welcher herbeigeführt
werden soll. Er umfasst demnach eine sachliche Festlegung dessen, was erreicht werden
soll, und beinhaltet insofern normative Aussagen über den angestrebten Zustand der
Realität. In Bezug auf ihre Präzision und Quantifizierung divergieren Zielinhalte in der
Praxis zum Teil erheblich. In der Literatur werden Ziele zumeist nach der Art des Zielin-
halts differenziert. So unterscheiden (Grünewald und Pagenkemper 2004) beispielsweise
zwischen Leistungszielen, Funktionszielen und Verhaltenszielen. Während Leistungsziele
(z. B. Erreichen von Budget-, Mengen-, oder Zeitvorgaben) sachlich und zeitlich leicht
bestimmbar sind, sind Verhaltensziele (z. B. kundenfreundliches Verhalten) nur schwer
quantifizierbar. Die Quantifizierbarkeit von Funktionszielen (z. B. Einhalten organisatorischer Regeln wie Arbeitsabläufe etc.) ist hingegen stark abhängig von einer klaren und
differenzierten Zielbeschreibung. Weiterhin kann abstrahierter auch zwischen monetären

(ökonomischen Zielen wie Gewinn, Umsatz oder Deckungsbeitrag) und nicht monetären (z. B. psychologische Ziele wie Zufriedenheit) Zielen unterschieden werden. Die vorangegangenen Ausführungen stellen nur einige von vielen Möglichkeiten dar, Ziele hinsichtlich ihrer Art zu untergliedern (Hacker 2005; Meffert und Bruhn 2006). Auf die unterschiedlichen Klassifizierungsmöglichkeiten soll hier aber nicht vertiefend eingegangen werden. Von zentraler Bedeutung im Rahmen des Collaboration Engineerings hingegen sind in Bezug auf die Charakterisierung von Zielen der Schwierigkeitsgrad und die Zielespezifität. In diesem Zusammenhang liefert die Zielesetzungstheorie von Locke und Latham (1990) wichtige Hinweise im Hinblick auf die Formulierung von Zielen. Deren zentrale These lautet: Die Leistung einer Person ist umso höher, je anspruchsvoller und klarer ein Ziel formuliert ist. Der Theorie nach führen zum einen schwer zu erreichende Ziele zu einer höheren Leistung als leichte Ziele. Zum anderen geht mit spezifischen und konkreten Zielen eine höhere Leistung einher als mit unspezifischen oder vagen Zielen. Diese Zusammenhänge konnten in empirischen Untersuchungen vielfach bestätigt werden (Tubbs 1986; Mento 1987).[1]

Zielintensität Im Hinblick auf die Leistungswirkung von Zielen zeigte sich in verschiedenen Studien, dass die Zielintensität ebenfalls eine bedeutende Einflussdimension darstellt. Die Zielintensität bezieht sich einerseits auf die Bindungstiefe (commitment), d. h. auf die Frage, wie stark sich ein Individuum mit einem Ziel verbunden fühlt, und andererseits auf die relative Bedeutung, die ein Individuum einem Ziel zuschreibt. Wenn sich das Individuum direkt mit einem Ziel identifizieren kann, liegt eine starke Ziel-Bindungstiefe vor (Rubel 2006). Je stärker die Bindungstiefe ist, desto intensiver sind die Bemühungen des Individuums, das betreffende Ziel zu erreichen. Menschen verfolgen zumeist mehrere Ziele gleichzeitig (z. B. situative, kurzfristige und langfristige oder vorgegebene und eigene Ziele), die sich gegenseitig beeinflussen können. In diesem Zusammenhang wurde empirisch aufgezeigt, dass diejenigen Ziele, denen ein Individuum eine vergleichsweise höhere Wichtigkeit beimisst, das Verhalten stärker beeinflussen als solche Ziele, denen eine relativ geringere Bedeutung auf persönlicher Ebene zugeschrieben wird (Steinmann und Schreyögg 2005).

Zusammenfassend ist festzuhalten, dass schwierige und klar spezifizierte Ziele, mit denen sich eine Person identifizieren kann, leistungsfördernd wirken. Darüber hinaus definieren Ziele den Anstrengungszeitraum und regen die Entwicklung von Handlungsstrategien zur Erreichung der Ziele an. Nach Bandura (1988) werden die individuellen Anstrengungen solange nicht eingestellt, bis die Ziele erreicht und die bestehenden Dis-

---

[1] Selbstregulationstheorien wie die Zielesetzungstheorie von Locke und Latham (1990a) und die dazugehörigen Befunde sind die Grundlage für heutige MbO-Konzepte (Management by Objectives, MbO). Hierbei erfolgt die (Mitarbeiter-) Führung durch Zielvereinbarungen, die in erster Linie der Umsetzung von leistungsbezogenen Organisationszielen dienen Odiorne (1965) Management by Objectives: A System of Managerial Leadership., Steinmann und Schreyögg (2005) Management: Grundlagen der Unternehmensführung; Konzepte Funktionen Fallstudien.

krepanzen reduziert sind. Eine Voraussetzung hierfür ist, dass die Ziele, sofern sie von außen vorgegeben sind, auch vom Individuum akzeptiert werden (Zielakzeptanz) (Klein et al. 1999).

Anforderungen an die Formulierung von Zielen Die vorangegangenen Ausführungen verdeutlichen, dass Ziele das Verhalten von Menschen determinieren. Damit Menschen bestimmte Ziele (bereitwillig) mit hoher Motivation verfolgen, müssen diese allerdings eine ‚gewisse' Qualität aufweisen. Nur Ziele, die bestimmte Anforderungen in Bezug auf die Zielformulierung erfüllen, ermöglichen die Kontroll-, Motivations- und Orientierungsfunktion von Zielen (Kreutzer 2010). Dieser Umstand spielt insbesondere im Rahmen des Collaboration Engineerings eine wichtige Rolle. Für den Collaboration Engineer gilt es, die Kollaborationsziele derart zu formulieren, dass die Motivation der einzelnen Personen im Kollaborationsprozess möglichst hoch ist, die Kollaborationsziele zu erreichen. In Bezug auf die Anforderungen an die Zielformulierung wird in der Literatur zumeist von sogenannten SMART-Kriterien gesprochen. Diese Kriterien basieren im Wesentlichen auf den Erkenntnissen der Zielesetzungstheorie nach Locke und Latham (1990). Das Akronym SMART setzt sich aus den Anfangsbuchstaben einzelner Qualitätsmerkmale von Zielen zusammen, die nachfolgend kurz erörtert werden (Andler 2009; Kreutzer 2010):

S Specific: Ziele müssen spezifisch sein, im Sinne genauer Angaben und der Festschreibung des angestrebten Zustandes.

M Measurable: Ziele müssen messbar sein, im Sinne einer genauen Messbarkeit der Zielerreichung.

A Accepted: Ziele müssen von den Empfängern akzeptiert werden, im Sinne einer Zielvereinbarung der Beteiligten.

R Realistic: Ziele müssen realistisch sein. In diesem Sinne sollte für das Individuum bzw. die Gruppe die Möglichkeit bestehen, den erstrebten Zustand in der Realität zu erreichen.

T Terminated: Ziele müssen terminiert sein, im Sinne einer zeitlichen Präzisierung des Vorhabens.

Operationalisierung von Zielen Die SMART-Kriterien stellen dementsprechend Anforderungen dar, die es im Rahmen der Operationalisierung von Zielen zu erfüllen gilt. Unter „Operationalisierung von Zielen" ist die Spezifizierung von Zielen zu verstehen, auf Basis derer erst der Zielerreichungsgrad gemessen werden kann (Herrmann und Huber 2008). Um die Zielerreichung bzw. -verfolgung kontrollieren und koordinieren zu können, reichen pauschale Angaben nicht aus. In der Literatur werden die folgenden vier Aspekte aufgeführt, vor deren Hintergrund die Ziele zu operationalisieren sind (Fritz und von der Oelsnitz 2006; Herrmann und Huber 2008; Kreutzer 2010):

- Zielzustand: Was genau soll erreicht werden?
- Zielausmaß: Wie viel soll erreicht werden?
- Zeitbezug: Wann soll das Ziel erreicht werden?
- Geltungsbereich: Für welchen Bereich soll das Ziel gelten?

Bei der Konkretisierung des Zielzustandes ist zunächst festzulegen, um welche Art von Zielen es sich handelt (z. B. ökonomische Ziele oder außerökonomische Ziele). Weiterhin ist in diesem Zusammenhang das Bezugsobjekt zu bestimmen. Das Zielausmaß verlangt hingegen eine Konkretisierung des Zielerreichungsgrades. Hinsichtlich des Zeitbezuges wird der Zeitpunkt bzw. der Zeitraum bestimmt, in dem ein bestimmtes Ziel erreicht wird. Schließlich muss ebenfalls festgelegt werden, auf welchen Bereich sich das zu erreichende Ziel bezieht – z. B. auf einen bestimmten Funktionsbereich des Unternehmens oder auf ein bestimmtes Marktsegment.

Die Operationalisierung eines Zieles anhand der vier Zieldimensionen und unter Berücksichtigung der SMART-Anforderungen kann mit Hilfe des folgenden Beispiels veranschaulicht werden:

Beispiel

Ein Finanzdienstleister aus dem Euro-Raum hat kürzlich in einen osteuropäischen Markt (nicht Euro-Raum) expandiert. Da der neue Markt mit zahlreichen sowie unbekannten Risiken behaftet ist, sind diese zunächst zu identifizieren, bevor Abwehrmechanismen implementiert werden können. In diesem Zusammenhang sollen die Mitarbeiter des Finanzinstituts im Rahmen eines Workshops mögliche Risiken ermitteln. Ein definiertes Gruppenziel wie „Identifikation möglicher Risiken auf dem neuen Markt" wäre in diesem Zusammenhang zu vage und unspezifisch. Entsprechend gilt es, das Ziel zu operationalisieren und konkreter auszuformulieren. Zunächst muss dafür hinsichtlich des Zielinhaltes eine Konkretisierung vorgenommen werden. So ist zuerst die Frage zu beantworten, ob es sich bei den möglichen Risiken beispielsweise um Standortrisiken (z. B. allgemeine wirtschaftliche Lage des Ziellandes), politische Risiken (z. B. Sicherheit und Korruption), Marktrisiken (z. B. Währungsrisiken) oder dergleichen handelt. Das Finanzdienstleistungsunternehmen möchte nur die Marktrisiken erfassen – andere Risiken sind für den Finanzdienstleister im Beispiel nicht so relevant, da heutzutage nahezu alle osteuropäischen Länder einen hohen (politischen und ökonomischen) Entwicklungsstandard aufweisen. Zielinhalt ist folglich die „Identifikation von Marktrisikofaktoren". In diesem Bereich können für Finanzdienstleister länderspezifisch zahlreiche Risikofaktoren wie Zinsschwankungsrisiken, Wechselkursrisiken, Liquiditätsrisiken etc. ermittelt werden. Insofern gilt es in diesem Zusammenhang, das Zielausmaß zu spezifizieren. Das Management legt fest, dass die fünf relevantesten Risikofaktoren zu ermitteln sind. Diese sollten dann kontinuierlich erfasst werden (zeitlicher Bezug). Das Management will die Ergebnisse der Risikoanalyse monatlich vorgelegt haben, damit entsprechende Abwehrmechanismen ggf. rechtzeitig implementiert werden können. Schließlich ist der Geltungsbereich noch zu definieren. „Corporate Finance" (Unternehmensfinanzierung) ist die größte Sparte des Unternehmens. Entsprechend sind die Risiken, die diesen Bereich betreffen, für das Management relevant. Die vorangegangenen Ausführungen zeigen auf, wie ein vage formuliertes Ziel („Identifikation möglicher Risiken im Rahmen der Expansion") spezifiziert und operationalisiert werden kann: „Monatliche Identifikation und Bereitstellung der fünf relevantesten Marktrisikofaktoren im Marktsegment der Unternehmensfinanzierung". Anhand einer derartigen Zielformulierung haben die Workshopteilnehmer konkrete Vorstellungen über den zu erreichenden Zustand.

Im Rahmen des Collaboration Engineerings besteht für den Collaboration Engineer die zentrale Herausforderung darin, die Gruppenziele ausreichend zu präzisieren, damit die Teilnehmer des Kollaborationsprozesses dazu motiviert werden, die Kollaborationsziele konsequent zu verfolgen. Demzufolge empfiehlt es sich für den Collaboration Engineer, die aufgeführten Präzisierungskriterien im Rahmen der Zielformulierung zu berücksichtigen. Dies betrifft jedoch nur die Gruppenziele, welche von den Auftraggebern in Zusammenarbeit mit dem Collaboration Engineer definiert werden. Auf die persönlichen Ziele hat der Collaboration Engineer indes keinen Einfluss. Er kann jedoch den einzelnen Gruppenmitgliedern aufzeigen, wie die Erreichung der Gruppenziele die persönlichen Wünsche positiv beeinflusst. In diesem Zusammenhang wird deutlich, dass eine strikte Differenzierung zwischen persönlichen Zielen und Gruppenzielen vorzunehmen ist. Vor diesem Hintergrund werden in den nachfolgenden Abschnitten Individual- sowie Gruppenziele beschrieben und voneinander abgegrenzt.

5.2 Verschiedene Ziele im Rahmen der Zusammenarbeit

Basierend auf dem im vorangegangenen Abschnitt aufgeführten Verständnis beinhaltet Kollaboration mehrere Individuen, die ihre Bemühungen zusammenfügen, um einen Zustand oder ein Ergebnis zu erreichen (Kolfschoten et al. 2006). Die Existenz von Organisationen beruht exakt auf diesem Prinzip.

Organisationen werden von Personen(gruppen) gegründet, um bestimmte Ziele zu erreichen. Die Organisationsteilnehmer sind Individuen, welche ein Interesse an der Organisation haben bzw. mit ihr verfolgen und für einen bestimmten persönlichen Zweck zusammenarbeiten. Beispiele für Organisationen können derweil Unternehmen, Parteien, Kirchen, Vereine oder auch Medien sein. Die nachfolgenden Merkmale sind jedoch jeglichen Organisationsformen gemein (Schwarz 1996) (siehe hierzu auch Kap. 1):

- bewusste und planvolle Bildung zur dauerhaften Erreichung eines bestimmten Zieles,
- gedanklich geschaffene, allgemeinverbindliche Struktur und Ordnung,
- dauerhafte Zielerreichung durch Koordination der Mitglieder und der Mittel.

Differenzierung zwischen Individual- und Gruppenzielen Bei der Betrachtung der Merkmale von Organisationen lässt sich feststellen, dass Zusammenarbeit zum Zweck der Zielerreichung erfolgt. In diesem Zusammenhang wird insbesondere in der betriebswirtschaftlichen Literatur und Organisationslehre strikt zwischen Individualzielen (als persönliche Absichten der einzelnen Organisationsteilnehmer) und Organisationszielen unterschieden. Staehle et al. (1999), Laux und Liermann (2005) sowie Hölzle (2006) führen auf, dass Organisationsziele keineswegs deckungsgleich mit den individuellen Zielen sein müssen. Die Individuen bringen eigene persönliche Zielvorstellungen (Individualziele) ein, welche sie über die Teilnahme an der Organisation erreichen wollen. Demzufolge sind die Ziele der Organisation instrumental zur Erreichung der Individualziele (Staehle et al. 1999). Organisationen sind indessen als formale Großgruppen mit spezifischen Aufgaben bzw. Verantwortlichkeiten zu verstehen. Der aufgeführte Zusammenhang zwischen Zielen auf persönlicher Ebene und Zielen auf Organisationsebene lässt sich verallgemeinern und auf jegliche Gruppenarbeitsprozesse übertragen. Im Kontext des Collaboration Engineerings ist zumeist die Rede von den sogenannten Kollaborationszielen. Diese umfassen jegliche Ziele, die im Rahmen eines Kollaborationsprozesses formuliert und verfolgt werden (Briggs et al. 2009). Hierbei wird grundsätzlich zwischen individuellen bzw. persönlichen Zielen und Gruppenzielen unterschieden. Dieser Differenzierung folgen auch (Locke und Latham 1990). Ein **Gruppenziel** ist dabei ein Ziel, welches von den Gruppenteilnehmern mit Blick auf einen gewünschten Zustand bzw. ein gewünschtes Ergebnis geteilt wird.

Nach Locke und Latham (1990) sind Ziele auf der Gruppen-Ebene genauso effektiv – im Hinblick auf die Motivations- und Verhaltenssteuerung – wie Ziele auf der Individual-Ebene. Die Zielverfolgung im Rahmen der Zusammenarbeit gestaltet sich jedoch mühsamer und ist mit Schwierigkeiten behaftet: Bedingt durch den Umstand, dass Individuen mit zum Teil ganz unterschiedlichen Zielen interagieren, ist eine Zunahme von Zielkonflikten zu erwarten. Es kann weiterhin dazu kommen, dass die Bindung einzelner Individuen an das Gruppenziel sehr gering ist oder gar nicht besteht. Davon abhängig ist wiederum die Motivation der jeweiligen Personen, engagiert in Richtung Gruppenziel zu arbeiten. Diese Problemstellungen wird in den nachfolgenden Abschnitten vor dem Hintergrund zentraler Theorien der Zusammenarbeit adressiert.

5.2.1 Individualziele

Motivation und Verhalten Persönliche bzw. individuelle Ziele drücken aus, was ein Individuum typischerweise zu erreichen oder gegebenenfalls zu vermeiden versucht. Sie bleiben in der Regel über die Zeit und verschiedene Situationen hinweg konstant (Lüdtke 2006). Die Erreichung eines Zieles löst zuvor vorhandene innere Spannungen und hat eine Zufriedenheit der Person zur Folge. Dementsprechend werden Menschen hierdurch zu Handlungen „motiviert", die zur Zielerreichung bzw. zur Lösung der inneren Spannungen führen. Während die Ziele angestrebte bzw. gewünschte (End-) Zustände darstellen, beschreiben Motive die Beweggründe für das Verhalten in Richtung eines bestimmten Zieles. Die konkreten Handlungen und Verhaltensweisen von Menschen sind hierbei direkt beobachtbar, die zu Grunde liegenden Motive sind jedoch nicht sichtbar. Bei einem Motiv handelt es sich insofern um ein theoretisches Konstrukt, welches das Verhalten der Menschen bestimmt. Gegenstand von Motivationstheorien ist die Erklärung von nicht direkt beobachtbaren Motiven bzw. Motivationsprozessen, auf welche das beobachtbare Verhalten der Menschen zurückzuführen ist (Steinmann und Schreyögg 2005). Zur Erklärung des menschlichen Verhaltens auf Basis von zu Grunde liegenden Motiven wurden im Verlauf der Zeit zahlreiche Motivationstheorien entwickelt, welche sich jedoch grundsätzlich in drei Gruppen einteilen lassen (Kanfer 1991; Hacker 2005):

- Bedürfnisspannungstheorien,
- kognitive Wahltheorien sowie
- Selbstregulationstheorien.

Klassifikation von Motivationstheorien Bei Bedürfnisspannungstheorien (auch ‚Inhaltstheorien' genannt) fungieren Mangel- bzw. innere Spannungszustände als Ausgangspunkt. Hierbei wird angenommen, dass Menschen fortwährend versuchen, bestehende Mangelzustände zu reduzieren bzw. gänzlich zu eliminieren. Folglich sind Menschen erst dann motiviert, wenn Mangelzustände bestehen. Bedürfnisspannungstheorien sind im Laufe der Zeit jedoch zunehmend kritisiert worden, da im Rahmen dieser wichtigen Phänomene des menschlichen Verhaltens, wie beispielsweise Neugierde, Interesse am Lernen oder Lust an der Herausforderung, nicht erfasst werden. Die kognitiven Wahltheorien fokussieren hingegen nicht auf einzelne Motive, sondern vielmehr auf den Prozess der Motivation, d. h. der individuelle Entscheidungsprozess steht im Mittelpunkt des wissenschaftlichen Interesses (Steinmann und Schreyögg 2005). Zu den bekanntesten kognitiven Wahltheorien gehören die Leistungsmotivationstheorie nach Atkinson (1964), die Theorie des sozialen Vergleichs nach Adams (1965), die Attributionstheorie nach Weiner (1986) sowie das Erwartungs-Valenz-Modell von Vroom (1964). Einzelne dieser Theorien bilden die Grundlage für eine Vielzahl von Weiterentwicklungen in der Motivationsforschung, welche ihrerseits z. B. das Kündigungsverhalten von Mitarbeitern oder die Wirkung von interkulturellen Einflüssen auf die Arbeitsmotivation untersuchen (Steinmann und Schreyögg 2005). Im Vergleich zu den umfassenden kognitiven Wahltheorien fokussieren Selbstregulationstheorien zumeist den Einfluss von Zielen auf das Verhalten von Menschen (Locke et al. 1981). Die bereits erwähnte Zielesetzungstheorie nach Locke (1968) gehört zu den bekanntesten Theorien in diesem Bereich. In den hier aufgeführten Theorien der einzelnen Theoriebereiche werden Menschen als kognizierende, mit eigenen Zielen ausgestattete Individuen betrachtet, die darin bestrebt sind, ihren Nutzen zu maximieren (grundlegende Annahme der Nutzenmaximierung). Im Rahmen der Forschung zur Zusammenarbeit werden insbesondere Selbstregulationstheorien herangezogen, um die Motivation von Menschen zur Zusammenarbeit erklären zu können. Ziele fungieren hierbei als Antriebsfaktoren für die Zusammenarbeit in Gruppen.

Yield Shift Theory of Satisfaction In der Regel verfolgen Menschen mehrere Ziele gleichzeitig, die sich auf unterschiedliche Lebensbereiche beziehen. Menschen verfolgen aber auch innerhalb eines bestimmten Lebensbereiches mehrere Ziele zur selben Zeit. Eine der zentralen Fragestellungen, die in vielen Studien und anhand unterschiedlicher Theorien adressiert wurde, ist in diesem Zusammenhang: Welche der jeweiligen Ziele priorisiert ein Mensch? Eine dieser Theorien ist die **Yield Shift Theory of Satisfaction (YSTS)** nach Briggs et al. (2008), welche der Gruppe der Selbstregulationstheorien zugeordnet werden kann und Erklärungsansätze zur Entstehung und Veränderung der Zufriedenheit vor dem Hintergrund der Zielerreichung beschreibt. Die Autoren sammeln und beschreiben als Grundlage für ihre Theorie zehn Effekte der Zufriedenheit, die als Basis jeder Theorie zur Zufriedenheit dienen sollten (Zielerreichungseffekte, Bestätigungseffekte, Widerrufseffekte, Erwartungseffekte, Nostalgie-Effekte, Abweichungseffekte, Hygiene-Effekte, Beratungseffekte, gemischte Gefühle, Abschwächungseffekte). Diese Effekte stellen indessen wiederkehrende Muster über die Folgen der Zufriedenheit dar, (vgl. hierzu vertiefend Briggs et al. 2008). Hinsichtlich der Zufriedenheit existieren dabei verschiedene Modelle und Sichtweisen, die sich im Wesentlichen in ihrem Zweck, ihrem Ausmaß an theoretischer Stringenz, in den aufgestellten Beziehungen sowie in ihrer Prognose voneinander unterscheiden (Briggs et al. 2008). Briggs et al. (2008) kritisieren bei den bestehenden Modellen die Unvollständigkeit der verschiedenen Perspektiven, da diese nur einige begrenzte Zielesetzungen verfolgen und keine Erklärung für alle Phänomene der Zufriedenheit bieten (Yoon et al. 1995; Palmer und Griffith 1998; Khalifa und Liu 2003). Die Autoren schlagen hierzu mit der YSTS eine Theorie vor, die alle Ansätze im Ganzen vereint.

Zufriedenheit Die Grundlage der YSTS bildet das Verständnis der Zufriedenheit. Der Begriff hat dabei in der IS-Forschung (Informationssystemforschung) zwei unterschiedliche Bedeutungen. Auch wenn nicht immer eine explizite Definition erfolgt, wird der Begriff der Zufriedenheit wie folgt eingerahmt (Briggs et al. 2008):

- Zufriedenheit als Urteil: Zufriedenheit wird hier als Urteil verstanden, welches z. B. anhand der Beantwortung der Frage gefällt wird, wie gründlich das Informationsbedürfnis der Nutzer eines Informationssystems befriedigt wird (Powers und Dickson 1973), oder indem eine Beurteilung der Systemausgabe in Bezug auf den Informationsgehalt, die Richtigkeit, die Benutzerfreundlichkeit oder die Aktualität vorgenommen wird (Torkzadeh 1999).
- Zufriedenheit als Gemütsregung: Zufriedenheit wird als eine emotionale Reaktion formuliert. So kann beispielsweise nach der gefühlten Zufriedenheit von Verantwortlichen

in Bezug auf ein Informationssystem oder nach dem Empfinden der Nutzer bei der Anwendung dieses Systems gefragt werden (Lucas 1981; Briggs et al. 2008).

Einige Forscher führen weiterhin die genannten Definitionen zu einer einzigen Erklärung zusammen und definieren Zufriedenheit mit einem Dienst etwa als ein Urteil über einen Dienst, dass dieser ein zufriedenstellendes Level konsumbezogener Erfüllung hervorgerufen hat (Oliver 1996). Da beide, Urteil und Emotion, jedoch unterschiedliche Konstrukte sind, schlagen Briggs et al. (2008) vor, diese auch getrennt voneinander zu betrachten, um einer Irritation vorzubeugen. Basierend auf dem Ansatz des Theory-Motivated-Designs verfolgen die Autoren dabei aufgrund von Beobachtungen – in denen Nutzer die Anwendung von Systemen aufgrund von Unzufriedenheit beendeten, obwohl sie diese zuvor als brauchbar und leicht zu bedienen beurteilten – eine theoretische Darlegung der Zufriedenheit als Gemütsregung bzw. Emotion. Diese bezeichnen sie als Zufriedenheitsreaktion (Satisfaction Response) und definieren sie wie folgt:

> Die Zufriedenheitsreaktion (Satisfaction Response) ist definiert als die Wertigkeit der emotionalen Intensität hinsichtlich eines Objektes, mit Bezug zu irgendeinem von einem Individuum gewünschten Zustand oder Ergebnis (Briggs et al. 2008).

Objekte der Reaktion können im Bereich des IS/IT beispielsweise Hardware, Software, Menschen, Daten, Informationen oder Prozesse sein (Briggs et al. 2008). Die Zufriedenheitsreaktion wird von Briggs et al. (2008) als ein einzelnes Konstrukt betrachtet, welches sowohl Zufriedenheit als auch Unzufriedenheit umfasst. Dabei sind Zufriedenheit und Unzufriedenheit jedoch nicht als zwei festliegende und bestehende Endpunkte einer Spanne mit neutralem Punkt in der Mitte zu sehen, vielmehr reicht das Empfinden vom Nicht-Entstehen bis hin zu entstandener Zufriedenheit (Briggs et al. 2008).

Aus der Tatsache, dass menschliche kognitive Ressourcen begrenzt sind, leiten die Autoren ab, dass Individuen fortwährend und effektiv eine Auswahl und Reihenfolge der angestrebten Ziele aufstellen müssen. Im Kontext von Informationssystemen sind dies meist berufsbedingte, instrumentelle Ziele, wie beispielsweise das Erlangen von Wettbewerbsvorteilen. Die YSTS postuliert kognitive Mechanismen, welche aus diesem fortwährenden Entscheidungszwang entstehen könnten. Emotionale Reaktionen können sich dabei aus einem automatischen, unterbewussten kognitiven Mechanismus heraus entwickeln, der das Ausmaß bemisst, inwieweit Objekte der Zufriedenheit die eigene Zielerreichung fördern oder behindern. Um Reaktionen der Zufriedenheit zu erklären, beginnt die YSTS mit der Aufstellung von Annahmen über solche Mechanismen (Briggs et al. 2008).[2]

Zugeschriebener Nutzen (Ascribed Utility) Zunächst wird für jedes Ziel eines Individuums angenommen, dass dem Erreichen eines Zieles durch einen automatischen und unter-

---

[2] Anmerkung: Zum Verständnis der Begrifflichkeiten Axiom, These und Hypothese siehe Kap. 2.

bewussten Mechanismus ein Nutzenniveau beigemessen wird *(Axiom 1)*. Nutzen wird hier sowohl im Sinne des monetären als auch sozialen, emotionalen oder politischen Wertes eines Zustands oder Ergebnisses verwendet. Da stets ein automatischer Bewertungsprozess stattfindet, sind Menschen außerstande, einem Ziel nicht unterbewusst ein Nutzenniveau zuzuschreiben. Erlischt das Empfinden eines Wertes hinsichtlich eines Zieles (z. B. aufgrund veränderter Informationen oder Erfahrungen), kann dies auch nicht mehr als Ziel bezeichnet werden (Briggs et al. 2008). Da die kognitiven Ressourcen begrenzt sind, verfolgen Individuen weiterhin oftmals Ziele, denen ein höherer Nutzen zugeschrieben wird, obwohl diese teilweise sehr unwahrscheinlich zu erreichen sind. (Briggs et al. 2008) stellen hierzu zwei weitere Annahmen auf:

Wahrscheinlichkeit der Zielerreichung (Assessed Likelihood) Dem Erreichen eines aktuellen Zieles wird durch einen automatischen und unterbewussten Mechanismus eine Wahrscheinlichkeit beigemessen *(Axiom 2)*. So wird also die Realisierung unterschiedlicher Ziele mit unterschiedlichen Wahrscheinlichkeiten besetzt. Basierend auf dieser zugeschriebenen Nutzenbemessung entwickelt ein automatischer unterbewusster Mechanismus unweigerlich eine Vorstellung über den Ertrag eines aktuellen Zieles *(Axiom 3)* (Briggs et al. 2008). Dieses erfolgt jedoch in umgekehrter Proportion zur geschätzten Wahrscheinlichkeit, dieses Ziel zu erreichen. Schreibt ein Individuum einem Ziel also einen hohen Nutzen zu und ist sich seiner Verwirklichung absolut sicher, so wird die unterbewusst entwickelte Vorstellung über den Ertrag dieses Zieles schätzungsweise äquivalent zu dessen Nutzenbemessung. Im Gegensatz dazu wird ein Ziel mit hohem Nutzen, das jedoch nur mit einer geringen Wahrscheinlichkeit realisiert werden kann, dazu führen, dass das Individuum trotz des hohen Nutzens dem Ziel wenig oder gar keinen Ertrag beimisst. Somit kann ein Ziel mit mittlerem Nutzen, aber hoher Eintrittswahrscheinlichkeit bei einem Individuum ein höheres Ertragsempfinden auslösen als ein Ziel mit hohem Nutzen, aber niedriger Eintrittswahrscheinlichkeit (Briggs et al. 2008).

Da das Erreichen eines Zieles mit einer Wahrscheinlichkeit gleich null keinen Ertrag bedeutet (ungeachtet des Nutzens) und da die Annahme vollkommener Sicherheit über die Zielerreichung eine zum Nutzen äquivalente Ertragswahrnehmung ausdrückt, kann die Wahrscheinlichkeit als ein Multiplikator der Beziehung von Nutzen und Ertrag charakterisiert werden (mit einem Wert der Wahrscheinlichkeit zwischen 0 und 1). In diesem Rahmen würden Individuen ihre Prioritäten hinsichtlich Zeit und Ressourcen auf die Ertragswahrnehmung der Ziele stützen statt lediglich auf ihren zugeschriebenen Nutzen (Briggs et al. 2008).

Wahrgenommener Ertrag (Perceived Yield) Als Schlussfolgerung aus den Axiomen 1, 2 und 3 schlägt die YSTS vor, dass der Ertrag, den ein Individuum in einem gewissen Moment unterbewusst hinsichtlich eines gewissen Zieles wahrnimmt, eine multiplikative Funktion des zugeschriebenen Nutzens des Zieles und der geschätzten Wahrscheinlichkeit, dieses zu erreichen, darstellt. Diese These wird als ausreichend und notwendig befunden, um die Wahrnehmungsänderung des Ertrages zu erklären. Sie wird in Abb. 5.3 dargestellt, wobei die Pfeile den vorgeschlagenen Kausalzusammenhang anzeigen.

Abb. 5.3 Wahrgenommener
Eintrag in der YSTS. (Nach
Briggs et al. 2008)

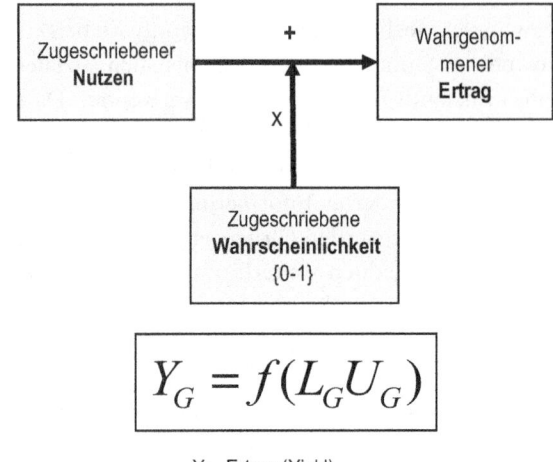

$$Y_G = f(L_G U_G)$$

Y: Ertrag (Yield)
L: Wahrscheinlichkeit (Likelihood)
U: Nutzen (Utility)
G: Ein bestimmtes Ziel

Nach der YSTS sind die unbewussten Mechanismen – wie auch die kognitiven Ressourcen – für eine aktuelle Menge von Zielen begrenzt. Als die aktuelle Menge von Zielen werden in diesem Zusammenhang die Ziele bezeichnet, die derzeit unterbewusst bewertet werden. Haben Individuen viele Ziele, kann zu einem gewissen Zeitpunkt nur eine Teilmenge dieser bewertet werden. Die Kapazität des Mechanismus begrenzt die Menge der bewertbaren Ziele. Ist diese Kapazität einmal erreicht, müssen vorhandene Ziele dem Entstehen neuer Ziele weichen. Aktuelle, bewusst bedeutsame Ziele werden nach Annahme der YSTS ebenfalls in der unterbewussten Menge der bedeutsamen Ziele aufgenommen (Briggs et al. 2008).

Ertragsverschiebung (Yield Shift) Eine Veränderung der Ertragswahrnehmung in Bezug auf ein oder mehrere Ziele der aktuellen Menge stellt dabei eine Veränderung der Gesamtmenge dar.

Die Ertragswahrnehmung einer Zielmenge zu einem gewissen Zeitpunkt kann somit als eine Summe der derzeitig wahrgenommenen Erträge der Ziele dieser Menge verstanden werden (Briggs et al. 2008).

Die YSTS stellt hierzu zwei weitere Annahmen auf, um das Phänomen der Zufriedenheit zur erläutern: Das Ausmaß und die Richtung der Ertragsveränderung der aktuellen Zielmenge werden durch einen automatischen, unterbewussten kognitiven Mechanismus bewertet *(Axiom 4)*. Dies bedeutet nicht, dass das Individuum eine bewusste punktweise Bewertung von Nutzen und Wahrscheinlichkeit jedes Zieles der Menge durchführt; durch den unbewussten kognitiven Mechanismus werden vielmehr Ertragsverschiebungen der gesamten Zielmenge festgestellt (Briggs et al. 2008). Die Ansicht der unbewussten Ermittlung der Ertragsverschiebung ist das wichtigste Konzept der YSTS. Hat diese Logik Bestand, kann eine Verschiebung des Ertrages auf folgende drei Arten geschehen:

- Der zugeschriebene Nutzen eines oder mehrerer Ziele der aktuellen Zielmenge kann verändert werden.
- Die Bemessung der Wahrscheinlichkeit für ein oder mehrere Ziele der Zielmenge kann verändert werden.
- Die Zusammensetzung der Ziele (einschließlich der aktuellen Menge) kann verändert werden.

Schlussendlich stellt die YSTS auf, dass die Ermittlung der Ertragsverschiebung der aktuellen Zielmenge eine zum Wert der Ertragsverschiebung proportionale Intensität mit einer Größenordnung in die Richtung der Veränderung erzeugt *(Axiom 5)*. Wenn also für die aktuellen Ziele der Ertrag ansteigt, wird eine emotionale Intensität (Veränderung) mit einem positiven Wert auftreten. Wird eine Ertragsminderung wahrgenommen, tritt eine emotionale Intensität mit negativem Wert auf. Je größer der absolute Wert der wahrgenommenen Veränderung bei der unbewussten Ermittlung ist, desto größer wird der Betrag der emotionalen Intensität sein (Briggs et al. 2008).

Zufriedenheitsreaktion (Satisfaction Response) Die Stärke der emotionalen Intensität, die ein Individuum erfahren kann, ist dabei nach oben begrenzt. Ab einer gewissen Ebene der Intensität wird der schrittweise Anstieg der wahrgenommenen Ertragsveränderung einen immer kleiner werdenden Anstieg der emotionalen Intensität nach sich ziehen. Die Größenordnung der Zufriedenheitsreaktion ist demnach eine kurvenförmige Funktion mit positiver, jedoch abnehmender Steigung des absoluten Wertes der Ertragsverschiebung für eine aktuelle Zielmenge. Der Wert dieser ist entsprechend dem Wert oder der Richtung der Ertragsverschiebung. Die zweite These wird als Kernaussage der YSTS gesehen, da hierdurch Veränderungen in der Zufriedenheitsreaktion ausreichend erläutert werden können.

Abbildung 5.4 zeigt auf, dass die Zufriedenheitsreaktion eine Funktion der Ertragsverschiebung der aktuellen Zielmenge darstellt. Entstehen Veränderungen hinsichtlich einer Zielmenge, ist eine emotionale Reaktion hierauf naheliegend. Den Betrag der Verschiebung bildet die Differenz zwischen dem unbewusst wahrgenommenen Ertrag der aktuellen Zielmenge und dem Ertrag der aktuellen Zielmenge im vorherigen Augenblick. Der Wert dieser Differenz bestimmt die Wertigkeit der Zufriedenheitsreaktion. So entsteht bei einer positiven Differenz Zufriedenheit und bei negativer Differenz Unzufriedenheit (Briggs et al. 2005). Wichtig für den Bestand der Theorie ist die Annahme, dass die Bewertung und Analyse der Ergebnisse auf automatische und unbewusste Weise geschieht und nicht durch eine bewusste, kognitive Bewertung (Briggs et al. 2005).

Zusammenfassend kann festgehalten werden, dass der Theorie nach die wahrgenommene Zufriedenheit eines Menschen von der Ertragsverschiebung abhängt, welche wiederum vom zugeschriebenen Nutzen eines Zieles und der in Bezug darauf wahrgenomme-

Abb. 5.4 Zufriedenheitsreaktion. (Nach Briggs et al. 2008)

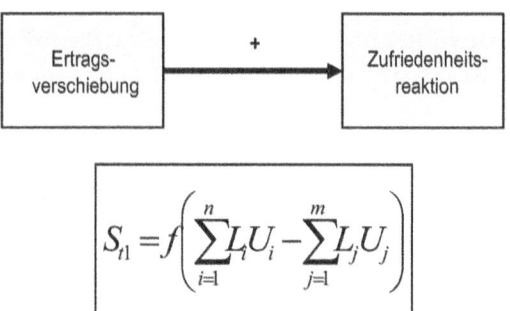

$$S_{t1} = f\left(\sum_{i=1}^{n} L_i U_i - \sum_{j=1}^{m} L_j U_j\right)$$

S: Zufriedenheitsreaktion (Satisfaction Response)
L: Wahrscheinlichkeit (Likelihood)
U: Nutzen(Utility)

nen Eintrittswahrscheinlichkeit bestimmt wird. Wie in den vorangegangenen Abschnitten ausführlich erläutert, kollaborieren Menschen im Wesentlichen aus dem Grund, dass sie sich durch die Zusammenarbeit und die Erreichung der Kollaborationsziele erhoffen, ihre persönlichen Ziele zu erreichen. Es ist davon auszugehen, dass dem individuellen Ziel, welches eine Person dazu motiviert, mit einer Gruppe von Personen zusammenzuarbeiten, ein hoher Nutzen zugewiesen wird; ansonsten wäre das Individuum nicht bereit, dafür Aufwand zu betreiben. Der wahrgenommene Ertrag und dadurch die entsprechende Ertragsverschiebung hängen also im Wesentlichen von der wahrgenommenen Wahrscheinlichkeit des Individuums ab, das angestrebte persönliche Ziel anhand der Zusammenarbeit erreichen zu können. An dieser Stelle ergibt sich der Gestaltungsspielraum für den Collaboration Engineer: Ihm obliegt es, den Kollaborationsprozess so zu gestalten, dass die einzelnen Personen zur Zusammenarbeit in der Gruppe motiviert werden, um gemeinsame Ziele zu realisieren Insofern sollte der Collaboration Engineer sich der Ziele der Teilnehmer bewusst sein. Entsprechend ergeben sich hier Gestaltungsmöglichkeiten den Entwurf des Kollaborationsprozesses betreffend: Dem Moderator sollten Informationen zu den individuellen Zielen der jeweiligen Teilnehmer bereitgestellt werden. Dieser hat dann die Aufgabe, die persönlichen Ziele der Teilnehmer im Rahmen des Kollaborationsprozesses stets zu berücksichtigen und den Teilnehmern zu verdeutlichen, dass der für die Zusammenarbeit erbrachte Aufwand die Wahrscheinlichkeit der persönlichen Zielerreichung fördert. Hierdurch wird den Teilnehmern zu jedem Zeitpunkt des Prozesses bewusst gemacht, dass die Erreichung der Kollaborationsziele die Umsetzung der persönlichen Ziele gewährleistet. Die Teilnehmer sind nur bereit, effektiv miteinander zusammenzuarbeiten, wenn sie sich durch die Zusammenarbeit die Erreichung der persönlichen Ziele erhoffen. Wird den Teilnehmern bewusst gemacht, dass die Zusammenarbeit dies ermöglicht, steigt die wahrgenommene Wahrscheinlichkeit, das persönliche Ziel erreichen zu können, was wiederum indirekt zu einer positiven Ertragsverschiebung und schließlich zu höherer Zufriedenheit führt.

5.2.2   Gruppenziele

Im Rahmen der Kollaboration arbeiten mehrere Individuen an unterschiedlichen Aufgaben und verfolgen dabei ein gemeinsames Ziel: das Gruppenziel. In Anlehnung an die allgemeine Definition von Zielen und auf Basis der vorangegangenen Ausführungen ist ein **Gruppenziel** wie folgt zu definieren:

> Ein Gruppenziel bezeichnet einen von der Gruppe angestrebten Zustand, auf den zukünftige Handlungen der einzelnen Gruppenmitglieder gerichtet sind.

In einem Szenario wie in dem zu Beginn dieses Kapitels vorgestellten Beispiel ist das gemeinsame Ziel konform mit den individuellen Zielen. Hierbei haben die Individuen vor dem Hintergrund ihrer individuellen Ziele das Gruppenziel gemeinsam formuliert. Insofern wurde das Gruppenziel von allen Teilnehmern akzeptiert und angenommen. Im Gegensatz dazu besteht in Unternehmen zumeist der Fall, dass die Gruppenziele vorgegeben sind. So kann beispielsweise das Management Mitarbeiter eines Bereiches dazu auffordern, an einem bestimmten Workshop teilzunehmen, im Rahmen dessen existente Probleme gemeinsam bearbeitet werden sollen. Das Kollaborationsziel wird hierbei vom Management im Vorfeld definiert. In solch einem Zusammenhang besteht die Möglichkeit, dass die jeweiligen persönlichen Ziele nicht konform mit dem vorgegebenen Gruppenziel sind. Dann können Schwierigkeiten und Konflikte vor allem im Hinblick auf den Zusammenarbeitsprozess und die damit verbundenen Arbeitsschritte entstehen. So kann es vorkommen, dass bestimmte Aktivitäten von einzelnen Mitarbeitern nicht akzeptiert und im Extremfall nicht ausgeführt werden. Hier gilt es für den Moderator, Kompromisse zu schaffen, damit die Zusammenarbeit nicht scheitert. Ist im Rahmen eines Kollaborationsprozesses ein Moderator nicht vorhanden, muss der Collaboration Engineer Zeitfenster in den entworfenen Prozess einbauen, innerhalb derer die Teilnehmer die Gelegenheit haben, bestehende oder aufkommende Konflikte zu lösen. Die Identifikation von Konflikten und deren Lösung stellen folglich eine zentrale Herausforderung im Rahmen von Kollaborationsprozessen dar. Zur Bewältigung von Konflikten in diesem Kontext führen Briggs et al. (2005) die **Consensus Building Theory** (CBT) auf, die nachfolgend ausführlich dargestellt wird.

Konsens, Vorschlag und Verpflichtung   Im Rahmen der Zusammenarbeit spielt die Bildung eines Konsenses eine bedeutende und für die Gruppe gar überlebenswichtige Rolle. Für das Konstrukt des Konsenses besteht bisher keine einheitliche Definition. Der Begriff stammt von dem lateinischen Wort consensus (abgeleitet: Übereinkunft, Abkommen oder gemeinsamer Beschluss) und bedeutet aus rechtswissenschaftlicher Sicht eine Übereinkunft aus einem einstimmig beschlossenen Entgegenkommen aller beteiligten Personen

(Briggs et al. 2005). Briggs et al. (2005) nehmen im Kontext der Zusammenarbeit eine Unterscheidung der Begriffe Konsens, Entscheidung, Übereinkunft, Vorschlag und Verpflichtung vor:

> Konsens ist das Ausmaß, inwieweit die Teilnehmer gewillt sind, sich an einen Vorschlag zu binden. Eine Entscheidung wird definiert als die Handlung oder der Zeitpunkt, in dem die Teilnehmer sich für einen Vorschlag verpflichten. Eine Übereinkunft beschreibt hingegen den Zustand nach der Entscheidung, in dem gegenseitig akzeptierte Verpflichtungen bestehen. Ein Vorschlag umfasst hierbei eine mögliche Auswahl oder ein vorgeschlagenes Handlungsmuster zur Erreichung des Gruppenzieles. Eine Verpflichtung hingegen bedingt mehr als die mündliche Einwilligung und bedeutet für denjenigen, der diese eingeht, dass er Zeit, Aufwand und Ressourcen einsetzen muss, um die Bedingungen eines Vorschlages zu erfüllen (Briggs et al. 2005).

Aus diesen Definitionen ergeben sich einige Schlussfolgerungen: Konsens hat demnach nur Bedeutung in Bezug auf eine konkrete Personengruppe, existiert nur bezüglich eines bestimmten Vorschlages und erfordert keine Einstimmigkeit über diesen oder über die Wünsche, Bedeutungen oder Zufriedenheiten unter den Teilnehmern. Er bedeutet weiterhin nicht, dass Teilnehmer keine Einwände gegen den Vorschlag haben, sondern ausschließlich, dass sie gewillt sind, sich einem Vorschlag zu verpflichten. Dabei ist die Einwilligung zur Verpflichtung nicht gleich einer Übereinkunft (Briggs et al. 2005).

Axiome der Consensus Building Theory Die CBT beschreibt in einem kausalen Modell einen Mechanismus, der dazu führt, dass einzelne Teilnehmer sich hinsichtlich eines durch Abwägung der Gruppe entstandenen Vorschlages verpflichten. Dieses Modell basiert dabei auf der Aufstellung von Annahmen und daraus logisch abgeleiteten Thesen (Briggs et al. 2005):

Axiom 1: *Individuen besitzen mehrere, manchmal übereinstimmende Einzelziele* (Locke und Latham 1990).

Axiom 2: *Alle menschlichen Handlungen sind auf die Erreichung eines individuellen Zieles ausgerichtet. Individuen, die sich einer Gruppe anschließen, um ein bestimmtes Ziel zu erreichen (kollaborieren), machen dies, weil sie sich davon versprechen, ihre eigenen momentan bedeutsamen Ziele zu erreichen.*

Axiom 3: *Es gibt ein unbewusstes Denkmuster, welches sich vom Erreichen eines Zieles ein gewisses Nutzenausmaß erhofft* (Mobley und Locke 1970; Locke 1976; Locke und Latham 1990).

Axiom 4: *Es gibt ein unbewusstes Denkmuster, das automatisch die Wahrscheinlichkeit abschätzt, mit der ein Ziel erreicht werden kann* (Briggs et al. 2005).

Axiom 5: *Es gibt ein Denkmuster, das mit einem Ziel einen voraussichtlichen Ertrag verknüpft, welcher eine multiplikative Funktion vom erwarteten Nutzen und der geschätzten Wahrscheinlichkeit ist* (Briggs et al. 2005).

Haben die Axiome 3, 4 und 5 Bestand, besitzt ein Individuum eine nach dem Ertrag geordnete Zielhierarchie. Wie zuvor dargestellt, haben einige Ziele einen höheren Nutzen und eine höhere Wahrscheinlichkeit als andere und haben damit auch einen höheren Ertrag – bzw. umgekehrt einen niedrigeren Ertrag, wenn Nutzen und Wahrscheinlichkeit niedrig sind Abschn. 5.2.1 (Briggs et al. 2005). Wenn nun, wie Axiom 2 besagt, alle individuellen Handlungen darauf ausgerichtet sind, ein individuelles Ziel zu verfolgen, so lässt sich daraus folgern:

These 1:   *Die Einwilligung eines Individuums, sich an einen Vorschlag zu binden, ist eine positive Funktion der wahrgenommenen Zweckdienlichkeit (perceived instrumentality) des Vorschlages.*

Wahrgenommene Zweckdienlichkeit (perceived instrumentality) Die Bereitschaft sich zu verpflichten (willingness-to-commit) bezeichnet dabei das Ausmaß, mit dem ein Teilnehmer gewillt ist, Zeit, Aufwand und Ressourcen einzusetzen, um die Bedingungen des Vorschlages zu erfüllen. Die wahrgenommene Zweckdienlichkeit eines Vorschlages sagt aus, mit welchem Maß das Individuum einen Vorschlag als geeignet zur Erreichung seiner eigenen Ziele oder der Erhöhung des eigenen Nutzens bewertet. Ertrag, Nutzen und Wahrscheinlichkeit sind dabei Eigenschaften des Zieles, während die wahrgenommene Zweckdienlichkeit eine Eigenschaft des Vorschlages ist (Briggs et al. 2005). Beim Bewerten der möglichen Resultate und Wirkungen des Vorschlages muss das Individuum viele Faktoren abwägen: Zu diesen zählt beispielsweise das Maß an Zeit, Aufwand und Ressourcen zur Verwirklichung des Vorschlages oder die Frage, inwieweit die anderen Teilnehmer planen und fähig sind, Zeit, Aufwand und Ressourcen aufzuwenden. Diese Bewertung geschieht jedoch nach der CBT auf Basis unbewusster Mechanismen.

Bereitschaft sich zu verpflichten (willingness-to-commit) Gilt die These 1, so wird ein Teilnehmer umso mehr Bereitschaft zur Einwilligung hinsichtlich eines Vorschlages zeigen, je dienlicher er diesen Vorschlag zur Erreichung der eigenen bedeutsamen Ziele bewertet, und umgekehrt. Die wahrgenommene Zweckdienlichkeit wie auch die Bereitschaft zur Einwilligung können einen positiven oder negativen Wert annehmen. Je nachdem, ob der Teilnehmer den Erfolg des Vorschlages als Erreichung oder Verhinderung seiner persönlichen Ziele bewertet, wird er einen Vorschlag annehmen oder ablehnen (Briggs et al. 2005). Die These lässt sich dabei in der folgenden Formel darstellen, die in Abb. 5.5 zu sehen ist:

Nach der CBT bewerten Individuen fortlaufend anhand mentaler Modelle den Einfluss beabsichtigter Handlungsstränge auf ihre eigenen bedeutsamen Ziele. Deshalb werden sie weniger Bereitschaft für Vorschläge zeigen, welche die Wahrscheinlichkeit oder den Nutzen ihrer bedeutendsten Ziele verringern, und umgekehrt. Vorschlägen, welche weder Nutzen noch Wahrscheinlichkeit verändern, wird allenfalls in geringem Maße zugestimmt (Briggs et al. 2005). Die CBT behandelt kein Konstrukt auf Gruppenebene, sondern ist eine Theorie, welche die individuelle Bereitschaft zur Verpflichtung als elementares Konstrukt zur Konsensbildung darstellt. Demzufolge sind weitere Begründungen notwendig, um das individuelle Konstrukt an das Gruppenkonstrukt zu koppeln und die Theorie des Konsen-

Abb. 5.5 Beziehung zwischen
der Bereitschaft sich zu verpflichten und wahrgenommener Zweckdienlichkeit. (Nach
Briggs et al. 2005)

$$W_P = f(I_P)$$

P: ein spezieller Vorschlag
W: Bereitschaft eines Individuums sich dem Vorschlag P zu verpflichten
I: Bewertung eines Individuums, dass Vorschlag P dienlich
      für die Erreichung der persönlichen bedeutsamen Ziele ist.

ses zu vervollständigen. Nach der CBT entspringt die Empfindung der Zweckdienlichkeit
aus zwei Bewertungen: Zum einen aus der Bewertung des voraussichtlichen Ertrages, den
die Umsetzung eines Vorschlages mit sich bringen würde, sowie zum anderen aus einer
Bewertung, in welchem Ausmaß der Erfolg der Erreichung der eigenen, bedeutsamen Ziele dient. Unstimmigkeiten zwischen den Gruppenmitgliedern können hinsichtlich beider
Bewertungen entstehen und folglich eine mangelnde Bereitschaft zur Verpflichtung und
damit einen Mangel an Konsens herbeiführen (Briggs et al. 2005).

These 2:   *Konsens ist eine inverse Funktion des Ausmaßes der Unstimmigkeiten zwischen
den Teilnehmern in ihrer Bereitschaft, sich einem Vorschlag zu verpflichten.*

Demnach ist der Konsens der Gruppe umso kleiner, je größer die Unstimmigkeit der
Gruppe in der Bereitschaft der Verpflichtung zu einem Vorschlag ist, und umgekehrt.
Hiermit ist das Konstrukt der Gruppenebene logisch mit dem Konstrukt auf Individual-
ebene verknüpft. Aus dieser inversen Funktion ergibt sich die Schlussfolgerung, dass das
Bilden eines Konsenses ein Prozess des Aufdeckens und Diagnostizierens solcher Unstim-
migkeiten sein muss (Briggs et al. 2005).

Zusammenfassend betrachtet stellt die CBT den Umstand dar, dass Individuen nur
dann bereit sind, einem Vorschlag – im Sinne einer Arbeitstätigkeit zur Erreichung der
Gruppenziele – zuzustimmen, wenn sie dadurch eine Annäherung an die individuellen
Ziele wahrnehmen. Ein Vorschlag besitzt hierbei eine bestimmte Eigenschaft bzw. Ausprägung, die bei Zustimmung dem Individuum einen bestimmten Nutzen liefern kann.
Basierend auf dem aus der Zustimmung eines Vorschlags resultierenden Nutzen bildet
das Individuum eine bestimmte (positive oder negative) Einstellung gegenüber dem Vorschlag. Die gebildete Einstellung beeinflusst die Entscheidung einer Person, sich für oder
gegen einen Vorschlag zu entscheiden. Diese Abfolge von Eigenschaften, Nutzen und Einstellungen wird in der Literatur auch als „Means-End-Chain" (zu Deutsch „Mittel-Zweck-
Kette") bezeichnet (Reynolds und Gutman 1988; Herrmann et al. 2001). Die zentrale
Aussage dieses Prinzips ist, dass Einstellungen und Verhalten einer Person in Bezug auf
einen bestimmten Meinungsgegenstand davon abhängig sind, inwieweit der betreffende
Meinungsgegenstand dazu dient, einen bestimmten Zweck oder ein bestimmtes Ziel zu
erreichen (Kroeber-Riel et al. 2009). Das Verhalten wird dementsprechend von solchen
Means-End-Chains bestimmt (Baumgarth 2008). Im Rahmen der CBT fungiert ein be-

Abb. 5.6 Ein Prozessmodell der Konsensbildung. (Nach Briggs et al. 2005)

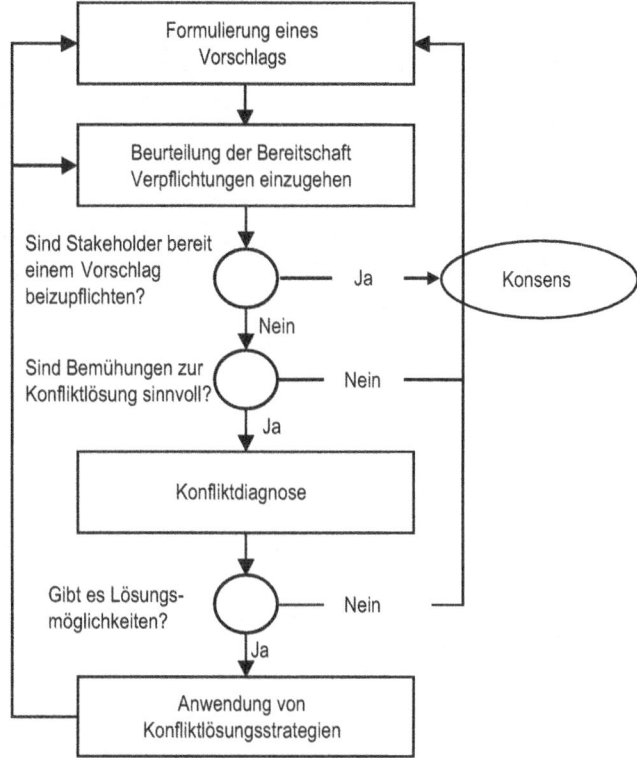

stimmter Vorschlag als „Mittel", um das persönliche Ziel („Zweck") zu erreichen. Insofern fungieren abstrahierter betrachtet Gruppenziele als Mittel zum Zweck der individuellen Zielrealisierung. Bedingt durch die Tatsache, dass die persönlichen Ziele der einzelnen Gruppenteilnehmer zumeist sehr unterschiedlich sind, kommt es in der Praxis oftmals zu Unstimmigkeiten bezüglich eines Vorschlages. Insofern gilt es für den Collaboration Engineer, den Kollaborationsprozess derart zu gestalten, dass die einzelnen Gruppenmitglieder die Möglichkeit haben, zu einem Konsens zu kommen. Eine schnelle Konsensbildung fördert die Effektivität der Gruppenarbeit. Im nachfolgenden Abschnitt soll indessen ein Prozessmodell vorgestellt werden, das eine Vorgehensweise zur Konsensbildung skizziert.

Vorgehensmodell zur Konsensbildung   Um eine Konsensbildung in einer Gruppe hinsichtlich eines Vorschlages zu erzielen, kann man sich zahlreicher Mittel bedienen. Grundlegend existieren jedoch immer zwei Phasen: Zum einen das Festlegen eines Vorschlages und zum anderen das Aufbauen einer Bereitschaft seitens der Gruppenmitglieder, sich diesem Vorschlag zu verpflichten. Abbildung 5.6 zeigt ein Vorgehensmodell zur Konsensbildung, welches auf vereinfachte Weise darstellt, wie beispielsweise dieser Prozess in einer gemeinschaftlichen Sitzung ablaufen kann. Er ist dabei vereinfacht und schrittweise dargestellt, auch wenn in der Realität der Ablauf parallel oder teilweise ungeordneter erfolgt (Briggs et al. 2005):

Im ersten Schritt wird ein Vorschlag eingebracht und die Gruppe bewertet, ob alle Mitglieder bereit sind, sich diesem zu verpflichten. Die Bewertung des Vorschlages erfolgt auf Basis der persönlichen Ziele. Sind die Gruppenmitglieder bereit, sich dem aufgeführten Vorschlag zu verpflichten, ist der Konsens erreicht. Stimmen einige Mitglieder der Gruppe nicht zu, muss entschieden werden, ob die Konflikte anhand von Konfliktlösungsstrategien gelöst werden sollen (dann müssen z. B. die Ursachen diagnostiziert werden) oder ein neuer Vorschlag eingebracht werden soll. Auch das Lösen der Konflikte kann zur Äußerung neuer Vorschläge führen; so entsteht ein iterativer Ablaufprozess, in dem fortwährend die Bereitschaft bewertet wird, neue Vorschläge gemacht werden oder nach Lösungsansätzen gesucht wird (Briggs et al. 2005).

Konfliktdiagnose Die Autoren schlagen auf Basis einiger zentraler Streitigkeiten, die zwischen den Mitgliedern einer Gruppe auftauchen können, eine Kategorisierung von Ursachen vor, welche zu Unstimmigkeiten in der Bewertung von Vorschlägen und deren Erträgen (Vorschlag-Ergebnis-Bewertung) sowie des Erfolges hinsichtlich der eigenen Ziele (Ergebnis-Zweckdienlichkeitsbewertung) führen. Hier empfiehlt es sich, bestehende Konfliktpunkte anhand einer Gruppendiskussion sowie anhand von Einzelgesprächen zu identifizieren und diese mit Hilfe der nachfolgenden Kategorisierung zu strukturieren (Briggs et al. 2005):

- Bedeutungsunterschiede: Ein unterschiedliches Verständnis der Konzepte, Begriffe und Vorschläge kann Unstimmigkeiten in Bezug auf die Vorschlag-Ergebnis-Bewertung und somit Konflikte verursachen.
- Inkompatible individuelle Ziele: Inkompatible individuelle Ziele der Teilnehmer können Unstimmigkeiten in der Vorschlag-Ergebnis-Bewertung und somit Konflikte nach sich ziehen. Dabei führen nicht unterschiedliche individuelle Ziele, sondern deren Ausschließlichkeit zu Konflikten.
- Unterschiedliche mentale Modelle: Trotz gemeinsamen Verständnisses über die Bedeutung eines Vorschlages können abweichende mentale Modelle zu Konflikten führen, indem Unstimmigkeiten in der Vorschlag-Ergebnis-Bewertung bzw. Ergebnis-Zweckdienlichkeitsbewertung bestehen (Bittner und Leimeister 2014).
- Widersprüchliche Informationen: Trotz gemeinsamen Verständnisses über einen Vorschlag und ähnlicher mentaler Modelle können asymmetrische Informationen zur Vorschlag-Ergebnis-Bewertung und/oder Ergebnis-Zweckdienlichkeitsbewertung und damit zu Konflikten führen.
- Geschmacksunterschiede: Während ein Teilnehmer eher das eine Resultat vorzieht, ist anderen Teilnehmern ein anderes lieber. Solche Geschmacksunterschiede können Unstimmigkeiten bei der Ergebnis-Zweckdienlichkeits-Bewertung hervorrufen.

Mit dieser Diagnose können die Hauptgründe der Konflikte erforscht werden und als Vorgaben für einige Strategien zur Konsensbildung dienen. Solche werden im Folgenden näher erläutert.

Strategien zur Konsensbildung   Der durch die CBT aufgestellte Mechanismus zur Konsensbildung kann zur Überwindung der diagnostizierten Konflikte und somit wieder zur Erzielung eines Konsenses führen. Im Folgenden werden in Anlehnung an Briggs et al. (2005) zu den oben beschriebenen Konfliktarten Strategien zur Konsensbildung aufgezeigt:

- *Überwindung von Bedeutungsunterschieden:* Um die Bedeutungen zu klären, können die Teilnehmer die Bezeichnungen und Begriffe definieren, welche die einzelnen Konzepte kennzeichnen.
- *Überwindung inkompatibler individueller Ziele:* Hierzu kann etwa die Einschätzung der Wahrscheinlichkeit eines Teilnehmers verändert werden, ein oder mehrere bedeutsame eigene Ziele zu erreichen. Weiterhin ist es auch möglich, die Nutzenerwartung in Bezug auf die individuellen Ziele eines Teilnehmers oder seine Einschätzung hinsichtlich des Zeitrahmens, in welchem die Ziele erreicht werden könnten, zu beeinflussen. Zudem kann nach alternativen Wegen gesucht und herausgefunden werden, wie die fundamentalen Ziele eines Teilnehmers erfüllt oder einzelne Ziele verändert werden können. Alternativ können einzelne Teilnehmer davon überzeugt werden, einem ertragreicheren Satz von Zielen zuzustimmen, welche durch den Vorschlag erreicht werden können.
- *Überwindung unterschiedlicher mentaler Modelle:* Aufwendungen zur Zielerreichung beinhalten Ursache-und-Wirkungsbeziehungen, welche auf Annahmen beruhen. Unterscheiden sich die mentalen Modelle und deren Annahmen, können Teilnehmer diese untersuchen, vergleichen und hinterfragen, um Konflikte zu lösen. Es können zudem die Wirkungsmodelle der Teilnehmer analysiert oder andere Vorschläge gesucht werden, die ohne Rücksicht auf die Grundannahmen gemeinsam akzeptierte Erfolge erzielen. Auch können Teilnehmer dazu überredet werden, ihren Fokus auf Ziele zu setzen, die auf anderen Modellen beruhen.
- *Überwindung widersprüchlicher Informationen:* Werden unterschiedliche Informationen unter den Teilnehmern aufgedeckt, können diese verglichen und deren Glaubwürdigkeit abgewogen werden.
- *Überwindung von Geschmacksunterschieden:* Bei Geschmacksunterschieden können die Teilnehmer nach Kompromissen suchen, indem ein Teilnehmer dem Geschmack anderer nachgibt oder alternative Vorschläge, die mehr Zustimmung finden, gemacht werden.

Wenngleich alle diese Strategien Vorschläge zur Konfliktbewältigung geben, besteht durch sie keine Erfolgsgarantie. Auch die Untersuchung von Konflikten und die Erzeugung unterschiedlicher Lösungsansätze können am Ende erfolglos bleiben (Briggs et al. 2005). Wie im vorangegangenen Kap. 4 aufgeführt, müssen einem Practitioner nicht notwendigerweise Fähigkeiten eines professionellen Facilitators inhärent sein. Ungeachtet dessen gilt es für einen Practitioner, die aufgeführten Strategien zur Konfliktlösung zu beherrschen. Damit Kollaborationsprozesse erfolgreich durchgeführt werden können, müssen Konfliktsituationen rechtzeitig identifiziert, diagnostiziert und schlussendlich Konfliktlösungsstrategien aufgezeigt werden. Es ist jedoch anzunehmen, dass die Teilnehmer sich aktiv an einem möglichen Konfliktlösungsprozess beteiligen und bereit sind, Aufwand zur Herbeiführung eines Konsenses zu erbringen. Dies ist damit begründet, dass sie nicht daran interessiert sind, den Kollaborationsprozess scheitern zu lassen, da dadurch die Zielerreichung (insbesondere die Verwirklichung der persönlichen Ziele) nicht realisierbar wäre.

5.2.3 Zielkongruenz

In Anbetracht der vorausgehenden Abschnitte wird deutlich, dass die persönlichen Ziele die Beweggründe zur Kollaboration darstellen. Sie treiben den Menschen dazu an, in einer Gruppe mit anderen Teilnehmern zusammenzuarbeiten und Aufwand in Richtung der Gruppenziele zu erbringen. Die Gruppenziele fungieren indessen als Mittel zum Zweck, um die persönlichen Ziele zu erreichen. Die persönlichen Ziele der einzelnen Personen können sowohl im Vergleich untereinander als auch im Vergleich zu dem gemeinsamen Gruppenziel gänzlich unterschiedlich sein. Sind persönliche Ziele mit dem Gruppenziel nicht konform, können Schwierigkeiten im Kollaborationsprozess entstehen, wenn z. B. Mitarbeiter weniger oder gar nicht gewillt sind, einzelne Arbeitstätigkeiten durchzuführen. Hierdurch wird der Arbeitsfluss gehemmt oder im Extremfall unterbrochen. Dieser Umstand verdeutlicht, dass das Gefüge der einzelnen Ziele Wirkung auf die Effektivität einer Gruppe hat. Briggs (1994) argumentiert in diesem Zusammenhang, dass die **Zielkongruenz** ein wesentlicher Einflussfaktor hinsichtlich der Gruppeneffektivität ist. Der Begriff Kongruenz stammt von dem lateinischen Wort congruentia ab und kann mit „Übereinstimmung" übersetzt werden (Pfeiffer 2005).

> Zielkongruenz beschreibt das Ausmaß der inhaltlichen Übereinstimmung einzelner Ziele.

Eine vollkommene Kongruenz zwischen einem persönlichen und einem Gruppenziel besteht, wenn die jeweiligen gewünschten Zustände inhaltlich identisch sind. Zwei Ziele sind indessen inkongruent, wenn die angestrebten Ergebnisse inhaltlich gänzlich unterschiedlich sind. Die vorangegangenen Ausführungen sollen nachfolgend kurz anhand des zu Beginn aufgeführten Beispiels verdeutlicht werden:

Beispiel

Die Wirtschaftswissenschaftlerin Christina hat u. a. das Ziel, eine erfolgreiche Unternehmerin zu werden, wohingegen Stefan als Ingenieur darin bestrebt ist, die auf dem Markt innovativsten Elektrofahrzeuge zu entwickeln. Die Etablierung des zusammen gegründeten Unternehmens in die Liste der erfolgreichsten Automobilhersteller in der Sparte „Elektrofahrzeuge" ist derweil das Gruppenziel. Es ist ersichtlich, dass Christinas persönliches Ziel eine hohe Kongruenz zum Gruppenziel aufweist, während die Zielkongruenz zwischen Stefans individuellem Ziel und dem Gruppenziel relativ gering ist. Das Ziel „ein erfolgreiches Automobilunternehmen" weist lediglich eine geringe inhaltliche Übereinstimmung mit dem Ziel „Entwicklung von innovativen Elektrofahrzeugen" auf.

Die Zielkongruenz im Rahmen des Collaboration Engineerings bezieht sich dementsprechend auf die Übereinstimmungszusammenhänge zwischen den einzelnen Individualzielen (der Teilnehmer) und dem Gruppenziel. Da die Gruppenmitglieder in der Regel unterschiedliche Ziele haben, das Gruppenziel jedoch für alle gilt, gibt es unterschiedlich starke Zielkongruenzen.

Briggs (1994) greift den Sachverhalt der Zielkongruenz im Kontext der Zusammenarbeit auf und stellt hierzu die **Focus Theory of Group Productivity** (FTGP) vor. Die FTGP ist ein Erklärungsmodell des Produktivitätsmechanismus, der entsteht, während eine Gruppe das Erreichen eines Zieles anstrebt und hierzu vereinte geistige Bemühungen aufwendet. Für die Grundlage ihrer Theorie definiert der Autor zunächst einige zentrale Begriffe, die im Folgenden erläutert werden (zur nachfolgenden Darstellung vgl. Briggs 1994).

- Gruppenproduktivität: Die Gruppenproduktivität bezeichnet den Zielerreichungsgrad der Gruppe und beinhaltet Komponenten der Effizienz und Effektivität (Pritchard et al. 1988). Die Höhe des Aufwandes wird in der FTGP mittels der Inanspruchnahme der begrenzten Ressource Aufmerksamkeit gemessen. Effizienz bezieht sich hierbei auf den Grad, inwieweit die Ressourcen schonend eingesetzt werden, Effektivität hingegen auf die Qualität des erzielten Erfolges.
- Aufmerksamkeit: Die bereits erwähnte Ressource Aufmerksamkeit beschreibt einen kognitiven Aufwand über einen gewissen Zeitraum. Dabei geht es nicht nur um die kognitive Beanspruchung oder den Aufwand allein. Entscheidend für das Verständnis von Gruppenprozessen ist hierbei die zeitliche Komponente, d. h. wie lange ein Individuum fähig oder bereit ist, einen entsprechenden Aufwand zu erbringen (McGrath 1991).
- Konsultation: Hiermit sind alle (systematischen sowie ungeordneten) Prozesse gemeint, welche erforderlich sind, um verschiedene Intentionen (z. B. von Auftraggebern, Gruppenmitgliedern) hinsichtlich eines Gruppenzieles (gemeinsam) auszugestalten. Es handelt sich hierbei folglich um eine Auseinandersetzung mit Sachverhalten, hinsichtlich derer die einzelnen Gruppenmitglieder sich uneinig sind. Solche strittigen Sachverhalte, welche Unzufriedenheit bei einzelnen Mitgliedern im Rahmen der Zusammenarbeit auszulösen imstande sind, können anhand von Konsultations-Prozessen beseitigt werden. Konsultations-Prozesse erfordern Kommunikation zwischen den beteiligten Individuen.

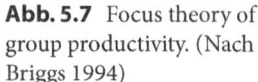

Abb. 5.7 Focus theory of group productivity. (Nach Briggs 1994)

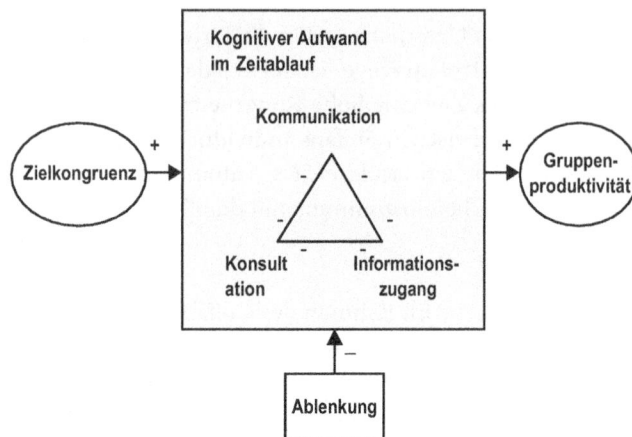

- Kommunikation: Allgemein wird unter Kommunikation ein Prozess des Informationsaustausches zwischen Individuen mit gleicher Symbolik verstanden. Von der Verwendung in der FTGP ausgenommen sind Datenkommunikationsmittel, welche zum Austausch hinzugezogen werden können, damit die Theorie technologiefrei bleibt. Hier wird lediglich berücksichtigt, inwieweit diese Hilfsmittel die Aufmerksamkeitsressourcen der Teilnehmer beeinflussen könnten.
- Informationszugang: Informationen können auf vielen unterschiedlichen Ebenen, beispielsweise als Kommunikationssignale, Daten oder auch als Wissen, definiert werden. Im Kontext der FTGP wird eine funktionale Definition angestrebt. Informationen dienen hier dazu, die Wahrscheinlichkeit zu erhöhen, dass man jene Erfolge erwartet, die am Ende durch die Wahl eines gewissen Handlungsmusters auch erreicht werden. So ist beispielsweise die Wahrscheinlichkeit, dass ein Individuum die tatsächlich erzielten Erfolge im Voraus erwartet, bei vollständigen Informationen am höchsten. Die Informationen können demnach die Erwartungen und ausgewählten Handlungsmuster der Entscheidenden beeinflussen, nicht jedoch den aus einer gewählten Vorgehensweise entstehenden Erfolg.
- Ablenkung: Die Ablenkung umfasst alles, was die Gruppenmitglieder und ihre Aufmerksamkeit hinsichtlich der Zielerreichung störend beeinflusst. Sie umfasst beispielsweise Interventionen jeglicher Art (z. B. Gespräche „nebenher") von Individuen, die nicht im Kollaborationsprozess mitwirken.

Focus Theory of Group Productivity Anschließend geht Briggs (1994) auf die einzelnen Komponenten und deren Wirkungszusammenhänge ein. Abbildung 5.7 illustriert die Argumentation des Autors. Danach wird zunächst vorausgesetzt, dass eine Gruppe ihre Ziele (ungeachtet welche) grundsätzlich durch den Austausch und das Abwägen von Informationen erreicht (DeSanctis und Gallupe 1987).

Der FTGP nach hat die Zielkongruenz direkten Einfluss auf den individuellen kognitiven Aufwand. Die FTGP besagt, dass die kognitive Anstrengung, die die Gruppenmitglieder im Rahmen einer Gruppenarbeit bereit sind aufzubringen, positiv von der Zielkongruenz beeinflusst wird. Folglich bedeutet dies: Je größer die Übereinstimmung zwischen den persönlichen Zielen eines Gruppenmitgliedes und den Gruppenzielen ist, desto höher wird der kognitive Aufwand sein, den dieses Individuum im Rahmen der Gruppenarbeit erbringt. Ein höherer Aufwand wirkt sich schließlich positiv auf die Gruppenproduktivität aus. Der kognitive Aufwand steht allerdings in einem negativen Zusammenhang zur Ablenkung. Sind die Gruppenmitglieder abgelenkt, mindert sich der kognitive Aufwand. Angesichts dieser Ausführungen ist festzuhalten, dass der FTGP nach die Zielkongruenz mit dem kognitiven Aufwand direkt und mit der Gruppenproduktivität indirekt in einem positiven Zusammenhang steht. Je stärker die Übereinstimmungen zwischen den jeweiligen persönlichen Zielen der Gruppenmitglieder und dem Gruppenziel sind, desto produktiver wird die Gruppe arbeiten.

Um produktiv zu arbeiten, müssen die Gruppenmitglieder in der Lage sein, sich mit den drei Prozessen Kommunikation, Konsultation und Informationszugang zu befassen und sich hieran zu beteiligen. Dies verlangt kognitiven Aufwand in Form von Aufmerksamkeit. Da die Aufmerksamkeit jedoch eine begrenzte Ressource ist, wirkt sich eine Aufwendung in einem Prozess automatisch störend auf die anderen beiden Prozesse aus. Somit werden die Grenzen der Aufmerksamkeit grundsätzlich zu Grenzen der Gruppenproduktivität. Des Weiteren ist die konzentrierte Aufmerksamkeit in diesen Prozessen die unmittelbare Ursache für Produktivität. Da Menschen nicht auf lange Sicht gegen ihre Eigeninteressen arbeiten, setzt die FTGP voraus, dass Produktivität in der Gruppe nur entsteht, wenn die persönlichen Ziele und Gruppenziele der Mitglieder kongruent sind (Briggs 1994).

Kommunikations-Prozess Das Engagement in einem der aufgeführten Prozesse (z. B. Kommunikation) mindert dabei jedoch das Engagement in den beiden anderen (Konsultation und Informationszugang). Briggs (1994) argumentiert, dass die Gruppenproduktivität eine Umkehrfunktion der für die Kommunikation erforderlichen Menge an Aufwand darstellt. Gruppenmitglieder müssen kommunizieren, um die gemeinsamen Ziele zu erreichen. Kommunikation erfordert aber Aufmerksamkeit (kognitiver Aufwand über einen Zeitraum). Dies wird deutlich durch die Betrachtung der verschiedenen Vorgänge, Einflüsse sowie (bewusste und unbewusste) Handlungen, welche einer Kommunikation innewohnen. So werden Ideen entwickelt, geeignete Kommunikationsmittel zum Mitteilen der Ideen ausgewählt, Ideen oder andere Stimuli eingeworfen und empfangen. Es werden mentale Modelle und Interpretationen hinsichtlich der Stimuli gebildet, Fragen, Antworten und Einwände bewusst und unbewusst wahrgenommen und verarbeitet. Im Prozess der Kommunikation bestehen demnach eine Menge bewusste und unbewusste Einflüsse auf ein Individuum, welche dessen Aufmerksamkeit verbrauchen und damit die Produktivität mindern (Briggs 1994). Ein Kommunikationsprozess bietet derweil einige Möglichkeiten, die Gruppenproduktivität mithilfe von Technologien zu erhöhen. Ein Beispiel hierfür ist etwa parallele Kommunikation, um Prozessverluste aufgrund zerstückelter Sprechzeiten zu bewältigen (Nunamaker et al. 1991; Gallupe et al. 1992).

Konsultations-Prozesse Im Rahmen der FTGP wird weiterhin postuliert, dass die Gruppenproduktivität abhängig davon ist, inwieweit die Gruppenmitglieder ihre Aufmerksamkeit auf den Prozess der Konsultation konzentrieren können. Im Prozess der Zielerreichung reihen sich eine Vielzahl sogenannter *Konsultations-Prozesse* aneinander. Diese existieren zwar, lassen sich jedoch schwer identifizieren. So wird in vielen Disziplinen versucht, diese Prozesse in strukturierten Modellen zu formulieren, um ihren Erfolg auf Dauer zu gewährleisten. Während zwar die Verfahren verschiedener Domänen unterschiedlich ablaufen, weisen unterschiedliche kognitive Prozesse der Konsultation frappierende Gemeinsamkeiten auf. Der Konsultations-Prozess lässt sich dabei wie folgt einteilen: Zunächst werden die Gegenstände der Unzufriedenheit ausgearbeitet, anschließend Alternativen entwickelt sowie im dritten Schritt bewertet. Darauf folgt das Erstellen eines Lösungskonzeptes für die Umsetzung der Alternativen sowie umgehend hiernach die Umsetzung. In einem letzten Schritt werden die Erfolge und der Prozess selbst durch Feedback überprüft (Briggs 1994). Jeder dieser Teilprozesse ist entscheidend für die Zielerreichung und erfordert die Aufmerksamkeit der Teilnehmer. Ablenkungen in diesen Prozessen, wie beispielsweise ungeordnete Vorgehensweisen, können ebenfalls die Produktivität der Gruppe mindern.

Informationszugang Die Gruppenproduktivität ist im Rahmen der FTGP indessen als eine Umkehrfunktion der für den Informationszugang erforderlichen Aufmerksamkeit zu verstehen. Damit Gruppen produktiv arbeiten können, muss dem Konsultations-Prozess der Ablauf des Informationszugangs vorangehen. Dieser beansprucht ebenfalls Aufmerksamkeit (Nagasundaram und Dennis 1993). Da Informationsbeschaffung, -speicherung, -verarbeitung und -abruf Aufmerksamkeit kosten, wird der Wert der Informationen mit den Kosten der Aufmerksamkeit gegen gerechnet (Briggs 1994). Hier entsteht ein Kreislauf, denn je vollständiger die Informationen sind, desto höher ist die Wahrscheinlichkeit, die tatsächlich zu erreichenden Erfolge anzusteuern. Je mehr Informationen jedoch zugänglich sind, desto höher ist die Inanspruchnahme der Aufmerksamkeit beim Zugriff auf die Informationen.

Vergesslichkeit Zur Erklärung ihres Modells führen die Autoren mit der Vergesslichkeit eine weitere Annahme ein. Vergesslichkeit ist eine menschliche Eigenschaft, welche die Gruppenproduktivität beeinträchtigen kann (Newell und Simon 1972; Nagasundaram 1991; Matzel et al. 1992). Informationen, Erfahrungen, Vorhaben oder Verpflichtungen aus Beschlüssen können vergessen werden. Und auch, wenn die Informationen nicht vergessen sind, erfordern sie kognitiven Aufwand eines Teilnehmers, um sie wieder ins Gedächtnis zu rufen (Newell und Simon 1972).

Ablenkung Schließlich fügen die Autoren die Bedeutung von Ablenkung ihrem Modell hinzu. Ablenkungen werden in diesem Zusammenhang als all das verstanden, was Aufmerksamkeit von den Teilnehmern verlangt, jedoch nicht mit dem Erreichen eines Zieles verbunden ist. Bezieht man die begrenzte Aufmerksamkeit der Teilnehmer sowie die sich gegenseitig beeinträchtigenden kognitiven Prozesse ein, so arbeiten Gruppen nur in dem

Abb. 5.8 Determinanten des persönlichen Arbeitsaufwandes. (Nach Briggs 1994)

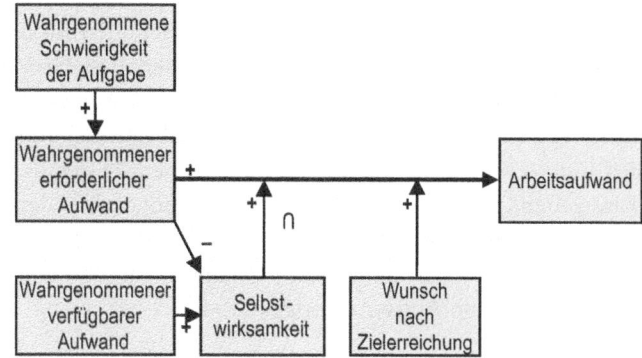

Grad produktiv auf ein bestimmtes Ziel hin, in dem sie nicht durch zielfremde Vorgänge gestört werden. Jedoch ist diese Verknüpfung eingeschränkt. Die Produktivität von Arbeiten, welche zur Zielerreichung wenig bewussten Aufwand verlangen, wird durch mäßige Ablenkungen nicht behindert. So können Ablenkungen in manchen Fällen inspirierend wirken und die Produktivität erhöhen. Des Weiteren sind Aktivitäten innerhalb einer Gruppe vorstellbar, welche zwar nicht direkt der Zielerreichung dienen, jedoch andere wichtige Bedürfnisse der Gruppe decken und langfristig die Zielkongruenz fördern sowie die Produktivität steigern. Denkbar sind hier etwa Zusammenhalt oder Konfliktlösung und dergleichen (Briggs 1994).

Bestimmungsgrößen des Arbeitsaufwandes Trotz exzellenter Kommunikation, wohl strukturierten und konzentrierten Konsultations-Prozessen sowie hervorragendem Informationszugang ist die Erreichung eines Gruppenzieles nicht gesichert. Eine Gruppenarbeit kann nur in solchem Maß produktiv sein, wie die Ziele der Teilnehmer mit der Intention der Gruppe übereinstimmen. Um die Wirkung der Zielkongruenz auf die Gruppenproduktivität genau zu erörtern, geht Briggs (1994) auf den Arbeitsaufwand ein. In diesem Zusammenhang führt der Autor Determinanten auf, welche im Rahmen von Zusammenarbeitsprozessen den individuellen Aufwand beeinflussen. Abbildung 5.8 stellt die besagten Einflussfaktoren dar[3]:

Wahrgenommener erforderlicher Aufwand Unter der Annahme begrenzter Aufmerksamkeitsressourcen und der Neigung der Menschen, keine Aufmerksamkeit an Aufwendungen zu verschwenden, die keinen Vorteil einbringen, wird der Aufwand einer Gruppe durch die Höhe des Aufwandes bestimmt, der für die Zielerreichung als notwendig wahrgenommen wird (wahrgenommener erforderlicher Aufwand). Diese Wahrnehmung befindet sich in ständiger Veränderung, somit wird auch der Aufwand im Laufe der Zeit variieren (Briggs 1994). Vorausgesetzt, dass Menschen das Bedürfnis haben, ihren Auf-

---

[3] Einzelne Konstrukte und Effekte, die im Rahmen der zu Grunde liegenden Thematik (Ziele) nicht von wesentlicher Bedeutung sind, werden in der dargestellten Grafik und im gesamten Kapitelabschnitt nicht aufgeführt. Zur umfassenden Darstellung der FTGP vgl. Briggs (1994).

wand gering zu halten (ihre Ressourcen zu schonen) und nicht entgegen ihren persönlichen Interessen zu arbeiten, so ist anzunehmen, dass Gruppenmitglieder so hart arbeiten, wie sie es für die Erreichung eines Zieles als notwendig erachten (jedoch nicht härter). Je mehr sie sich den Endzustand wünschen (Zielerreichungswunsch), desto härter werden sie für dessen Realisierung arbeiten. Wünschen sie sich den Endzustand nicht, werden sie dahingehend auch keinen Aufwand leisten, ungeachtet dem Empfinden, wie viel Aufwand sie zur Zielerreichung als notwendig erachten. Der Wunsch nach einem Ziel ist also ein wichtiger Antrieb und steuert das Verhältnis zwischen als erforderlich wahrgenommenem und tatsächlichem Aufwand (Briggs 1994).

Selbstwirksamkeit Die Selbstwirksamkeit kann im Kontext der FGTP definiert werden als eine empfundene Wahrscheinlichkeit, gesetzte Ziele mit dem Einsatz eines erforderlichen Aufwandes tatsächlich zu erreichen. Oder aber als der Glaube an den eigenen Erfolg. Im Gegensatz zum Konstrukt der „zugeschriebenen Wahrscheinlichkeit" (siehe YSTS in Abschn. 5.2.1) handelt es sich bei der Selbstwirksamkeit um einen bewussten Mechanismus der Wahrscheinlichkeitsbemessung hinsichtlich der Zielerreichung. Die FTGP postuliert den Aufwand als umgekehrte U-Funktion der Selbstwirksamkeit ($\cap$). Zum einen kann sich ein Mensch mit niedriger Selbstwirksamkeit gegen das Arbeiten auf ein gewisses Ziel hin entscheiden, zum anderen kann jedoch auch ein hohes Selbstwirksamkeitsempfinden dazu führen, dass kein Aufwand in Richtung eines Zieles aufgewendet wird, etwa wenn ein Mensch die Arbeit vor sich herschiebt. Ist der als erforderlich wahrgenommene Aufwand niedrig, so besteht eine hohe Selbstwirksamkeitswahrnehmung, ungeachtet dessen, ob der als verfügbar wahrgenommene Aufwand hoch oder niedrig ist. Bei der Wahrnehmung eines hohen erforderlichen Aufwandes wird die Selbstwirksamkeit ebenfalls nur hoch sein, wenn ein hoher, als verfügbar wahrgenommener Aufwand besteht. Der als verfügbar wahrgenommene Aufwand wird hierbei beispielsweise durch das Qualifikationsniveau, durch Zeitdruck oder die Verfügbarkeit verschiedener Ressourcen beeinflusst (Briggs 1994).

Wahrgenommener verfügbarer Aufwand Bei Unsicherheiten hinsichtlich der eigenen Fähigkeiten, ein bestimmtes Ziel zu erreichen, sollten die Fähigkeiten vor der Entscheidung, eine Aufgabe zu übernehmen, bewertet werden. Wird der Zielerreichung ein hoher Wert zugeschrieben, entsteht die Gefahr der Überschätzung. Daraus folgt, dass Gruppen vielleicht dazu neigen, den verfügbaren Aufwand zu gering einzuschätzen, je weniger sie sich den Endzustand wünschen (Briggs 1994). Weiterhin steigt die Zustimmung, nach Fremdhilfe zu suchen, je größer der in der Gruppe vorhandene Wunsch nach einem bestimmten Ziel ist.

Wahrgenommene Schwierigkeit einer Aufgabe Je nachdem, für wie schwierig eine Gruppe oder ein Individuum eine Aufgabe einschätzt, wird der als erforderlich empfundene Aufwand bewertet, diese Aufgabe zu bewältigen. Die wahrgenommene Schwierigkeit einer Aufgabe ist somit ein weiterer Faktor, welcher die Höhe des als erforderlich empfundenen Aufwandes beeinflusst (Briggs 1994). Je mehr Sicherheit hinsichtlich der

Erreichung eines Zieles angestrebt wird, desto mehr Aufwand wird als nötig empfunden werden, damit die Gruppe sicher sein kann, das Ziel zu erreichen.

Wunsch nach Zielerreichung Ist der Wunsch nach einem gewissen Endzustand nicht sonderlich groß, mag eine Gruppe eine geringere Wahrscheinlichkeit der Zielerreichung akzeptieren und umgekehrt (Briggs 1994). Weil Individuen mehrere persönliche, sich teilweise gegenseitig ausschließende Ziele verfolgen und ihre Aufmerksamkeitsressourcen begrenzt sind, befassen sie sich zu unterschiedlichen Zeiten mit unterschiedlichen Zielen. Auch in einer Gruppe kann sich daher die Zielkongruenz im Laufe eines solchen Prozesses verändern.

Beeinflussung der Selbstwirksamkeit und des Zielerreichungswunsches Im Rahmen eines Kollaborationsprozesses ist der Moderator bzw. der Collaboration Engineer darin bestrebt, dass der Arbeitsaufwand der Kollaborationsteilnehmer möglichst hoch ist, damit die definierten Kollaborationsziele erreicht werden. Angesichts der vorangegangenen Ausführungen ergeben sich vor allem an zwei Stellen Möglichkeiten für den Moderator, den Arbeitsaufwand positiv zu beeinflussen: Zunächst kann und muss der Moderator dafür sorgen, dass der Wunsch zur Zielerreichung (bezgl. des Gruppenzieles) möglichst stark ausgeprägt ist. Dies kann erfolgen, indem dieser den Teilnehmern im gesamten Verlauf des Zusammenarbeitsprozesses verdeutlicht, dass die Gruppenziele zweckdienlich für die Erreichung der persönlichen Ziele sind (siehe hierzu auch Abschn. 5.2.1). Hierdurch wird auf persönlicher Ebene und – aggregiert betrachtet – auch auf Gruppenebene der Wunsch nach Zielerreichung gesteigert, was einen positiven Effekt auf den Arbeitsaufwand der Gruppe hat. Weiterhin gilt es für den Moderator, die Selbstwirksamkeit der Teilnehmer positiv zu beeinflussen. Dies kann erfolgen, indem der Moderator den Teilnehmern verdeutlicht, dass die Wahrscheinlichkeit hoch ist, die Kollaborationsziele mithilfe entsprechender Bemühungen zu erreichen. Die hierdurch steigende wahrgenommene Selbstwirksamkeit der Teilnehmer hat wiederum einen positiven Einfluss auf den Arbeitsaufwand. Damit die aufgeführten Sachverhalte realisiert werden können, muss der Collaboration Engineer schon im Vorfeld im Rahmen des Erstellungsprozesses (des Kollaborationsprozesses) entsprechende „Stellen bzw. Komponenten" im Kollaborationsprozess einbauen (z. B. ein bestimmtes Zeitfenster), innerhalb welcher ein Moderator mithilfe unterschiedlicher Moderationstechniken die Selbstwirksamkeit und den Wunsch zur Zielerreichung steigern kann.

Die Focus Theory nach Briggs (1994) stellt somit zusammenfassend dar, dass Gruppenmitglieder sich an den drei Prozessen Kommunikation, Konsultation und Informationszugang beteiligen müssen, um produktive Arbeit zu leisten. Es wird argumentiert, dass all diese Prozesse Aufmerksamkeit in Anspruch nehmen und damit miteinander konkurrieren. Die Bereitschaft, kognitiven Aufwand einzubringen, wird durch Zielkongruenz zwischen persönlichen Zielen und den Intentionen der Gruppe angeregt. Außerdem werden bestehende Ablenkungen und die menschliche Vergesslichkeit auf lange Sicht den kognitiven Aufwand beeinträchtigen. Im Rahmen des Collaboration Engineerings besteht somit die Herausforderung, den Kollaborationsprozess derart zu konzipieren, dass Ablenkungen und die Vergesslichkeit minimiert und gleichzeitig die drei Prozesse Kommunikation, Konsultation und Informationszugang gefördert werden. In diesem Zusammenhang können beispielsweise Technologien eingesetzt werden, welche die kognitive Belastung des Informationszugangs (Information Access) reduzieren können. Dies können etwa gemeinsame multimediale Datenbanken oder öffentliche Informationsversorger sein, welche das Auffinden von Informationen erleichtern (Chen und Lynch 1992; Chen et al. 1994; Chen et al. 1996). Ebenfalls unterstützend wirken Technologien, welche den Aufwand an Aufmerksamkeit beim Zugriff und der Verarbeitung von Informationen in den Köpfen der Teilnehmer reduzieren und somit die Produktivität der Gruppe unterstützen (Briggs 1994). Bezugnehmend auf die Verminderung der Vergesslichkeit kann der Einsatz von elektronischen Brainstorming- oder Abstimmungswerkzeugen hilfreich sein, da sehr schnell und gezielt die Ansichten vieler Teilnehmer aufgenommen und miteinbezogen werden können (vgl. hierzu Kap. 9 dieses Buches).

Im Rahmen der Erstellung des Kollaborationsprozesses gilt es für den Collaboration Engineer, die jeweiligen persönlichen Ziele der Teilnehmer genau zu analysieren und die Zielkongruenzen zum Gruppenziel zu ermitteln. So kann der Collaboration Engineer im Vorfeld die erwartete Gruppenproduktivität prognostizieren und basierend darauf den Einsatz von Hilfsmitteln bestimmen. Besteht eine hohe Zielkongruenz der individuellen Ziele zum Gruppenziel, ist davon auszugehen, dass die Bereitschaft der einzelnen Gruppenmitglieder, Aufwand in Richtung des Gruppenzieles zu erbringen, ebenfalls hoch ist. Hierbei ist folglich nur eine geringe Unterstützung durch Hilfsmittel notwendig. Ist die Zielkongruenz jedoch als gering einzuschätzen, sind die einzelnen Prozesse Kommunikation, Konsultation und Informationszugang intensiv – durch (computergestützte) Hilfsmittel oder spezielle Moderationstechniken – zu unterstützen. Die Moderationstechniken werden in Abschn. 8.5 vorgestellt, wobei die arbeitsunterstützenden Technologien im Rahmen dieses Buches ausführlicher in Kap. 9 (Werkzeuge) behandelt werden.

In der Beschreibung der FTGP wurde aufgeführt, dass Konsultations-Prozesse zwar die begrenzte Ressource Aufmerksamkeit in Anspruch nehmen, jedoch sind diese notwendig, um (bestehende) Uneinigkeiten und Kontroversen im Rahmen der Zusammenarbeit zu beseitigen. Bedingt durch den Umstand, dass nicht immer Konsens hinsichtlich unterschiedlicher Sachverhalte (z. B. Zielvereinbarungen) innerhalb einer Gruppe besteht, ist es die Aufgabe des Collaboration Engineers, Konfliktlösungs- bzw. Konsensbildungsprozesse in den Kollaborationsprozess zu integrieren. Dieser Sachverhalt wird u. a. im nachfolgenden Kap. 6 adressiert.

5.3 Zusammenfassung

Die Kollaborationsziele stellen den Ausgangspunkt und den Grundrahmen von Kollaboration dar. Im Rahmen von Collaboration Engineering werden die persönlichen Ziele der Kollaborationsteilnehmer sowie die Gruppenziele als Kollaborationsziele verstanden. Die persönlichen Ziele beeinflussen das Verhalten der einzelnen Teilnehmer direkt, wohingegen die Gruppenziele das individuelle Verhalten indirekt bestimmen. Während die persönlichen Ziele auf individueller Ebene formuliert sind, müssen die Gruppenziele im Rahmen der Kollaboration von den Auftraggebern in Zusammenarbeit mit dem Collaboration Engineer definiert werden. Hinsichtlich der Formulierung der Gruppenziele ist weiterhin darauf zu achten, dass die aufgeführten SMART-Kriterien erfüllt werden. In diesem Zusammenhang gilt es, die Gruppenziele anhand der vier Zieldimensionen (Zielinhalt, Zielausmaß, Zeitbezug, Geltungsbereich) zu operationalisieren. In Anlehnung an die Zielesetzungstheorie nach Locke und Latham (1990) wurde aufgezeigt, dass die Leistung der einzelnen Gruppenteilnehmer desto höher ist, je spezifischer und konkreter die Ziele ausformuliert sind. Entsprechend sollten die Ziele stets präzise und anspruchsvoll genug formuliert werden, um bei den Teilnehmern Produktivität hervorzurufen (Kolfschoten und de Vreede 2009).

Mit Hilfe der Yield Shift Theory of Satisfaction (YSTS) konnte aufgezeigt werden, dass Menschen im Wesentlichen aus dem Grund kollaborieren, weil sie sich durch die Zusammenarbeit und die Erreichung der Kollaborationsziele erhoffen, ihre persönlichen Wünsche zu verwirklichen. Entsprechend gilt es in diesem Zusammenhang, den Teilnehmern zu verdeutlichen, dass sie ihre persönlichen Ziele durch Kollaboration erreichen können. Im Rahmen der Kollaboration werden indessen Gruppenziele verfolgt, die sich – zum Teil sehr stark – von den jeweiligen persönlichen Zielen unterscheiden. Bedingt durch den Umstand, dass die Gruppenziele jedoch zweckdienlich für das Erreichen persönlicher Ziele sind, gilt es der Consensus Building Theory (CBT) zufolge, Konsens zwischen den Kollaborationsteilnehmern zu fördern und schlussendlich zu erlangen, damit die Kollaboration nicht scheitert. Entsprechend wurde in Abschn. 5.2.2 ein Prozessmodell zur Konsensbildung vorgestellt. Neben der Konsensbildung stellt das Zusammenspiel zwischen den persönlichen Zielen der Teilnehmer und der Gruppenziele ein wesentlicher Erfolgsfaktor für die Kollaboration dar. Anhand der Focus Theory of Group Productivity (FTGP) konnte gezeigt werden, dass die Zielkongruenzen u. a. die Effektivität der Kollaboration und somit die Gruppenproduktivität bestimmen. Die Zielkongruenz hat indessen auch Einfluss auf die Konsensbildung. Diese gestaltet sich unproblematischer, je höher die Zielkongruenz ist. Eine hohe Zielkongruenz zwischen den persönlichen Zielen eines Gruppenmitglieds und dem Gruppenziel hat zur Folge, dass die Akzeptanz und das Ziel-Commitment hinsichtlich des Gruppenzieles steigen. Dieses hat wiederum einen positiven Effekt auf die persönliche Leistung.

5.4 Wiederholungsfragen

1. Welches sind die zwei wesentlichen Zieldimensionen und was beinhalten diese Dimensionen?
2. Was versteht man unter „Operationalisierung" von Zielen und wie wird diese durchgeführt?

3. Was sind die Anforderungen an die Formulierung von (Gruppen-)Zielen?
4. Durch was wird – der Yield Shift Theory of Satisfaction nach – der wahrgenommene Ertrag beeinflusst und was ist unter einer Ertragsverschiebung zu verstehen?
5. Was für Implikationen ergeben sich für einen Collaboration Engineer aus den Erkenntnissen der Yield Shift Theory of Satisfaction?
6. Durch was wird – der Consensus Building Theory nach – die Bereitschaft, sich zu einem bestimmten Vorschlag zu verpflichten, beeinflusst?
7. Wie ist das Prozessmodell zur Konfliktlösung aufgebaut?
8. Welche Arten von Konflikten können im Laufe eine Kollaboration entstehen?
9. Wie wirkt – der Focus Theory of Group Productivity nach – die Zielkongruenz auf die Gruppenproduktivität ein?
10. Welche Faktoren beeinflussen den persönlichen Arbeitsaufwand?

Verwendete Literatur

Adams, J. S. (1965). *Inequity in social exchange.* In L. Berkowitz (Hrsg.), Advances in experimental social psychology (S. 267-299). New York: Academic Press.

Andler, N. (2009). *Tools für Projektmanagement, Workshops und Consulting: Kompendium der wichtigsten Techniken und Methoden.* (2. erweiterte Aufl.). Erlangen: Publicis Publishing.

Atkinson, J. W. (1964). *An introduction to motivation.* Princeton: Van Nostrand.

Bandura, A. (1988). Self-regulation of motivation and action through goal systems. In: V. Hamilton, G. H. Bower, & N. H. Frijda (Hrsg.), *Cognitive perspectives on emotion and motivation* (S. 37–61). Dordrecht: Kluwer.

Baumgarth, C. (2008). *Markenpolitik: Markenwirkungen - Markenführung - Markencontrolling.* (3. Aufl.). Wiesbaden: Gabler.

Bittner, E. A. C., & Leimeister, J. M. (2014). Creating shared understanding in heterogeneous work groups - Why it matters and how to achieve it. *Journal of Management Information Systems, 30* (Spring 2014).

Briggs, R. O. (1994). *The focus theory of group productivity and its application to development and testing of electronic group support systems.* PhD. Tucson: University of Arizona.

Briggs, R. O., Kolfschoten, G. L., & Vreede, G.-J. de (2005). *Toward a Theoretical Model of Consensus Building.* In: N. C. Romano Jr. (Hrsg.), Proceedings of AMCIS 2005. Omaha, USA: Association for Information Systems, 1–10.

Briggs, R. O., Reinig, B. A., & de Vreede, G.-J. (2008). The yield shift theory of satisfaction and its application to the IS/IT domain. *Journal of the Association for Information Systems, 9,* 2.

Briggs, R. O., Kolfschoten, G. L., de Vreede, G.-J., Albrecht, C., Dean Douglas, R., & Lukosch, S. (2009). *A seven-layer model of collaboration: Separation of concerns for designers of collaboration systems.* 13th Proceedings of the International Conference on Information Systems ICIS: Paper 26. Phoenix, USA.

Chen, H., & Lynch, K. J. (1992). Automatic construction of networks of concepts characterizing document databases. *Ieee Transactions On Systems Man And Cybernetics, 22,* 885–902.

Chen, H., Hsu, P., Orwig, R., Hoopes, L., & Nunamaker, J. F. Jr. (1994). Automatic concept classification of text from electronic meetings. *Communications of the ACM, 37,* 56–73.

Chen, H., Houston A., Nunamaker, J. F. Jr., & Yen, J. (1996). Toward intelligent meeting agents. *IEEE Computer 29,* 62–70.

Cohen, S. G., & Bailey, D. E. (1997). What makes teams work: Group effectiveness research from the shop floor to the executive suite. *Journal of Management, 23,* 239–290.

DeSanctis, G., & Gallupe, R. B. (1987). A foundation for the study of group decision support systems. *Management Science, 33,* 589–609.

Fritz, W., & von der Oelsnitz, D. (2006). *Marketing. Elemente marktorientierter Unternehmensführung,* 4. erweiterte und aktualisierte Auflage. Stuttgart: Kohlhammer.

Gallupe, R. B., Dennis, A. R., Cooper, W. H., Valacich, J. S., Bastianutti, L. M., & Nunamaker, J. F. Jr. (1992). Electronic brainstorming and group size. *Academy of Management Journal, 35,* 350–369.

Grünewald, N., & Pagenkemper, C. (2004). *Qualitätsmanagement mit neuen Arbeitsformen - in Arbeitshilfe zur Planung, Einführung, Qualifizierung und Auditierung von Qualitätsmanagement-systemen unter Einbeziehung teilautonomer Gruppenarbeit.* Renningen: Expert Verlag.

Hacker, W. (2005). *Allgemeine Arbeitspsychologie. Psychische Regulation von Wissens-, Denk- und körperlicher Arbeit,* 2., vollständig überarbeitet und ergänzte Auflage. Bern: Huber Verlag.

Hahn, J., Moon, J. Y., & Zhang, C. (2008). Emergence of new project teams from open source software developer networks: Impact of prior collaboration ties. *Information Systems Research, 19,* 369–391.

Herrmann, A., & Huber, F. (2008). *Produktmanagement: Grundlagen, Methoden, Beispiele.* Wiesbaden: Gabler Verlag.

Herrmann, A., Huber, F., & Braunstein, C. (2001). Gestaltung der Markenpersönlichkeit mittels der „means-end"-Theorie. In: Esch, F.-R. (Hrsg.), *Moderne Markenführung: Grundlagen - Innovative Ansätze - Praktische Umsetzungen.* Wiesbaden: Gabler.

Hölzle, C. (2006). *Personalmanagement in Einrichtungen der sozialen Arbeit. Grundlagen und Instrumente.* Weinheim: Juventa.

Kanfer, R. (1991). Industrial and organizational psychology. In: Dunnette, M. D., & Hough, L. M. (Hrsg.). *Handbook of industrial and organizational psychology* (Bd. 1). Palo Alto: Consulting Psychologists Press.

Khalifa, M., & Liu, V. (2003). Determinants of satisfaction at different adoption stages of internet-based services. *Journal of the Association for Information Systems, 5*(4), 206–232.

Klein, H. J., Wesson, M. J., Hollenbeck, J. R., & Alge, B. J. (1999). Goal commitment and the goal-setting process: Conceptual clarification and empirical synthesis. *Journal of Applied Psychology, 84,* 885–896.

Kolfschoten, G. L., & de Vreede, G.-J. (2009). A design approach for collaboration processes: A multimethod design science study in collaboration engineering. *Journal of Management Information Systems, 26,* 225–256.

Kolfschoten, G. L., Briggs, R., de Vreede, G.-J., Jacobs, P., & Appelman, J. (2006). A conceptual foundation of the thinkLet concept for Collaboration Engineering. *International Journal of Human-Computer Studies 64,* 611–621.

Kreutzer, R. (2010). *Praxisorientiertes Marketing: Grundlagen- Instrumente- Fallbeispiele.* 3., vollständig überarbeitete und erweiterte Auflage. Wiesbaden: Gabler Verlag.

Kroeber-Riel, W., Weinberg, P., & Gröppel-Klein, A. (2009). *Konsumentenverhalten* (9. Aufl.). München: Vahlen.

Laucken, U. (1974). *Naive Verhaltenstheorie.* Stuttgart: Klett Verlag.

Laux, H., & Liermann, F. (2005). *Grundlagen der Organisation: Die Steuerung von Entscheidungen als Grundproblem der Betriebswirtschaftslehre* (6. Aufl.). Berlin: Springer Verlag.

Levi, D. (2007). *Group dynamics for teams* (2. Aufl.). Thousand Oaks: Sage.

Locke, E. A. (1968). Toward a theory of task motivation and incentives. *Organizational Behavior and Human Performance, 3,* 157–189.

Locke, E. A. (1976). The nature and causes of job satisfaction. In: Dunnette (Hrsg.), *Handbook of industrial and organizational psychology* (S. 1297–1349). Chicago: Rand McNally.

Locke, E. A., & Latham, G. P. (1990). *A theory of goal-setting and task performance.* Englewood Cliffs: Prentice Hall.

Locke, E. A., Shaw, K. N., Saari, L. M., & Latham, G. P. (1981). Goal setting and task performance: 1969–1980. *Psychological Bulletin, 90,* 125–152.

Lodewijkx, H. F. M., Rabbie, J. M., & Visser, L. (2006). "Better to be safe than to be sorry": Extinguishing the individual – group discontinuity effect in competition by cautious reciprocation. *European Review of Social Psychology, 17,* 185–232.

Lucas, H. C. (1981). An experimental investigation of the use of computer-based graphics in decision making. *Management Science, 27,* 757–768.

Lüdtke, O. (2006). *Persönliche Ziele junger Erwachsener.* Münster: Waxmann Verlag.

Matzel, L. D., Collin, C., & Alkon, D. L. (1992). Biophysical and behavioral correlates of memory storage, degradation, and reactivation. *Behavioral Neuroscience, 106,* 954–963.

McGrath, J. E. (1991). Time, interaction, and performance (TIP): A theory of groups. *Small Group Research, 22,* 147–174.

Meffert, H., & Bruhn, M. (2006). *Dienstleistungsmarketing: Grundlagen - Konzepte - Methoden.* Wiesbaden: Gabler Verlag.

Mento, A. (1987). A meta-analytic study of the effects of goal setting on task performance: 1966–1984*. *Organizational Behavior and Human Decision Processes, 39,* 52–83.

Mobley, W. H., & Locke, E. A. (1970). The relationship of value importance to satisfaction. *Organizational Behavior and Human Performance, 5,* 463–483.

Nagasundaram, M. (1991). Goal centered dialogues: A process structuring model for group decision support systems. *11th Annual Conference on Decision Support Systems:* Manhattan Beach (USA), 195–203.

Nagasundaram, M., & Dennis, A. R. (1993). When a group is not a group – the cognitive foundation of group idea generation. *Small Group Research, 24,* 463–489.

Newell, A., & Simon, H. A. (1972). *Human problem solving.* Englewood Cliffs: Prentice-Hall.

Nunamaker, J. F. Jr., Dennis, A. R., Valacich, J. S., Vogel, D. R., & George, J. F. (1991). Electronic meeting systems to support group work. *Communications of the ACM, 34,* 40–61.

Odiorne, G. S. (1965). *Management by objectives: A system of managerial leadership.* New York: Pitman Pub. Corp.

Oliver, R. L. (1996). Varieties of value in the consumption satisfaction response. *Advances in Consumer Research, 23,* 143–147.

Palmer, J. W., & Griffith, D. A. (1998). An emerging model of web site design for marketing. *Communications of the ACM, 41,* 44–51.

Pfeiffer, W. u.a. (1995). *Etymologisches Wörterbuch des Deutschen* (3. Aufl.). München: Deutscher Taschenbuchverlag.

Powers, R. F., & Dickson, G. W. (1973). MIS project management: Myths, opinions and reality. *California Management Review, 15,* 147.

Pritchard, R. D., Jones, S. D., Roth, P. L., Stuebing, K. K., & Ekeberg, S. E. (1988). Effects of group feedback, goal setting, and incentives on organizational productivity. *Journal of Applied Psychology, 73,* 337–358.

Reynolds, T. J., & Gutman, J. (1988). Laddering theory, method, analysis, and interpretation. *Journal of Advertising Research, 28,* 11–31.

Richter, F., & Pohland, A. (2010). Arbeitsintegrierte Ansätze der Personalentwicklung. In: J. Ryschka, M. Solga, & A. Mattenklott (Hrsg.) *Praxishandbuch Personalentwicklung: Instrumente, Konzepte, Beispiele* (S. 137–175). Wiesbaden: Gabler Verlag.

Rubel, B. (2006). *Organisatorische Gestaltung der Leistungsbeziehungen in Kommunalverwaltungen. Dissertation Universität zu Köln.* Wiesbaden: Gabler Verlag.

Schwarz, P. (1996). *Management in Nonprofit Organisationen: Eine Führungs-, Organisations- und Planungslehre für Verbände, Sozialwerke, Vereine, Kirchen, Parteien usw.* Bern: Haupt Verlag.

Staehle, W. H., Conrad, P., & Sydow, J. (1999). *Management. Eine verhaltenswissenschaftliche Perspektive.* München: Vahlen.

Steinmann, H., & Schreyögg, G. (2005). *Management: Grundlagen der Unternehmensführung; Konzepte Funktionen Fallstudien*. Wiesbaden: Gabler Verlag.

Torkzadeh, G. (1999). The development of a tool for measuring the perceived impact of information technology on work. *Omega, 27*, 327–339.

Tubbs, M. E. (1986). Goal-Setting: A meta-analytic examination of the empirical evidence. *Journal of Applied Psychology, 71*, 474–483.

Vroom, V. H. (1964). *Work and motivation*. New York: Wiley.

Weiner, B. (1986a). *An attributional theory of motivation and emotion*. Springer series in social psychology. New York: Springer Verlag.

Wheelan, S. A. (2009). Group size, group development, and group productivity. *Small Group Research, 40*, 247–262.

Yoon, Y., Guimaraes, T., & O'Neal, Q. (1995). Exploring the factors associated with expert systems success. *MIS Quarterly, 19*, 83–106.

Weiterführende Literatur

Al Saihati, M., Espinosa, A., & Williams, C. (2010). *Principles of collaboration* (3. Aufl.). Omaha: Center for Collaboration Science.

Comelli, G., & Rosenstiel, L. von (2001). *Führung durch Motivation: Mitarbeiter für Organisationsziele gewinnen* (2. Aufl.). München: Vahlen.

Hornstein, E. von, & Rosenstiel, L. von (2000). *Ziele vereinbaren - Leistung bewerten*. München: Langen.

Weiner, B. (1986b). *Motivationspsychologie*. Weinheim: Beltz.

Gruppenprodukte (Group Products)

Zusammenfassung

Im Rahmen des vorliegenden Kap. 6 wird die Ebene der Gruppenprodukte vorgestellt und in ihren einzelnen Facetten erläutert. Dazu werden zunächst der Begriff der Gruppenprodukte innerhalb des Collaboration Engineerings definiert und anschließend aus der Definition zentrale Merkmale abgeleitet, die wiederum den Ausgangspunkt für die weiteren Betrachtungen innerhalb des Kapitels bilden. Daraufhin werden sowohl materielle als auch immaterielle Gruppenprodukte genauer erläutert. Im Zuge dieser Ausführungen werden zunächst materielle Gruppenprodukte vorgestellt, zudem wird aufgezeigt, auf welche Weise ein Collaboration Engineer die erforderlichen Eigenschaften der materiellen Produkte eines Kollaborationsprozesses bestimmen kann. Daneben erfolgen die Darstellung immaterieller Gruppenprodukte sowie deren Bedeutung für Kollaborationsprozesse. Anschließend werden unterschiedliche Messgrößen zur Bewertung der innerhalb eines Kollaborationsprozess erzeugten Gruppenprodukte erläutert und Möglichkeiten zu deren Erhebung aufgezeigt.

Das folgende Kap. 6 teilt sich in acht Abschnitte. Während in Abschn. 6.1 und in Abschn. 6.2 die Ebene der Gruppenprodukte in den Kollaborations-Prozess-Design-Ansatz (KoPDA) eingeordnet und zentrale Begriffe erläutert werden, erfolgt innerhalb von Abschn. 6.3 und Abschn. 6.4 eine Darstellung der unterschiedlichen Arten von Gruppenprodukten. Darauf aufbauend werden in den Abschn. 6.5 und Abschn. 6.6 die Funktion der Gruppenprodukte sowohl als Indikator des aktuellen Arbeitsstandes als auch als Indikator für den Erfolg des Kollaborationsprozesses erklärt. Das Kapitel schließt mit einem Exkurs, in dem zwei Fallbeispiele zur Messung von Gruppenprodukten vorgestellt werden, sowie einer Zusammenfassung der wichtigsten Begrifflichkeiten des vorliegenden Kapitels.

J. M. Leimeister, *Collaboration Engineering*,
DOI 10.1007/978-3-642-20891-1_6, © Springer-Verlag Berlin Heidelberg 2014

> **Beispiel**
>
> Die Studenten Christoph, Peter und Meike bekommen von ihrem Dozenten im Rahmen der Vorlesung „Modellierung betrieblicher Informationssysteme" den Auftrag, gemeinschaftlich eine Fallstudie auszuarbeiten. Das Ziel der Gruppe besteht darin, einen vorgegebenen Fall erfolgreich zu lösen. Auf die individuellen Ziele der Gruppenmitglieder wird an dieser Stelle aus Gründen der Einfachheit nicht eingegangen. Die drei Studenten beginnen damit, sich an die Ausarbeitung des Fallbeispiels zu machen, und schaffen es schließlich, ein erfolgversprechendes Konzept zu entwickeln. Als materielles Produkt ihrer Arbeit erstellt die Gruppe ein ausgearbeitetes Schriftstück, welches die Lösung der Fallstudie enthält (Bittner und Leimeister 2014). Gleichzeitig erzeugen die drei Studenten durch ihre Zusammenarbeit sogenannte immaterielle Gruppenprodukte: Im vorliegenden Fall wären dies z. B. ein gemeinsames Verständnis über den Problembereich, die Fähigkeit, praxisnahe Problemstellungen zu lösen, und die Erfahrung, in einer Gruppe zusammenzuarbeiten. Nur wer die materiellen und immateriellen Gruppenprodukte verstanden hat und weiß, auf welche Weise sich diese erzeugen lassen, ist in der Lage, kollaboratives Arbeiten erfolgreich zu gestalten.

6.1 Einordnung der Gruppenprodukte in den Kollaborations-Prozess-Design-Ansatz

Gruppenprodukte als Startpunkt Innerhalb des KoPDA wird die Ebene der Gruppenprodukte im Zuge der Aufgabenanalyse adressiert. Im Rahmen dieses Teilschrittes bildet die Analyse der zu erstellenden Gruppenprodukte zusammen mit der Analyse der Kollaborationsziele den Ausgangspunkt für alle weiteren Betrachtungen (Kolfschoten und de Vreede 2009). Erst nachdem die Ziele des Prozesses sowie die zu deren Lösung notwendigen Gruppenprodukte hinreichend spezifiziert wurden, wird ein Abgleich mit den Zielen der Prozessbeteiligten möglich, um hieraus eine Aussage über den Deckungsgrad zwischen Individual- und Gruppenzielen zu treffen (vgl. Abschn. 5.2.3). Zudem liefert die Analyse der Gruppenprodukte wichtige Hinweise darauf, welche Ressourcen zu deren Verwirklichung benötigt werden und welche Anforderungen der Kollaborationsprozess an den Facilitator stellen wird. Wurden die notwendigen materiellen und immateriellen Gruppenprodukte bestimmt, können Rückschlüsse darauf gezogen werden, welche Aktivitäten und Prozeduren durchgeführt werden sollen, um die entsprechenden Produkte erzeugen zu können.

Die Tatsache, dass die Analyse der Kollaborationsziele und der Gruppenprodukte innerhalb eines Teilschrittes durchgeführt wird, zeigt, dass die Abgrenzung dieser beiden Ebenen nicht immer vollständig trennscharf durchgeführt werden kann. Begreift man die Kollaborationsziele als Ausdruck der Probleme, die es innerhalb der Kollaboration zu lösen gilt, können die Gruppenprodukte als Lösung der Probleme angesehen werden. Soll beispielsweise innerhalb einer Vorlesung eine Fallstudie gemeinschaftlich bearbeitet werden, so wäre die Lösung der Fallstudie das Ziel des Kollaborationsprozesses. Das Gruppenprodukt wäre in diesem Fall die gelöste Fallstudie, welche die Ausgangssituation inklusive Problemstellung, notwendige Analysen sowie empfohlene Vorgehensweisen zur Problembehebung enthält. Für einen Collaboration Engineer ist es deshalb hilfreich, das Produkt möglichst genau zu beschreiben, um zu einer Produktspezifikation gelangen zu können, die für die Erreichung der Kollaborationsziele hilfreich ist.

6.2   Begriffsbestimmung Gruppenprodukte

Um zu verstehen, welche Rolle Gruppenprodukte bei der Erreichung der Kollaborationsziele spielen, ist es notwendig, den Begriff der Gruppenprodukte genauer zu betrachten. Hierzu soll eine Definition von Briggs et al. (o.J.) herangezogen werden, die Gruppenprodukte wie folgt beschreibt:

> Gruppenprodukte sind materielle Artefakte oder immaterielle Zustände, die durch die Gruppenarbeit geschaffen werden und deren Erzeugung zur Erreichung der Kollaborationsziele führt (Briggs et al. o.J.).

Folgt man der obigen Definition, nach der die Erzeugung der Gruppenprodukte die Realisierung der Kollaborationsziele darstellt, lassen sich daraus zwei wichtige Funktionen ableiten, die ein Gruppenprodukt erfüllen muss: Erstens erlaubt es den Arbeitenden, jederzeit Rückschlüsse auf den aktuellen Arbeitsstand zu ziehen, zweitens kann nach Abschluss des Kollaborationsprozesses anhand der erstellten Gruppenprodukte eine Aussage über dessen Erfolg getroffen werden.

Beispiel

Zur Verdeutlichung kann wiederum das Beispiel eines Finanzdienstleisters aus dem Euro-Raum, der in den osteuropäischen Markt (nicht Euro-Raum) expandieren möchte, herangezogen werden (vgl. Kap. 5). In diesem Fall wäre das materielle Produkt eine bereinigte Liste mit den fünf relevantesten Marktrisikofaktoren im Marktsegment der Unternehmensfinanzierung innerhalb der nächsten sechs Monate. Um zu dieser Liste zu gelangen, wird die Gruppe im Rahmen ihres Workshops mehrere Produkte erzeugen, die der Erreichung des Ziels dienen. Zuerst wird eine Liste mit unterschiedlichen Risiken erstellt, die die Unternehmung bedrohen. Danach erfolgt ein Ranking der identifizierten Risiken nach deren Bedrohungspotenzial. Abschließend wird für die größten Risiken ein Maßnahmenplan zu deren Beherrschung entwickelt. Anhand dieser drei Gruppenprodukte können die Arbeitenden jederzeit erkennen, welche Produkte bereits erstellt wurden und welche noch zu erstellen sind. Dies erlaubt ihnen wiederum Rückschlüsse darauf zu ziehen, wie weit der Kollaborationsprozess bereits fortgeschritten ist. Zusätzlich kann anhand der Beschaffenheit der einzelnen Gruppenprodukte eine Aussage darüber getroffen werden, wie erfolgreich die einzelnen Prozessphasen waren. So kann beispielsweise die Qualität der einzelnen Maßnahmenpläne bewertet werden, um die Produktivität des Gesamtprozesses zu beurteilen und gegebenenfalls Anpassungen für zukünftige Kollaborationsprozesse entwickeln zu können.

Materielle und immaterielle Artefakte Neben der Tatsache, dass Gruppenprodukte sowohl ein Indikator für den Arbeitsstand als auch für den Kollaborationserfolg sein können, ergibt sich aus der obigen Definition, dass Gruppenprodukte nicht nur materielle, sondern auch immaterielle Formen annehmen können. An dieser Stelle ist zu erwähnen, dass der Begriff materielle Artefakte im Bereich des Collaboration Engineerings zwar häufig gebraucht wird, jedoch bei näherer Betrachtung irreführend wirkt. Dies liegt daran, dass in der Kollaborationsforschung nicht nur tatsächlich berührbare Artefakte, wie z. B. ein Prototyp, sondern auch virtuell erzeugte Listen mit Ideen, die innerhalb eines Brainstormings erzeugt wurden, als materielle Artefakte bezeichnet werden (Briggs et al. o.J.). Im weiteren Verlauf des Kapitels wird daher für alle Produkte, die die Gruppe erzeugt und die eine konkrete Repräsentanz besitzen, der Begriff Artefakte verwendet. Immaterielle Zustände bezeichnen dagegen alle Veränderungen, die innerhalb der Gruppe oder ihrer Mitglieder stattfinden. Als Beispiel hierfür lässt sich die Erhöhung der Teilnahmebereitschaft der einzelnen Gruppenmitglieder an einem Kollaborationsprozess nennen (Briggs et al. o.J.). Im Folgenden werden diese mit dem Begriff Zustände beschrieben.

Bevor genauer auf die Funktionen der Gruppenprodukte zur Messung des Kollaborationserfolges sowie zur Bewertung des aktuellen Arbeitsstandes eingegangen wird, erfolgt zunächst eine Auseinandersetzung mit den Gruppenprodukten als Artefakte und als Zustände. Dies ist notwendig, um im weiteren Verlauf des Kapitels ein einheitliches Verständnis über die einzelnen Arten von Gruppenprodukten zu schaffen.

6.3   Gruppenprodukte als Artefakte

Artefakte, die während eines Kollaborationsprozesses erarbeitet werden, können viele verschiedene Formen annehmen. Als Beispiel hierfür lässt sich etwa eine Liste mit Ideen (Dean et al. 2006) nennen, die während einer Brainstorming-Sitzung erzeugt wird. Aber auch ein komplett ausgearbeitetes Konzept zur Produktplanung (Noor et al. 2007) kann kollaborativ erstellt werden und als ein geschaffenes **Artefakt** fungieren.

Ein Collaboration Engineer, der sich mit den Artefakten eines Kollaborationsprozesses auseinandersetzt, muss sich zunächst einmal mit der Fragestellung beschäftigen, was mit den erzeugten Artefakten nach Abschluss des Prozesses passiert bzw. auf welche Weise die Ergebnisse verwendet werden sollen (Kolfschoten und de Vreede 2009). So können die Ergebnisse den Gruppenmitgliedern direkt nach Beendigung des Kollaborationsprozesses ausgehändigt oder gespeichert werden, um sie zu einem späteren Zeitpunkt noch weiter auszuarbeiten. Abhängig vom Verwendungszweck lässt sich dann die Beschaffenheit der Artefakte festlegen. Dies lässt sich anhand eines einfachen Beispiels verdeutlichen:

Tab. 6.1 Mögliche Ausprägungen zur Beschreibung von Artefakten (Kolfschoten et al. 2007)

Welche Ansprüche haben die Stakeholder des Kollaborationsprozesses an dessen Ergebnisse?		
Gewünscht wird ein einheitliches Konzept	vs.	Es sollen möglichst viele unterschiedliche Konzepte erstellt werden
Bei der Erstellung der Artefakte soll auf die Konsistenz der Ergebnisse geachtet werden	vs.	Widersprüche innerhalb der Ergebnisse können zu einem späteren Zeitpunkt gelöst werden
Die Lösungen sollen möglichst präzise ausgearbeitet werden	vs.	Die einzelnen Lösungen sollen Spielraum bei der weiteren Ausarbeitung besitzen
Die Lösungen sollen besonders kreativ sein	vs.	Die Kreativität der Ergebnisse ist von untergeordneter Bedeutung
Die Breite der Lösungen ist wichtiger als deren Tiefe	vs.	Die Tiefe der Lösungen ist wichtiger als deren Breite
Die Lösungen sollen bereits innerhalb der Gruppe überprüft und ohne größeren Anpassungsbedarf umsetzbar sein	vs.	Die Anpassung der Ergebnisse auf äußere Rahmenbedingungen kann zu einem späteren Zeitpunkt erfolgen
Die Ergebnisse sollen bereits in der Gruppe aufbereitet und strukturiert werden	vs.	Die Aufbereitung der Ergebnisse kann zu einem späteren Zeitpunkt erfolgen
Die Ergebnisse sollen von allen Gruppenmitgliedern mitgetragen werden	vs.	Ein Konsens innerhalb der Gruppe in Bezug auf die Ergebnisse ist von untergeordneter Bedeutung

---

Beispiel

Erhält eine Gruppe den Auftrag, neue attraktive Zielmärkte für ein Unternehmen zu identifizieren, auf deren Basis das Topmanagement einen neuen Zielmarkt für das Unternehmen auswählt, so ist es sinnvoll, eine kurze und präzise Zusammenfassung der Ergebnisse des Kollaborationsprozesses zu erstellen, die es dem Management ermöglicht, ohne größeren Einarbeitungsaufwand zu einer Entscheidung zu gelangen. Soll die Gruppe jedoch eigenständig eine Entscheidung darüber treffen, welcher Zielmarkt von dem Unternehmen bearbeitet werden soll, empfiehlt es sich, einen ausführlicheren Bericht darüber zu erstellen, wie die Gruppe zu ihrer Entscheidung gelangt ist.

Spezifizierung von Artefakten Ein in der Praxis bewährter Weg, die Beschaffenheit der Artefakte festzulegen, ist es, die Wünsche der Auftraggeber genau zu analysieren und hieraus Rückschlüsse auf das Gruppenprodukt zu ziehen. Hierzu wurde die in Tab. 6.1 dargestellte Liste mit möglichen Ausprägungen entwickelt (Kolfschoten et al. 2007), die als Leitfaden dienen soll, um die Ansprüche der Stakeholder an das zu erstellende Artefakt zu identifizieren. Mit Hilfe der aufgeführten Aussagen kann der Collaboration Engineer die verschiedenen Anforderungen abfragen, die die Auftraggeber an die geplante Kollaboration stellen.

Nachdem die einzelnen Ausprägungen des gewünschten Artefaktes festgelegt wurden, werden diese in einem weiteren Schritt in ein Set von Gruppenprodukten überführt, welches die Anforderungen der Stakeholder erfüllt. Wurden alle Artefakte des Kollaborationsprozesses hergeleitet, so kann mit ihnen sowohl der aktuelle Arbeitsstand als auch der Erfolg des Kollaborationsprozesses beurteilt werden. Hierauf wird in Abschn. 6.5 und Abschn. 6.6 genauer eingegangen. Zuvor werden im Folgenden die Zustände als weitere Art von Gruppenprodukten beschrieben.

6.4   Gruppenprodukte als Zustände

Zustände werden im Gegensatz zu Artefakten nicht direkt durch die Gruppe erzeugt.

Vielmehr beschreiben Zustände Änderungen im Verhalten bzw. in der Wahrnehmung der einzelnen Gruppenmitglieder, die durch den Kollaborationsprozess ausgelöst werden (Briggs et al. o.J.). Als Beispiele für Zustände lassen sich die Stärkung des Teamgeistes innerhalb einer Gruppe oder die Sensibilisierung der Gruppenmitglieder bezüglich der Wichtigkeit einer bestimmten Problemstellung nennen.

Zur Verdeutlichung lässt sich die im Einführungsbeispiel genannte Fähigkeit zur Arbeit innerhalb einer Gruppe heranziehen. Im Zuge der Lösung der Fallstudie werden die drei Studenten mit hoher Wahrscheinlichkeit nicht explizit darauf achten, möglichst gut als Gruppe zusammenzuarbeiten. Dennoch haben sie nach Abschluss der Fallstudie einen tieferen Einblick in die Erfordernisse, die das Arbeiten innerhalb einer Gruppe mit sich bringt, und können diese Erfahrung in zukünftigen Gruppenarbeiten nutzen.

Während Artefakte durch die Untersuchung der Ansprüche der Prozessbeteiligten relativ einfach abgeleitet und konkretisiert werden können, gestaltet sich die Spezifizierung der Zustände wesentlich schwieriger. Zustände können von den meisten Prozessbeteiligten nicht oder nur sehr vage spezifiziert werden.

Als wichtigster Zustand, der innerhalb der meisten Kollaborationsprozesse erzeugt werden muss, kann die Schaffung eines Konsens zwischen den Beteiligten angesehen werden, da in vielen Fällen die Gruppe ohne die Zustimmung aller Mitglieder zu keinem abschließenden Ergebnis des Kollaborationsprozesses gelangen kann (Briggs et al. 2005). Für Collaboration Engineers bedeutet dieser Umstand, dass sie der Konsensbildung immer besonderes Augenmerk schenken sollten, da ohne die Zustimmung aller Mitglieder das eigentliche Gruppenprodukt seine Legitimation verliert und damit zu einem belanglosen Gegenstand ohne Rückhalt in der Gruppe verkommt. Einen Ansatz, die Zustimmung aller Gruppenmitglieder sicherzustellen, stellt die *Consensus Building Theory* (Briggs et al. 2005) dar, die bereits in Abschn. 5.2.2 eingeführt wurde und daher an dieser Stelle nicht mehr vertiefend behandelt wird.

Darüber hinaus existieren jedoch noch zahlreiche weitere immaterielle Produkte, wie z. B. die Erzeugung von Problembewusstsein, die Gewinnung unterschiedlicher Ansichten oder die Schaffung von Commitment (Bindungstiefe) (Briggs et al. o.J.). Bislang existiert noch keine abschließende Liste immaterieller Gruppenprodukte, weshalb sich Collaboration Engineers selbst mit der Frage auseinandersetzen müssen, welche Zustände sie innerhalb der Gruppe hervorrufen wollen.

In diesem Zusammenhang spielen die Abhängigkeiten zwischen materiellen und immateriellen Artefakten eine wichtige Rolle. Hierbei können zwei Fälle unterschieden werden: Zum einen entstehen die immateriellen Gruppenprodukte als Begleiterscheinung während der Erstellung der materiellen Artefakte. Dies ist z. B. der Fall, wenn eine Gruppe im Rahmen einer Risikoanalyse eine Liste mit den Risiken für ein Unternehmen innerhalb eines bestimmten Geschäftsfeldes erzeugt. Gleichzeitig erhalten die einzelnen Mitglieder einen vertieften Einblick in die jeweiligen Risiken und haben mit großer Wahrscheinlichkeit nach Beendigung der Aufgabe ein tieferes Verständnis für die Gefahren, mit denen das Unternehmen konfrontiert ist. Zum anderen können immaterielle Zustände gezielt ausgelöst werden. Um bei dem obigen Beispiel zu bleiben, könnte es das explizite Ziel der Geschäftsleitung sein, ihre Mitarbeiter für die Gefahren eines neuen Geschäftsfeldes zu sensibilisieren. Dementsprechend wird dann eine Liste erstellt, welche in diesem Kontext folglich nur ein Mittel zum Zweck ist, um auf diese Gefahren aufmerksam zu machen.

Nachdem sowohl Zustände als auch Artefakte beschrieben wurden, soll im Folgenden auf die Funktion dieser Produkte als Indikator eingegangen werden.

6.5   Gruppenprodukte als Indikator des aktuellen Arbeitsstandes

Um es den Arbeitenden zu ermöglichen, Rückschlüsse auf den aktuellen Arbeitsstand zu ziehen, müssen die Gruppenprodukte für die Arbeitenden zu jedem beliebigen Zeitpunkt bewertbar sein. Dieser Umstand bedingt, dass sich lediglich materielle Artefakte als Indikator für den aktuellen Arbeitsstand eignen, da nur diese eine konkrete Repräsentanz besitzen, die den Arbeitenden eine spontane Bewertung ermöglicht. Zustände hingegen beschreiben die Veränderungen innerhalb der Gruppe bzw. der einzelnen Mitglieder und können daher nicht ohne weiteres bewertet werden. Ihre Beurteilung erfordert den Einsatz spezieller Fragebögen, die in Abschn. 6.6.2 sowie Abschn. 6.6.3 dargestellt werden.

Einschätzung des Arbeitsstandes Um den Arbeitenden die Beurteilung des aktuellen Arbeitsstandes zu ermöglichen, müssen die einzelnen Artefakte zuerst, wie in Abschn. 6.3 beschrieben, genau spezifiziert werden. Zudem müssen sie den Arbeitenden kommuniziert werden, das heißt, ihnen muss verdeutlicht werden, welches Artefakt an welcher Stelle des Prozesses erzeugt werden muss. Hierzu eignet sich beispielsweise eine Agenda, in der die entsprechenden Informationen bereitgestellt werden können.

Abb. 6.1 Einordnung der
Gruppenprodukte im KoPDA.
(In Anlehung an Kolfschoten
und de Vreede 2009)

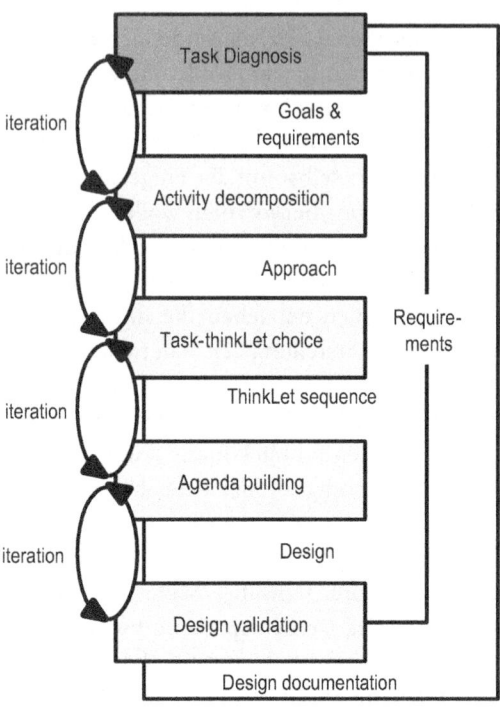

6.6   Gruppenprodukte als Indikator für den Kollaborationserfolg

Die zweite Funktion, die Gruppenprodukte erfüllen, ist ihre Verwendung als Indikator für
den Erfolg eines Kollaborationsprozesses. Der Erfolg einer Kollaboration lässt sich als die
Wertschätzung der gemeinsamen Bemühungen und deren Ergebnisse durch die relevanten Stakeholder beschreiben (Kolfschoten 2007).

Als relevante Stakeholder eines Kollaborationsprozesses sind die Auftraggeber des
Prozesses sowie die Teilnehmer des Prozesses zu nennen. Dementsprechend hängt der
Kollaborationserfolg von drei Faktoren ab: Zum einen ist es für die Auftraggeber nach
Abschluss des Kollaborationsprozesses von Interesse, dessen Produktivität zu bewerten,
um hieraus Rückschlüsse für zukünftige Aufträge ziehen zu können. Zum anderen sollten
jedoch auch darüber hinaus die Zufriedenheit sowie das Commitment der Teilnehmer
bewertet werden, um das Prozessdesign so zu verändern, dass etwaige Defizite in diesen
beiden Kategorien verringert werden (Kolfschoten 2007). Abbildung 6.1 visualisiert die
Zusammenhänge zwischen diesen drei Einflussgrößen.

Die drei genannten Kriterien wurden in einer umfassenden Meta-Studie, in der rund
300 wissenschaftliche Publikationen verglichen wurden, ermittelt Fjemestad und Hiltz
(1999) und für die Verwendung im Rahmen des Collaboration Engineerings aufbereitet
(Kolfschoten 2007). Im Folgenden werden die drei genannten Faktoren genauer beleuchtet
und Wege zu deren Messung aufgezeigt.

6.6.1   Gruppenproduktivität

Ein zentrales Kriterium, das dazu dient, den Erfolg eines Kollaborationsprozesses zu bestimmen, ist die Produktivität.

> Die Produktivität setzt sich aus den Komponenten Effektivität und Effizienz zusammen und beschreibt, inwieweit die erzielten Ergebnisse den eingebrachten Ressourcenaufwand rechtfertigen (Kolfschoten 2007).

Dementsprechend erhöht sich die Produktivität, wenn bei einem gleichen Ergebnis weniger Ressourcen verbraucht werden, die Resultate bei konstantem Ressourceneinsatz besser sind oder Ergebnisverbesserung und Ressourceneinsparung in Kombination eintreten.

Produktivität als Maßstab für Auftraggeber und Teilnehmer   Damit ist die Produktivität sowohl für den Auftraggeber eines Kollaborationsprozesses als auch für die Teilnehmer des Prozesses von Bedeutung. Aus Sicht des Auftraggebers erklärt sich dieser Umstand aus der Tatsache, dass er die zur Verfügung stehenden Ressourcen – wie die Zeit seiner Mitarbeiter oder die monetären Aufwendungen zur Durchführung der Kollaboration – möglichst zielführend einzusetzen versucht. Aber auch die Teilnehmer des Prozesses bewerten die Produktivität eines Kollaborationsprozesses. Dies lässt sich mit Hilfe der in Abschn. 5.2.1 vorgestellten *Yield Shift Theory of Satisfaction* (Briggs et al. 2008) begründen. Je höher die Produktivität des Kollaborationsprozesses ist, desto weniger Ressourcen müssen die Teilnehmer für die Erreichung der Ziele aufbringen. Dadurch erhöht sich wiederum der wahrgenommene Nutzenzuwachs, was die Zufriedenheit der Teilnehmer steigert. Eine Visualisierung der Zusammenhänge von Effektivität, Effizienz und Produktivität liefert Abb. 6.2. Die Kästchen symbolisieren hierbei die einzelnen Variablen. Die Beschriftungen der Pfeile zeigen die unterschiedlichen Erfolgsdimensionen. Die Pfeile selbst zeigen die Wirkungszusammenhänge auf.

Um besser zu verstehen, welche Einflussgrößen auf die Produktivität wirken, ist es hilfreich, die beiden Komponenten Effektivität und Effizienz näher zu betrachten. Im Folgenden wird daher auf beide Elemente ausführlicher eingegangen.

6.6.1.1   Gruppeneffektivität

Gruppeneffektivität beschreibt, inwieweit die erstellten Gruppenprodukte alle Anforderungen erfüllen, die im Vorfeld festgelegt wurden. Eine solche Anforderung ist beispielsweise, dass am Ende eines Kollaborationsprozesses ein Konsens innerhalb der Gruppe erreicht wird. Ebenfalls ist es denkbar, dass Ergebnisse generiert werden, die auch tatsächlich für den gedachten Zweck verwendet werden können (Kolfschoten 2007). Definieren lässt sich die Effektivität eines Kollaborationsprozesses wie folgt:

Abb. 6.2 Einflussgrößen
auf den Kollaborationserfolg.
Eigene Darstellung

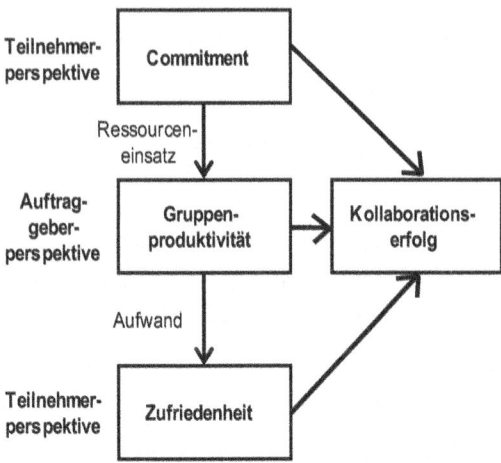

Die Effektivität eines Kollaborationsprozesses ist die Beschaffenheit der erbrachten
Resultate im Vergleich zu den gewünschten Resultaten (Kolfschoten 2007).

Zu beachten bleibt, dass die verschiedenen Anspruchsgruppen teilweise unterschiedliche
Anforderungen an die Resultate haben (Abschn. 5.2.3) und dementsprechend die Effektivität des Kollaborationsprozesses unterschiedlich bewerten. An dieser Stelle zeigt sich,
weshalb es wichtig ist, die gewünschten Ergebnisse des Kollaborationsprozesses möglichst
konkret zu formulieren (Locke und Latham 1990). Je spezifischer die Anforderungen im
Vorfeld definiert werden, desto zielgerichteter und fokussierter kann die Gruppe im Verlauf des Prozesses arbeiten, was wiederum die Effektivität der Kollaboration erhöht.

6.6.1.2 Gruppeneffizienz

Der zweite Faktor, der die Gruppenproduktivität determiniert, ist die **Gruppeneffizienz**,
die sich wie folgt definieren lässt:

Gruppeneffizienz beschreibt die Differenz zwischen dem tatsächlichen und dem
geplanten Ressourcenverbrauch (Kolfschoten 2007).

Als Ressourcen werden in diesem Zusammenhang beispielsweise Zeit, Geld, zur Verfügung gestellte Sitzungsräume, benötigte Informationen, aber auch alle Anstrengungen, die
die Arbeitenden unternehmen, angesehen. Für jede kollaborative Aufgabe wird durch den
Auftraggeber im Vorfeld ein Budget festgelegt. Ein Collaboration Engineer hat dann dafür

Abb. 6.3 Wirkungszusammenhänge der Gruppenpro-
duktivität. (Nach Kolfschoten
(2007)

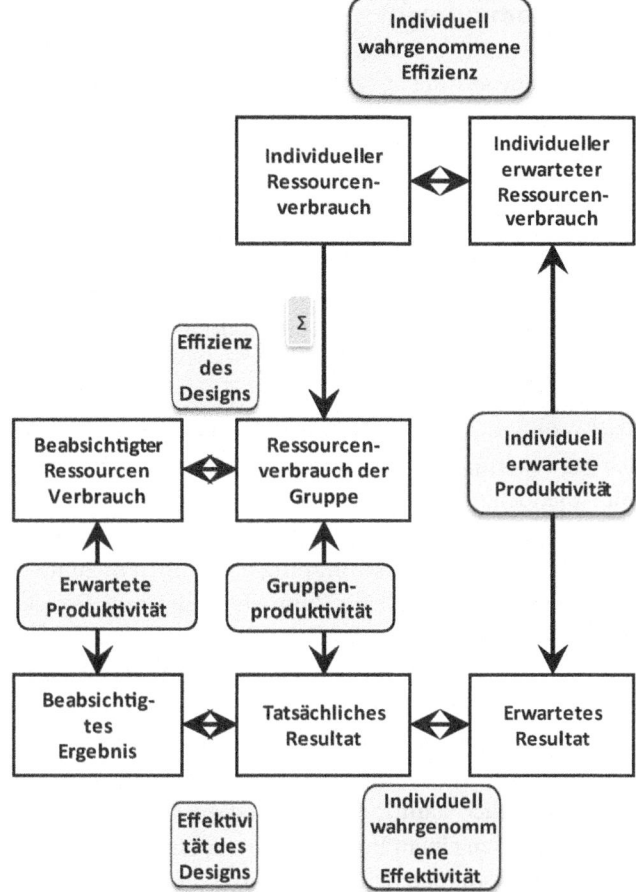

zu sorgen, dass dieses Budget nicht überschritten wird, um die Zufriedenheit des Auftraggebers sicherzustellen. Auch die Teilnehmer des Kollaborationsprozesses haben eine
Vorstellung davon, welchen Ressourcenaufwand sie zur Lösung der Aufgabenstellung einsetzen müssen (Kolfschoten 2007). Auf Grundlage der Aufgabenbeschreibung und ver-
gleichbarer Aufgabenstellungen ist es möglich, den Ressourcenbedarf abzuschätzen. Treten zu große Abweichungen zwischen der Schätzung und dem tatsächlichen Bedarf auf,
so schmälert dies die Zufriedenheit der Teilnehmer. Aus diesen Gründen sollte der Collaboration Engineer den voraussichtlichen Ressourcenaufwand möglichst genau bestimmen, da auf diese Weise die Abweichungen zwischen Plan und Realität möglichst gering
gehalten werden können. Neben der Ermittlung der Produktivität sollte der Collaboration
Engineer auch das Commitment sowie die Zufriedenheit durch die Teilnehmer bewerten
lassen, um das Prozessdesign so zu verändern, dass etwaige Defizite in diesen beiden Bereichen reduziert werden. In den folgenden Unterkapiteln werden beide Faktoren einzeln
dargestellt.

6.6.2 Commitment

Laut Duivenvoorde et al. (2009) umfasst der Begriff **Commitment,** im Deutschen auch als Bindungstiefe bezeichnet (siehe Kap. 5), alle Anstrengungen, die die einzelnen Mitglieder zur Erreichung des Ziels auf sich nehmen.

> Commitment bezeichnet eine innere Überzeugung, die ein Individuum dazu verpflichtet, seine Ressourcen, wie z. B. Zeit, Anstrengung und Wissen, zur Erreichung des Gruppenzieles einzusetzen (Kolfschoten 2007).

Commitment ist ein Begriff, der aus der Organisationspsychologie stammt. Ursprünglich wird hierunter die Bindung von Mitarbeitern an ihre Organisation verstanden. Damit ist jedoch nicht eine physische Bindung, wie sie z. B. durch einen Arbeitsvertrag zu Stande kommt, sondern vielmehr das emotionale Band zwischen Mitarbeitern und Organisation gemeint. Diese Bindung tritt jedoch nicht nur auf organisationaler Ebene auf, sondern zeigt sich auch im Rahmen temporärer Projekte (Kraus und Woschée 2009). Durch diese Definition wird bereits deutlich, dass ein Kollaborationsprozess zwangsläufig zum Scheitern verurteilt ist, wenn die Arbeitenden kein ausreichend großes Commitment gegenüber der Gruppe verspüren. Nur wenn die Arbeitenden bereit sind, ihre Ressourcen einzubringen, kann eine erfolgreiche Bewältigung der Aufgabe gesichert werden.

Grundsätzlich kann in Anlehnung an (Kraus und Woschée 2009) in Bezug auf das Commitment zu einem Projekt, in diesem Fall der Kollaboration, zwischen drei Varianten unterschieden werden: Diese drei Varianten beinhalten das affektive, das normative sowie das rationale Commitment.

Unter affektivem Commitment ist die emotionale Bindung der Gruppe an das Projekt zu verstehen. In diesem Zustand messen die Gruppenmitglieder dem Projekt eine große persönliche Bedeutung zu und sind gerne an dem Projekt beteiligt. Zudem identifizieren sie sich mit den Zielen und Werten des Projektes und zeigen ein überdurchschnittliches Engagement bei der Zielerreichung. Normatives Commitment beschreibt einen Zustand, in dem sich die Gruppenmitglieder aus moralischen bzw. ethischen Gründen an das Projekt gebunden fühlen. Im Falle eines rationalen Commitments sehen sich die Gruppenmitglieder an das Projekt gebunden, da sie im Falle eines Austritts Repressionen, wie z. B. die Versetzung in eine andere Abteilung, befürchten.

Laut Kolfschoten (2007) sollte ein Collaboration Engineer bemüht sein, das affektive Commitment der Gruppenmitglieder zu aktivieren, da vor allem diese innere Überzeugung zum Erfolg des Kollaborationsprozesses beiträgt. Wie bereits in Abschn. 5.2.2 beschrieben, ist es zur Erzeugung des affektiven Commitments von großer Bedeutung, wie

Abb. 6.4 Fragenkatalog zur Bestimmung des Commitments. (Nach Duivenvoorde et al. 2009)

Commitment	Diese Aussage trifft						
	überhaupt nicht zu						vollständig zu
Ich unterstütze das Ziel dieses Treffens in der ursprünglich präsentierten Form	☐ 1	☐ 2	☐ 3	☐ 4	☐ 5	☐ 6	☐ 7
Ich habe ein Interesse daran, das Ziel in der ursprünglich präsentierten Form zu erreichen	☐ 1	☐ 2	☐ 3	☐ 4	☐ 5	☐ 6	☐ 7
Ich war motiviert, mich im Rahmen dieses Treffens zu beteiligen	☐ 1	☐ 2	☐ 3	☐ 4	☐ 5	☐ 6	☐ 7
Ich war gewillt, Anstrengungen und Zeit in dieses Treffen zu investieren	☐ 1	☐ 2	☐ 3	☐ 4	☐ 5	☐ 6	☐ 7
Ich empfand dieses Treffen als wichtig	☐ 1	☐ 2	☐ 3	☐ 4	☐ 5	☐ 6	☐ 7

stark sich ein Individuum mit einem Ziel verbunden fühlt und welche relative Bedeutung ein Individuum diesem zuschreibt. Wenn sich das Individuum direkt mit einem Ziel identifizieren kann, liegt eine starke Ziel-Bindungstiefe vor (Rubel und Frese 2007). Je stärker diese Bindungstiefe ist, desto intensiver sind die Bemühungen des Individuums, das betreffende Ziel zu erreichen.

Um den Grad des affektiven Commitments quantifizierbar zu machen, entwickelten Duivenvoorde et al. (2009) einen Fragenkatalog, der in Abschn. 6.3 dargestellt ist. Hierbei bewerten die Gruppenmitglieder ausgewählte Aussagen in Bezug auf ihre eigene Gefühlslage mit Hilfe einer siebenstufigen Likert-Skala. Eine Aufsummierung der einzelnen Bewertungen liefert anschließend Anhaltspunkte, wie stark das affektive Commitment der einzelnen Mitlglieder ausgeprägt ist (Abb. 6.4).

6.6.3 Zufriedenheit

Wie bereits in Abschn. 5.2.1 beschrieben wurde, stellt die Zufriedenheit der Arbeitenden innerhalb eines Kollaborationsprozesses eine zentrale Größe dar. Die Wichtigkeit, die die

Zufriedenheit der Gruppenmitglieder für das Feld des Collaboration Engineerings spielt, lässt sich mit Hilfe der *Yield Shift Theory of Satisfaction* begründen. Diese besagt im Wesentlichen, dass Individuen ihre Bereitschaft zu einer erneuten Teilnahme an einem Kollaborationsprozess davon abhängig machen, inwieweit die bisherigen Kollaborationen für sie zufriedenstellende Ergebnisse erbracht haben. Gelingt es einem Collaboration Engineer nicht, den Teilnehmern zufriedenstellende Erfahrungen zu ermöglichen, so muss er befürchten, dass sie an späteren Kollaborationen nicht mehr interessiert sind (Briggs et al. 2006b). Daher ist es von großer Wichtigkeit, die Ursachen für die Entstehung von **Zufriedenheit** zu kennen, Maßnahmen zu ihrer Maximierung abzuleiten und den Erfolg der Maßnahmen zu messen, um darauf aufbauend weitere Korrekturen vornehmen zu können.

Zufriedenheit kann mehrere Bedeutungen haben. Zum einen kann es als Urteil darüber verstanden werden, inwieweit die geforderten Randbedingungen und Anforderungen erfüllt wurden. Zum anderen bezeichnet Zufriedenheit ein Gefühl, das in einem Individuum entsteht. Innerhalb der Kollaborationsforschung ist vor allem der Gefühlsaspekt von Interesse, da er für die Bereitschaft zu einer erneuten Kollaboration verantwortlich ist und diese dementsprechend beeinflusst. Dementsprechend kann die Zufriedenheit im Rahmen einer Kollaboration wie folgt definiert werden:

> Zufriedenheit beschreibt die spontan auftretende Wertschätzung eines Individuums für den Kollaborationsprozess und seine Ergebnisse (Briggs et al. 2003).

Wie diese Definition nahe legt, kann die Zufriedenheit der Gruppe in zwei Teilbereiche unterteilt werden. Die Zufriedenheit mit dem Vorgang ist die spontane Wertschätzung der Teilnehmer gegenüber den innerhalb eines Kollaborationsprozesses verwendeten Abläufen und Werkzeugen. Die Zufriedenheit mit den Ergebnissen bezeichnet hingegen die Wertschätzung der Teilnehmer gegenüber den erreichten Lösungen.

Für einen Collaboration Engineer ergibt sich daraus die Notwendigkeit, neben dem Produkt – welches innerhalb der Kollaboration erzeugt wird – auch den Weg dorthin in die Betrachtung einzuschließen. So konnte beispielsweise in früheren Studien festgestellt werden, dass Gruppenmitglieder neben den Ergebnissen einer Entscheidung immer auch den Weg der Entscheidungsfindung in ihre Bewertung miteinschließen (Korsgaard et al. 1995; Chan Kim und Mauborgne 1998). In diesem Zusammenhang zeigte sich, dass die Mitglieder sehr auf die Prozessfairness, die Wertschätzung ihrer Beiträge und ihren Einfluss auf die finale Entscheidung achteten.

Um die Zufriedenheit der Gruppenmitglieder zu messen, haben Briggs et. al. (2003) einen Fragebogen entwickelt, welche der Gruppe nach Abschluss eines Kollaborationsprozesses vorgelegt werden kann. Darin bewerten die Mitglieder ihre Zufriedenheit mit den Prozessen und den Ergebnissen mit Hilfe einer siebenstufigen Likert-Skala (Abb. 6.4, 6.5).

Abb. 6.5 Fragenkatalog zur
Messung der Zufriedenheit.
(Nach Briggs et al. 2003)

Zufriedenheit	Diese Aussage trifft		
	Überhaupt nicht zu		vollständig zu
Ich bin zufrieden mit der Art und Weise, wie das heutige Treffen durchgeführt wurde	☐ ☐ ☐ ☐ ☐ ☐ ☐ 1 2 3 4 5 6 7		
Ich bin zufrieden mit dem heutigen Kollaborationsprozess	☐ ☐ ☐ ☐ ☐ ☐ ☐ 1 2 3 4 5 6 7		
Ich bin zufrieden mit der Art und Weise, wie die Aktivitäten inner-halb des Treffens stattfanden	☐ ☐ ☐ ☐ ☐ ☐ ☐ 1 2 3 4 5 6 7		
Ich bin zufrieden mit den Prozeduren, die innerhalb des Treffens verwendet wurden	☐ ☐ ☐ ☐ ☐ ☐ ☐ 1 2 3 4 5 6 7		
Ich mag die Ergebnisse des heutigen Treffens	☐ ☐ ☐ ☐ ☐ ☐ ☐ 1 2 3 4 5 6 7		
Ich bin zufrieden mit den Dingen, die wir innerhalb des Treffens erreicht haben	☐ ☐ ☐ ☐ ☐ ☐ ☐ 1 2 3 4 5 6 7		
Als das Treffen vorbei war, fühlte ich Befriedigung in Bezug auf die Ergebnisse	☐ ☐ ☐ ☐ ☐ ☐ ☐ 1 2 3 4 5 6 7		
Ich bin glücklich mit den Ergebnissen des heutigen Treffens	☐ ☐ ☐ ☐ ☐ ☐ ☐ 1 2 3 4 5 6 7		

6.7   Exkurs: Beispiele zur Messung

Nachdem im Rahmen des vorangegangenen Abschnitts die verschiedenen Einflussgrößen auf den Kollaborationserfolg vorgestellt und genauer erläutert wurden, werden an dieser Stelle zwei Anwendungsbeispiele vorgestellt. Ziel dieser Beispiele ist es zu illustrieren, wie vorab definierte Produkte gemessen werden können und welche unterschiedlichen Aspekte hierbei berücksichtigt werden müssen.

Beispiel 1– Risikoeinschätzung eines Versicherungsunternehmens

In einer großen Versicherungsfirma mit Sitz in den Niederlanden sollte eine Gruppe die Risiken, die bei einem Eintritt in einen neuen Markt entstehen könnten, identifizieren. Um einen vollständigen Überblick über die Risiken zu bekommen, wurde ein Kollaborationsprozess implementiert. Da die Zeit bis zum Markteintritt nur sehr kurz war, suchte das Management ein Prozessdesign, welches so effizient wie möglich sein sollte, um die Risiken in kurzer Zeit generieren zu können. Hierbei konnten mehrere Ziele identifiziert werden.

Produkt 1: Erstellung einer Liste mit Risiken
Perspektive: Problemverursacher/-eigentümer
Qualitätsmerkmal: Anzahl der Risiken, Zufriedenheit
Metrik/Methode: Ergebnisse zusammenzählen, Fragebogen zur Zufriedenheit

Produkt 2: Realisierung eines zeitnahen Risikomanagements
Perspektive: Problemverursacher/-eigentümer
Qualitätsmerkmal: Zeit
Metrik/Methode: Zeit, in der die Zusammenarbeit ausgeführt wird

Beispiel 2– Feedbackrunde eines Kommunikationsdienstleisters

Um den zehnten Jahrestag des Unternehmens zu feiern, lud ein Kommunikationsdienstleister seine Kunden und Zulieferer ein, um von diesen Feedback einzuholen und die bestehenden Kontakte zu pflegen. Das Ziel des Kollaborationsprozesses bestand darin, dass die Kontakte viel Spaß an der Session haben und viel Feedback über das Unternehmen in einer kurzen Zeit geben sollten. Dieses Ziel konnte folgendermaßen unterteilt werden:

Produkt 1: Gestaltung eines Kollaborationsprozesses, der die Kunden zufrieden stellt
Perspektive: Teilnehmer
Qualitätsmerkmal: Zufriedenheit
Metrik/Methode: Fragebogen zur Zufriedenheit

Produkt 2: Gestaltung eines Kollaborationsprozesses, der in kurzer Zeit ausführbar ist
Perspektive: Problemverursacher/-eigentümer
Qualitätsmerkmal: Effizienz
Metrik/Methode: Die Zeit, um den Kollaborationprozess abzuschließen

Produkt 3: Gestaltung eines Prozesses, in dem die Kunden sehr viel (intensiv) Feedback abgeben
Perspektive: Problemverursacher/-eigentümer

Qualitätsmerkmal: Menge an Feedback
Metrik/Methode: Ergebnisse zusammenzählen (aufsummieren)

6.8   Zusammenfassung

Gruppenprodukte sind materielle Artefakte oder immaterielle Zustände, die durch die Gruppenarbeit geschaffen werden und deren Erzeugung zur Erreichung der Kollaborationsziele führt. Materielle Gruppenprodukte werden von der Gruppe erzeugt und besitzen stets eine konkrete Repräsentanz. Immaterielle Zustände bezeichnen dagegen alle Veränderungen, die innerhalb der Gruppe oder ihrer Mitglieder stattfinden.

Wie gezeigt, können Gruppenprodukte als Indikator für den aktuellen Arbeitsstand sowie für den Kollaborationsprozess verwendet werden. Es zeigt sich, das insbesondere materielle Gruppenprodukte unerlässlich sind, um der Gruppe eine Rückmeldung über den Erfolg des eigenen Schaffens zu ermöglichen. Zusätzlich dienen sie jedoch dazu, ebenso wie immaterielle Gruppenprodukte, den Erfolg des Kollaborationsprozesses zu bewerten. In diesem Zusammenhang sind insbesondere die Produktivität des Kollaborationsprozesses sowie die Zufriedenheit und das Commitment der Teilnehmer von Bedeutung.

6.9   Wiederholungsfragen

1. Wie definieren sich Gruppenprodukte und welche Rolle erfüllen sie im Rahmen des Designs eines Kollaborationsprozesses?
2. Inwiefern lassen sich materielle und immaterielle Produkte voneinander abgrenzen?
3. Auf welche Art und Weise sollten Gruppenprodukte beschaffen sein, um als Indikator des aktuellen Arbeitsstandes zu fungieren?
4. Inwieweit helfen Gruppenprodukte dem Collaboration Engineer dabei den Erfolg eines Kollaborationsprozesses zu bewerten?
5. Wie definiert sich das Konstrukt der Gruppenproduktivität und welche Bedeutung hat es für den Kollaborationsprozess?
6. Welche verschiedenen Arten der Zufriedenheit lassen sich in der existierenden Literatur zum Thema Collaboration Engineering identifizieren und wie lassen sich diese beschreiben?
7. Wie lässt sich die Ebene der Gruppenprodukte in den Kollaborationsprozess Design Ansatz einordnen?

Verwendete Literatur

Bittner, E. A. C., & Leimeister, J. M. (2014). Creating shared understanding in heterogeneous work groups - Why it matters and how to achieve it. *Journal of Management Information Systems, 30* (Spring 2014).

Briggs, R. O., de Vreede, G.-J., & Reinig, B. A. (2003). A theory and measurement of meeting satis-faction. *Proceedings of the 36th Hawaii International Conference on System Sciences HICSS' 03:* *25.3*.

Briggs, R. O., Kolfschoten, G. L., & de Vreede, G.-J. (2005). Toward a theoretical model of consensus building. *AMCIS 2005 Proceedings 0:12*.

Briggs, R. O., Reinig, B. A., & de Vreede, G.-J. (2006b). Meeting satisfaction for technology-supported groups: An empirical validation of a goal-attainment model. *Small Group Research, 37*, 585–611.

Briggs, R. O., Reinig, B. A., & de Vreede, G.-J. (2008). The yield shift theory of satisfaction and its application to the IS/IT domain. *Journal of the Association for Information Systems, 9*, 2.

Briggs, R. O., Kolfschoten, G. L., de Vreede, G.-J., Albrecht, C., Dean, D. L., Lukosch, S. (im Erschei-nen). A six layer model of collaboration for designers of collaboration systems. In J. F. Nunamaker Jr., R. O. Briggs, & N. C. Romano Jr. (Hrsg.), *Advances in Collaboration Systems* (S. 1–14). Arm-onk: M.E. Sharpe, Inc.

Chan, K. W., & Mauborgne, R. (1998). Procedural justice, strategic decision making, and the know-ledge economy. *Strategic Management Journal, 19*, 323–338.

Dean, D. L., Hender, J. M., Rodgers, T. L., & Santanen, E. L. (2006). Identifying quality, novel, and creative ideas: Constructs and scales for idea evaluation. *Journal of the Association for Information Systems, 7*, 646–699.

Duivenvoorde, G. P. J., Kolfschoten, G. L., Briggs, R. O., & de Vreede, G.-J. (2009). Towards an instru-ment to measure successfulness of collaborative effort from a participant perspective. *Proceedings of the 42nd Hawaii International Conference on System Sciences. HICSS '09*. Hawaii, 1–9.

Fjermestad, J., & Hiltz, S. R. (1999). An assessment of group support systems experimental research: Methodology and results. *Journal of Management Information Systems, 15*, 7–149.

Kolfschoten, G. L. (2007). *Theoretical foundations for collaboration engineering*. Department of Sys-tems Engineering Faculty of Technology Policy and Management Delft University of Technology.

Kolfschoten, G. L., & de Vreede, G.-J. (2009). A design approach for collaboration processes: A mul-timethod design science study in collaboration engineering. *Journal of Management Information Systems, 26*, 225–256.

Kolfschoten, G. L., den Hengst-Bruggeling, M., & de Vreede, G.-J. (2007). Issues in the design of facilitated collaboration processes. *Group Decision and Negotiation, 16*, 347–361.

Korsgaard, M. A., Schweiger, D. M., & Sapienza, H. J. (1995). Building commitment, attachment, and trust in strategic decision-making teams: The role of procedural justice. *Academy of Management Journal, 38*, 60–84.

Kraus, R., & Woschée, R. (2009). Commitment und Identifikation mit Projekten - Ein Praxisbuch für die erfolgreiche Projektleitung. In: M. Wastian, I. Braumandl, & L. von Rosenstiel (Hrsg.), *Angewandte Psychologie für Projektmanager* (S. 187–206). Berlin: Springer.

Locke, E. A., & Latham, G. P. (1990). *A theory of goal setting and task performance*. Englewood Cliffs: Prentice-Hall, Inc.

Noor, M. A., Grünbacher, P., & Briggs, R. O. (2007). *A collaborative approach for product line scoping: A case study in collaboration engineering* (S. 216–223). Proceedings of the 25th conference on IASTED International Multi-Conference: Software Engineering.

Rubel, B., & Frese, E. (2007). *Organisatorische Gestaltung der Leistungsbeziehungen in Kommunalver-waltungen*. München: Deutscher Universitäts Verlag.

Gruppenaktivitäten (Group Activities)

7

Zusammenfassung

Für die Erreichung des Kollaborationsziels ist es essenziell, die Aufgaben, die aus den Gruppenprodukten heraus entstanden sind, in kleinere, steuerbare Teilschritte zu zerlegen. Dies ist wichtig, um die Teilschritte – die Aktivitäten – durchführbar zu gestalten und den Prozess zu systematisieren. Die Gruppenaktivitäten beschreiben somit eine Abfolge von Arbeitsschritten, die eine Gruppe durchlaufen muss, um die Ergebnisse (Gruppenprodukte) zu schaffen und die gemeinsam vereinbarten Gruppenziele zu erreichen. Jede Gruppenaktivität beinhaltet dabei die Informationen, die in dem einzelnen Arbeitsschritt genau erledigt werden müssen. Dabei werden die Aktivitäten durchgeführt, nachdem die Zwischenprodukte und die Zwischenziele definiert wurden. Die Zerlegung der Aufgaben in durchführbare Aktivitäten kann dabei zum einen über die Ergebnisse und zum anderen anhand der sogenannten Patterns of Collaboration erfolgen.

Die Gruppenaktivitäten bilden nach den Kollaborationszielen und den Gruppenprodukten die dritte Ebene im Sechs-Ebenen-Kollaborationsmodell (siehe Abschn. 4.2.2 für weitere Ausführungen zum SEKMo). Im ersten Abschnitt werden die Aktivitäten im Rahmen der Kollaboration definiert. Der Hauptfokus dieses Abschnittes liegt auf den Möglichkeiten, die es gibt, um komplexere Aufgaben in durchführbare Aktivitäten zu gliedern. Dazu wird zunächst die Notwendigkeit der Aufgabenzerlegung beschrieben, bevor auf die Möglichkeiten der Teilung eingegangen wird. Dies kann zum einen anhand der Patterns of Collaboration und zum anderen über die Ergebnisse erfolgen. Anschließend werden die Patterns of Collaboration grundlegend dargestellt, deren Kenntnis für ein umfassendes Verständnis von Collaboration Engineering notwendig ist. Ein Thema im Exkurs bilden die Verhandlungen, die für eines der Pattern of Collaboration wichtig sind. Einen weiteren Exkurs bildet die Zerlegung komplexer Aufgaben in anderen Disziplinen am Beispiel des Projektmanagements. Dies ist interessant, da das Vorgehen der Zerlegung in anderen Bereichen auch auf Collaboration Engineering übertragen werden kann.

J. M. Leimeister, *Collaboration Engineering,*
DOI 10.1007/978-3-642-20891-1_7, © Springer-Verlag Berlin Heidelberg 2014

Das Autohaus „Reiner Zufall GmbH & Co. KG" möchte eine Software erstellen lassen, mit deren Hilfe sich der Kunde zu Hause am PC sein Wunschauto hinsichtlich Ausstattung selbst zusammenstellen kann, um die Bestellung im Autohaus zu vereinfachen. Die Geschäftsführung will dazu in einem ersten Meeting ein Lastenheft[1] erstellen. Alle Ideen in Bezug auf die Software werden zunächst mittels Brainstorming generiert, wodurch eine lange Liste mit Anforderungen entsteht. Die Ideen für die Anforderungen werden weiter verfeinert, zu Kategorien zusammengefasst und im Hinblick auf die Zielerreichung bewertet, so dass am Ende ein Lastenheft mit allen wichtigen Anforderungen an die Software entsteht. Die Softwareentwicklungsfirma „Kalle Solutions GmbH" hat für den Auftrag ein mit technischen Details versehenes Pflichtenheft[2] erstellt und erhält den Zuschlag für die Erstellung der Software. Für die Entwicklung der Software wird ein Projektplan erstellt, der das Projekt in kleinere durchführbare Teilschritte zerlegt. Zugleich dient er als zeitliche Übersicht über die durchzuführenden Aktivitäten. Die erste Aktivität ist dabei die Entwicklung eines Mock-ups, ein Modell in Form einer Power-Point-Präsentation, um die Anforderungen an die Benutzeroberfläche mit dem Auftraggeber besser abstimmen zu können. Als zweite Aktivität wird der Entwurf der Softwarearchitektur definiert. In der sich anschließenden Aktivität findet die Programmierung statt, bevor als letzte Aktivität der Akzepttanztest durch den Auftraggeber erfolgt.

Das vorangegangene Beispiel verdeutlicht, dass komplexe Aufgaben in kleinere, steuerbare Teilschritte zerlegt werden müssen, um diese durchführbar zu gestalten und den Prozess zu systematisieren. Welche Möglichkeiten der Zerlegung sich im Kontext von Collaboration Engineering ergeben, ist Gegenstand des vorliegenden Kapitels.

Einordnung in den KoPDA Wie bereits in den vorherigen Kapiteln dargestellt, beschreibt der KoPDA die Gestaltung der Zusammenarbeit in fünf Schritten. In einem ersten Schritt wird die von der Gruppe durchzuführende Arbeit analysiert, bevor in einem zweiten Schritt die Spaltung der durchzuführenden Aufgabe in mehrere Aktivitäten erfolgt. Dieser zweite Schritt ist Bestandteil der Ausführungen des vorliegenden Kapitels. Durch die Nutzung von thinkLets (vgl. Abschn. 8.3) können die Aktivitäten dann ausgeführt werden. In einem dritten Schritt erfolgt im KoPDA die Auswahl und Anpassung geeigneter thinkLets zu den einzelnen Aktivitäten. Dieses Vorgehen wird in Kap. 8, den Gruppenprozeduren, erläutert (Abb. 7.1).

---

[1] Ein Lastenheft umfasst in der Summe alle Forderungen eines Auftraggebers an die Lieferung und Leistung an einen Auftragnehmer.

[2] Das Pflichtenheft als Antwort auf das Lastenheft beschreibt konkret, wie der Auftragnehmer die Anforderungen des Auftraggebers lösen möchte.

Abb. 7.1 Einordnung der Gruppenaktivitäten im KoPDA. (Eigene Darstellung in Anlehung an Kolfschoten
und de Vreede 2009)

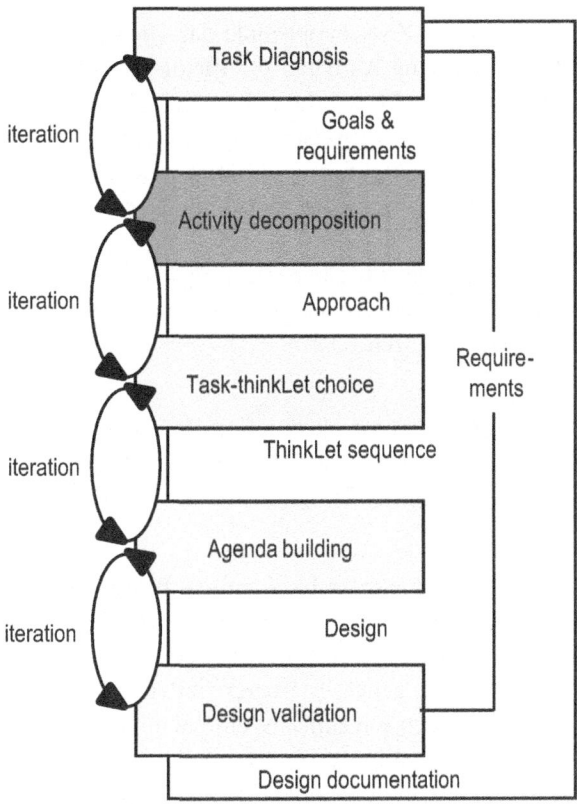

7.1   Gruppenaktivitäten und deren Bedeutung in der Kollaboration

Für den Erfolg einer kollaborativen Arbeit ist die Festlegung des Ziels (Wo will ich hin?)
und der Produkte (Durch welche Artefakte kann das Ziel erreicht werden?) essenziell. Dabei wird der Frage nachgegangen, warum ein Prozess erstellt wird und was die Ergebnisse
sein sollen. Dies sind jedoch nicht die einzigen entscheidungsrelevanten Faktoren. Auch
die Frage, was für Aktivitäten durchgeführt werden müssen, um die Produkte und schließlich das Ziel zu erreichen, stellt eine zentrale Aufgabe für die Planung des Kollaborationsprozesses dar.

Definition von Gruppenaktivitäten Die Gruppenaktivitäten beschreiben eine Abfolge
von Arbeitsschritten, die eine Gruppe durchlaufen muss, um Produkte zu schaffen und
Ziele zu erreichen. Sie beschreiben, wie eine Gruppe ihre Aufgabe erledigt. Jede Gruppenaktivität beinhaltet, was in ihrem einzelnen Arbeitsschritt erledigt werden muss. Dabei
werden die Aktivitäten durchgeführt, nachdem die Zwischenprodukte und die Zwischenziele definiert worden sind. Wenn beispielsweise eine Firma ihren Standort wechselt und
komplett umzieht, stellt eine Liste mit in diesem Zusammenhang durchzuführenden

Tätigkeiten ein Zwischenprodukt dar. Die Beladung des Transporters mit Umzugsmöbeln ist hingegen eine Aktivität, die für die Erreichung des Ziels „Umzug" realisiert werden muss. Das Zwischenprodukt „Liste" würde nicht zur Erreichung des Ziels führen, aber in die richtige Richtung weisen. Um das Ziel zu erreichen, müssten weitere Aktivitäten, die zu Zwischenprodukten führen, getätigt werden. Weitere Aktivitäten für dieses Beispiel sind u. a. die Bestellung neuer Möbel, die Netzwerkeinrichtung und die Abnahme des neuen Gebäudes.

Aktivitäten beschreiben die Tätigkeiten der Gruppe, die unternommen werden müssen, um die Ergebnisse (Gruppenprodukte) herzustellen, die wiederum zum vereinbarten Gruppenziel führen.

> Im Rahmen von Collaboration Engineering sind Gruppenaktivitäten eine Sequenz von Schritten (Tätigkeiten, Unteraufgaben), die – wenn vollständig erbracht – Produkte erbringen, die dann zum Erreichen eines Ziels führen (Briggs et al. 2009).

Aktivitäten reduzieren die kognitive Beanspruchung durch die Zerlegung des zu erreichenden Gruppenziels in überschaubare Abschnitte. Jeder einzelne Abschnitt verfügt dabei über einzeln definierte Zwischenziele und -produkte. Das zu erreichende Ziel wird in eine Sequenz generalisierbarer Aktivitäten zerlegt (Briggs et al. 2009).

Im Folgenden soll zunächst einmal untersucht werden, warum es überhaupt notwendig ist, den Kollaborationsprozess zur Erzeugung der Produkte in Aktivitäten zu zerlegen. Dies ist Gegenstand des folgenden Abschn. 7.2, bevor in Abschn. 7.3 die Möglichkeiten der Zerlegung thematisiert werden.

7.2 Die Notwendigkeit der Aufgabenzerlegung

Für das Verständnis der Arbeitsteilung lohnt ein Blick in die Vergangenheit. Die Zeiten der Industrialisierung lösen die Manufaktur ab. Einzelne Berufsstände werden zergliedert und durch spezialisierte Teilarbeiter in Einzelschritten verrichtet. Nach Adam Smith führt die Arbeitsteilung zu einer Steigerung der Produktivität, da jedes Individuum auf seine Tätigkeit spezialisiert ist und somit die Fähigkeiten jedes einzelnen Menschen gefördert werden können. Die Arbeitsteilung gilt somit als Ausgangspunkt für wirtschaftliches Wachstum (Smith und Recktenwald 1999). Die Arbeitsteilung dürfte die produktiven Kräfte der Arbeit mehr als alles andere fördern und verbessern (Smith und Recktenwald 1999). Die zunehmende Automation und Fließbandarbeit perfektionieren das System der Arbeitsteilung. Mehrstufige Arbeitsprozesse werden in kleinste Einheiten zerteilt, um so die Voraussetzungen für die Arbeit am Fließband zu schaffen. Henry Ford (1863–1947) gilt im Allgemeinen als der Erfinder des Fließbandes und macht sich die Vorteile der Arbeitsteilung zu Eigen. Beide, A. Smith und H. Ford, erkennen die Arbeitsteilung als Spezialisierung und meinen damit die Zergliederung von Tätigkeiten in kleine und kleinste Arbeitsschritte (Kreißl und Schmidt 1995).

Arbeitsteilung Die industrielle Arbeitsteilung ist die Zerlegung eines Produktionspro-
zesses in einzelne Teilprozesse. Ohne eine Arbeitsteilung ist ein leistungswirtschaftliches
Arbeiten in der Industriegesellschaft gar nicht denkbar. Arbeitsteilung meint die Zerlegung eines geschlossenen Arbeitskomplexes in einzelne Arbeitsträger. Mit Arbeitskom-
plex kann zum einen ein Leistungsprozess der Gesamtwirtschaft oder zum anderen die
Bearbeitung eines Werkstückes gemeint sein. Per Definition meint Arbeitsteilung sowohl
den Prozess als auch das Resultat der Zerlegung (Schweitzer 1980).

Arbeitsteilung und Collaboration Engineering Die eben beschriebene Definition der
Arbeitsteilung findet auch im Collaboration Engineering Anwendung. Für die Realisierung eines gemeinsamen Zieles im Rahmen einer kollaborativen Tätigkeit müssen mehrere Produkte oder Ergebnisse erzielt werden, die in der Summe zur Zielerreichung führen.
Um die Komplexität der Produkte zu vereinfachen, werden diese in kleinere durchführbare Einheiten zerlegt. Somit meint die Aufgabenzerlegung die Teilung einer größeren,
sehr komplexen **Aufgabe** in kleinere, einfach zu realisierende Teilschritte. Die Zerlegung
des Kollaborationsprozesses zur Erzeugung der Produkte im Collaboration Engineering
ist somit sinnvoll, um die Arbeit der Gruppe in ihrer Struktur und durch kontrollierbare,
steuerbare Teilschritte zu unterstützen.

> **Aufgabe**
> Eine Aufgabe ist die Verpflichtung, eine vorgegebene Handlung durchzuführen.

Durch physische oder geistige Aktivitäten wird die Realisierung einer Soll-Leistung angestrebt. Jede lässt sich durch qualitative Dimensionen erfassen. Damit ist ein Verrichtungs-
vorgang gemeint, der auf Objekte, Raum und Zeit abzielt (vgl. dazu (Hoffmann 1980; Frese
1980)).
    Diese Definition lässt sich auf den Kollaborationsprozess übertragen. Im Rahmen der
Gruppenprodukte werden Handlungsanweisungen für Aktivitäten definiert, die dann für
die Zielerreichung des Soll-Zustandes des Produktes durchgeführt werden müssen.

7.3   Die Zerlegung der Aufgaben in Aktivitäten

In Kap. 4 dieses Buches wurde im Rahmen des Kollaborations-Prozess-Design-Ansatzes
(KoPDA) beschrieben, dass Ablaufschritte, in denen sich der kollaborative Prozess vollziehen soll, bestimmt werden müssen. Dazu muss der gesamte Kollaborationsprozess zerlegt
werden, um die einzelnen Tätigkeitsbestandteile festzusetzen. Hierzu bestehen drei Möglichkeiten: Einmal können bereits bestehende Standardvorgehensweisen für die Durchführung kollaborativer Arbeiten genutzt werden. Liegen solche Standardvorgehensweisen

nicht vor, besteht die weitere Möglichkeit, in der Literatur nach existierenden Industrienormen zu suchen, welche die Zerlegung von Tätigkeiten in einzelne Aktivitäten beschreiben. Sind diese beiden Möglichkeiten nicht durchführbar, muss ein von Grund auf neuer
Prozess entwickelt werden, um die Tätigkeit in einzelne Komponenten zu zerlegen (Kolfschoten und de Vreede 2009).

Der nächste Schritt ist die weitere Teilung des Prozesses in kleinere Einheiten. Für diesen Schritt existieren zwei Ansätze im KoPDA: Zum einen die Zerlegung von Aufgaben
über die Ergebnisse und zum anderen die Zerlegung anhand der Patterns of Collaboration. Eine Beschreibung, wie die Zerlegung ablaufen soll, ist Gegenstand der folgenden
Abschnitte (Kolfschoten und de Vreede 2009).

Die Zerlegung von Aktivitäten in kleinere durchführbare Teilschritte ist keine neue Er-
findung im Collaboration Engineering. In dem Exkurs unter Abschn. 7.6 wird die Zerlegung komplexer Aufgaben in anderen Disziplinen beschrieben.

7.3.1 Zerlegung der Aufgabe in Aktivitäten über die Ergebnisse

Die Zerlegung des kollaborativen Prozesses in kleinere Teilschritte kann ergebnisbasiert
erfolgen. Die Idee dieses Ansatzes entspringt aus einer weiteren Analyse der Produkte, um
sich den Aktivitäten, die für die Realisierung der Produkte notwendig sind, weiter anzunähern. Die systematische Zerlegung sollte bis zu einer Ebene verfolgt werden, auf der die
Ergebnisse jeder Aktivität nicht weiter zerlegt werden können.

Ergebnisbasierte Zerlegung nach den Anforderungen Eine Möglichkeit, den Kollaborationsprozess systematisch in Aktivitäten auf Basis der Ergebnisse zu zerlegen, besteht in
der Aufspaltung nach den Anforderungen. Die Indikatoren Zeit, Einbettung in das Projekt, Aufgabenkomplexität, Technologie sowie Fähigkeiten des Fachmanns gelten in der
Praxis als Anforderungen. Tabelle 7.1 zeigt, anhand welcher Indikatoren die Aktivitäten
auf Basis von Ergebnissen zerlegt werden können (Kolfschoten und de Vreede 2009).

**Ergebnisbasierte Zerlegung auf Basis der in der Tätigkeitsdiagnose aufgezeigten
Checkliste** Die zweite Möglichkeit, den Kollaborationsprozess systematisch und ergeb-
nisbasiert in Aktivitäten zu zerlegen, besteht auf Basis der in der Tätigkeitsdiagnose
(Schritt eins im KoPDA) aufgezeigten Checklisten. Zusätzlich sollten die erforderlichen
Inputs vergegenwärtigt werden, die für das Ausbringen der Ergebnisse notwendig sind.
Im Folgenden wird als Grundlage einer ergebnisbasierten Zerlegung des kollaborativen
Prozesses eine Klassifizierung von Ergebnissen, die aus der Zusammenarbeit resultieren,
dargestellt (Tab. 7.2) (Kolfschoten und de Vreede 2009).

Die Dokumentation der systematischen Tätigkeitszerteilung besteht aus der Definition
einer logischen Abfolge von Prozessschritten. Jeder Schritt beinhaltet eine benannte Aktivität, welche ein definiertes Produkt erzeugt und dieses zu dem allgemeinen Ziel des
kollaborativen Prozesses beisteuert (Kolfschoten und de Vreede 2009).

Tab. 7.1 Zerlegung von Aktivitäten auf Basis von Ergebnissen. (Nach Kolfschoten und de Vreede 2009)

Anforderungen	Beschreibung
Zeit	Ist für die Aufgabe wenig Zeit verfügbar, sollten auch weniger ausführliche Ergebnissen angestrebt werden. Dies erfordert weniger Diskussionsaktivitäten
Projekteinbettung	Den Teilnehmern können vor dem kollaborativen Prozess vorbereitende Aufgaben sowie anschließend „Hausaufgaben" zugeteilt werden
Aufgabenkomplexität	Abhängig von den kognitiven Kapazitäten der Gruppenmitglieder, könnte ein weiteres Aufteilen der Aktivitäten notwendig sein, um die Komplexität der Aufgaben zu verringern
Technologie	Gewisse gruppenunterstützende Systeme könnten eine effizientere Datenverarbeitung sowie eine schnellere Inputerzeugung im Vergleich zu anderen oder im Vergleich zu manuell unterstützten Prozessen ermöglichen
Fähigkeiten des Fachmanns in der Praxis	Ein in der Arbeit mit Gruppen erfahrener Fachmann kann komplexere Aktivitäten als ein unerfahrener Facilitator leiten

Beispiel

Ein einfaches Beispiel soll den Sachverhalt veranschaulichen: In einer Seminargruppe ist es das Ziel von vier Studenten, eine Idee für eine fiktive Unternehmensgründung für das Schreiben eines Business-Plans zu entwickeln. Zunächst werden Ideen mittels Brainstorming gesammelt und in einer Liste notiert. Die Liste mit diesen Ideen ist das erste Ergebnis. Doppelte Ideen werden eliminiert, um als zweites Ergebnis eine bereinigte Liste zu erhalten. Jeder Student hat dann die Möglichkeit, jede Idee nach seinem Ermessen zu bewerten und ihre Wichtigkeit einzuschätzen, so dass am Ende eine bewertete Liste das Ergebnis des Kollaborationsprozesses ist, mit der die Studenten weiter arbeiten können.

7.3.2 Zerlegung der Aufgabe in Aktivitäten anhand der Patterns of Collaboration

Neben der ergebnisbasierten Zerlegung einer Aufgabe kann der kollaborative Prozess anhand der sechs Patterns of Collaboration in kleinere Teilschritte aufgespalten werden. Studien haben gezeigt, dass Gruppen in ihrer Zusammenarbeit auf grundlegende Arbeitsmuster zurückgreifen (u. a. (Baltes 2002; Dennis und Wixom 2002)). Im Collaboration Engineering wurden folgende Muster (engl. Patterns) identifiziert: Generieren, Reduzieren, Verdeutlichen, Organisieren, Evaluieren sowie Konsens bilden. Eine ausführliche Darstellung der Patterns of Collaboration erfolgt in Abschn. 7.4.

Für jede Aktivität wird das Pattern of Collaboration bestimmt, welches für deren Durchführung genutzt werden muss. Dabei können einige Muster parallel hervorgerufen werden, während andere einzeln auszuführen sind. Weiterhin gibt es Aktivitäten, die darüber hinaus mehr als ein Pattern of Collaboration erfordern. Für einen reibungslosen Ablauf der Aktivitäten muss daher sorgfältig bedacht werden, welche Muster erforderlich sind.

Tab. 7.2 Klassifizierung von Ergebnissen der Zusammenarbeit. (Nach Kolfschoten und de Vreede 2009)

Klassifizierung	Beschreibung
Input	Es werden vier Typen von Input unterschieden: kreativer Input (Ideen, Lösungen), informativer Input (Fakten, Erfahrungen), visionärer Input (künftige Anforderungen, Visionen, Szenarios, Trends) sowie reflektierender Input (Kommentare, Prioritäten, Meinungen)
Struktur	Konzepte können nach den folgenden Strukturtypen unterschieden werden: eine Gruppe verwandter Konzepte, eine Rangfolge von Konzepten basierend auf einigen Kriterien, ein Modell, in dem komplexere Verbindungen der Konzepte aufgezeigt werden können, sowie eine Abfolge, in der die zeitliche Abfolge der Konzepte angedeutet wird
Fokus	Ergebnisse dieser Kategorie beinhalten eine Auswahl, in welcher die Gruppe nur einige Konzepte auswählt, beispielsweise eine Zusammenfassung von Konzepten ähnlicher Bedeutung ohne das Entfernen einzelner Inputs, ein Rahmen, in dem die Grenzen für eine Sammlung von Konstrukten formuliert sind, sowie das Berücksichtigen von Ideen, die einem speziellen und gemeinsamen Handlungsmuster der Gruppe entsprechen
Gemeinsames Verständnis	Eine Gruppe kann unterschiedliche Arten eines gemeinsamen Verständnisses anstreben: Zunächst geteiltes Wissen, gefolgt von einem gemeinsamen Sinngehalt des in der Gruppe verfügbaren Wissens. Des Weiteren zählt gemeinsames Lernen dazu, indem die Teilnehmer voneinander lernen und ihr eigenes und das Wissen der Gruppe dadurch erhöhen. Zuletzt können gemeinsame Unstimmigkeiten ans Tageslicht kommen und damit ein Verständnis für unterschiedliche Konflikttypen erzielen (Bittner und Leimeister 2014)
Verpflichtungserklärung	Auch hier können verschiedene Arten unterschieden werden: Zum einen kann eine Verpflichtungserklärung eine Entscheidung basierend auf Mehrheiten oder anderen Entscheidungsfindungsregeln sein, zum anderen existiert eine andere Art der Verpflichtungserklärung in Form der Übereinkunft, in der beispielsweise vereinbart wird, einen Betrag an Ressourcen aufzuwenden oder ein bestimmtes Ergebnis zu liefern. Schlussendlich ist an dieser Stelle noch die Konsensbildung aufzuführen, bei der sich alle Teilnehmer an einen Vorschlag binden
Empathie	Empathie entsteht durch das Respektieren anderer Teilnehmer, durch Rücksichtnahme hinsichtlich der Einwände anderer, durch das Aufnehmen der Interessen anderer Teilnehmer neben den eigenen und durch einen Gruppenverbund, in dem gemeinsame Ziele verfolgt werden

Folglich sollte darauf geachtet werden, ob es nötig ist, bestimmte Ideen vor Beginn der nächsten Aktivität zu gliedern oder zu verdeutlichen. Wenn das Ergebnis eines Brainstormings beispielsweise die Generierung von Ideen auf einer Liste ist, sollte überlegt werden, ob mit einer Vielzahl an Ideen auf einer Liste weitergearbeitet werden kann. Alternativ könnten Kategorien gebildet werden, um ähnliche Ideen zusammenzufassen und ein geordnetes Bild über die gesammelten Ideen zu erhalten. Eventuell könnte es auch sinnvoller sein, diese Liste an Ideen tiefer zu gliedern, Kategorien zu bilden und in der Gruppe eine Konsensbildung durchzuführen, um sicher zu gehen, dass alle mit dem Ergebnis einverstanden sind. Für das Treffen einer Entscheidung ist es sicher sinnvoll, eine Konsensbildung durchzuführen (Kolfschoten und de Vreede 2009).

Jeweils in Abhängigkeit der folgenden Aktivität müssen Überlegungen getroffen werden, welche Muster für die Aktivität definiert werden müssen.

Patterns als Entscheidungshilfe Insgesamt bietet die Zerlegung des Kollaborationsprozesses in die zugrunde liegenden Patterns of Collaboration eine große Erleichterung für einen Collaboration Engineer. Gelingt es ihm, die unterschiedlichen Aktivitäten innerhalb eines Kollaborationsprozesses in Patterns zu zerlegen, so kann er hieraus bereits erste Schlüsse ziehen, auf welche Weise die Gruppe innerhalb der einzelnen Aktivitäten zusammenarbeiten sollte. Darüber hinaus können aus den Patterns Erkenntnisse darüber gewonnen werden, auf welche Faktoren bei der Gestaltung der Prozeduren geachtet werden sollte. Als einfaches Beispiel hierfür kann die Identifizierung von Risiken im Rahmen der ersten Phase des Risikoworkshops herangezogen werden: Da es sich um eine Generierungsaufgabe handelt, kann der Collaboration Engineer direkt dazu übergehen, das für seine Zwecke geeignetste Subpattern auszuwählen. Zudem weiß er, dass sich seine Designanstrengungen darauf konzentrieren sollten, möglichst viele Risiken zu identifizieren, die dann im weiteren Verlauf ausgearbeitet werden.

Beispiel Ähnlich der Aufgabenzerlegung über die Ergebnisse soll auch an dieser Stelle ein Beispiel zur Veranschaulichung des Sachverhaltes dienen.

Beispiel

Vier Studenten wollen für eine fiktive Unternehmensgründung einen Business-Plan schreiben. Zunächst sammeln die Studenten ihre Ideen mittels Brainstorming (Generieren). In einem nächsten Schritt werden doppelt auftauchende Ideen eliminiert (Reduzieren). Jeder der vier Studenten hat dann die Möglichkeit, jede Idee nach seiner persönlichen Präferenz zu bewerten. Dazu kann er für jede Idee Punkte vergeben, und zwar von 1 = weniger wichtig bis 5 = sehr wichtig. Jede Idee wird auf diese Weise bewertet, eine Reihenfolge der wichtigsten Ideen entsteht (Evaluieren). Die Idee, die in der Reihenfolge ganz oben steht, übernimmt die Gruppe als Idee für die fiktive Unternehmensgründung. Zuvor wird in der Gruppe noch abgestimmt, wer für oder gegen diese Idee ist (Konsens bilden).

Im Rahmen des KoPDA wird im eben beschriebenen zweiten Schritt die Zusammenarbeit in mehrere Aktivitäten gesplittet. Auf der Basis dieser Aufteilung erfolgt als dritter Schritt die Auswahl und Anpassung geeigneter thinkLets zu den einzelnen Aktivitäten. Die Beschreibung des dritten Schritts im Rahmen des KoPDA ist Bestandteil der Ausführungen von Kap. 8. Nachdem im vorliegenden Abschnitt die Zerlegung anhand der Patterns of Collaboration erfolgte, ist die ausführliche Erklärung der Patterns Gegenstand des folgenden Abschn. 7.4.

7.4   Patterns of Collaboration

Zahlreiche Studien haben sich in den letzten Jahren mit dem Ablauf der Zusammenarbeit als Ganzes beschäftigt (u. a. (Baltes 2002; Dennis und Wixom 2002)). Dabei konnte eine Reihe von Mustern beobachtet werden, die im Rahmen der kollaborativen Tätigkeit immer wieder auftreten. Der Begriff Patterns kommt jedoch aus einem anderen Zusammenhang.

Begriffsbestimmung von Patterns Die sogenannten Entwurfsmuster (engl. design patterns) kommen ursprünglich aus dem Bereich der Architektur und werden von Christopher Alexander wie folgt dargestellt: „Jedes Muster beschreibt ein in unserer Umwelt beständig wiederkehrendes Problem und erläutert den Kern der Lösung für dieses Problem, so dass sie diese Lösung beliebig oft anwenden können, ohne sie jemals ein zweites Mal gleich auszuführen" (Gamma 2001). Unter einem Muster sind drei Dinge zu verstehen: eine Vorlage, nach der etwas hergestellt wird, ein Vorbild als Beispiel oder eine sich regelmäßig wiederholende Struktur. In der Informatik und insbesondere im Bereich der Mensch-Maschine-Interaktion finden Patterns zunehmend Einsatz und stellen erprobte Lösungsschablonen für wiederkehrende Probleme dar (Quibeldey-Cirkel 1999).

Ein möglicher Vorteil eines pattern-basierten Ansatzes stellt die Verringerung des Aufwandes für die Erhebung von Anforderungen an Entwicklungsprojekte dar (Renault et al. 2009). Weitere Vorteile für die Nutzung von Patterns sind nicht nur die Zeitersparnis für die Anforderungserhebung, sondern auch die Verbesserung der Qualität der erhaltenen Anforderungen (Hoffmann et al. 2012).

Die Sechs Patterns of Collaboration Nunamaker et al. (1997) konnten zeigen, dass Gruppen, die über ein Gruppenunterstützungssystem zusammenarbeiten, auf diese vier grundlegenden Arbeitsweisen zurückgreifen: Generierung, Organisation, Evaluation und Untersuchung von Ideen. Das Collaboration Engineering ist weiter gefasst, so dass die Sammlung an identifizierbaren Arbeitsmustern kontinuierlich erweitert und angepasst wurde. Aktuell finden sich in der wissenschaftlichen Literatur sechs verschiedene Patterns, die beschreiben, wie sich Gruppen durch die verschiedenen Aktivitäten hindurch bewegen und dabei einen Arbeitsfortschritt erzielen (Briggs et al. 2006). Für die Zielerreichung kann eine Gruppe Ideen generieren, reduzieren, verdeutlichen, organisieren, evaluieren

Abb. 7.2 Die Patterns of
Collaboration

Abb. 7.2 Die Patterns of Collaboration

und einen Konsens bilden. Abbildung 7.1 zeigt die Patterns und gibt einen ersten Eindruck von deren Bedeutung (Abb. 7.2).

Wichtig ist zu verstehen, dass die **Patterns of Collaboration** keiner Taxonomie unterliegen und auch nicht in einer festgelegten Reihenfolge ablaufen.

> Die Patterns of Collaboration sind generische, einheitliche Muster der Zusammenarbeit. Sie charakterisieren, durch welche Gruppenaktivitäten eine Gruppe zum Ziel gelangt (Briggs et al. 2006).

Die Patterns of Collaboration an einem Beispiel Für einen Collaboration Engineer bietet die Kenntnis der Patterns, die einer Gruppenaktivität zu Grunde liegen, einen hohen Nutzen (Briggs et al. 2006). Zum einen kann das Konzept dazu herangezogen werden, um Bausteine mit einem hohen Abstraktionsgrad zur Verfügung zu haben, mit denen sich Kollaborationsprozesse aufbauen und präzisieren lassen. Beispielsweise kann ein gemeinschaftlicher Workshop zur Risikobewertung durch eine bestimmte Abfolge von Mustern abgebildet werden. Zu Beginn wird mit Hilfe eines Brainstormings eine Liste mit möglichen Risiken generiert. Daran anschließend wird die Liste um alle redundant genannten Risiken reduziert. Abschließend erfolgt eine Evaluierung der verbliebenen Risiken hinsichtlich ihrer Wahrscheinlichkeit und ihrer Auswirkungen, bevor in der Gruppe ein Konsens gebildet und sich geeinigt wird.

Zum anderen bilden die Muster eine gute Ausgangsbasis, um zwischen verschiedenen Gruppentechniken zu wählen. Wenn beispielsweise eine Gruppe den Auftrag erhält, zunächst diverse Ideen zu generieren, sollte ein Brainstorming stattfinden, denn mithilfe dieser Technik können möglichst viele Vorschläge gesammelt werden. Sämtliche Techniken, die anderen Mustern zugeordnet sind, können dann von Anfang an ausgeschlossen werden.

Patterns inklusive Subpatterns Nachdem die theoretischen Grundlagen der Patterns of Collaboration geklärt und deren verschiedene Vorteile aufgezeigt wurden, werden nun die einzelnen Patterns inklusive ihrer Subpatterns genauer dargestellt. Als Subpattern werden all jene Muster bezeichnet, die sich aufgrund ihrer inhaltlichen Ähnlichkeit den jeweiligen Patterns zuordnen lassen und diese näher beschreiben.

7.4.1 Generieren (Generate)

Das Pattern **Generieren** dient dem Sammeln von Entwürfen und Ideen innerhalb einer Zusammenarbeit. Bei der Problemlösung gelangt die Gruppe ausgehend von einem kleinen Ideenpool durch Kreativität, Sammeln von Informationen und dem Austausch von Gedanken zu mehreren Konzepten.

Für die Erreichung des größeren Ideenpools bedient sich die Gruppe unterschiedlicher Subpatterns. So kann die Gruppe vollkommen neue Konzepte kreieren, die den einzelnen Mitgliedern bisher noch nicht bekannt waren. Die Ideen unterscheiden sich hinsichtlich der folgenden Aspekte: Qualität der Ideen, Neuheit der Ideen und Kreativität der Ideen. Hieraus lassen sich zwei grundlegende Sichtweisen der Kreativität ableiten: Zum einen eine auf Neuheiten zentrierte Sicht (novelty-centric view), wobei Ideen hierbei als kreativ angesehen werden, wenn sie selten oder vollkommen neu sind, und zum anderen eine auf Qualität zentrierte Sicht der Kreativität (quality-centric view), nach der Ideen brauchbar, effektiv und zur Lösung von Problemen und hinsichtlich eines bestehenden Problems klar definiert sein sollen (Kolfschoten et al. 2008).

Darüber hinaus können die Gruppenmitglieder auch Konzepte, die bisher nur einzelnen Mitgliedern bekannt sind, zusammentragen und dadurch neue Konzepte erstellen. Als drittes Subpattern lässt sich die Ausarbeitung nennen, im Rahmen derer die Gruppenmitglieder neue Details zu Entwürfen hinzufügen, die bereits allen bekannt sind. Dazu können sie die bisherigen Pläne in ihre einzelnen Komponenten zerlegen und dadurch das Konzept weiter ausarbeiten. Das Konzept kann aber auch ausgeweitet werden, indem neue Details zu dessen Erklärung hinzugefügt werden.

Als Beispiel für eine typische Gruppentechnik, die innerhalb des Patterns Generieren angewendet wird, kann das Brainstorming genannt werden (Briggs et al. 2006).

7.4.2 Reduzieren (Reduce)

Innerhalb des Patterns **Reduzieren** verringert die Gruppe die Anzahl der vorliegenden Ideen und Entwürfe, um dadurch diejenigen zu identifizieren, denen in der weiteren Bearbeitung mehr Aufmerksamkeit geschenkt werden soll. Dies ist notwendig, da bei der Generierung von Ideen oftmals eine Vielzahl von Inhalten mit unterschiedlicher Wichtigkeit oder verschiedenen Abstraktionsstufen entsteht (Kolfschoten et al. 2008), die nicht alle für die weitere Bearbeitung zum Erreichen des Kollaborationszieles von Bedeutung sind. Die Reduzierung schafft gleichzeitig auch eine Senkung der kognitiven Beanspruchung der Gruppenmitglieder. Diese müssen sich im weiteren Verlauf der Bearbeitung nicht mehr auf alle generierten Ideen konzentrieren. Hierbei ist es wichtig anzumerken, dass die reine Reduktion keine Einigung auf die Ideen meint. Deshalb stellen Briggs et al. (2006) die Reduktion und die Klärung der gesammelten Ideen als zwei unterschiedliche Muster dar (Kolfschoten et al. 2008).

Für die Reduzierung der Ideen stehen der Gruppe drei Subpatterns zur Verfügung. Zunächst können die Mitglieder die aus ihrer Sicht vielversprechendsten Ideen auswählen. Außerdem kann die Gruppe die vorliegenden Ideen verallgemeinern und versuchen, diese auf einem höheren Abstraktionsgrad zu bündeln. Die Abstraktion der Inhalte ist somit das zweite Subpattern zur Reduktion generierter Ideen.

In eine ähnliche Richtung schlägt das Zusammenfassen, im Rahmen dessen die einzelnen Konzepte zu einer Kernaussage gebündelt und anschließend zu einem Gesamtkonzept zusammengefasst werden (Briggs et al. 2006). Wie weiter oben bereits angeführt, unterliegen die Patterns of Collaboration keiner Taxonomie. Nichtsdestoweniger geht das Pattern Reduzieren oftmals mit dem Pattern Evaluieren einher, um sicherzugehen, welche Ideen tatsächlich reduziert werden können und welche nicht.

Als Zielgröße bei der Auswahl geeigneter Techniken für die Reduzierung wird vor allem die Anzahl der verbleibenden Ideen herangezogen. Aber auch die Erhöhung des Anteils an hochwertigen Ideen innerhalb der Gesamtanzahl kann für einen Collaboration Engineer von großer Bedeutung sein: Die Ideen können etwa durch das Verhältnis zwischen dem Betrag der relevanten Informationen und den gesamten gesammelten Informationen bewertet werden (Belkin und Croft 1992; Kamal et al. 2007).

7.4.3 Verdeutlichen (Clarify)

Durch das Verdeutlichen der Ideen und Entwürfe soll innerhalb der Gruppe ein gemeinsames Verständnis hinsichtlich der verbliebenen Ideen, Probleme, Lösungen und Konzepte erreicht werden. Somit soll eine gemeinsame Ausgangsbasis für den weiteren Kollaborationsprozess geschaffen werden. Dies ist von großer Bedeutung, da innerhalb einer Gruppe oftmals unterschiedliche Umschreibungen für an sich gleiche Sachverhalte existieren und so das gemeinsame Arbeiten unnötig erschwert wird (Bittner und Leimeister 2014).

Um einen Sachverhalt zu klären, existiert bislang nur ein Subpattern, das sogenannte Beschreiben. Hierbei werden alternative Erklärungen und Formulierungen vorgeschlagen, um den anderen Gruppenmitgliedern das Konzept begreiflich machen zu können (Briggs et al. 2006).

Zur Bewertung einzelner Techniken innerhalb des Patterns **Verdeutlichen** empfiehlt es sich zu betrachten, inwiefern sich die Eindeutigkeit der Konzeptbeschreibung im Zeitablauf verändert. Eventuell kann die Anzahl der Wörter, die benötigt werden, um ein entsprechendes Konzept zu beschreiben, ein Indikator dafür sein, ob ein Sachverhalt erfolgreich geklärt wurde. Dies ist aber nur als Zusatz zu betrachten.

7.4.4 Organisieren (Organize)

Im Pattern **Organisieren** werden gleiche Ideen zusammengefasst. Dies schafft ein Verständnis für bestehende Beziehungen zwischen verschiedenen Ideen. Vor allem komplexe Ideen sollen so verständlich gemacht werden (Briggs und Gruenbacher 2002). Auf diese Weise reduziert sich der Aufwand für die Folgeaktivitäten. Dabei kann sich die Gruppe zweier Subpatterns bedienen. Eine Möglichkeit besteht darin, dass die Gruppe die bestehenden Ideen klassifiziert (kategorisiert), indem sie diese festgelegten Kategorien zuordnet. Für die Bildung der Klassen werden explizit Technologien zur Unterstützung der Zusammenarbeit eingesetzt. Bestimmt werden kann der Erfolg der Kategorisierung etwa durch das Messen der Anzahl der gegliederten Ideen oder der Menge der erstellten Kategorien. Jedoch ist die Anzahl der aufgestellten Kategorien von der Aufgabenstellung abhängig. Doppelungen unter den Kategorien sind allerdings immer kontraproduktiv (Kolfschoten et al. 2008).

Die zweite Möglichkeit für das Organisieren von Ideen ist das Strukturieren. Dabei werden die Beziehungen zwischen den einzelnen Ideen genauer herausgearbeitet, um auf diese Weise zu einer Ordnung zu kommen. So können beispielsweise die Ergebnisse eines Brainstormings in unterschiedliche Kategorien sortiert werden, um so im weiteren Verlauf inhaltlich gleiche Themengebiete abarbeiten zu können (Briggs et al. 2006).

Der Betrachtungsgegenstand von Untersuchungen im Zusammenhang mit dem Organisieren ist die kognitive Last der Gruppenmitglieder. Ziel der Betrachtungen ist es, nach Abschluss die Komplexität der Zusammenhänge innerhalb der verbleibenden Kategorien zu reduzieren (Briggs et al. 2006).

7.4.5   Evaluieren (Evaluate)

Die Bewertung der einzelnen Ideen und Entwürfe im Hinblick auf deren Beitrag zur Erreichung der jeweiligen Zielsetzung ist Gegenstand des Patterns **Evaluieren**. Dieses Pattern ermöglicht es der Gruppe, den Nutzen der einzelnen Ideen zu reflektieren bzw. die Meinung der Gruppe über die einzelnen Ideen offenzulegen. Das Pattern verfolgt hiermit die Unterstützung der Entscheidungsfindung und der Gruppenkommunikation (Briggs et al. 2005). Als Subpattern kann das Abstimmen zwischen mehreren Alternativen, das Bilden einer Reihenfolge oder die Beurteilung der einzelnen Konzepte anhand ausgewählter Kriterien genannt werden (Briggs et al. 2006). Eine geeignete Methode für die Bewertung von Ideen bildet eine Likert-Skala, die bereits in Abschn. 6.6.2 beschrieben wurde. Dieses Skalierungsverfahren dient zur Überprüfung von Items für die Einstellungsmessung und kann beispielsweise in fünf oder sieben Abstufungen von „Ablehnung" bis „Zustimmung" angelegt sein. Je nach Differenzierung der Antwortkategorien sind auch mehr oder weniger Abstufungen möglich (Bühner 2010). Eine weitere Möglichkeit zur Bewertung von Ideen ist die ABC-Analyse; typischerweise ein Hilfsmittel für die Beschaffungsplanung. Die Ideen lassen sich in die drei Kategorien A, B und C entsprechend ihrer Wichtigkeit einordnen (A = sehr wichtig, B = wichtig, C = weniger wichtig) (Jung 2006).

Um den Erfolg einer Evaluierungstechnik zu bewerten, empfiehlt es sich, die Vorhersagegenauigkeit der Gruppe zu erfassen, das heißt zu dokumentieren, inwieweit es der Gruppe gelingt, den tatsächlichen Nutzen des Konzeptes vorherzusagen.

7.4.6   Konsens bilden (Build Consensus)

Ziel der Konsensbildung ist es, die Gruppenmitglieder zu einer Einigung in Bezug auf das gemeinsame Ziel zu bringen. Ohne eine Einigung könnten Gruppen nicht weiterarbeiten, was wiederum die Zusammenarbeit verlangsamen würde.

Deshalb sollte, wie gesagt, innerhalb jedes Kollaborationsprozesses Einigkeit über die Sinnhaftigkeit des gemeinsam erzeugten Artefaktes hergestellt werden. Um dies zu erreichen, kann die Gruppe fünf unterschiedliche Subpatterns durchlaufen.

Zu diesen Subpatterns zählt u. a. die Abstimmung. Innerhalb der Gruppe kann der Konsens direkt durch eine Abstimmung gemessen werden. Im Rahmen der Diagnose wird versucht, die Ursachen von Unstimmigkeiten über den Nutzen des gemeinsamen Artefaktes offenzulegen, um hieraus Gegenmaßnahmen abzuleiten. Innerhalb der Verteidigung versuchen die Gruppenmitglieder, sich untereinander von der Sinnhaftigkeit der jeweiligen Konzepte zu überzeugen. Des Weiteren kann eine Einigung durch das Auflösen von Meinungsverschiedenheiten oder Konflikten durch eine sinnvoll geführte Verhandlung erreicht werden. Ebenfalls zweckmäßig ist der Einbezug oder auch Ausschluss neuer Gesichtspunkte (Briggs et al. 2006).

Betrachtungsgegenstand bei der Erzeugung von Commitment ist stets die Messung der Bereitschaft der Gruppenmitglieder, sich der weiteren Bearbeitung des erstellten Artefaktes zu verpflichten. Zudem wird häufig untersucht, inwiefern sich gruppeninterne Faktoren wie z. B. Vertrauen und Risiko auf das Commitment in der Gruppe auswirken.

In einer Gruppenarbeit zu einer Einigung zu gelangen, ist vor allem dann schwierig, wenn divergierende Interessen aufeinanderstoßen und die einzelnen Parteien zu stark auf ihrer Meinung beharren und demzufolge wenig kompromissbereit sind. Dies bedingt die Notwendigkeit, in Verhandlungen individuelle Interessen mit den Interessen anderer in Einklang zu bringen. Verhandlungen sind wichtig für die Vertretung der eigenen Interessen, die Wahrnehmung der Interessen anderer und schlussendlich für die Entscheidungsfindung zum Lösen des Konfliktes. In dem Exkurs unter Abschn. 7.6 werden aus diesem Grund die Verhandlungen in Gruppen und das Harvard Negotiation Concept ausführlich als Ergänzung zu dem Pattern **Konsens bilden** dargestellt.

7.5 Zusammenfassung

Die in Kap. 7 vorgestellten Gruppenaktivitäten befinden sich im SEKMo auf der dritten Ebene zwischen den Gruppenprodukten und den Gruppenprozeduren. Bei den Gruppenaktivitäten werden die Aufgaben, die aus den Gruppenprodukten heraus entstanden sind, in einzelne durchführbare Aktivitäten zerlegt. Welche Möglichkeiten zur Teilung von Aufgaben in kleinere Teilschritte existieren, war Gegenstand des vorliegenden Kapitels. Darüber hinaus wurden die sechs Patterns of Collaboration eingeführt und definiert. Diese zeigen auf, nach welchen wiederkehrenden Mustern eine Zusammenarbeit abläuft. Die Theorie unterscheidet sechs Patterns of Collaboration, die jedoch nicht in einer strikten Reihenfolge einander folgen.

Die Schnittstelle zwischen den Gruppenaktivitäten und den in der Ebene darunter gelagerten Gruppenprozeduren beschreibt die Effektivität und die Effizienz, mit der die Prozeduren eine Gruppe durch ihre Aktivitäten führen, um ihre Produkte und Ziele zu erreichen (Briggs et al. o.J.).

Nachdem im vorliegenden Kapitel erläutert wurde, wie der Kollaborationsprozess in kleinere Teilschritte – den Aktivitäten – zerlegt wird, werden die Prozeduren in Abschn. 7.6 den Aktivitäten zugeordnet. Die Prozeduren sind somit die Umsetzung der Aktivitäten. Dabei bilden die thinkLets, neben den Patterns of Collaboration, eine weitere Möglichkeit, den Kollaborationsprozess zu strukturieren. Inhalt des nachfolgenden Exkurses ist somit, wie die Aktivitäten durch Prozeduren erreicht werden können.

7.6   Exkurs

Sowohl Abschn. 7.6.1 als auch Abschn. 7.6.2 sind als Exkurs zu verstehen und dienen der Ergänzung der in Kap. 7 zum Thema Gruppenaktivitäten behandelten Inhalte.

7.6.1   Exkurs: Verhandlungen in Gruppen

Verhandlungen spielen im alltäglichen Leben eine wichtige Rolle, sei es im privaten, im gesellschaftlichen oder im beruflichen Kontext. Die Wahl zwischen Lieblings-Italiener oder Sushi zum Abendessen, die Planung des gemeinsamen Sommerurlaubes innerhalb der Familie, Gehaltsverhandlungen in Bewerbungsgesprächen oder wirtschaftliche Debatten in Bezug auf die Gestaltung der Politik eines Landes – divergierende Interessenslagen sind ein alltägliches Problem und ergeben somit die Notwendigkeit, in Verhandlungen individuelle Interessen mit den Vorstellungen anderer in Einklang zu bringen.

> Verhandlungen sind wichtig für die Vertretung der eigenen Interessen, für die Wahrnehmung der Interessen anderer und schlussendlich für die Entscheidungsfindung zum Lösen des Konfliktes. Die Heterogenität der Menschen, ihre unterschiedlichen Ansichten, Interessen und Ziele machen Verhandlungen als ursprüngliches Verhalten der Menschen zu einer notwendigen Bedingung (Fisher und Ury 2004).

Verhandlungen sind interaktive Situationen, bei denen divergierende Interessen aufeinanderstoßen und in denen im Rahmen eines Kommunikationsprozesses nach objektiven und für alle Parteien fairen Kriterien gesucht wird, um eine bestmögliche, akzeptable Lösung zu finden. Da Verhandlungen in nahezu jedem Lebensbereich auftreten, ist es für das erfolgreiche Führen einer Verhandlung wichtig, Situationen mit Verhandlungspotenzial und -notwendigkeit zu erkennen. Solche Situationen sind nach Lewicki et al. (2009) in der Regel durch folgende Kriterien gekennzeichnet:

- Es handelt sich um zwischenmenschliche Situationen oder Gruppenkonflikte, in denen mehrere Personen, Gruppen oder Institutionen miteinander interagieren.
- Die Existenz von Divergenzen bezüglich der bestehenden Interessen, Vorstellungen oder Ziele der Beteiligten, die in Einklang zueinander gebracht werden sollen, ist gegeben.
- Es besteht die Motivation und Überzeugung einer Partei, mittels Verhandlung freiwillig und in den seltensten Fällen durch äußeren Zwang ein besseres Ergebnis erzielen zu wollen, als es ihr ohne eine Verhandlung von der Gegenseite zugestanden hätte.
- In den Situationen werden Bereiche thematisiert und diskutiert, in denen es zwar an klaren, unanfechtbaren und übergeordneten Regeln fehlt, die Parteien jedoch grundsätzlich an einer Einigung interessiert sind.

Verhandlungen erfordern die beiderseitige Bereitschaft zu einem Entgegenkommen, auch wenn die Parteien zunächst ihre Standpunkte deutlich positionieren.

In Verhandlungen spielen sowohl materielle Werte (wie Preisverhandlungen oder Fusionsbedingungen) als auch immaterielle Werte oder psychologische Faktoren (wie Motivation und Ehre) eine wichtige Rolle. Vor allem immaterielle Werte bedürfen der besonderen Beachtung, da sie oft als Antrieb für unsachliches und egoistisches Verhalten fungieren. Jede Art von Verhandlung ist gekennzeichnet durch eine Abhängigkeit zwischen den Parteien, die eine besondere Verhaltensweise notwendig macht. Aufgrund der wechselseitigen Beziehung müssen beide Parteien der Meinung und den Interessen der anderen Rechnung tragen und können nicht ohne weiteres eigenständig agieren (Lewicki et al. 2009). Verhandlungen können durch Leidenschaften, Emotionen, Sympathie, Angst usw. beeinflusst werden. Schon Sigmund Freud (1856–1939) wies auf die außerordentliche Rolle des Unterbewussten im Leben und Handeln hin. Menschenkenntnis und Erfahrung bewahrt vor Fehlbeurteilungen. Intuition und Wahrnehmungsfähigkeit sind weitere wichtige Voraussetzungen beim Ablauf von Verhandlungen. Bei Verhandlungen darf die Gefühlslage des Gegenübers keinesfalls verletzt werden (Birkenbihl 2011).

Verhandlungen und IKT-Unterstützung Auch im Rahmen von Verhandlungen werden die Informations- und Kommunikationstechnologien zunehmend eingesetzt. Diese wirken unterstützend, um Verhandlungen effizient durchführen zu können. Die Unterstützung kann zeit- und ortsunabhängig (asynchrone Kommunikation) sowie mit mehreren Verhandlungspartnern erfolgen. Durch die Unabhängigkeit vom Standort der Verhandelnden ergeben sich neue Formen der Verhandlungsunterstützung, vgl. (Lewicki et al. 2009).

7.6.1.1   Ziele einer Verhandlung

Ziel einer erfolgreichen Verhandlung ist es, u. a. zu einer für alle Seiten akzeptablen Übereinkunft zu gelangen. Um dies nicht aus den Augen zu verlieren, ist es wichtig, Faktoren zu kennen, die einen erfolgreichen Abschluss stören bzw. verhindern können. Dabei sollte es auf keinen Fall das Ziel einer Verhandlung sein, diese um jeden Preis zu gewinnen, indem die eigenen Interessen kompromisslos durchgesetzt werden. Es sollte ebenfalls kein Stillstand durch festgefahrene Positionen, fehlende Kompromissbereitschaft oder Entscheidungsalternativen hervorgerufen werden (Fisher und Ury 2004). Bezogen auf den Verhandlungsgegenstand existieren aber auch persönliche Ziele, an deren Erfüllung jede Verhandlungspartei interessiert ist. Für die Optimierung der persönlichen Ziele ist es von besonderer Bedeutung, diese im Vorfeld zu definieren und zu strukturieren, denn nur wenn die angestrebten Ziele bekannt sind, kann sich der Verhandelnde über die eigenen Prioritäten bewusst werden. Das bedeutet zum einen, dass Klarheit darüber bestehen muss, welche Übereinkünfte eingegangen werden können, ohne von den eigenen Zielen in zu hohem Maße abweichen zu müssen, zum anderen bedeutet dies aber auch die Sicht auf verschiedene Alternativen sowie die Bereitschaft, mögliche Kompromisse und Auswahlmöglichkeiten, die für den Verhandelnden ebenfalls akzeptabel sind, in Betracht zu ziehen (Reineke 1990; Püttjer und Schnierda 2002).

Die Ziele der Verhandlungsparteien stehen in direktem Zusammenhang mit der Wahl ihrer Verhandlungsstrategie. Verfolgt eine Verhandlungspartei beispielsweise das Ziel, ihre Position um jeden Preis durchzusetzen, wird mit großer Wahrscheinlichkeit eine harte und wenig kooperative Verhandlungsstrategie gewählt (Lewicki et al. 2009). Im Folgenden werden mögliche Strategien in Verhandlungssituationen näher erläutert.

7.6.1.2 Arten einer Verhandlung

> Verhandlungsstrategien sind Taktiken der Prozessgestaltung innerhalb einer Verhandlung, die sich auf die menschlichen Beziehungen zwischen den Verhandelnden beziehen und den Zweck verfolgen, die eigenen Interessen in einem höchstmöglichen Grad zu verwirklichen.

Die Grundlage zur Entscheidung für Verhandlungspositionsstrategien bilden die distributive sowie die integrative Art der Verhandlung.

Distributive Verhandlungen Distributive (personenbezogene) Verhandlungen kennzeichnen Situationen, in denen meist materielle Werte aufgeteilt oder ausgehandelt werden. Da die zugrunde liegenden Werte im Allgemeinen feststehen oder von einer Partei vorgegeben sind (wie beispielsweise der Kaufpreis eines Autos oder eines Hauses), geht es immer um die Frage, welche Partei durch das größte Verhandlungsgeschick den bestmöglichen Gewinn für sich erzielen kann. In distributiven Verhandlungen verfahren die Beteiligten positionsbezogen, deren Gewinn resultiert automatisch auf Kosten eines oder aller anderen. Der Umgang der Parteien untereinander ist geprägt von Härte und wenig Rücksicht auf die Belange der Gegenseite.

Integrative Verhandlungen Integrative (interessensbezogene) Verhandlungen basieren auf Kooperation und dem Ziel der Parteien, einen möglichst hohen Gewinn für alle Beteiligten zu realisieren. Demnach stehen dabei die Interessen aller im Vordergrund der Auseinandersetzung; die Verhandlungsparteien verfolgen das Ziel, ihre Unstimmigkeiten zu ergründen und nach akzeptablen Lösungen zu suchen. Integrative Verhandlungsstrategien erfordern von den beteiligten Parteien die Fähigkeit, aus den bestehenden Interessen einen höchstmöglichen Wert zu schaffen und dabei ihren eigenen Anspruch nicht zu vernachlässigen.

Nach Fisher und Ury (2004) birgt jede Art zu verhandeln die Gefahr, dass sich die Verhandlungsparteien auf ihre Positionen festlegen und gegenseitig versuchen, die andere Partei zu einem Nachgeben und einer Abweichung von ihren eigenen Zielen zu bringen. Bei der Suche nach einer möglichst effizienten Verhandlungsstrategie bemängeln die Autoren an dieser Stelle eindeutig das positionsbezogene Verhandeln, obwohl das Festlegen auf eine Position in manchen Fällen nützlich ist, um dem Gegenüber deutlich zu machen, welche Erwartungen bestehen und welche Bedingungen gestellt werden. Allerdings schafft das Beziehen einer Position, deren Verteidigung und das Beharren darauf größtenteils Nachteile und gefährdet eine einvernehmliche Einigung. Im Gegensatz hierzu geht es beim interessenbezogenen Verhandeln darum, sowohl die Beziehung zum Gegenüber nicht zu gefährden als auch die persönlichen sachlichen Interessen, bezogen auf den Verhandlungsgegenstand, zu erfüllen (Fisher und Ury 2004).

7.6.1.3 Das Harvard Negotiation Concept

Das Harvard Negotiation Concept gilt als eines der bekanntesten und geläufigsten Konzepte für die erfolgreiche Durchführung von Verhandlungen. Es ist aus einem Forschungsprojekt der University of Harvard heraus entstanden und wurde zur Verbesserung und Weiterentwicklung von Verhandlungsmethoden entwickelt. Das Konzept basiert, alternativ zu den klassischen und meist angewendeten harten und weichen Verhandlungsstilen, auf dem interessenbezogenen Verhandeln, um mittels effizienter und gütlicher Verfahrensweisen vernünftige Ergebnisse erzielen zu können. Diese Methode beschreibt das Verhandeln nach Sachlage und basiert auf vier Grundaspekten einer Verhandlung: Ein erster Grundaspekt ist es, Menschen und Probleme getrennt voneinander zu behandeln. Die Konzentration auf Interessen und nicht auf Positionen stellt ein zweites Grundelement dar. Das Entwickeln von Entscheidungsoptionen zum beiderseitigen Vorteil ist der dritte Aspekt. Der vierte zu beachtende Punkt ist die Anwendung neutraler Beurteilungskriterien. Alle vier Aspekte werden im Folgenden beschrieben (in Anlehnung an Fisher und Ury 2004).

Menschen und Probleme getrennt voneinander behandeln Die grundsätzliche Erkenntnis, die jedem Betroffenen beim Führen einer Verhandlung bewusst sein sollte, ist, dass eine Verhandlung immer von Menschen geführt und durch deren Wertvorstellungen, Emotionen und Meinungen geprägt wird. Dies kann bei einer Verhandlung nützlich sein, wenn zwischen den Verhandlungspartnern eine enge Verbundenheit, Vertrauen und Respekt besteht und dadurch das Finden einer Übereinkunft gefördert wird. Allerdings können Menschen auch negative Emotionen und Verhaltensweisen wie Frustration, Wut oder Beleidigung in eine Verhandlung tragen. Missverständnisse können auf diese Weise provoziert oder Vorurteile aufgebaut werden, die Reaktionsketten hervorrufen und Lösungsversuche scheitern lassen.

Jeder Verhandlungspartner hat in einer Verhandlung zwei grundlegende Interessen: Zum einen möchte er, dass sein Interesse bezüglich des Verhandlungsobjektes befriedigt wird, zum anderen soll die Beziehung zu dem Verhandlungspartner aufrecht erhalten werden. Weil Beziehungen zwischen den Verhandelnden zwangsweise bestehen, existiert auch immer die Gefahr, dass die Beziehungsebene in die Verhandlung über die eigentliche Sache einbezogen wird und sich Sach- und Beziehungsverhandlungen miteinander vermischen. Diese Gefahr wird verstärkt, da jeder Verhandlungspartner positionsbezogen handelt und sich mit seiner Position und Meinung identifiziert. Ein Angriff auf die eigene Meinung wird dem Angriff auf die eigene Person gleichgesetzt. Entsprechend emotional fällt dann auch die Gegenreaktion aus. Oftmals entstehen Missverständnisse durch unterschiedliche Sichtweisen oder subjektive Interpretationen. Auch Schuldvorwürfe, ob begründet oder nicht, führen meist zu Gegenangriffen oder -positionen, womit sich die Parteien wieder im Beharren auf eigene Positionen befinden. Der erste Grundsatz im Harvard Negotiation Concept basiert daher auf der zwingenden Trennung von persönlichen Beziehungen und der eigentlichen Sachlage in der Verhandlung. Die persönlichen Emotionen sowie die der anderen gilt es zu erkennen, zu verstehen sowie deren Gründe zu benennen. Die Verhandlungen können aktiv gestaltet werden, indem sachlich über die eigenen Gefühle gesprochen wird. Symbolische Gesten können dabei helfen, Verständnis und Entgegenkommen auszudrücken (Fisher und Ury 2004).

Ein weiterer Schritt für eine sachgerechte und effiziente Verhandlung besteht in der Maxime, sich während einer Verhandlung in die Position der anderen Partei hinein zu versetzen. Durch die daraus resultierende Änderung der Sichtweise auf den Verhandlungsgegenstand wird das eigentliche Problem objektiver betrachtet, das Verständnis für die Gegenseite ebnet den Weg für das Finden einer gemeinsamen Lösung. Folgendes Szenario soll dies verdeutlichen: Während ein Mieter die von ihm zu zahlende Miete als zu hoch ansieht, denkt der Vermieter über eine Mieterhöhung nach, weil die Letzte lange zurückliegt. In der unterschiedlichen Denkweise über eine Sache liegt das Problem, über das verhandelt werden soll. Das Verständnis für die Meinung des Gegenübers kann zu einem gütigen Interessensausgleich und zu einer Einschränkung des Konfliktbereichs führen oder gar zur Bildung eines Konsens. Das Offenlegen der eigenen Interessen sowie das Akzeptieren der Vorstellungen der anderen Partei sind aus diesem Grund für den effizienten Lösungsweg unumgänglich.

Unvermeidbar ist es, dass bei Verhandlungen Emotionen eine Rolle spielen und diese teilweise in den Vordergrund rücken können. Diese können allerdings – wenn damit auf eine unangemessene Weise umgegangen wird – den Verlauf einer Verhandlung erheblich stören. Um dies zu verhindern, ist es in erster Linie wichtig, die eigenen und die Emotionen der anderen zu erkennen und zu verstehen. Ist man in der Lage, seine persönlichen Gründe für Ärger oder Angst zu benennen, wird es einfacher sein damit umzugehen und diese vor allem dem Gegenüber zu vermitteln. Wenn ein Partner in einer Verhandlung seine Emotionen nicht ruhig und sachlich an die anderen herantragen kann, sollte man ein „Überkochen" der Emotionen zugestehen. Reagieren sollte man im Sinne der Streiteskalation auf einen solchen Ausbruch allerdings nicht. Eine Verhandlung funktioniert nicht ohne gute Kommunikation.

Durch mangelhaften Austausch und passives Zuhören entstehen oft Missverständnisse. Die einzelnen Parteien reden oft aneinander vorbei, setzen sich in Szene oder wollen beeindrucken. Dies ist nicht förderlich für das Finden einer gemeinsamen Lösung. Teilweise sind die Verhandlungspartner so in Gedanken vertieft, dass sie dem Gegenüber nicht richtig zuhören und deshalb auch nicht mit ihren Argumenten auf ihn eingehen. Aktives Zuhören ist damit eine wichtige Kompetenz innerhalb der Kommunikation. Ein weiteres Problem sind Missverständnisse, die es nötig machen, Zwischenfragen zu stellen und Aufmerksamkeit zu signalisieren. Ein Wiederholen der gegnerischen Argumente gibt dem Partner das Gefühl, dass auf ihn eingegangen wird. Dabei lassen sich dann auch leicht die eigenen Bedenken und Vorschläge miteinbringen (Fisher und Ury 2004).

Auf Interessen konzentrieren, nicht auf Positionen Im Hinblick auf eine effiziente und vernünftige Übereinkunft sollten während einer Verhandlung stets die Interessen der Verhandlungspartner im Vordergrund stehen und nicht deren Positionen, die sie bei den Gesprächen einnehmen. Die Interessen eines Einzelnen werden aus seinen Wünschen und Grundbedürfnissen heraus gebildet, stellen die Motivation für die eigene Position dar und bilden den Ansatzpunkt zur Konfliktlösung. Es stellt sich heraus, dass die Interessen der Verhandlungspartner nicht unbedingt widersprüchlich sind, sondern oft übereinstimmen oder sich ausgleichen. Somit kann jedem Interesse mit verschiedenen Positionen Rechnung getragen werden. Bei einer Verhandlung ist das Aufzeigen der gegenseitigen Interessen allerdings unabdingbar. Um die einzelnen Interessen herauszufinden, ist es hilfreich, bei bestehenden Positionen nach dem „Warum?" oder dem „Warum nicht?" zu fragen, um damit Wünsche, Interessen oder Ängste des Gegenübers zu ergründen und seinen Standpunkt besser verstehen zu können.

Auch wenn in einer Verhandlungssituation immer mehrere Interessen, auch verursacht durch mehrere Teilnehmer (Hintermänner, Klienten usw.), auf einer Seite bestehen, sind die wichtigsten Interessen der Menschen die Erfüllung der Grundbedürfnisse: Sicherheit, wirtschaftliches Auskommen, Zugehörigkeitsgefühl, Anerkennung und Selbstbestimmung. Sind diese Grundbedürfnisse nicht bei jeder Partei erfüllt oder auch nur bedroht, wird es in nahezu keiner Verhandlung eine Übereinkunft geben. Um den eigenen und den Interessen anderer Rechnung zu tragen, sollten diese in ihrer Gesamtheit während einer Verhandlung deutlich gemacht und als Teil des Problems anerkannt werden; denn wer sich unverstanden fühlt, nimmt automatisch eine Gegenhaltung ein. Dabei gilt jedoch ein Leitsatz des Harvard Negotiation Concepts: „Be soft on the person, hard on the problem." (Fisher und Ury 2004). Es ist demzufolge also nicht unklug, an den eigenen Interessen festzuhalten, auch wenn dies einen harten Verhandlungsweg fordert, solange man nicht auf reinen Positionen beharrt (Abb. 7.3).

In der Interaktion mit dem Verhandlungspartner sollten ihm Wertschätzung, persönliches Zuvorkommen und Zuhören entgegengebracht werden. Folgende Verhaltensregel, basierend auf dem psychologischen Konzept der kognitiven Dissonanz, sollte bei der Verhandlung Anwendung finden: Die Härte, mit der eine Sache verhandelt wird, und die „persönliche Hilfe" gegenüber dem Partner sollten ausgewogen sein. Es existiert bei jeder Verhandlung eine Widersprüchlichkeit, die jeder Mensch aufgrund der kognitiven Dissonanz auszugleichen versucht, so dass dieser der Lösung des Problems und den Interessen des Partners offen und aufgeschlossen gegenüber steht. So sollte demnach die Beziehung zu der Gegenseite durch Offenheit verbessert und gleichzeitig über die jeweiligen Interessen hart verhandelt werden. Das Zustandekommen einer Übereinkunft wird somit durch ein Zusammenspiel von Härte und Offenheit gefördert.

Abb. 7.3 Grundaspekte einer
Verhandlung im Harvard
Negotiation Concept. Eigene
Darstellung

Entwickeln von Entscheidungsoptionen zum beiderseitigen Vorteil Werden in einer
Verhandlung die Menschen getrennt von Problemen betrachtet und findet eine Konzentration auf Interessen und nicht auf Positionen statt, sind die ersten beiden Grundsätze des
Harvard Negotiation Concepts befolgt worden. In einem dritten Schritt sollen Entscheidungsoptionen zum beiderseitigen Vorteil entwickelt werden.

Das größte Problem in Verhandlungen besteht darin, dass die Verhandlungspartner
ihre Lösung als die richtige ansehen und diese dementsprechend durchsetzen wollen. In
vielen Fällen beschränkt sich die Lösung auf eine Vereinbarung, die genau zwischen den
jeweiligen Positionen der Verhandlungspartner liegt. Allerdings wäre mit mehr Kreativität
eine größere Anzahl an Entscheidungsoptionen möglich.

Nach Meinung von Fisher und Ury (2004) existieren vier Hindernisse, die das Finden
einer optimalen Entscheidungsoption zum beiderseitigen Vorteil beeinträchtigen können:
Ein großes Hindernis besteht so beispielsweise darin, dass Urteile über neue Ideen aufgrund
von Stresssituationen und kritischen Gedanken vorschnell getroffen werden. Ein weiteres
Problem für das Finden von Wahlmöglichkeiten wird in der konkreten Vorstellung über

die richtige Lösung gesehen: Oftmals hat der Verhandelnde zu Beginn der Verhandlung eine konkrete Auffassung darüber, was die Lösung des Problems ist. Der Verhandelnde ist dann in seiner Wahrnehmung, bezogen auf neue alternative Lösungsvorschläge, eingeschränkt. Als dritte mögliche Hürde wird beschrieben, dass jede Verhandlungspartei davon ausgeht, dass entweder ihre eigene oder die Position der Gegenpartei als Entscheidungsgrundlage dient. Das Blickfeld der Parteien ist hier begrenzt, weitere Bemühungen zum Finden möglicher Alternativen werden nicht unternommen. Weiterhin können die Verhandlungsparteien im vierten Fall zu stark auf die eigenen Interessen konzentriert sein, so dass sie weder die Interessen der Gegenseite wahrnehmen noch nach anderen gemeinsamen Lösungswegen suchen. Das Finden einer Entscheidungsoption zum beiderseitigen Vorteil ist dann von Beginn an nahezu ausgeschlossen.

Für das Umgehen dieser Hindernisse empfiehlt sich die Durchführung eines Brainstormings vor Beginn der Verhandlungen. Dies bringt den Vorteil, die Ideen nicht direkt mit der Gegenseite entwickeln zu müssen bzw. durch deren Anwesenheit in der Ideenfindung nicht eingeschränkt zu sein. Weiterhin werden die internen Informationen auf diese Weise nicht mit der Gegenseite geteilt. Wichtig bei der Durchführung des Brainstormings ist die absolute Notwendigkeit, dass die vorgeschlagenen Ideen nicht beurteilt werden dürfen, da sonst die Kreativität gehemmt wird.

Als weitere Möglichkeit, die oben aufgeführten Hindernisse zu umgehen und somit die Entscheidungsoptionen zu erweitern, ist das Betrachten der Verhandlungssache aus Sicht verschiedener Denkweisen. Das Kreisdiagramm Abb. 7.3 stellt hierbei eine Methode dar, mit der verschiedene Entscheidungsoptionen entwickelt werden können. In einem ersten Schritt wird dabei das Problem definiert und es wird ermittelt, in welchem Bereich die Defizite liegen und welche unerwünschten Tatsachen bestehen. Im zweiten Schritt wird das allgemein erkannte Problem in der Theorie analysiert. Dazu sollten die Symptome kategorisiert, mögliche Ursachen für diese festgehalten sowie fehlende Komponenten erfasst und Hindernisse zur Lösungsfindung erarbeitet werden. Daraufhin werden in einem dritten Schritt theoriebasiert vielfältige Möglichkeiten, Strategien und Rezepte entwickelt, wie die zuvor erarbeiteten Defizite und Probleme behandelt werden könnten. Der vierte Schritt führt schließlich zurück in die Realität: Es wird konkret überlegt, wie die vorher analysierten Probleme behoben werden können und welche Schritte dazu notwendig sind. Mit Hilfe des Kreisdiagramms können auf jeder Stufe neue Ideen und Aspekte gefunden werden. Ein Durchlaufen des Diagramms in die entgegengesetzte Richtung ist ebenso möglich. Existiert oder entsteht beispielsweise ein neuer Ansatz zur Lösung, kann davon ausgehend analysiert werden, welche Probleme oder welche Diagnosen resultieren (Fisher und Ury 2004, Abb. 7.4).

Auf die Anwendung neutraler Beurteilungskriterien bestehen Je objektiver die Kriterien der Beurteilung in der Verhandlung über eine Sache sind, desto größer ist die Wahrscheinlichkeit, zu einer für beide Seiten akzeptablen Übereinkunft zu gelangen

Abb. 7.4 Kreisdiagramm als Methode zur Entwicklung von Entscheidungsoptionen. Eigene Darstellung nach Fisher und Ury (2004)

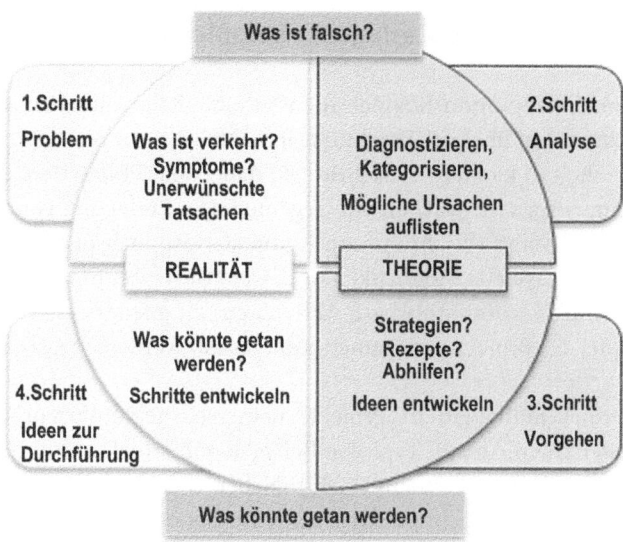

und sachbezogenes Verhandeln zu ermöglichen. Hierbei sollten sich die Verhandlungspartner vor allem auf wissenschaftliche und faire Kriterien stützen und sich weniger von ihren eigenen Standpunkten und subjektiven Zielen leiten lassen. Beim Bau eines Hauses beispielsweise kann ein Konflikt zwischen dem Bauherrn und der zuständigen Baufirma hinsichtlich der Frage entstehen, wie tief das Fundament eingebettet werden soll. Das Heranziehen objektiver Kriterien hilft bei der Konfliktbewältigung, wie beispielsweise für diesen Fall allgemein gültige und gesetzliche Sicherheitsvorschriften. Objektive, faire Kriterien sollten unabhängig von dem subjektiven Willen der Parteien sein und im besten Fall schon vor der Verhandlung aufgebaut werden. Hierbei kann es sich u. a. um Marktwerte, wissenschaftliche Gutachten, Sachverständigenkriterien, Kosten oder auch moralische Kriterien handeln. Die festgelegten Richtlinien sollten jedoch auch von beiden Seiten angenommen werden. Können sich die Verhandlungspartner nicht auf objektive Kriterien einigen, ist der Einbezug einer neutralen Expertenmeinung ratsam (Fisher und Ury 2004).

Um Verhandlungen sachgerecht und auf dem Prinzip objektiver Kriterien führen zu können, sollte der eigentliche Streitfall in eine Suche nach objektiven und fairen Kriterien umgewandelt werden. Bei der Suche nach diesen Richtlinien sollte jeder Verhandlungspartner seine Vorstellungen im Blick haben, die der Gegenseite aber als ebenso wertvoll in Erwägung ziehen und diesen offen gegenüber stehen.

Das Thema für einen ersten Exkurs bildeten Verhandlungen in Gruppen und das Harvard Negotiation Concept. Das Thema im zweiten Exkurs zielt stärker auf die Aktivitäten und die Zerlegung komplexer Aufgaben ab. Dass dieses Thema nicht vollkommen neu und auch Gegenstand in anderen Gebieten ist, zeigt Abschn. 7.6.2.

7.6.2   Exkurs: Zerlegung komplexer Aufgaben in anderen Disziplinen

Im Collaboration Engineering ist es möglich, Aufgaben anhand der Patterns of Collaboration und über die Ergebnisse in Aktivitäten zu zerlegen. Die Zerlegung einer komplexen Einheit in kleinere Teilschritte ist dabei kein Phänomen, das nur beim Collaboration Engineering auftritt. Ganz im Gegenteil: Die Zerlegung von Aufgaben in kleinere Teilschritte und somit durchführbare Aktivitäten ist auch in anderen Wissenschaftsdisziplinen zu finden. Welche Möglichkeiten es weiterhin gibt, um komplexe Aufgaben in kleinere Teilschritte (= durchführbare Aktivitäten) zu gliedern, soll im folgenden Abschnitt am Beispiel des Projektmanagements dargestellt werden.

Projektmanagement Projekte meinen ein geplantes Vorhaben, eine Aufgabe, ein Problem oder einen Ablauf. Typische Beispiele für Projekte sind Bauvorhaben oder Beschaffungsaufträge (Zimmermann 1980). Neben Merkmalen wie zeitliche Befristung und relative Neuartigkeit zeichnen sich Projekte besonders durch ihre Komplexität aus. Die Komplexität zeigt sich vor allem darin, dass eine Vielzahl an schwer zu bestimmenden Teilaktivitäten und Interdependenzen enthalten sind (Frese 1980). Um die Aufgabe realisierbar zu gestalten, muss die Komplexität verringert und die Gesamtaufgabe in für den Menschen einzeln durchführbare Teilaktivitäten zerlegt werden.

Gantt-Diagramm Im Projektmanagement werden die einzelnen Aufgaben in mehrere Phasen und kleinere Einheiten zerlegt. Bei der Planung des Projektes werden außerdem die Arbeitsschritte in einzelne Pakete aufgespalten, um die Bearbeitung zu strukturieren und übersichtlicher zu gestalten.

Oftmals wird der Projektablauf grafisch dargestellt, um zu gewährleisten, dass bei der Zerlegung die Abhängigkeiten nicht verloren gehen. Dazu wird häufig das Gantt-Diagramm eingesetzt. In dem Diagramm ist jede einzelne Projektaktivität in einer Zeile der Tabelle erfasst. Das Diagramm gibt dem Projektmanagement die Möglichkeit, alle durchzuführenden Projektaktivitäten genauestens zu strukturieren und Termine und Zeitdauer im Überblick zu behalten. Beim Umdisponieren der Aktivitäten im Projekt ist es schnell und einfach möglich, diese Änderungen auch in dem Gantt-Diagramm anzupassen. Ein Datensatz (ein Balken) spiegelt die Arbeitsmenge wider, die erforderlich ist, um von dem einen zum nächsten Zeitpunkt zu gelangen (Kerzner 2008, Abb. 7.5).

Projektstrukturplan Auch der sogenannte Projektstrukturplan bietet die Möglichkeit, ein komplexes Projekt in kleinere Einheiten zu zerlegen. Der Projektstrukturplan wird als "hierarchische Zerlegung der Arbeit" definiert, um die Arbeit für das Projektteam realisierbar zu gestalten (Project Management Body of Knowledge (PMBOK)).

In dem Plan wird das gesamte Projekt visuell in verständliche Blöcke gegliedert. Jeder Block enthält weitere wichtige Definitionen und Details, die notwendig sind für das Pro-

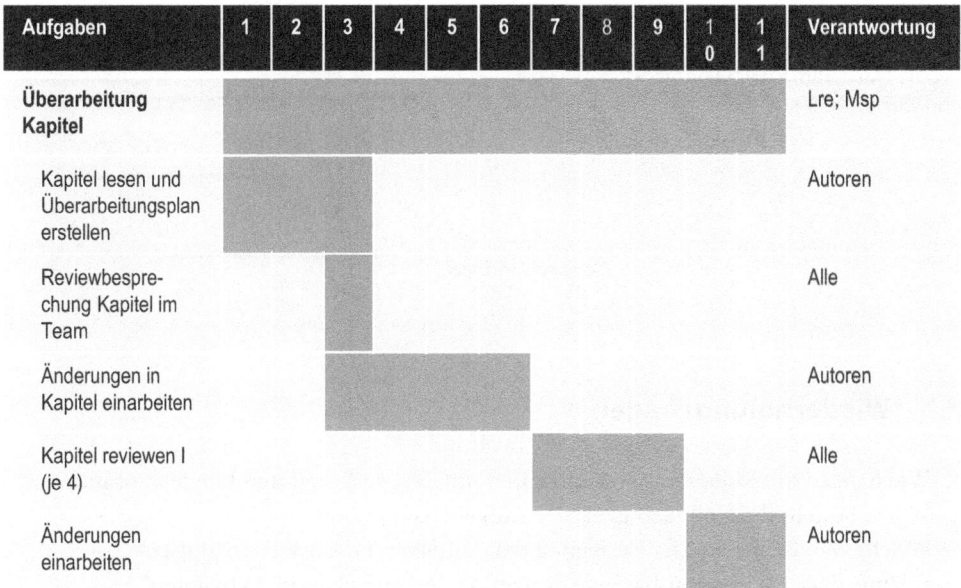

Abb. 7.5 Beispielhafte Darstellung für einen Projektstrukturplan. Eigene Darstellung

jektverständnis insgesamt. Mit jeder Ebene wird die erforderliche Arbeit für das Projekt detaillierter beschrieben.

Der Projektstrukturplan kann als Gliederung des Projektes in Ebenen und Unterebenen dargestellt werden. Das Projekt wird dabei in so viele Unterebenen strukturiert, bis die durchzuführende Tätigkeit sehr detailliert beschrieben und einer Person zugeordnet werden kann. Anhaltspunkt für die Gliederung sind die für die erfolgreiche Realisierung des Projektes zu absolvierenden funktionalen Tätigkeiten. Schlussendlich entsteht eine „Liste" an Aktivitäten, die durchgeführt werden müssen, um ein Arbeitspaket der nächsthöheren Ebene zu produzieren (Kerzner 2008; Wuttke 2010).

Abbildung 7.5 zeigt die Aufgliederung eines Projektes für den Umbau von Büroräumen (Abb. 7.6).

Ein Projektstrukturplan bietet die Möglichkeit, zu jedem Zeitpunkt den Status der Fertigstellung beobachten und etwaige Problemstellen aufdecken zu können.

Projektarbeit bedeutet überwiegend Teamarbeit. Verschiedene Unternehmen oder verschiedene Abteilungen eines Unternehmens können für ein Projekt zusammenarbeiten. Auch die Erstellung des Projektstrukturplans sollte im gesamten Team erfolgen. Bei der Erarbeitung der Arbeitspakete und der einzelnen Aktivitäten ist es sinnvoll, Techniken wie das Brainstorming anzuwenden und Tools wie Whiteboards, Registerkarten oder Notizzettel einzusetzen. Dies vereinfacht die Darstellung der Zerlegung größerer Arbeitsbereiche in kleinere Einheiten.

Abb. 7.6 Projektstrukturplan gegliedert nach Funktionen. Eigene Darstellung nach Führer und Züger (2007)

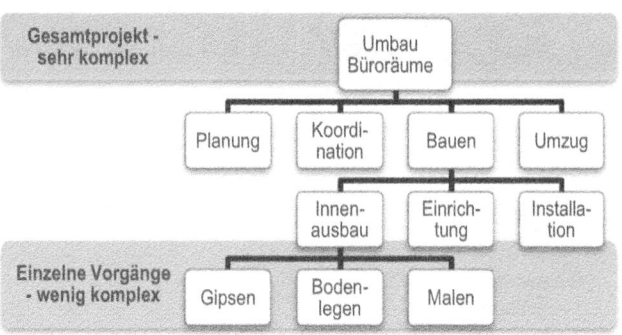

7.7   Wiederholungsfragen

1. Wie hängen die Kollaborationsaktivitäten mit den vorgelagerten Ebenen zusammen?
2. Worin besteht die Notwendigkeit der Aufgabenzerlegung?
3. Welche Möglichkeiten der Zerlegung der Aufgaben in Aktivitäten gibt es?
4. Erläutern Sie die ergebnisbasierte Zerlegung der Aufgaben in Aktivitäten!
5. Was sind die Bestandteile der Patterns of Collaboration?
6. Was sind die Vorteile eines pattern-basierten Ansatzes?
7. Was versteht man unter dem Pattern clarify?
8. In welcher Reihenfolge verhalten sich die Patterns of Collaboration zueinander?
9. Wie ist das Einordnung der Gruppenaktivitäten ins KoPDA?

Verwendete Literatur

Baltes, B. (2002). Computer-mediated communication and group decision making: A meta-analysis. *Organizational Behavior and Human Decision Processes, 87,* 156–179.

Belkin, N. J., & Croft, W. B. (1992). Information filtering and information retrieval: Two sides of the same coin? *Communications of the ACM, 35,* 29–38.

Birkenbihl V. F. (2011). *Psychologisch richtig verhandeln: professionelle Verhandlungstechniken mit Experimenten und Übungen.* Heidelberg: mvg Verlag.

Bittner, E. A. C., & Leimeister, J. M. (2014). Creating Shared Understanding in heterogeneous work groups - Why it matters and how to achieve it. *Journal of Management Information Systems, 30* (Spring 2014).

Briggs, R. O., & Grünbacher, P. (2002). EasyWinWin: Managing complexity in requirements nego-tiation with GSS. In: *Proceedings of the Hawaii International Conference on System Sciences 2002, IEEE Computer Society,* Los Alamitos, CA.

Briggs, R. O., Kolfschoten, G. L., & Vreede, G.-J. de (2005). *Toward a Theoretical Model of Consensus Building.* In: N. C. Romano Jr. (Hrsg.), Proceedings of AMCIS 2005. Omaha, USA: Association for Information Systems, 1–10.

Briggs, R. O., Kolfschoten, G. L., de Vreede, G.-J., & Douglas, D. (2006). Defining key concepts for collaboration engineering. In *Americas Conference on Information Systems, AIS,* Acapulco.

Briggs, R. O., Kolfschoten, G. L., de Vreede, G.-J., Albrecht, C., Dean D. R., & Lukosch, S. (2009). A seven-layer model of collaboration: Separation of concerns for designers of collaboration sys-tems. 13th Proceedings of the International Conference on Information Systems ICIS: Paper 26. Phoenix, USA.

Briggs, R. O., Kolfschoten, G. L., de Vreede, G.-J., Albrecht, C., Dean, D. L., Lukosch, S. (im Erscheinen). A six layer model of collaboration for designers of collaboration systems. In J. F. Nunamaker Jr., R. O. Briggs, & N. C. Romano Jr. (Hrsg.), *Advances in Collaboration Systems* (S. 1–14). Armonk: M.E. Sharpe, Inc.

Bühner M. (2010). *Einführung in die Test- und Fragebogenkonstruktion.* München: Pearson Deutschland GmbH.

Dennis, A. R., & Wixom, B. H. (2002). Investigating the moderators of the group support systems use with meta-analysis. *Journal of Management Information Systems, 18,* 235–258.

Fischer, R., Patton B. M., & Ury, W. (2004). *Das Harvard – Konzept.* Frankfurt a. M.: Campus Verlag GmbH.

Frese, E. (1980). Aufgabenalayse und -synthese. In E. Frese (Hrsg.), *Handwörterbuch der Organisation.* Stuttgart: Schaeffer-Poeschel Verlag.

Führer, A., & Züger, R. M. (2007). Projektmanagement – Management-Basiskompetenz: Theoretische Grundlagen und Methoden mit Beispielen, Repetitionsfragen und Antworten. Zürich: Compendio Bildungsmedien AG.

Gamma, E. (2001) *Entwurfsmuster. Elemente wiederverwendbarer objektorientierter Software.* München: Addison Wesley Verlag.

Hoffmann, F. (1980). *Aufgabe.* In E. Frese (Hrsg.), *Handwörterbuch der Organisation.* Stuttgart: Schaeffer-Poeschel Verlag.

Hoffmann, A., Schulz, T., Hoffmann, H., Jandt, S., Rosnagel, A., & Leimeister, J. M. (2012). Towards the use of software requirement patterns for legal requirements. In *2nd International requirements engineering efficiency workshop (REEW)* at RESFQ 2012 (Essen). Seyff, N.; Madhavji, N. H., Essen, Germany.

Jung, H. (2006). *Allgemeine Betriebswirtschaftslehre.* Oldenbourg Verlag.

Kamal, M., Davis A. J., Nabukenya, J., Schoonover T. V., Pietron L. R., & de Vreede G.-J. (2007). *Collaboration engineering for incident response planning: Process development and validation.* Proceedings of the 40th Annual Hawaii International Conference on System Sciences (HICSS).

Kerzner, H. (2008) *Projektmanagement: Ein systemorientierter Ansatz zur Planung und Steuerung (Key-Competence).* Heidelberg: Redline GmbH.

Kolfschoten, G. L., Lowry, P. B., Dean, D. L., & Kamal, M. (2008). A measurement framework for patterns of collaboration. Working Paper. In R. O. Briggs, G.-J. De Vrede, G. L. Kolfschoten (Hrsg.), *Report of the workshop on collaboration engeneering,* January 7th, 2008.

Kolfschoten G. L., & de Vreede G.-J. (2009). A design approach for collaboration processes: A multimethod design science study in collaboration engineering. *Journal of Management Information Systems, 26,* 225–256.

Kreißl, G., & Schmidt, A. M. (1995). *Unterweisungsproben. Muster für Prüfung und Praxis.* Renningen-Malmsheim: Expert verlag.

Lewicki, R., Saunders, D., & Barry, B. (2009). *Negotiation: Readings, exercises and cases.* New York: McGraw-Hill International Edition.

Nunamaker, J. F. Jr., Briggs, R. O., Mittleman, D. D., Vogel, D. R., & Balthazard, P. A. (1997). Lessons from a dozen years of group support systems research: A discussion of lab and field findings. *Journal of Management Information Systems, 13,* 163–207.

Püttjer, C., & Schnierda, U. (2002). *Die heimlichen Spielregeln der Verhandlung: So trainieren Sie Ihre Überzeugungskraft.* Frankfurt a. M.: Campus.

Quibeldey-Cirkel, K. (1999). *Entwurfsmuster: Design Patterns in der objektorientierten Softwaretechnik.* Wiesbaden: Gabler Wissenschaftsverlage.

Reineke, W. (1990). *Das Verhandlungsbrevier.* Köln: Datakontext Verlag GmbH.

Renault, S., Mendez-Bonilla, O., Franch, X., & Quer, C. (2009). A pattern-based method for building requirements documents in call-for-tender processes. *International Journal of Computer Science and Applications, 6,* 175–202.

Schweitzer, M. (1980). Arbeitsteilung. In E. Frese (Hrsg.), *Handwörterbuch der Organisation.* Stuttgart: Schaeffer-Poeschel Verlag.

Smith, A., & Recktenwald, H. C. (1999). *Der Wohlstand der Nationen. Eine Untersuchung seiner Natur und seiner Ursachen.* München: Deutscher Taschenbuch Verlag.

Wuttke, T. (2010). *Das PMP-Examen: Die gezielte Prüfungsvorbereitung.* Heidelberg: mitp, eine Marke der Verlagsgruppe Hüthig-Jehle-Rehm GmbH.

Zimmermann, H.-J. (1980). Netzplantechnik. In E. Frese (Hrsg.), *Handwörterbuch der Organisation.* Stuttgart: Schaeffer-Poeschel Verlag.

Weiterführende Literatur

Briggs, R. O., Kolfschoten, G. L., de Vreede, G.-J., Albrecht, C., Dean, D. R., & Lukosch, S. (2009). *A seven-layer model of collaboration: Separation of concerns for designers of collaboration systems.* 13th Proceedings of the International Conference on Information Systems ICIS: Paper 26. Phoenix, USA.

Kolfschoten, G. L., & de Vreede, G.-J. (2009). A design approach for collaboration processes: A multimethod design science study in collaboration engineering. *Journal of Management Information Systems, 26,* 225–256.

Gruppenprozeduren (Group Procedures)

8

Zusammenfassung

Gruppenprozeduren liefern Vorgaben, auf welche Weise eine Gruppe innerhalb der Aktivitäten eines Kollaborationsprozesses zusammenarbeiten soll. Das heißt, sie stellen eine Art Leitfaden dar, der die Gruppe bei der Erfüllung der Aktivitäten unterstützen soll. Dementsprechend beinhalten die Gruppenprozeduren alle Techniken, die zur Durchführung einer Aktivität herangezogen werden können. Als Beispiel hierfür lässt sich etwa ein Brainstorming nennen. Im Rahmen des Collaboration Engineerings werden diese Techniken häufig in Form von thinkLets dokumentiert. thinkLets stellen einen Weg dar, Aktivitäten zu unterteilen und dabei direkte Handlungsanweisungen für die Arbeitenden zu dokumentieren. Im Zuge dieses Kapitels wird zunächst auf die Entstehungsgeschichte und die Bedeutung der thinkLets für das Feld des Collaboration Engineerings eingegangen. Darauf aufbauend wird der praktische Einsatz von thinkLets beleuchtet, im Rahmen dessen ein Collaboration Engineer die Wahl treffen muss, welches thinkLet an welcher Stelle des Kollaborationsprozesses angewendet werden soll. Im Zuge des vorliegenden Kap. 8 werden zunächst in Abschn. 8.1 die Gruppenprozeduren in den Kollaborations-Prozess-Design-Ansatz eingeordnet und im Rahmen des Abschn. 8.2 näher beschrieben. Darauf aufbauend werden in Abschn. 8.3 thinkLets eingeführt und ausführlich thematisiert. Im Rahmen des Abschn. 8.4 wird der praktische Einsatz von thinkLets beleuchtet, im Rahmen dessen ein Collaboration Engineer die Wahl treffen muss, welches thinkLet an welcher Stelle des Kollaborationsprozesses angewendet werden soll. Zusätzlich zu den thinkLets werden innerhalb dieses vierten Unterkapitels ausgewählte Gruppentechniken vorgestellt, die bislang noch nicht in thinkLets überführt wurden, jedoch ebenfalls eine wichtige Hilfestellung dafür liefert, eine Gruppe durch die geplanten Aktivitäten eines Kollaborationsprozesses zu führen. Das Kapitel schließt mit einem Exkurs unter Abschn. 8.8, in dem ausgewählte thinkLets beispielhaft vorgestellt werden, sowie einer Zusammenfassung der wichtigsten Begrifflichkeiten.

J. M. Leimeister, *Collaboration Engineering,*
DOI 10.1007/978-3-642-20891-1_8, © Springer-Verlag Berlin Heidelberg 2014

Beispiel

Susanne, Stefan und Maximilian stehen wieder einmal kurz vor der Prüfungszeit. Um den Stress in dieser heißen Phase des Semesters auf mehrere Schultern zu verteilen und auf einen größeren Erfahrungsschatz zurückgreifen zu können, beschließen die drei dieses Semester erstmalig, eine Lerngruppe zu gründen. Nachdem sie innerhalb der Gruppe ihre Ziele (z. B. den Kurs mit vertretbarem Aufwand zu meistern) sowie die zugehörigen Produkte (bestandene Klausur) definiert haben, versuchen sie, den zu lernenden Stoff so gering wie möglich zu halten. Doch bereits an dieser Stelle sehen sich die drei Studierenden mit schwerwiegenden Fragestellungen konfrontiert: Welche Methode sollen sie hierfür anwenden? Versuchen sie den Stoff zusammenzufassen oder wählen sie relevante Bereiche aus? Wie können die drei den Erfolg ihres Vorgehens sicherstellen? Eine Antwort auf diese Fragestellungen liefert die Ebene der Prozeduren, die im Folgenden dargestellt wird.

Einordnung in den KoPDA Gruppenprozeduren charakterisieren, wie sich eine Gruppe durch die einzelnen Aktivitäten innerhalb eines Kollaborationsprozesses bewegt. Dementsprechend müssen zuerst alle Aktivitäten festgelegt werden, bevor es möglich wird, die Reihenfolge der Prozeduren zu bestimmen, die zur Durchführung der Aktivitäten notwendig sind. Ändert der Collaboration Engineer die Aktivitäten, die er innerhalb des Kollaborationsprozesses durchführen will, so muss er mit hoher Wahrscheinlichkeit auch die Prozeduren zu deren Durchführung ändern. Im Gegensatz dazu kann der Collaboration Engineer jedoch innerhalb einer Aktivität jede beliebige Prozedur anwenden lassen, solange sie zur Erfüllung der Aktivität beiträgt.

Wurden alle Aktivitäten definiert, so kann der Collaboration Engineer damit beginnen, den einzelnen Aktivitäten eine passende Gruppenprozedur zuzuweisen. Wurde dieser Schritt beendet, werden die Werkzeuge ausgewählt, mit Hilfe derer die Techniken unterstützt werden sollen.

8.1   Gruppenprozeduren

Gruppenprozeduren beschreiben, auf welche Weise eine Gruppe die zuvor erarbeiteten Aktivitäten durchführen soll, das heißt, sie stellen eine Art Leitfaden dar, der die Gruppe bei der Erfüllung der Aktivitäten unterstützen soll. Dementsprechend beinhalten die Gruppenprozeduren alle internen Techniken, die zur Durchführung einer Aktivität herangezogen werden können. Als Beispiel hierfür lässt sich etwa ein Brainstorming zur Durchführung einer Generierungsaktivität nennen.

Im Rahmen des Collaboration Engineerings werden diese Techniken häufig in Form der bereits angesprochenen thinkLets (Briggs et al. 2012) dokumentiert. Diese thinkLets sind Gegenstand des Abschn. 8.3. Darüber hinaus gibt es noch eine Vielzahl anderer Gruppentechniken, die zum jetzigen Zeitpunkt noch nicht in thinkLets überführt wurden. Da diese Techniken dem Moderator ebenfalls eine wichtige Unterstützung dabei sein können, eine Gruppe durch die geplanten Aktivitäten zu führen, werden sie im weiteren Verlauf des Kapitels ebenfalls vorgestellt.

8.2   thinkLets

Um die verschiedenen Gruppenprozeduren, die im Rahmen des Collaboration Engineerings angewendet werden, einheitlich zu dokumentieren, wurden im Verlauf der letzten Jahre sogenannte **thinkLets** entwickelt.

> thinkLets sind mit Namen versehene, gebündelte Facilitationstechniken, die unter Menschen, welche auf ein gemeinsames Ziel hinarbeiten, vorhersagbare und wiederholbare Kollaborationsmuster hervorrufen (Briggs et al. 2001).

Sie entstanden in der Annahme, dass jeder Kollaborationsprozess durch eine bestimmte Folge von thinkLets nachgebildet werden kann, die in der Lage sind, vorher festgelegte Handlungsmuster bei den Beteiligten abzurufen. Daher haben Forscher damit begonnen, eine Sammlung solcher Bausteine anzulegen (Kolfschoten et al. 2004; Santanen und de Vreede 2004). Diese können als konzeptionelle Bausteine in der Gestaltung kollaborativer Prozesse genutzt (Kolfschoten et al. 2004) sowie als Lernmodule für bestimmte Techniken der Facilitation in der Ausbildung von Facilitatoren eingesetzt werden (de Vreede und Briggs 2005). Zurzeit haben Forscher im Rahmen des Collaboration Engineerings ca. 70 solcher thinkLets formell dokumentiert. Erfahrungen in diesem Arbeitsbereich deuten darauf hin, dass zwölf dieser thinkLets ungefähr 70 % eines kollaborativen Prozesses ausfüllen. Die verbleibenden 30 % der Aktivitäten, welche die Gruppe ausüben muss, erfordern speziellere thinkLets. Diese können entweder aus der Sammlung jener 70 ausgewählt oder um neue, auf die Aufgabenstellung abgestimmte thinkLets ergänzt werden, die dann wiederum leicht abgeänderte Varianten der bereits bestehenden Facilitationstechniken darstellen (Kolfschoten et al. 2004).

thinkLets als Designsprache In diesem Sinne sind thinkLets zu einer Designsprache für Collaboration Engineers geworden und werden von ihnen zur kompakten Beschreibung von komplizierten und komplexen Verfahrensweisen verwendet (Briggs et al. 2003a; de Vreede und Briggs 2005). In Anlehnung an Kolfschoten et al. (2006a) werden einige Beispiele für thinkLets aufgezeigt (Tab. 8.1).

Vorteile von thinkLets Die Existenz einer Sammlung solcher thinkLets bedeutet für Gestalter der Zusammenarbeit, dass sie ihre Aufmerksamkeit auf die Auswahl bekannter und geeigneter thinkLets legen können, anstatt diese jedes Mal neu entwickeln und testen zu müssen (Kolfschoten und Veen 2005). Damit kann sowohl der Aufwand als auch das

Tab. 8.1 Beispiele für thinkLets. (Nach Kolfschoten et al. 2006a)

Name	Zweck
LeafHopper	Um in einer Gruppe durch Brainstorming Ideen hinsichtlich einiger Themen gleichzeitig zu erzeugen
Pin-the-tail-on-the-donkey	Um in der Gruppe Ideen zu identifizieren, welche weiterer Beachtung bedürfen
RichRelations	Um eine Gruppe mögliche Kategorien aufdecken zu lassen, in welche eine Anzahl bestehender Ideen eingegliedert werden können
StrawPoll	Um eine Gruppe Bewertungen von Ideen auf Basis eines Kriteriums vornehmen zu lassen
MoodRing	Um fortlaufend den Grad der Übereinstimmung aufzudecken, den die Gruppe in einem bestimmten Aspekt aufweist

Risiko bei der Gestaltung von kollaborativen Arbeitsprozessen reduziert werden (Kolfschoten et al. 2006a).

Gefahren von thinkLets Während bis dato 70 thinkLets formal dokumentiert wurden, scheint die mögliche Anzahl an thinkLets unbegrenzt zu sein. Dieser Umstand birgt jedoch die Gefahr von Überschneidungen. Zusätzlich besteht das Risiko der Entstehung eines „thinkLets-dialect", welcher aus der Benutzung von verschiedenen Bezeichnungen für das gleiche thinkLet-Konzept resultiert. Kolfschoten et al. (2006a) leiten hieraus den Bedarf nach einer neuen Konzeption ab, welche die Collaboration Engineers dazu befähigen soll:

- leichter die optimalen thinkLets für die Gestaltung kollaborativer Prozesse zu identifizieren,
- die relevanten Unterschiede zwischen den thinkLets besser erkennen zu können,
- die Arbeitsbereiche leichter zu bestimmen, für welche keine geeigneten thinkLets bestehen, sowie
- ähnliche thinkLets zu einem einheitlichen und nicht redundanten Set zusammenzufassen.

Nachfolgend werden in einem ersten Schritt die ursprüngliche Definition und Grundlagen von thinkLets vorgestellt sowie in einem weiteren Schritt in Anlehnung an Kolfschoten et al. (2006a) eine neue Art zur Konzeption von thinkLets auf Basis des objektorientierten Modellierungsansatzes vorgeschlagen.

8.2.1 Grundlegende Komponenten von thinkLets

Eine grundlegende Annahme in der Gestaltung wiederholbarer Prozesse ist, dass jeder Prozess aus einer besonderen Abfolge von thinkLets besteht, die verschiedene Muster der Zusammenarbeit zwischen den Teilnehmern hervorrufen. Jede Aktivität innerhalb des

Prozesses kann dabei durch ein oder mehrere thinkLets dargestellt werden (Kolfschoten et al. 2006a).

Drei Komponenten eines thinkLets Ein thinkLet ist dabei eine benannte, für sich stehende, schriftlich ausgearbeitete Aktivität der Zusammenarbeit. Zwischen den Menschen, die hinsichtlich eines Zieles zusammenarbeiten, ruft es ein berechenbares, wiederholbares Muster der Zusammenarbeit hervor. Das anfängliche Konzept der thinkLets (Briggs et al. 2001) beschreibt drei Komponenten: ein Werkzeug (Tool), die Konfiguration (Configuration) und ein Skript (Script).

- Das Werkzeug betrifft die spezielle Technologie, die das Muster der Zusammenarbeit erzeugen soll. Hierunter fällt jede Art von Werkzeug, von gelben Zetteln und Stiften bis hin zu komplexen Technologien wie einem Group Support System (GSS).
- Die Konfiguration beschreibt, wie das Werkzeug gebrauchsfertig gemacht wird, die Einrichtung des Werkzeuges (z. B. Konfigurationen, um eine anonyme Kommunikation zu ermöglichen) oder den Upload von Daten (z. B. eine Reihe von Fragen, welche die Teilnehmer bearbeiten sollen).
- Das Skript betrifft alle Aussagen und Handlungen, die durch einen Facilitator durchgeführt werden würden, um das erwünschte Muster der Zusammenarbeit zu erzeugen.

Wurden diese drei Bestandteile festgelegt, so erzeugen sie ein ganz bestimmtes Muster der Zusammenarbeit. Diesen Umstand bestätigen Feldversuche mit mehr als 200 neu angelernten „Nicht-Facilitatoren". Diese konnten allein durch die Kenntnis des Werkzeuges, der Konfiguration und des Skriptes tatsächlich diejenigen berechenbaren und wiederholbaren Muster der Zusammenarbeit erzeugen, die im Vorfeld festgelegt wurden (de Vreede und Briggs 2005).

Die zuvor in Tab. 8.1 vorgestellten thinkLets werden nachfolgend hinsichtlich der drei Komponenten Werkzeug, Konfiguration und Skript dargestellt (Kolfschoten et al. 2006a). Hierbei gilt es allerdings zu beachten, dass die Tabelle keinesfalls als vollständige Beschreibung der thinkLets angesehen werden darf, sondern lediglich eine verkürzte Übersicht darstellt. Die vollständigen thinkLets finden sich in Abschn. 8.5 (Tab. 8.2).

Anzumerken bleibt jedoch, dass jede Änderung in den Bestandteilen eines thinkLets die Art und Weise, wie Menschen zusammenarbeiten, beeinflusst und so per Definition ein neues thinkLet ergibt. Wie die Forschung zeigt, können beispielsweise schon kleine Änderungen im Skript erhebliche Unterschiede in der Interaktion der Gruppe hervorrufen (Kolfschoten et al. 2006a).

Anpassung des Konzeptes notwendig Zudem müssen bei der Betrachtung der thinkLets als Bausteine eines kollaborativen Prozesses auch die Übergänge zwischen den thinkLets berücksichtigt werden. Diese Übergänge repräsentieren alle Entwicklungen, Maßnahmen und Aktivitäten, welche erfolgen müssen, um die Teilnehmer vom Ende eines thinkLets zum Beginn des nächsten zu überführen. Die Ausgestaltung eines solchen Überganges muss nach Kolfschoten et al. (2006a) folgende Aspekte berücksichtigen:

Tab. 8.2 Darstellung ausgewählter thinkLets. (Nach Kolfschoten et al. 2006a)

Name	Werkzeug	Konfiguration	Skript
LeafHopper	GSS: Group Support System	Einige verschiedene Kategorien, denen die Teilnehmer Ideen zuordnen können	Erklären der Kategorien
	Kategorisieren		Das Hinzufügen erklären
			Zur Geltung bringen, dass die Teilnehmer in Kategorien ihrer Wahl arbeiten
Pin-the-Tail-in-the-Donkey	GSS: Group Support System	Teilnehmer können "Kommentierungs-Nadeln" anbringen	Eine Höchstzahl Nadeln zulassen
	Kategorisieren		Erklären, dass die Teilnehmer die Nadeln an die Themen heften, die sie diskutieren wollen
			Diskutieren der gekennzeichneten Themen
RichRelations	GSS: Group Support System	Teilnehmer können die Kategorien ablesen; der Leiter verschiebt die Ideen	Teilnehmer auffordern, verwandte Ideen zu benennen
	Kategorisieren		Dokumentieren der Relationen/ Verbindungen
			Kategorisieren der Ideen mit den Relationen
StrawPoll	GSS: Group Support Systems	Erzeugen einer Abstimmung	Erklären des Abstimmungskriteriums und Maßstabes
	Abstimmung		Teilnehmern die Abstimmung gestatten
			Diskutieren der Ergebnisse
MoodRing	GSS: Group Support System	Den Teilnehmern das Abstimmen der Wahl erlauben	Thema, Wahlkriterium und Maß erklären
	Meinungsbarometer		Diskutieren der Themen, während den Teilnehmern die Abstimmung/Einigung über ihre Wahl erlaubt ist

- Changes of technology: Nach der Beendigung eines thinkLets ist eventuell eine Neukonfiguration oder der Wechsel zu einer anderen Technologie notwendig, bevor das nächste thinkLet eingesetzt werden kann.
- Changes of data: Um die Ergebnisse eines thinkLets als Input für das nächste thinkLet verwenden zu können, ist es manchmal notwendig, die Daten entsprechend anzupassen.
- Changes of orientation: Es ist notwendig, dem Team anzuzeigen, wann eine Aktivität beendet ist und eine neue starten soll. In diesem „Alarmzustand" soll das Team seinen Fortschritt in Bezug auf die Zielsetzung reflektieren.
- Changes of location: Zwischen den einzelnen thinkLets kann ein Wechsel der Arbeitsplätze oder Orte notwendig sein.
- Changes of membership: Zeitweise ist es ebenso notwendig, dass die Zusammenstellung des Teams verändert wird, bevor ein neues thinkLet beginnt.

Des Weiteren wird innerhalb des thinkLet-Konzeptes auf sogenannte Modifikatoren zurückgegriffen. Mit einem Modifikator besteht beispielsweise die Möglichkeit, Grundregeln eines Brainstormings so zu verändern, dass nur noch neue bzw. in einem gewissen Ausmaß bessere Ideen hinzugefügt werden können (Kolfschoten et al. 2006a).

Auch wenn das grundlegende Konzept der thinkLets samt Übergängen und Modifikationen in der Praxis für hilfreich befunden wird, deuten Kolfschoten et al.(Kolfschoten et al. 2006a) auf einige Missstände in diesem Bereich hin (Kolfschoten et al. 2006a): Den Autoren nach werden thinkLets durch die Komponenten Werkzeug und Konfiguration zu stark an eine bestimmte Technologie gebunden. Demnach müsste für jede Änderung in der Technologie bzw. deren Konfiguration ein neues thinkLet dokumentiert werden. Hier wird aber oft vom Konzept abgewichen und das gleiche thinkLet mit einer Auswahl unterschiedlicher Technologien angewendet. Weiterhin koppelt das ursprüngliche Konzept der thinkLets diese an ein einzelnes Skript. Der Verwendungszweck eines Skriptes ist dabei das genaue Festlegen des Verhaltens eines Facilitators, um die Gruppe zu unterstützen und Anweisungen zu geben.

Alle Veränderungen, die der Prozessleiter in seinen Handlungen und Aussagen vornimmt, müssten demnach zur Dokumentation eines neuen thinkLets führen. Jedoch weichen auch hier sowohl Facilitatoren als auch Practitioners oftmals vom formellen thinkLet Skript ab, ohne dass dies bedeutsame Veränderungen in den Mustern der Zusammenarbeit mit sich bringt (Kolfschoten et al. 2004). Somit scheinen auch die existierenden thinkLet Skripte nur Beispiele für fundamentalere Konzepte zu sein. Schließlich sind thinkLets gemäß dem ursprünglichen Konzept schwierig zu klassifizieren. Das meistgenutzte Klassifizierungsschema für thinkLets organisiert diese auf Basis der in Abschn. 7.4 vorgestellten Patterns of Collaboration, welche durch die einzelnen thinkLets hervorgerufen werden. Jedes thinkLet erzeugt dabei zumindest eines der Patterns, so dass das Schema zumindest nützlich bei der Entscheidung erscheint, welches thinkLet in einer bestimmten Situation angewendet werden soll. Einige thinkLets rufen jedoch mehrere Muster der Zusammenarbeit gleichzeitig hervor, weshalb diese Trennung nicht immer eine brauchbare Hilfestellung bietet. Weiterhin werden innerhalb dieses Schemas wichtige Aspekte, wie z. B. die notwendigen Voraussetzungen zur Durchführung, die zu erbringende Leistung sowie die nutzbaren Kommunikationskanäle, nicht zur Auswahl der thinkLets herangezogen (Kolfschoten et al. 2006a).

Kolfschoten et al. (2006a) stellen in diesem Zusammenhang unter Nutzung der Modellierungssprache UML (Unified Modeling Language) das objektorientierte thinkLet-Konzept vor, das den oben genannten Defiziten vorbeugen soll.

8.2.2   Das objektorientierte thinkLet-Konzept

Die grundlegende Theorie des objektorientierten Modellierens basiert auf dem Trennen von Klassen und Beziehungen innerhalb eines Systems.

Eine Klasse ist dabei charakterisiert als eine Menge von Eigenschaften, Funktionen und Relationen. Objekte bilden Instanzen einer Klasse. Alle Objekte einer Klasse teilen weiterhin die gleiche Gruppe von Eigenschaften, Funktionen, Beziehungen und Semantik. Beispielsweise haben alle Automobile (eine Klasse) Räder (eine Eigenschaft). Dennoch kann ein Mercedes (eine Instanz einer Klasse der Automobile) eine andere Art von Reifen haben als ein Volkswagen (eine andere Instanz mit einer unterschiedlichen Ausprägung der Eigenschaft Räder) (Kolfschoten et al. 2006a).

Abbildung 8.1 stellt einen beliebigen Kollaborationsprozess auf Basis des objektorientierten thinkLet Konzepts dar. Das Modell bezieht die Hauptkonzepte ein, denen bei der Gestaltung eines kollaborativen Prozesses Rechnung getragen werden muss (Abb. 8.2).

Bestandteile des neuen Konzeptes Im Folgenden werden die einzelnen Komponenten der Abb. 8.1 in Anlehnung an Kolfschoten et al. (2006a) näher dargestellt:

- Kollaborationsprozess: Die zentrale Komponente des Modells bildet der Kollaborationsprozess. Dieser besteht aus einem Namensattribut, der den Kollaborationsprozess identifiziert (z. B. Strategische Planung). Da jede Zusammenarbeit ein bestimmtes Ziel verfolgt, besitzt er hierfür ein zusätzliches Attribut.
- Teilnehmer: Innerhalb eines Kollaborationsprozesses arbeiten drei oder mehr Personen zusammen, um ein bestimmtes Ziel zu erreichen. Die Teilnehmer haben ein Namensattribut und erfüllen eine bestimmte Rolle im Prozess.
- Rolle: In manchen thinkLets müssen sich verschiedene Akteure entsprechend unterschiedlicher Rollen (mit unterschiedlich begrenzten Aktivitäten und Ressourcen) verhalten. Dafür beinhaltet das neue Konzept das Modell der Rollen. Im ChauffeurSort thinkLet amtiert beispielsweise ein Akteur als Schreiber und die anderen diskutieren, wie die Ideen gegliedert werden sollen. Dieses thinkLet erfordert also zwei Rollen. Im PopcornSort thinkLet dagegen arbeiten alle Teilnehmer parallel und ordnen die Ideen den passenden Kategorien zu. Dieses thinkLet erfordert nur eine Rolle.

Abb. 8.1 Einordnung der Gruppenprozeduren im KoPDA. (In
Anlehnung an Kolfschoten und
de Vreede 2009)

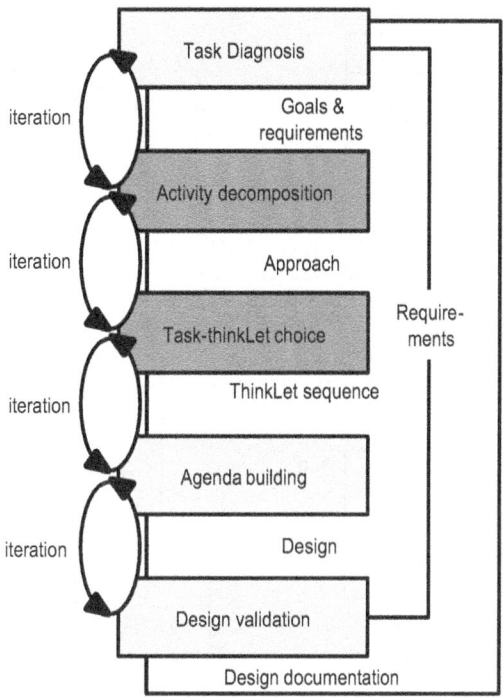

- thinkLet: Der Prozess wird durch eine bestimmte Folge von thinkLets gebildet. think-
  Lets haben ein Namensattribut, das zum Zwecke des besseren Einprägens oftmals me-
  taphorisch gewählt ist. Dieser Name soll den Facilitator auch daran erinnern, welches
  Muster der Zusammenarbeit hierdurch hervorgerufen wird. Beispielsweise springen im
  LeafHopper thinkLet die Teilnehmer von Thema zu Thema und können dabei Beiträge
  zu den verschiedensten Kategorien abgeben. Zusätzlich zum Namen werden thinkLets
  innerhalb des neuen Modells durch das zu erzeugende Pattern of Collaboration sowie
  ihren Vorgänger und Nachfolger determiniert.
- Einsatzmöglichkeit: Der neue Ansatz der Modellierung von thinkLets weicht hinsichtlich des Einsatzes von Werkzeugen von dem ursprünglichen Grundsatz ab. Das neue
  Modell bezieht nur noch deren Fähigkeiten mit ein, überlässt jedoch die Entscheidung,
  wie diese Möglichkeiten realisiert werden, dem Collaboration Engineer. Beispielsweise
  muss im Rahmen des LeafHopper thinkLets die Möglichkeit bestehen, eine Seite für
  jedes Brainstorming Thema einzurichten sowie Ideenbeiträge auf auf allen Seiten abzugeben. In realen Workshops können diese Leistungen etwa durch den Einsatz von Flipcharts, Wandpostern und Filzstiften, aber auch durch die Verwendung komplizierter
  GSS erbracht werden.
- Aktion: Wurden die Werkzeuge den Teilnehmern mitgeteilt, erfolgen Anweisungen zur
  Durchführung bestimmter Aktivitäten, beispielsweise hinzufügen, bearbeiten, löschen
  oder bewerten unter Nutzung der genannten Werkzeuge. Auf Basis der Analyse der bislang bestehenden thinkLets konnten fünf grundlegende Aktionen identifiziert werden:

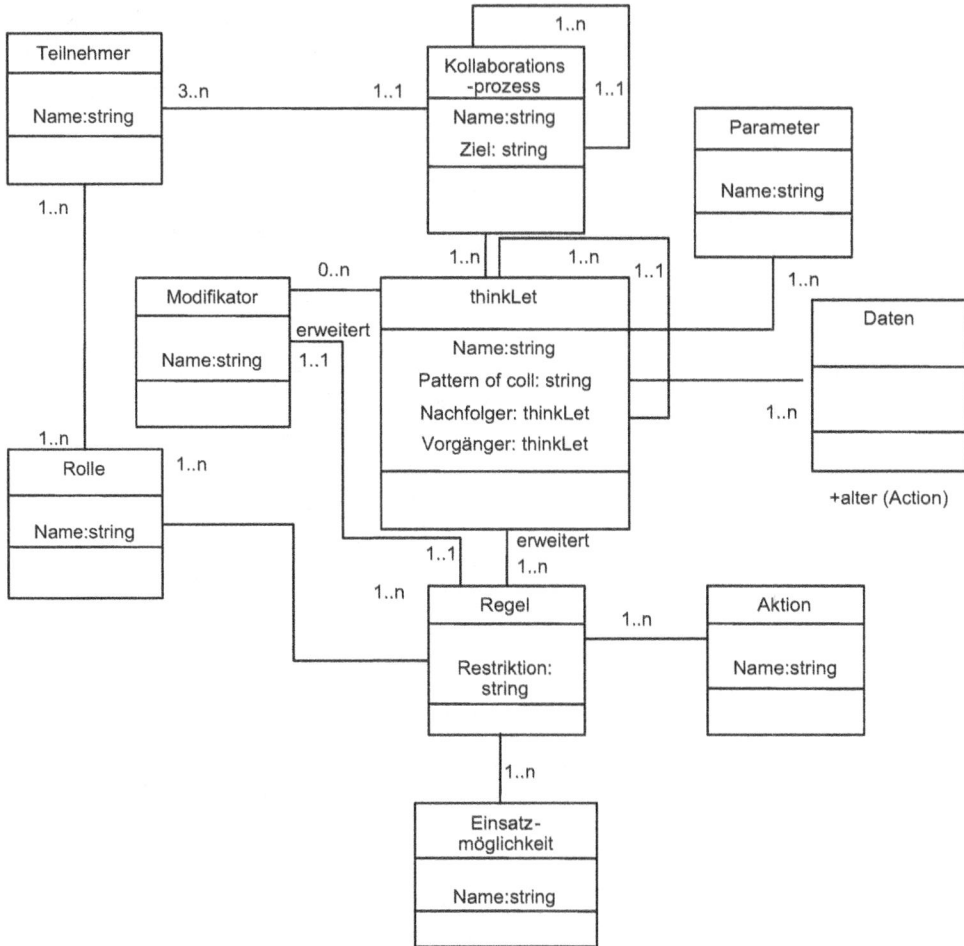

Abb. 8.2 Modell eines kollaborativen Prozesses. (In Anlehnung an Kolfschoten et al. 2006a)

Hierbei handelt es sich um Hinzufügen (die Teilnehmer fügen Konzepte hinzu), Löschen (bestehende Konzepte werden entfernt), Editieren (bestehende Konzepte werden
abgeändert), Beziehungen bilden (Erstellung von Beziehungen zwischen den Konzepten) und beurteilen (Beurteilung der Konzepte im Hinblick auf die Zielerreichung).

- Regel: Nach dem ursprünglichen Konzept der thinkLets erklärt das Skript den Teilnehmern, welche Aktivitäten durchgeführt werden sollen, welchen Grenzen sie dabei
unterliegen und welche Ressourcen zur Verfügung stehen. Die neue Konzeption der
thinkLets umfasst Regeln statt kompletter Skripte für thinkLets. Um ein gewisses think-
Let anzuwenden, müssen die Teilnehmer über die Regeln, die ihre Leistungen leiten,
informiert werden. Wenn jeder Teilnehmer seinem Beitrag entsprechende Regeln einbringt, werden dadurch alle gemeinsam das gewünschte Muster der Zusammenarbeit
hervorbringen. So erfordern beispielsweise die Regeln des FreeBrainstorming-think-

Lets, dass die Beiträge der Brainstorming Frage entsprechen müssen und dass die Seiten nach jedem Beitrag gewechselt werden. Insgesamt werden durch die Inanspruchnahme von Regeln anstatt Skripten die Technologie und das Skript unabhängig voneinander angewendet.

- Parameter: Bei vielen thinkLets existieren Teilinformationen, welche dem Team hinsichtlich einer effektiven Zusammenarbeit mitgeteilt werden müssen. In einem Brainstorming thinkLet existiert beispielsweise etwa immer eine Brainstorming-Frage, in einem thinkLet der Abstimmung hingegen bestehen immer ein oder mehrere Kriterien. Um diese Teilinformationen zu kommunizieren, beinhaltet die neue Konzeption der thinkLets das Konzept der Parameter. Diese beinhalten sowohl den Namen als auch die Ausprägungen der Variablen, die innerhalb des thinkLets benötigt werden.
- Modifikator: Ein Modifikator ist eine wiederverwendbare Regel, die auf ein thinkLet angewendet werden kann, um dessen Dynamik zu verändern. So kann beispielsweise der OneMinute-Madness Modifikator jeder Aktivität der Ideenfindung zugefügt werden: Eine Minute nach Beginn des Brainstormings stoppt der Moderator hierbei die Teilnehmer für einen Moment, um zu diskutieren, ob ihre Beiträge der Brainstorming-Frage entsprechen, und um die Regeln und Begrenzungen des thinkLets zu verdeutlichen. Anschließend wird das Brainstorming fortgesetzt.

Nimmt man die beschriebenen Elemente zusammen, so können hieraus thinkLets in neuer Notation gebildet werden (Tab. 8.3). Tabelle 8.3 zeigt die thinkLets in Form der neuen Konzeption für herkömmliche Aufgaben der Teilnehmer. In diesem Verfahren werden die thinkLets mit Namen, Muster der Zusammenarbeit, Parametern, Regeln mit ihren Einschränkungen sowie Aktivitäten beschrieben.

Zu beachten ist, dass in dieser Tabelle unabhängige thinkLets beschrieben werden, welche in dem Prozess der Zusammenarbeit nicht an Datensätze, Vorgänger oder Nachfolger gekoppelt sind. Somit können die thinkLets für jeden kollaborativen Prozess genutzt werden. Um anhand des LeafHoppers beispielsweise eine SWOT Analyse durchzuführen, muss das thinkLet an die konkrete Implementierung angepasst werden. Im Zuge dessen werden die Parameter, Regeln und Ressourcen spezifiziert, indem eine Brainstorming-Frage (z. B.: Welche Faktoren müssen hinsichtlich der Unternehmensstrategie berücksichtigt werden?), die Diskussionsthemen (z. B. Stärken, Schwächen, Möglichkeiten, Gefahren), das Werkzeug und dessen Konfiguration (z. B. Whiteboards mit Themen und Filzstifte für jeden Teilnehmer) sowie ein Skript mit präzisen Anweisungen für den Facilitator festgelegt werden.

Hierbei sollte der Tatsache Beachtung geschenkt werden, dass jedes thinkLet eine unterschiedliche Kombination der Aktivitäten mit einer unterschiedlichen Kombination von Regeln erfordert.

Das StrawPoll thinkLet erlaubt beispielsweise den Teilnehmern, mehrere Ideen zu bewerten, während beim MoodRing thinkLet lediglich die Bewertung einer einzelnen Idee möglich ist, um die kontinuierliche Entwicklung einer Idee zu erzielen. Für Collaboration Engineers ergibt sich aus diesem Modell von Aktivitäten und Beschränkungen eine nütz-

Tab. 8.3 Ausgewählte thinkLets in der neuen Notation. (Kolfschoten et al. 2006a)

Name & Muster der Zusammenarbeit	Regel (Beschränkung)	Einsatzvoraussetzungen	Aktivität	Parameter
LeafHopper Ausweiten (Diverge)	Hinzufügen von Ideen im Rahmen vom Diskussionsthema (X) und (Y)	Eine Seite für jedes X.	Hinzufügen	X: Diskussionsthema
	Hinzufügen zu jeder Seite; je nach Interesse.			Y: Brainstorming Frage
Pin-the-Tail-on-the-Donkey Annäherung (Converge)	Auswählen der Anzahl (X) von Ideen (Y), welche als Schlüsselbeiträge gelten sollen	X Unterscheidungen.	Bewerten	X: Anzahl
	Lesen der bezeichneten Schlüsselbeiträge		Lesen	Y: Ideen
	Erklärung und Diskussion, warum besagte Beiträge Schlüsselbeiträge sind		Diskutieren	
RichRelations Organisieren (Organize)	Lesen der Ideen (X), identifizieren der artverwandten (X)	Eine Verbindung für jedes Y, welches an X1 und X2 gekoppelt ist	Lesen	X: Idee
			Bewerten	Y Relation
	Definieren und Hinzufügen der Relation (Y)	Eine Seite für jedes Y	Hinzufügen	
	Verkoppelung von X und Y		In Beziehung setzen	
StrawPoll Bewerten (Evaluate)	Bewerten jeder Idee (A) anhand des Kriteriums (X), erstreckt über Mindestmaß (Y) bis Höchstmaß (Z)	Ein Unterscheidungsmerkmal für jede Idee	Bewerten	A: Idee
	Diskutieren der Ergebnisse der gemeinsamen Wahl	Bearbeitung der gemeinsamen Ergebnisse	Diskutieren	X: Kriterium
				Y: Mindestmaß
				Z: Höchstmaß

liche Basis für die Auswahl zwischen unterschiedlichen, verfügbaren thinkLets (Kolfscho-ten et al. 2006a).

Um einen kompletten Kollaborationsprozesses gestalten zu können, benötigt der Colla-boration Engineer jedoch zudem eine Hilfestellung, um zu entscheiden, welches thinkLet an welcher Stelle eingesetzt werden soll. Im Folgenden werden deshalb Möglichkeiten vor-gestellt, anhand derer thinkLets für eine bestimmte Aktivität ausgewählt werden können.

8.3 thinkLets im praktischen Einsatz

Nachdem im Rahmen der vorherigen Abschnitte das theoretische Konzept der thinkLets beschrieben wurde, folgt nun die Darstellung der thinkLets innerhalb des praktischen Einsatzes. Dazu wird zunächst gezeigt, welche thinkLets in der Praxis besonders häufig angewendet werden. Im Zuge dessen wird eine Studie vorgestellt, in der 93 Kollaborati-onsprozesse in Bezug auf die verwendeten thinkLets analysiert wurden (Kolfschoten et al. 2004). Daran anschließend wird ein thinkLet- Katalog präsentiert, der die am häufigsten benutzten thinkLets enthält. Ziel dieses Kataloges ist es, dem Leser mehrere thinkLets zur Verfügung zu stellen, mit Hilfe derer ein vollständiger Kollaborationsprozess abgebildet werden kann. Um thinkLets einsetzen zu können, muss es dem Collaboration Engineer möglich sein zu erkennen, welches thinkLet an welcher Stelle des Prozesses angewendet werden soll. Diese Auswahlentscheidung ist Gegenstand des letzten Abschn. 8.4.2, inner-halb dessen zwei unterschiedliche Wege aufgezeigt werden, diese Auswahl zu treffen.

8.3.1 Fokussierung auf populäre thinkLets

Wie in Abschn. 8.2 dargestellt wurde, besteht eine der wesentlichen Zielsetzungen von thinkLets darin, die Gestaltung eines kollaborativen Prozesses einfacher und vorhersagba-rer durchführen zu können. Durch die Sammlung von thinkLets wird es dem Collaborati-on Engineer ermöglicht, seine Aufmerksamkeit auf die Auswahl bekannter und geeigneter thinkLets legen zu können, anstatt diese jedes Mal neu entwickeln und testen zu müssen (Kolfschoten und Veen 2005). Damit kann sowohl der Aufwand als auch das Risiko der falschen Gestaltung von kollaborativen Arbeitsprozessen reduziert werden (Kolfschoten et al. 2006a). Dementsprechend scheint es insbesondere für unerfahrene Collaboration Engineers sinnvoll zu sein, ihre Aufmerksamkeit auf die Lösungen zu richten, die in der Praxis besonders häufig angewendet werden, um die Fülle an existierenden thinkLets bes-ser handhaben zu können. Daher werden im Folgenden die Ergebnisse einer Studie prä-sentiert, im Rahmen derer 93 Gruppensitzungen untersucht wurden, die im Zeitraum von 2000–2002 an der TU Delft durchgeführt wurden (Kolfschoten et al. 2004).

Wie die Untersuchung zeigte, wurden in den Sitzungen lediglich zwölf unterschied-liche thinkLets aus den über 70 thinkLets, die bisher dokumentiert wurden, ausgewählt (Tab. 8.4).

Tab. 8.4 Häufig benutzte thinkLets. (Nach Kolfschoten et al. 2004)

Pattern	thinkLet Name	Häufigkeit	% Erster Abschnitt	% Mitte	% Letzter Abschnitt	% allein-stehend
Generieren						
	OnePage	66	92,4	0	0	7.6
	LeafHopper	87	83,9	1.1	0	14.9
	PlusMinusInte-resting	37	35,1	64.9	0	0
	Attention!	161	3,9	40.5	41.8	13.7
	FreeBrainstorm	6	50	0	0	50
Reduzieren						
	FastFocus	36	0	100	0	0
	BroomWagon	8	0	12.5	62.5	25
	CheckMark	47	0	19.1	66.0	14.9
Organi-sier-en						
	PopcornSort	20	0	75.0	25.0	0
Evaluieren						
	StrawPoll	75	4,0	20.0	37.3	38.7
	BucketWalk	13	0	69.2	30.8	0
	MultiCriteria	11	0	45.5	54.4	0

Zusätzlich dazu zeigt die Tab. 8.4, an welcher Stelle des Kollaborationsprozesses die unterschiedlichen thinkLets eingesetzt werden. Die Kenntnis der Positionierung innerhalb des Prozesses birgt für einen unerfahrenen Collaboration Engineer eine zusätzliche Erleichterung, da es wenig Sinn macht, eine Gruppensitzung mit einem thinkLet zur Generierung, wie beispielsweise „OnePage", enden zu lassen. In diesem Fall würden vor dem Ende des Kollaborationsprozesses noch einmal viele ungeklärte Aspekte eröffnet und die Teilnehmer entlassen, ohne dass die einzelnen Aspekte geklärt wurden.

Zu beachten ist, dass sich in der obigen Liste kein thinkLet für die Erzeugung von Commitment wiederfindet. Kolfschoten et al. (2004) begründen diesen Umstand mit der Tatsache, dass es sich bei den untersuchten Kollaborationsprozessen vorwiegend um Sitzungen zur Problemlösung bzw. zur Entscheidungsvorbereitung handele. Da jedoch die Erzeugung von Commitment ein zentraler Bestandteil jedes Kollaborationsprozesses ist (Abschn. 6.6.2), werden die entsprechenden thinkLets ebenfalls in die Sammlung des vorliegenden Buches aufgenommen, die im letzten Abschnitt des Kapitels dargestellt wird.

8.3.2   Zuordnung der thinkLets

Nachdem in den vorherigen Abschnitten die theoretischen Grundlagen des thinkLet Konzeptes erläutert sowie einige populäre Beispiele für thinkLets vorgestellt wurden, beschäftigt sich der vorliegende Abschnitt mit der Zuordnung der thinkLets auf einzelne Aktivitäten. In Abschn. 7.3 wurde der Prozess zur Erzeugung der Produkte in einzelne Aktivitäten unterteilt. Nun besteht der nächste Schritt für einen Collaboration Engineer darin, den jeweiligen Aktivitäten ein passendes thinkLet zuzuweisen (Kolfschoten und de Vreede 2009).

Hierbei die richtige Wahl zu treffen, ist laut Kolfschoten und de Vreede (2009) eine komplexe Aufgabe, weshalb sie vier Handlungsanweisungen vorschlagen, mit Hilfe derer die thinkLet Wahl erleichtert werden soll:

Um die Berücksichtigung aller thinkLets zu gewährleisten, empfiehlt es sich, eine Übersicht über die häufigsten thinkLets zu benutzen (Abschn. 8.8). Entsprechend der Aufteilung der Produkte in Aktivitäten (Abschn. 7.3), können thinkLets nach den Patterns of Collaboration, die sie anregen, oder nach den Ergebnissen, die sie erzeugen sollen, ausgewählt werden. Je nachdem, welche Methode der Collaboration Engineer genutzt hat, um zu den Aktivitäten zu gelangen, die während des Kollaborationsprozesses durchgeführt sollen, kann er auf Basis dieser Analyse das passende thinkLet wählen (Abschn. 8.8)

Zusätzlich zu den erwarteten Ergebnissen und dem Pattern of Collaboration, das es anregen soll, wird jedes thinkLet mit Handlungsempfehlungen zu seinem Gebrauch sowie dem Kontext seiner Anwendung dokumentiert. Darüber hinaus enthält die Beschreibung auch Ausführungen über die Situation, in der es angewendet werden sollte, sowie nützliche Hintergrundinformationen (Abschn. 8.8). Es empfiehlt sich, diese Informationen zu nutzen, nachdem eine Vorauswahl, wie in Schritt 2 beschrieben, getroffen wurde.

Neben der Aktivität, die mit Hilfe des thinkLets umgesetzt werden soll, gilt es zu beachten, inwieweit das thinkLet in den gesamten Ablauf passt. Das bedeutet, der Collaboration Engineer sollte stets die Input-Output-Beziehungen der unterschiedlichen thinkLets im Auge behalten.

Da die ersten drei Punkte zu einem späteren Zeitpunkt dargestellt werden (Abschn. 8.8), soll im Folgenden lediglich auf die Beziehungen zwischen den unterschiedlichen thinkLets eingegangen werden. In diesem Zusammenhang liegt es an dem Collaboration Engineer, die Input-Output-Beziehungen der thinkLets richtig zu beurteilen und auf Basis dessen eine geeignete Auswahl zu treffen. Einen ersten Ausgangspunkt für unerfahrene Collaboration Engineers liefert, wie schon bei der Eingrenzung der thinkLets (Abschn. 8.4.1), die Betrachtung von Best-Practice-Lösungen. Hierfür liefert die Studie von Kolfschoten et al. (2004), in der die besagten 93 Kollaborationsprozesse untersucht wurden, ebenfalls erste Erkenntnisse darüber, welche thinkLets in welcher Reihenfolge in der Praxis besonders häufig eingesetzt werden (Tab. 8.5).

Will ein Collaboration Engineer einen vollkommen neuen Kollaborationsprozess entwerfen, so ist er darauf angewiesen zu prüfen, inwiefern das thinkLet zu seinem direkten

Tab. 8.5 Häufig benutzte thinkLet Abfolgen. (Nach Kolfschoten et al. 2004)

Anzahl Nutzungen	1. thinkLet	2. thinkLet	3. thinkLet	4. thinkLet	Legende
20	GAT	ECM			RFF = Reduzieren-Fast-Focus
15	GAT	ESP			GAT = Generieren-Attention
48	GLH	GAT			GLH = Generieren-Leafhopper
6	GLH	GAT	EBW		GOP = Generieren-OnePage
10	GLH	GAT	ECM		GPMI = Generieren-PlusMinusInteresting
10	GLH	GAT	ESP		ECM = Evaluieren-CheckMark
7	GLH	EBW			ESP = Evaluieren-StrawPoll
5	GLH	EBW	ECM	GAT	EBW = Evaluieren-BucketWalk
32	GPMI	RFF			OPS = Organisieren-PopcornSort
8	GPMI	RFF	ESP	ECM	
5	GPMI	GAT			
32	GOP	GAT			
10	GOP	GAT	ECM		
5	GOP	GAT	ESP		
10	GOP	OPS			

Vorgänger und Nachfolger passt. Diese Überlegung ist zwingend notwendig, da nicht in allen Fällen der Output eines thinkLets ohne weiteres für die folgenden thinkLets verwendet werden kann. Um den Entscheidungsprozess zu vereinfachen, ist es sinnvoll eine Übersicht zu erstellen, inwiefern die in Frage kommenden thinkLets miteinander harmonieren (Kolfschoten und de Vreede 2009). Tabelle 8.6 zeigt eine solche Übersicht für ausgewählte thinkLets. Die vertikal angetragenen thinkLets stellen hierbei die Vorgänger der horizontal angetragenen thinkLets dar.

Tab. 8.6 Kompatibilität ausgewählter thinkLets. (Nach Kolfschoten und de Vreede 2009)

thinkLet Kombination	FreeBrainstorm	One Page	Comparative	LeafHopper	Dealers Choice	Plus Minus	Top Five	Branch Builder	The Lobbyist
Workshop Kickoff	O	O	O	O	O	-	-	O	-
Free Brainstorm	-	-	O	X	-	X	-	X	O
OnePage	-	-	X	X	X	O	-	O	O
Comparative Brainstorm	-	-	-	X	X	X	-	X	O
LeafHopper	-	-	-	O	O	O	-	X	O
Dealers Choice	-	-	-	O	O	O	-	X	X
PlusMinus-Interesting	-	-	-	X	X	X	-	X	O
Top Five	-	-	-	-	-	X	X	X	O
Branch Builder	-	-	-	-	-	X	-	X	O
The Lobbyist	-	-	-	-	-	-	-	-	-

Empfohlen = o, Schwierig = x, Unmöglich = -

8.4   Weitere Moderationstechniken

Neben den vorgestellten thinkLets existieren jedoch eine Reihe weiterer Techniken, die dabei helfen, eine Gruppe durch die geplanten Aktivitäten zu führen. Da diese für die Anwendung durch den Moderator konzipiert wurden, werden sie im Folgenden als Moderationstechniken bezeichnet.

Moderationstechniken dienen als Handwerkzeug für den Moderator. Sie helfen ihm bei der strukturellen Gestaltung der Moderation und sollen eine produktive und erfolgreiche Zusammenarbeit gewährleisten. Die Techniken der Moderation ermöglichen es dem Moderator, die Gruppe in die Lage zu versetzen, selbstständig einen roten Faden für den Gruppenarbeitsprozess zu entwickeln (Neuland 2003). Für die einzelnen Schritte eines moderationsunterstützten Arbeitsprozesses existieren alternative Techniken zur Optimierung, die beispielsweise den Vorbereitungsprozess des Moderators, den Einstieg, die Ideenfindung, die Evaluation der Alternativen oder auch die Umsetzung der Lösungen unterstützen. Auf die unterschiedlichen Moderationstechniken soll im Folgenden eingegangen werden.

Brainstorming Das Brainstorming gilt als klassische Moderationstechnik und wurde in den 1950er Jahre von Alexander F. Osborn entwickelt. Wie der Begriff (engl. für Gehirnsturm oder Ideenwirbel) vermuten lässt, steckt hinter der Technik die kreative Ideenfindung. Ziel ist die Generierung möglichst vieler Ideen. Die denkpsychologischen Blockaden sollen ausgeschaltet werden, um das Unterbewusstsein anzuregen und somit die intuitiv-schöpferischen Gedanken der Gruppenteilnehmer zu fördern (Niederhuber und Bart 2010). Brainstorming in der Gruppe nutzt die Ideen mehrerer Personen, durch den Gedankenaustausch entstehen wiederum Synergieeffekte (Backerra 1997).

Beim Brainstorming in mündlicher Form rufen die Gruppenteilnehmer nacheinander, teilweise auch durcheinander, ihre Ideen dem Moderator zu. Dieser notiert die Ideen auf dem Flipchart oder auf Kärtchen für die Metawand.

Beim Brainstorming gilt Quantität vor Qualität. In kürzester Zeit sollten so viele Ideen wie möglich hervorgerufen werden. Der Gedankenfluss gewinnt an Spontaneität, die Ideen sind kurz, prägnant und des Öfteren ungewöhnlicher als andere. Eine Bewertung der Ideen während des Brainstormings ist zu unterlassen. Der Phantasie soll freier Lauf gelassen werden, fremde Ideen können außerdem aufgegriffen und weiterverarbeitet werden.

▶   Tipp für den Moderator: Führen Sie die Gruppe in das Problem ein, aktivieren Sie die Teilnehmer und achten Sie auf die Einhaltung der Regeln. Wichtig ist, dass beim Brainstorming keine Ideen verloren gehen. Der Moderator sollte also darauf achten, dass sich die Gruppenteilnehmer mit ihren Ideen nicht gegenseitig überrufen. Weiterhin sagen Sie das Ende des Brainstormings an.

Tab. 8.7 Vorgehensweise beim Brainwriting-Pool. (Nach Niederhuber und Bart 2010; Schlicksupp 1998)

Abfolge	Beschreibung
Erster Schritt	Der Moderator legt ausreichend Papier auf den Tisch und formuliert die Problemfrage auf jedem Zettel oder sichtbar für alle auf dem Flipchart
Zweiter Schritt	Jeder Teilnehmer notiert auf seinem Zettel Ideen zur Lösung des Problems
Dritter Schritt	Hat ein Teilnehmer keine neuen Ideen mehr, legt er sein beschriebenes Blatt Papier in die Mitte (= Brainwriting-Pool)
Vierter Schritt	Im Gegenzug nimmt der Teilnehmer einen Zettel mit fremden Ideen und lässt sich durch diese Ideen inspirieren, um auf neue Gedanken zu stoßen

Brainwriting-Pool Das Brainwriting ist ähnlich dem Brainstorming und wurde in den 1990er Jahre von Schlicksupp als Alternative dazu entwickelt (Schlicksupp 1998). Die Ideen werden nicht mehr mündlich, sondern in schriftlicher Form gesammelt. Dabei erhalten die Gruppenmitglieder Zettel und die Brainstormingfrage wird auf den Tisch gelegt oder hängt gut sichtbar für alle z. B. an dem Flipchart. Jeder Teilnehmer schreibt seine Ideen auf die Zettel (Tab. 8.7).

Abwandlungen von der hier beschriebenen Methode sind durchaus denkbar (vgl. dazu die Ausführungen von Scherer (2007).

Neben der traditionellen Zettelmethode gibt es computerunterstützte Maßnahmen (die Software thinktank), die ein anonymes Brainstorming ermöglichen.

Eine Bewertung der Ideen während der Schreibphase ist zu unterlassen. Das Brainstorming durch Zettel erlaubt jedem Gruppenmitglied, Ideen zu sammeln, ohne warten zu müssen, bis man selbst das Wort ergreifen kann. Darüber hinaus ermöglicht die Verschriftlichung der Ideen eine Weiterverarbeitung in späteren Phasen. Ein Protokoll entsteht bei der Ideengenerierung automatisch. Nachteilig ist zu sehen, dass eventuelle Missverständnisse durch knappe Formulierungen auftreten können und die Stimulationswirkung für die anderen Teilnehmer geringer ist, da nicht jeder Teilnehmer die Ideen des anderen aufnehmen kann (Niederhuber und Bart 2010).

Die folgenden Ausführungen der Moderationstechniken beziehen sich auf die Werke von Schenk und Schwabe (2001), Schenk (2001) sowie Schilling (2005).

Kartenabfrage Bei der Kartenabfrage erhalten alle Gruppenmitglieder Kärtchen, um ihre Antworten für die zur Diskussion stehende Frage notieren zu können. Die Karten werden an den Moderator gegeben, der die Antworten zur gemeinsamen Diskussion vorträgt. Die Teilnehmer haben die Gelegenheit, in Ruhe und unbeeinflusst voneinander die Antwort auf eine im Raum stehende Frage zu liefern.

Im Rahmen des Continous Improvement Process (CIP) der Personalabteilung des Unternehmens „Sonnenfeld GmbH & Co. KG" sollen Bedingungen, mit denen die Mitarbeiter am Arbeitsplatz unzufrieden sind, aufgedeckt werden. Der Moderator formuliert folgende Frage: „Mit welchen Situationen in der Abteilung sind Sie unzufrieden?" Ziel dieser Frage ist es, die bestehenden Schwierigkeiten zu sammeln, um anschließend Ursachen und Lösungen zu finden. Dazu bekommt jeder Mitarbeiter ein Kärtchen, auf dem er seine Antwort notiert, die er sich zuvor in Ruhe und anonym überlegen kann. Am Ende sammelt der Moderator alle Kärtchen ein, mischt sie und pinnt sie nacheinander an die Metaplanwand. Dazu wird jede Antwort auf der Karte noch einmal laut für die Gruppe vorgelesen. Das Ergebnis ist eine Sammlung von Situationen, mit denen die Mitarbeiter in der Abteilung unzufrieden sind. Mit dem Ergebnis kann die Gruppe nun weiterarbeiten.

Die Kartenabfrage sollte eingesetzt werden, wenn der Moderator für die Gruppe ein breites Spektrum an Antworten erhält. Häufig kommt es bei einer Gruppenarbeit vor, dass ein Mitglied der Wortführer ist; mit der Kartenfrage haben jedoch alle Mitglieder gleichermaßen die Möglichkeit, eine Antwort abzugeben und sich somit am Ergebnis zu beteiligen.

Als Vorteile der Kartenabfrage kann gesehen werden, dass alle Gruppenmitglieder beteiligt sind und gleichzeitig eine Antwort auf der Karte abgeben. Alle Teilnehmer beantworten die Frage außerdem unbeeinflusst voneinander und die Antworten können, sofern gewünscht, anonym behandelt werden. Durch das Notieren gehen zudem keine Antworten verloren. Der Moderator sollte darauf achten, dass pro Karte nur eine Antwort aufgeschrieben wird. Weiterhin sollen die Teilnehmer darauf aufmerksam gemacht werden, kurze prägnante Stichworte auf die Karten zu schreiben und keine langen Sätze. Es soll auch gewährleistet werden, dass alle Mitglieder eine Karte der gleichen Farbe erhalten. Das garantiert zum einen die Anonymität und zum anderen wird vermieden, dass eine Antwort durch ihre Andersfarbigkeit heraussticht.

Die Kartenfrage eignet sich nicht, wenn sehr wenige Antworten erwartet werden oder es sehr wahrscheinlich ist, dass sich viele Antworten überschneiden. Dann ist die Zuruffrage besser geeignet.

▶   Tipp für den Moderator: Verhalten Sie sich neutral und bewerten Sie die gegebenen Antworten nicht! Formulieren Sie die zu diskutierende Frage treffend und eindeutig, um nicht zu viele, aber auch nicht zu wenige Antworten zu erhalten.

Clustern Das Clustern ordnet die gesammelten Beiträge, die u. a. bei der Kartenabfrage oder bei der Zuruftechnik entstanden sind, bestimmten Kategorien (Überschriften) zu. Antworten, die das gleiche meinen, sollen zu einzelnen Blöcken (Cluster) an Antworten zusammengefasst werden. Für die Cluster können dann Überschriften gebildet werden. Ziel ist ein fokussiertes Weiterarbeiten mit den einzelnen Blöcken.

Beispiel

Beim CIP-Workshop haben die Teilnehmer folgende Frage gestellt bekommen: „Mit welchen Situationen in der Abteilung sind Sie unzufrieden?" Mithilfe der Kartenabfrage wurde von jedem Teilnehmer Beiträge gesammelt und an die Metaplanwand gepinnt. Alle sich ähnelnden Beiträge wurden zu einem Cluster sortiert. Zu jedem Cluster wurde im Anschluss daran eine passende Überschrift gesucht (Abb. 8.3).

Vorteile des Clusterns sind, dass ähnliche Aspekte zu einer Hauptaussage verdichtet werden. Es werden Kernaussagen formuliert, auf die sich im weiteren Moderationsverlauf konzentriert werden kann.

►   Tipp für den Moderator: Der Moderator sollte sich neutral verhalten und nicht selbst die Überschriften bestimmen, sondern dies der Gruppe überlassen.

Zuruftechnik   Bei der Zuruftechnik wird die zu beantwortende Frage durch ein Werkzeug (Flipchart, Metawand, etc.) für alle sichtbar visualisiert. Die Beiträge und Kommentare der Gruppenmitglieder werden von dem Moderator notiert und ebenfalls visuell mithilfe eines Werkzeuges dargestellt. Somit entsteht ein Sample visueller Antworten zu der Frage.

Beispiel

In einer Abteilung eines Unternehmens findet der CIP-Workshop statt, um fehlerhafte Arbeitsabläufe aufzudecken und diese gemeinsam zu verbessern sowie nach Lösungen zu schauen. Zu Beginn soll jeder Workshop-Teilnehmer seine Erwartungen an den Workshop, welche Prozesse dadurch optimiert werden sollen, dem Moderator zurufen. Dieser wird die Antworten auf einem Flipchart für alle sichtbar notieren.

Vorteile der Zuruftechnik sind die einfache und schnelle Anwendbarkeit. Weiterhin kann sich ein Teilnehmer Anregungen für seine Antwort holen, indem er sich an den bereits genannten Antworten orientiert. Die Zuruftechnik ist allerdings nicht geeignet, wenn verhindert werden soll, dass sich die Teilnehmer durch ihre Stellungnahmen gegenseitig beeinflussen oder wenn die Kommentare anonym abgegeben werden sollen. Formuliert ein Teilnehmer eine sehr lange Antwort, sollte dieser nach Möglichkeit eine kürzere Variante finden, die sich aufschreiben lässt. Der Moderator soll hier aber keinesfalls selber einen Vorschlag bringen nach dem Motto: „Sie meinen sicherlich damit, dass …" oder „Wir können es folgendermaßen kürzer formulieren…". Der Teilnehmer könnte etwas ganz anderes

Abb. 8.3 Ergebnis des
Clusterns. (In Anlehnung an
Schilling 2005)

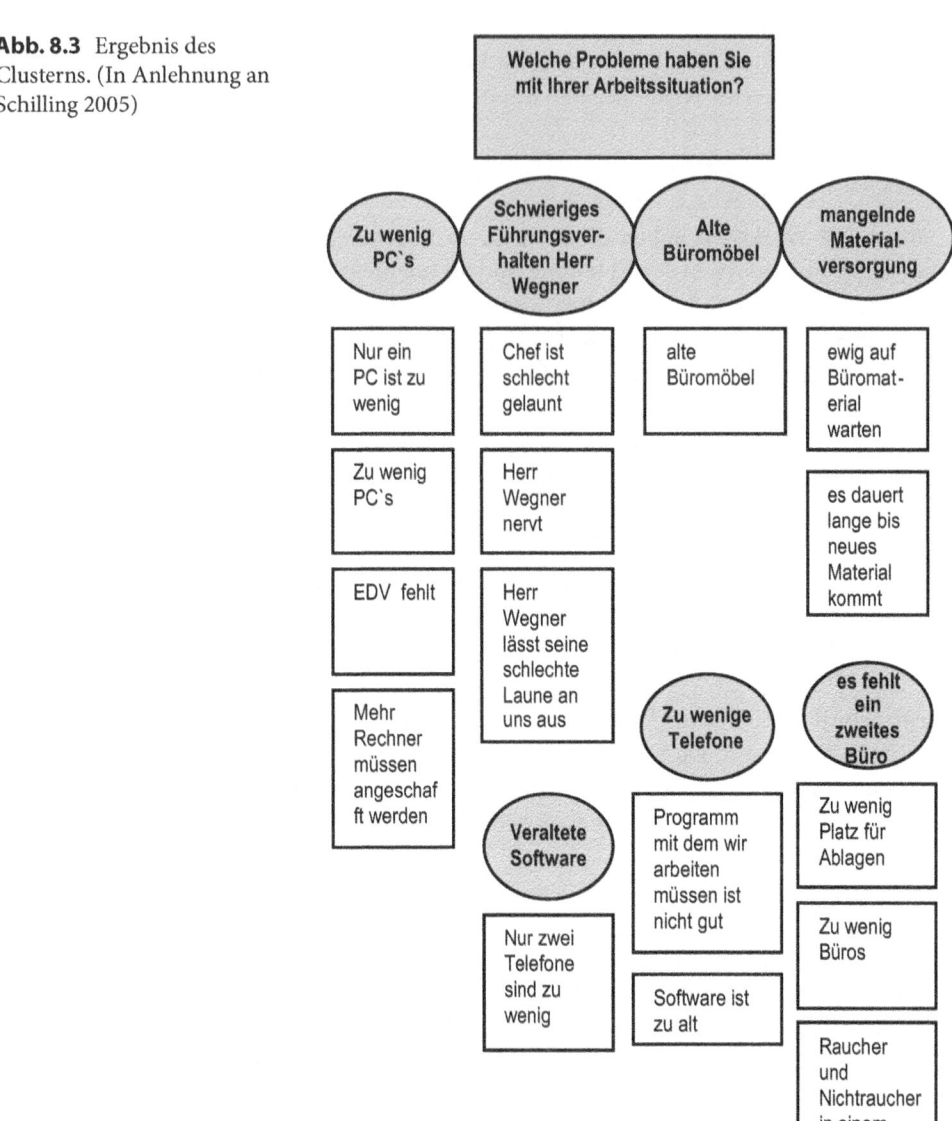

meinen. Fällt ihm keine kürzere Variante ein, können die anderen Gruppenmitglieder um
Mithilfe gebeten werden.

Mindmap Das Mindmap, entwickelt in den 1970er Jahre von Buzan, ist ein Ausdruck
für das strahlenförmige Denken des menschlichen Geistes. Ideen und Einblicke werden
horizontal auf einem Blatt Papier aufgefangen (Mento et al. 1999). Ausgehend von einer
Kernidee, platziert in der Bildmitte, werden weitere Ideen gesammelt, die außerhalb der

Kernidee angeordnet und mit ihr verbunden werden. Wichtige Themen werden als Ast mit einer direkten Linie zum Kern verbunden. Informationen mit weniger Relevanz verlaufen nicht astförmig zur Kernidee, sondern zu den relevanten Themen. Somit entsteht ein ausdrucksstarkes Bild. Im Rahmen einer Gruppenarbeit sollte das Mindmap für alle sichtbar auf dem Flipchart, einer großen Tafel oder einem Bildschirm entstehen. Somit ist sichergestellt, dass der Moderator alle Beiträge aufnimmt und keine Ideen verloren gehen.

Vorteile des Mindmaps sind die Aktivierung der Mitglieder sowie die Gewährleistung, dass alle Ideen aufgenommen werden.

Punkten Für eine Abstimmung zwischen mehreren Alternativen oder für das Festlegen einer Rangfolge kann das Punkten verwendet werden. Die zu bewerteten Kriterien werden visuell dargestellt; jeder Teilnehmer erhält dann ein bis sieben Punkte (je nach Kriterienanzahl) und darf eine Alternative mit maximal zwei Punkten gewichten. In Anlehnung an Schilling (2005) soll im Folgenden zwischen Einpunktefrage und Mehrpunktefrage unterschieden werden.

Einpunktefrage Die Einpunktefrage eignet sich besonders gut für den Beginn oder das Ende einer Moderation und ist einsetzbar, um Stimmungen und Meinungen der Teilnehmer zu erfassen. Der Moderator kann eine Frage, eine These oder eine Behauptung verfassen, welche die Gruppenteilnehmer mit den Klebepunkten gewichten sollen.

Die Einpunktefrage eignet sich hervorragend, um die Teilnehmer zu aktivieren, da die Ergebnisse einer Frage schnell ersichtlich werden. Ein weiterer Vorteil ist, dass differenzierte Antworten möglich sind. Die Einpunktefrage sollte nicht bei einer reinen Entscheidungsfrage eingesetzt werden, sondern nur bei Fragen, bei denen auch „Grauwerte" (Mittelwerte) zulässig sind.

Beispiel

Zu Beginn des CIP-Workshops in der Personalabteilung von Unternehmen „Sonnenfeld GmbH & Co. KG" soll jeder der zehn Teilnehmer das Arbeitsklima beschreiben. An dem Flipchart befindet sich dazu ein Bild mit verschiedenen Wettersituationen, anhand derer das Arbeitsklima eingeschätzt werden soll. Jeder Mitarbeiter erhält einen Klebepunkt und kann seine persönliche Einschätzung der Fragen einer Wettersituation zuordnen.

Wichtig ist, die Teilnehmer dazu aufzufordern, einen Mittelwert über die eigenen Stimmungen zu ziehen, wenn einmal das Arbeitsklima als sehr gut und ein anderes Mal als sehr schlecht bewertet wird.

Es gibt eine Reihe weiterer Skalen und Raster, die bei der Einpunktefrage eingesetzt werden können, vgl. dazu Schilling (2005).

Die gegenseitige Beeinflussung ist bei dieser Art der Moderation sehr hoch. Daher sollte dieses Vorgehen nicht angewendet werden, wenn die Gruppe Entscheidungen zu fällen

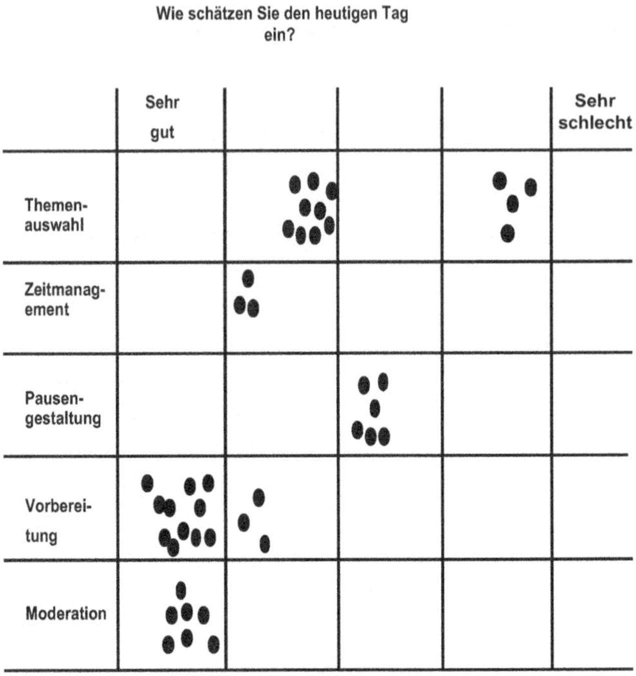

Abb. 8.4 Ergebnis der Mehr-fachen-Einpunktefrage. (Nach Schilling 2005)

hat. Wenn eine anonyme Abstimmung gewünscht ist, weil beispielsweise die Frage ein sehr heikles Thema beinhaltet, kann der Flipchart umgedreht werden, so dass jeder Teilnehmer seinen eigenen Punkt versteckt aufkleben kann.

Mehrfache-Einpunktefrage Die Einpunktefrage kann zu einer Mehrfachen-Einpunkte-frage erweitert werden, wenn sich eine Frage- oder Problemstellung in mehrere Unter-punkte aufteilen lässt. Für jedes Kriterium gilt wiederum die Einpunktefrage. Die Vorteile dieser Variante sind, ebenso wie bei der Einpunktefrage, die Aktivierung der Teilnehmer, die schnelle Sichtbarkeit der Ergebnisse sowie die Möglichkeit der differenzierten Ant-worten. Diese Methode ist jedoch nicht geeignet, wenn eine Rangfolge der verschiedenen Punkte festgelegt werden soll.

Beispiel

Am Ende des CIP-Tages möchte der Moderator von jedem Gruppenmitglied eine eigene Einschätzung nach Schulnoten zu den Themen Zeiteinhaltung, Pausengestal-tung, Themenauswahl, Vorbereitung des Arbeitsmaterials sowie Moderation. Jedes Gruppenmitglied bekommt fünf Klebepunkte, um den CIP-Tag im Gesamtbild ein-schätzen zu können (Abb. 8.4).

▶   Tipp für den Moderator: Für eine bessere Übersichtlichkeit ist es bei dieser
    Methode sinnvoll, für jeden einzuschätzenden Parameter mit einer anderen
    Farbe zu arbeiten.

Mehrpunktefrage Die Mehrpunktefrage eignet sich, wenn eine Auswahl von Themen
deutlich herausgebildet oder wenn Prioritäten von Maßnahmen, eine Gewichtung von
Vorschlägen sowie eine Rangfolge von Tagesordnungspunkten deutlich gemacht werden
soll.

Auch bei dieser Technik sind die Aktivierung der Teilnehmer und die schnelle Sichtbarkeit der Resultate als Vorteile zu sehen. Ein weiterer Vorteil ist die wahrscheinlich höhere
Ergebnisakzeptanz.

Beispiel

Im Rahmen der CIP-Veranstaltung möchte der Moderator eine Einschätzung von den
Mitarbeitern aus der Personalabteilung zu folgender Frage: „Welche Faktoren motivieren Sie am meisten zu arbeiten?" Der Moderator hat sechs verschiedene Antworten
vorgegeben. Jeder Teilnehmer erhält drei Klebepunkte. Von einem Teilnehmer kann
ein Motivationsfaktor nur mit maximal einem Punkt gewichtet werden. Ziel der Mehrpunktefrage ist es festzustellen, welcher Faktor die Mitarbeiter am meisten motiviert
(Abb. 8.5).

▶   Tipp für den Moderator: Es hat sich bewährt, nur halb so viele Klebepunkte an
    die Teilnehmer zu geben, wie es Themen gibt. Dies führt zu einer besseren Prio-
    risierung der Themen und einer besseren Ergebnisherleitung am Ende. Um zu
    verhindern, dass ein Teilnehmer nicht alle Punkte auf ein Thema vergibt, sollten
    Gewichtungsregeln getroffen werden. So ist es sinnvoll, bei insgesamt sieben
    Punkten maximal zwei Punkte auf ein Thema zu vergeben.

Eine umfassende Sammlung und Beschreibung der Moderationstechniken ist u. a. in den
Werken von Van Gundy (1988) und Neuland (2003) zu finden.

Im Gegensatz zu thinkLets gilt es zu beachten, dass eine Moderationstechnik alleine
keinen Sinn macht und ohne einen guten Moderator unnütz ist. „Die Moderationstechnik
ist nur Technik, erst der Moderator und die Teilnehmer erwecken die Moderation zum Leben" (Schilling 2005). Jede Gruppe ist anders, dementsprechend muss der Moderator auf
jede Gruppe unterschiedlich eingehen. Dies erfordert entsprechendes Einfühlungsvermö-
gen. Aber auch über Humor, Menschlichkeit und Konfliktfähigkeit muss ein Moderator
verfügen (Schilling 2005).

Abb. 8.5 Ergebnis der Mehrpunktefrage. (In Anlehnung an
Schilling 2005)

**Welche folgenden Faktoren motivieren
Sie am meisten zu arbeiten?**

Faktor	Punkte	Rang
Gute Bezahlung	● ● ● ● ● ● ● ● ● 9	<u>1</u>
Nette Arbeitskollegen und eine gute Arbeitsatmosphäre	● ● ● ● ● ● ● ● 8	<u>2</u>
Inhaltliches Interesse an der Arbeit	● ● ● ● ● 5	<u>3</u>
Weiterbildungsmöglichkeiten	● ● 2	4
Sicherheitsgefühl	● ● ● ● ● 5	<u>3</u>
Vereinbarkeit von Beruf und Privatleben	● 1	5

8.5 Zusammenfassung

Gruppenprozeduren charakterisieren, auf welche Weise eine Gruppe innerhalb der Aktivitäten eines Kollaborationsprozesses zusammenarbeiten soll. Dementsprechend beinhalten
die Gruppenprozeduren alle Techniken, die zur Durchführung einer Aktivität herangezogen werden können. Um die verschiedenen Gruppenprozeduren, die im Rahmen des
Collaboration Engineerings angewendet werden, einheitlich zu dokumentieren, wurden
im Verlauf der letzten Jahre sogenannte thinkLets entwickelt. In diesem Sinne stellen
thinkLets eine Art Designsprache für Collaboration Engineers dar und werden von ihnen
zur kompakten Beschreibung von komplizierten und komplexen Verfahrensweisen verwendet. Durch die Sammlung von thinkLets wird es dem Collaboration Engineer ermöglicht, seine Aufmerksamkeit auf die Auswahl bekannter und geeigneter thinkLets legen zu
können, anstatt diese jedes Mal neu entwickeln und testen zu müssen. Damit kann sowohl
der Aufwand als auch das Risiko der falschen Gestaltung von kollaborativen Arbeitsprozessen reduziert werden. Dementsprechend scheint es insbesondere für unerfahrene Collaboration Engineers sinnvoll, ihre Aufmerksamkeit auf die Lösungen zu richten, die in

der Praxis besonders häufig angewendet werden, um die Fülle an existierenden thinkLets besser handhaben zu können.

Neben den vorgestellten thinkLets existieren jedoch eine Reihe weiterer Techniken, die dabei helfen, eine Gruppe durch die geplanten Aktivitäten zu führen. Da diese für die Anwendung durch den Moderator konzipiert wurden, werden sie als Moderationstechniken bezeichnet. Moderationstechniken dienen als Handwerkzeug für den Moderator. Sie helfen ihm bei der strukturellen Gestaltung der Moderation und sollen eine produktive und erfolgreiche Kollaboration gewährleisten. Die Techniken der Moderation ermöglichen es dem Moderator, die Gruppe in die Lage zu versetzen, eigenständig einen roten Faden für den Gruppenarbeitsprozess zu entwickeln.

8.6   Wiederholungsfragen

1. Welche beiden Arten von Gruppenprozeduren kennen Sie?
2. Wie hängt die Ebene der Gruppenprozeduren mit den anderen Ebenen der Kollaboration zusammen?
3. Erklären Sie das Konzept der thinkLets und beschreiben Sie deren Nutzen für das Collaboration Engineering.
4. Warum wurde eine Anpassung des bisherigen thinkLet- Konzeptes notwendig?
5. Welche einzelnen Komponenten existieren innerhalb des rekonzeptualisierten thinkLet-Konzeptes und wie lassen sich diese beschreiben?
6. Welche weiteren Moderationstechniken kennen Sie?
7. Erklären Sie welche Herausforderungen sich einem Collaboration Engineer, im Rahmen des praktischen Einsatzes von thinkLets, stellen und wie er diesen Herausforderungen begegnen kann.
8. Auf welche Weise kann ein thinkLet einer vorgegeben Aktivität zugeordnet werden?

8.7   Anhang: thinkLet-Katalog zur Anwendung in der Praxis

Nachdem im Rahmen des vorliegenden Kapitels gezeigt wurde, welche thinkLets besonders häufig bei Facilitatoren zur Anwendung kommen, werden diese im Folgenden detailliert dokumentiert. Die Sammlung beruht auf einem bereits vorhandenen thinkLet-Katalog der von Briggs und de Vreede erstellt wurde (Briggs und de Vreede 2009), bezieht jedoch die Rekonzeptualisierung von Kolfschoten et al. (Kolfschoten et al. 2006a) mit ein, um eine flexible Einsetzbarkeit der einzelnen thinkLets zu gewährleisten. Neben zwölf häufig verwendeten thinkLets, enthält die Sammlung zwei thinkLets, mit Hilfe derer die Konsensbildung unterstützt werden kann. Im Folgenden sind die thinkLets nach den Patterns of Collaboration geordnet.

Allgemeine Erklärungen:

- X, Y, Z: Variablen, die von dem Collaboration Engineer frei gewählt werden können

8.7.1 Generieren

FreeBrainstorm Anwendung, um...

- eine Gruppe schnell aus gewohnten Denkstrukturen heraus und in Richtung neuer Ideen zu bringen.
- Informationsüberflutung beim Brainstorming mit sechs oder mehr Personen zu vermeiden.
- Teammitglieder mit festgefahrenen, eingeschränkten Anschauungen dazu zu bewegen, die Gesamtsituation zu betrachten und schnell einen gemeinsamen Blickwinkel in einem neuen heterogenen Team herzustellen.

Nicht angewendet werden sollte dieses thinkLet,...

- wenn die Gruppe aus weniger als sechs Mitgliedern besteht (hier eher OnePage anwenden).
- wenn die Ergebnisse eher in die Tiefe (detaillierte Ausführung von Ideen) als in die Breite (Suche nach möglichst vielen Ideen) gehen sollen (hier eher ComparativeBrainstorm anwenden).

Übersicht/Kurzbeschreibung Mit diesem thinkLet wird ein Brainstorming hinsichtlich einer einzelnen Frage oder einem Ziel durchgeführt. Dabei arbeiten die Teammitglieder an getrennten Dokumenten, welche nach der Bearbeitung per Zufallsprinzip einem anderen Teilnehmer zugeteilt werden. Auf den Seiten werden entweder neue Ideen eingefügt oder auf bereits bestehende Ideen durch Kommentare, Weiterentwicklungen der Ideen etc. eingegangen.

- Inputs: Es wird im Voraus das Ziel des Brainstormings geklärt, die Teilnehmer haben diesbezüglich ein einheitliches Verständnis.
- Outputs: Eine umfangreiche Ideensammlung aus dem elektronischen Brainstorming.

Vorbereitungen
1. Vorbereiten der Brainstorming Dokumente:
   a. Eine Seite für jeden Teilnehmer, plus eine extra Seite.
   b. Eine zusätzliche Seite pro zehn Teilnehmer.
   c. Beispiel:
       – Für 6 Teilnehmer, 7 Seiten (6 + 1)

   – Für 10 Teilnehmer, 12 Seiten $(10 + 1 + 1)$
   – Für 20 Teilnehmer, 23 Seiten $(20 + 1 + 2)$
2. Festlegung der Brainstorming-Frage.

Schritte

a. Jeder von Ihnen hat eine eigene leere Seite vorliegen.
b. Sie dürfen nun eine Idee mit maximal X Zeichen auf dieser Seite aufschreiben. Anschließend stellen Sie die Seite der Gruppe zur Verfügung.
c. Durch eine Zufallsverteilung wird Ihnen im Anschluss eine andere Seite mit der Idee eines anderen Teilnehmers zugeteilt.
d. Haben Sie eine neue Seite mit der Idee eines anderen Teilnehmers vorliegen, haben Sie drei Möglichkeiten:
   – Sie können einer Idee zustimmen und Einzelheiten hinzufügen,
   – Sie können gegen eine Idee argumentieren oder
   – Sie können sich durch eine Idee inspirieren lassen und eine vollkommen neue Idee beisteuern.
e. Sie dürfen genau eine neue Idee auf die neue Seite schreiben und müssen diese dann wieder der Gruppe zur Verfügung stellen. Sie erhalten anschließend wieder eine neue Seite.
f. Diesen Vorgang werden wir (bis Ihnen die Ideen ausgehen; für X Minuten) wiederholen.
g. Haben Sie Fragen zum Ablauf?
h. Dann dürfen Sie beginnen.

Wissenswertes für Facilitatoren und Practitioners Während den ersten 15 min des FreeBrainstorms ignorieren die Teilnehmer meist die Ideen anderer und schreiben ihre eigenen nieder. Danach werden Sie ein deutliches Abflauen der Ideenfindung bemerken. Denn nun werden die Beiträge der anderen Teilnehmer gelesen. Nach ein bis drei Minuten ist die Gruppe jedoch erneut motiviert bei der Sache und bearbeitet die Beiträge der anderen Teilnehmer. Sie bemerken vielleicht nicht zwingend, dass den Teilnehmern die Ideen ausgehen, denn sie hören nicht immer mit dem Schreiben auf. Es kann passieren, dass sie den Beiträgen humorvolle Ergänzungen beifügen und weiter beschäftigt scheinen. Dies ist nun Ihr Einsatz, das Brainstorming zu beenden und die nächste Aktion einzuleiten. Brechen Sie das Brainstorming jedoch nicht abrupt ab, sondern kündigen Sie den Abbruch etwa eine Minute vorher an, um die Teilnehmer hierauf vorzubereiten.

- Breite anstelle von Tiefe: Weil die Teilnehmer sich immer wieder mit neuen Ideen beschäftigen und von einem Gedankengang zum nächsten springen, wird ihre Kreativität angeregt. Außerdem werden sie durch den ständigen Wechsel dazu angeregt, in die Breite zu denken (vielfältige Ideen zu finden) und nicht einzelne Ideen zu vertiefen.
- Einwände: Anders als bei Standard Brainstorming schadet es durch die Anonymität dem Fortlauf des FreeBrainstormings nicht, wenn die Ideen kritisiert werden. Teilnehmer fühlen sich hierdurch nicht persönlich angegriffen. Vielmehr fördert es die Anzahl und Qualität der Ideen.

- Den Blick für das Ganze herstellen: Experten sehen oftmals die Probleme nur aus einem bestimmten Blickwinkel. Das FreeBrainstorming kann den Blick für das Ganze bei jedem Teilnehmer schärfen, weil durch die vielen verschiedenen Ideen und Perspektiven schnell andere Sichtweisen deutlich und zugänglich werden.

OnePage Anwendung,…

- um einige (weniger als 80) Beiträge zu einem Thema zu generieren.
- um ein Brainstorming mit weniger als fünf Teilnehmern durchzuführen.
- für ein Brainstorming mit sechs oder mehr Teilnehmern, jedoch in weniger als zehn Minuten.
- die geeignet ist, wenn voraussichtlich nicht viele Beiträge zu dem vorliegenden Thema abgegeben werden.

Nicht angewendet werden sollte dieses thinkLet,…

- wenn mehr als ca. 80 Beiträge zu einem Thema erwartet werden. Hierdurch könnte eine Informationsüberflutung entstehen (hier eher FreeBrainstorm anwenden).
- wenn mehr als sechs Personen am Brainstorming teilnehmen (hier eher FreeBrainstorm anwenden).
- wenn das Team mehr als nur ein Thema behandeln muss (eher LeafHopper verwenden).

Übersicht/Kurzbeschreibung Die Teilnehmer arbeiten bei diesem thinkLet gleichzeitig an demselben Dokument.

- Inputs: Eine Brainstorming-Frage oder Arbeitsanweisung für ein Brainstorming.
- Outputs: Eine Sammlung von Beiträgen als Antwort auf die Brainstorming-Frage oder die bestehende Arbeitsanweisung.

Vorbereitungen
1. Erstellen Sie ein gemeinsames Dokument, innerhalb dessen alle Teilnehmer des Brainstormings gleichzeitig arbeiten können.

Schritte
a. Überzeugen Sie sich davon, dass die Teilnehmer die Brainstorming-Frage oder Arbeitsanweisung richtig verstehen.
b. Anweisungen an die Teilnehmer:
   - Wenn Sie irgendwelche Fragen hinsichtlich der Brainstorming-Frage oder Arbeitsanweisung haben, bringen Sie diese bitte ein.
c. Falls nötig, klären Sie Verständnisfragen in einer gemeinsamen Diskussion mit den Teilnehmern. Formulieren Sie die Frage oder Anweisung ggf. neu.

d. Informieren Sie die Teilnehmer über eventuelle Zeitlimits.

e. Lassen Sie die Teilnehmer Ideen erstellen, bis Ihnen keine mehr einfallen oder die Zeit abgelaufen ist.

Wissenswertes für Facilitatoren und Practitioners Um in kleinen Gruppen keine Leerlaufzeiten aufkommen zu lassen und das Brainstorming anregend zu gestalten, wird beim OnePage ThinkLet nur an einem einzelnen Dokument gearbeitet. Bei größeren Gruppen könnte dies leicht zu einer Informationsüberflutung führen. Daher wird ab einer Gruppenstärke von sechs Personen besser das FreeBrainstorming angewendet.

LeafHopper Anwendung,…

- wenn im Voraus bekannt ist, dass ein Brainstorming über mehrere Themen durchgeführt werden muss.
- wenn unterschiedliche Interessen- und Kenntnisstände bei den Teilnehmern bestehen.
- wenn es nicht wichtig ist, dass jeder Teilnehmer einen Beitrag zu jeder Thematik beisteuert.

Nicht angewendet werden sollte dieses thinkLet,…

- wenn die Teil nehmer die Themen nach einem bestimmten Ablauf bearbeiten sollen.
- wenn alle Teilnehmer alle Themen behandeln sollen.

Übersicht/Kurzbeschreibung Die Teilnehmer starten auf verschiedenen Listen mit der Diskussion einiger Themen. Jeder Teilnehmer kann zwischen den Themen hin und her springen, je nach Interesse und Können.

- Inputs: Eine Liste der Themen muss dem Team zur Verfügung gestellt werden.
- Outputs: Eine nach den Diskussionsthemen gegliederte Kommentarsammlung zu den diskutierten Themen.

Vorbereitungen

1. Erstellen Sie pro Diskussionsthema ein Dokument, auf dem die Teilnehmer ihre Beiträge festhalten können.

Schritte

a. Erläutern Sie der Gruppe die Themen und überprüfen Sie, ob es Verständnisschwierigkeiten gibt.

b. Erläutern Sie die Art der Ideen, welche die Gruppen beisteuern sollen.

c. Anweisungen an die Teilnehmer:
   - Beginnen Sie mit der Bearbeitung der Themen, die Sie am meisten interessieren oder hinsichtlich derer Sie die meisten Kenntnisse besitzen. Haben Sie anschließend

noch Zeit, lesen und kommentieren Sie die Beiträge der anderen Teilnehmer zu den
übrigen Themen.
– Die Zeit ist unter Umständen zu knapp, um an jedem Thema zu arbeiten. Bearbeiten
Sie also zuerst jene, die wichtig für Sie sind.

Wissenswertes Der LeafHopper eignet sich besonders dazu, mehrere Themen nahezu
gleichzeitig bearbeiten zu können. Dazu müssten beim FreeBrainstorming die Themen
hintereinander in mehreren Runden behandelt werden. Denkbar ist dies etwa bei der Suche nach Problemlösungen zur Umweltverschmutzung. Mehrere vergleichbare Fragestellungen wären in diesem Zusammenhang beispielsweise: „Was können wir gegen Luftver-
schmutzung unternehmen?", „Wie können wir gegen Wasserverschmutzung vorgehen?"
oder „Welche Maßnahmen können gegen Bodenverschmutzung effektiv sein?". In diesem
Brainstorming wird die Heterogenität von Teams besonders berücksichtig, indem jeder
Teilnehmer zunächst die Themen bearbeitet, die ihn am meisten interessieren und in
denen er die besten Kenntnisse vorweisen kann. Hierdurch können dem Team verschiedene bestehende Expertenmeinungen zunutze gemacht werden.

Plus-Minus-Interesting Anwendung,…

- um die Evaluation einer oder mehrerer Ideen vorzubereiten, indem diese vorher ausgearbeitet werden. Dies ist beispielsweise der Fall, wenn die Gruppe mehrere Handlungsalternativen innerhalb einer Strategiesitzung in Erwägung zieht.

Nicht angewendet werden sollte dieses thinkLet,…

- wenn der Ausarbeitung keine Evaluation oder Auswahl der Aktivität folgt.

Übersicht/Kurzbeschreibung Mit Hilfe dieses ThinkLets drückt die Gruppe Pros und
Kontras sowie ihre Ansichten über verschiedene Konzepte aus. Die Idee besteht darin, dass
sie sowohl positive als auch negative Kritik äußern und dadurch komplexe Sachverhalte
beleuchten, die einer stärkeren Betrachtung bedürfen. Dieses thinkLet dient dementsprechend dazu, genügend Raum zur Verfügung zu stellen, um alle Aspekte eines Vorschlages zu berücksichtigen und eingehend betrachten zu können, bevor dieser in der Gruppe
schließlich zur Abstimmung gebracht wird. Insgesamt ist Plus-Minus-Interesting ein guter
Weg, um eine fundierte Entscheidung vorbereiten zu können.

- Inputs: Eine Liste mit Vorschlägen, die von der Gruppe berücksichtigt werden soll.
- Outputs: Eine Liste mit Überlegungen, die hinsichtlich der zugehörigen Vorschläge geordnet wurden.

Vorbereitungen
1. Legen Sie pro Position ein Dokument an, auf dem sich die Kategorien „Plus", „Minus"
und „Interessant" befinden.

2. Jeder Teilnehmer muss die Möglichkeit haben, die einzelnen Kategorien mit Inhalten zu füllen.

Schritte

a. Erklären Sie die unterschiedlichen Positionen und stellen Sie das Verständnis aller Teilnehmer sicher.

b. Anweisungen an die Teilnehmer:
   - Lassen Sie uns zunächst einen Blick auf die vorgestellten Positionen werfen, bevor wir dazu übergehen, diese zu bewerten.
   - Ziel dieses Schrittes ist es, innerhalb der Gruppe positives wie negatives Feedback offenzulegen.
   - Bitte halten Sie auch alle interessanten Eindrücke fest, die Ihnen bei der Betrachtung der einzelnen Positionen auffallen.

c. Lassen Sie die Gruppe ihr Feedback über ein Brainstorming äußern. Verwenden Sie dazu z. B. LeafHopper.

d. Nachdem die Gruppe ihr Feedback abgegeben hat, geben Sie ihr einen Moment Bedenkzeit, indem Sie folgende Anweisung geben:
   - Bitte nehmen Sie sich einen Moment Zeit, um das abgegebene Feedback zu lesen.

e. Normalerweise befinden sich einige Beiträge in der Kategorie „Interessant". Nehmen Sie sich die Zeit, diese einzeln durchzugehen, während die Gruppe liest.

f. Nachdem die Gruppe alle Beiträge gelesen hat, fragen Sie sie, ob es irgendwelche diskussionswürdigen Punkte vor dem Start der Evaluierung der Positionen gibt.
   - Gibt es Beiträge der Kategorien „Plus" oder „Minus", die an dieser Stelle diskutiert werden sollten?
   - Gibt es irgendwelche Beiträge der Klassifizierung „Interessant", die das „Plus" oder „Minus" einer Position verändern würden?

g. Haben Sie das Gefühl, dass die Gruppe wichtige Aspekte übersieht, so ist es an Ihnen, diese einer weiteren Betrachtung durch die Gruppe zuzuführen.

Wissenswertes Plus-Minus-Interesting wird immer dann durchgeführt, wenn die Gruppe auf eine Abstimmung oder Auswahl vorbereitet werden soll. Diese Folgeaktivität wird entweder von der Gruppe selbst oder von einer Person durchgeführt, der die Gruppe zuarbeitet. Plus-Minus-Interesting funktioniert vor allem bei Reflektionen über das Projekt, von Prozessen oder vielschichtigen Angelegenheiten, wie beispielsweise einer Strategiesitzung oder der Personalauswahl. Es stellt außerdem einen effektiven Weg dar, um zentrale Erkenntnisse aus vorhergehenden Kollaborationsprozessen identifizieren zu können.

Der zentrale Vorteil des Plus-Minus-Interesting-thinkLets besteht darin, dass alle Positionen von drei verschiedenen Seiten beleuchtet werden. Dabei ist häufig die „Interessant"-Kategorie von besonderer Bedeutung, in der sich häufig Gedanken oder Perspektiven befinden, die bis dahin nicht beachtet wurden. Es liegt an Ihnen zu gewährleisten, dass diese Aspekte von der Gruppe berücksichtigt werden.

Attention Anwendung,…

- wenn Sie sicher gehen wollen, dass alle Teilnehmer die Ideen eines Brainstormings verstehen.
- wenn Sie wollen, dass die Teilnehmer bestimmte Aspekte der Ideen weiter ausarbeiten.

Nicht angewendet werden sollte dieses thinkLet,…

- wenn das Brainstorming keine komplexen Sachverhalte behandelt bzw. die Ideen allen Teilnehmern verständlich sind.

Übersicht/Kurzbeschreibung Mit Hilfe von Attention arbeiten die Teilnehmer ihre Ideen weiter aus, reagieren auf die Anregungen anderer, beleuchten bestimmte Aspekte und zeigen an, welche Vorschläge sie nicht verstehen.

- Inputs: Eine Liste mit Ideen aus einem Brainstorming.
- Outputs: Eine verbesserte und detailliertere Dokumentation der Vorschläge.

Vorbereitungen
1. Sammeln Sie alle Ideen aus dem Brainstorming auf einem gemeinsamen Dokument, das für alle Teilnehmer sichtbar ist.
2. Sorgen Sie dafür, dass die Teilnehmer die Ideen kommentieren können.
3. Alternativ können Sie Attention auch während einer Generierungsaufgabe anwenden, in der die Teilnehmer gleichzeitig brainstormen und kommentieren können.

Schritte
a. Falls notwendig, können Sie im Vorfeld bestimmte Aspekte herausstellen, die während der Kommentierung besonders beachtet werden sollten.
b. Anweisungen an die Teilnehmer:
   - Lesen Sie sich bitte durch, was die anderen Teilnehmer geschrieben haben.
   - Sollte Ihnen eine bestimmte Position unklar sein, melden Sie sich, damit wir den entsprechenden Punkt gemeinsam klären können.
   - Haben Sie das Gefühl, dass Ihre eigenen Ideen unklar sind oder falsch verstanden werden könnten, arbeiten Sie diese bitte weiter aus, damit jeder Teilnehmer sie richtig nachvollzieht.
   - Arbeiten Sie nun zuerst Ihre eigenen Ideen, wie gerade beschrieben, weiter aus.
   - Kontrollieren Sie, ob Ihre eigenen Ideen kommentiert wurden, und beantworten Sie bitte die entsprechenden Kommentare.
   - Kommentieren Sie dann die anderen Positionen auf der Liste.
   - Sollten Sie auf einen anderen Kommentar reagieren wollen anstatt auf eine Position in der Liste, so machen Sie dies entsprechend deutlich.
c. Lesen Sie sich die Kommentare durch und schreiben Sie alle kommentierten Ideen für alle Teilnehmer sichtbar auf.
d. Lenken Sie die Aufmerksamkeit der Gruppe nun auf die Positionen, die zwar kommentiert, aber noch nicht vollständig beantwortet wurden.

Wissenswertes Attention ist ein Übergangs-thinkLet, das die Gruppe von einer großen Liste rudimentärer Ideen zu einer Liste führt, die detaillierter ist und bestimmte Aspekte dieser Ideen besonders hervorhebt. Als Ergebnis erhalten alle Teilnehmer ein tieferes Verständnis bezüglich der Ideen. Aspekte, die durch Attention adressiert werden können, können beispielsweise monetärer Natur sein, die bei der Verwirklichung der einzelnen Ideen relevant werden, oder die Haltung der Teilnehmer in Bezug auf die Ideen widerspiegeln.

Dieses thinkLet ist insbesondere dann sinnvoll, wenn die Teilnehmer eine Liste von Ideen anhand bestimmter Aspekte evaluieren sollen. Mit Hilfe von Attention können die Teilnehmer die einzelnen Vorschläge im Vorfeld in Bezug auf die jeweiligen Kriterien diskutieren. Auf diese Weise bringt Attention die Teilnehmer dazu, die Ideen aus einer bestimmten Perspektive heraus zu beurteilen.

Darüber hinaus erhöht das thinkLet die Qualität von Brainstormingergebnissen, da es das Risiko reduziert, dass diese falsch interpretiert werden.

Sie können Attention auch mit anderen thinkLets zur Generierung, wie beispielsweise OnePage oder LeafHopper, kombinieren, sofern die Anzahl der zu kommentierenden Positionen nicht zu groß ist.

8.7.2   Reduzieren

FastFocus Anwendung,…

- um aus den Ergebnissen einer Divergenz-Phase schnell eine Liste mit Schlüsselbegriffen auf einer angemessenen Abstraktionsebene zu gewinnen.
- um sich davon zu überzeugen, dass sich die Teilnehmer über die Bedeutung und Formulierung der festgehaltenen Ergebnisse einig sind.

Nicht angewendet werden sollte dieses thinkLet,…

- um einen Konsens über die Schlüsselbegriffe aus der Divergenz-Phase zu erzielen. Fast-Focus dient lediglich der Auflistung von Schlüsselbegriffev, nicht deren Beurteilung. Hierzu können zusätzlich zum FastFocus andere thinkLets kombiniert werden (z. B. StrawPoll).
- wenn die Ergebnisse der Divergenz-Phase bereits ausreichend gut formuliert sowie passend sind und sich somit leicht gliedern lassen. Hier sind andere thinkLets passender (etwa PopcornSort).

Übersicht/Kurzbeschreibung Das Team durchstöbert die Ergebnisse einer Divergenz-Phase. Jedes Teammitglied schlägt der Reihe nach einen Schlüsselbegriff vor. Anschließend diskutiert die Gruppe die Bedeutung und Wortwahl des Vorschlags, passende Begriffe werden vom Moderator in eine öffentliche Liste aufgenommen.

- Inputs: Die Ergebnisse einer Brainstorming-Aktivität.
- Outputs: Eine ordentliche, nicht redundante Liste der Ergebnisse einer Brainstorming-Aktivität.

Vorbereitungen
1 Den Teilnehmern muss die Möglichkeit gegeben werden, die Ergebnisse des Brainstormings gleichzeitig zu betrachten.
2. Zudem muss eine Liste angelegt werden, die für alle Teilnehmer zugänglich ist.

Schritte
a. Erläutern Sie die Art der Begriffe, welche auf die allgemeine Liste gehören. Dies können beispielsweise Problemstellungen oder Lösungsvorschläge sein. Geben Sie hierfür Beispiele an.
b. Anweisungen an die Teilnehmer:
    - Jeder von Ihnen sieht im Moment die Ergebnisse des Brainstormings zum Thema X.
    - Bitte lesen Sie nun die verschiedenen Beiträge und nennen Sie mir den wichtigsten Punkt, den wir in die allgemeine Liste aufnehmen sollen.
c. Formulieren Sie die von den Teilnehmern genannten Punkte passend für die allgemeine Liste um und vergewissern Sie sich, dass der Sinn dabei nicht verloren geht.
d. Waren alle Teilnehmer der Gruppe an der Reihe, geben Sie folgende Anweisungen:
    - Vergewissern Sie sich, dass Sie alle Beiträge des Brainstormings gelesen haben, sollte dies nicht der Fall sein, bitte ich Sie, dies nun nachzuholen.
    - Lesen Sie die entsprechenden Beiträge und melden Sie sich, falls Sie auf der neuen Seite einen wichtigen Punkt entdecken, der noch nicht in die allgemeine Liste aufgenommen wurde.
e. Rufen Sie die Teilnehmer, die sich melden auf, diskutieren, komprimieren und ergänzen Sie die Neuvorschläge auf der Liste.
f. Wiederholen Sie diesen Vorgang, bis es keine Ergänzungen mehr seitens der Teilnehmer gibt.

Wissenswertes Auch wenn es theoretisch möglich wäre, eine allgemeine Liste von den Teilnehmern selbst und gleichzeitig (unmoderiert) erstellen zu lassen, birgt dies einige Gefahren, die mit der Anwendung des FastFocus-thinkLets abgewendet werden sollen. Probleme, die bei einer gleichzeitigen und eigenständigen Erarbeitung einer gemeinsamen Liste durch die Teilnehmer entstehen können, sind etwa Redundanzen, irrelevante Beiträge, unterschiedliche Abstraktionslevel oder Unklarheiten.
BroomWagon Anwendung,…

- wenn die Gruppe eine große Anzahl an Positionen erstellt hat (zwischen 50 und 300) und auf schnelle Weise die Schlüsselergebnisse herausgestellt werden müssen.
- wenn vermieden werden soll/es nicht notwendig ist, dass jeder Punkt im Detail analysiert wird.

- wenn die Auswahl weitgehend von Präferenzen der Teilnehmer beeinflusst wird.

Nicht angewendet werden sollte dieses thinkLet,…

- wenn eine endgültige Liste entstehen soll, in der alle Punkte sorgfältig evaluiert werden. Hierfür wird ein Evaluierungs-thinkLet benötigt.
- wenn eine Entscheidung von der Gruppe erwartet wird, beispielsweise: Wählen Sie die drei wichtigsten Handlungsgründe aus. BroomWagon ist kein Werkzeug für Entscheidungen, sondern dient lediglich dazu, entscheidende Punkte von anderen zu trennen.
- wenn anstelle von Präferenzen rationale Analysen treten.

Übersicht/Kurzbeschreibung   BroomWagon wird eingesetzt, um auf schnelle Weise die Brainstorming-Ideen herauszufiltern, denen weitere Beachtung geschenkt werden soll. So wird eine Eingrenzung wichtiger Ideen ermöglicht.

- Inputs: Eine umfangreiche Sammlung an Positionen, beispielsweise das Ergebnis eines FreeBrainstorms.
- Outputs: Eine eingegrenzte Sammlung von Positionen, über deren Wert die Gruppe sich einig ist und welche sie weiter verfolgen will.

Vorbereitungen
1. Die Teilnehmer müssen in der Lage sein, alle Positionen zu betrachten, die zur Wahl stehen.
2. Der Facilitator muss einen Weg finden sicherzustellen, dass die Teilnehmer nur ca. 20– 33 % der Gesamtanzahl an Ideen auswählen können. Existieren beispielsweise 47 Ideen, können die Teilnehmer 15 hiervon auswählen.

Schritte
a. Anweisung an die Teilnehmer:
   - Wir haben nun eine umfangreiche Liste an Brainstorming-Positionen, die wir durchgehen werden, bevor wir mit dem detaillierten Bearbeiten der Ideen beginnen.
   - Lesen Sie bitte die Positionen und wählen Sie die aus, denen wir Ihrer Meinung nach weitere Beachtung schenken sollten.
b. Sie bekommen von mir die Möglichkeit, eine Anzahl von X Positionen zu markieren. Haben Sie diese Anzahl erreicht, müssen Sie, um eine andere Position auszuwählen, eine andere Position fallen lassen.
c. Lassen Sie die Gruppe auswählen und sorgen Sie dabei dafür, dass die Zwischenergebnisse für alle sichtbar sind.
d. Lenken Sie die Aufmerksamkeit der Teilnehmer auf die Ergebnisse, indem Sie sagen:
   - Lassen Sie uns die Ergebnisse anschauen. Einige Positionen erhielten wenige oder keine Stimmen. Wir können daher diese Positionen von der Liste streichen, sie scheinen weniger interessant zu sein als andere.

- Nun wählen Sie bitte erneut. Ich stelle Ihnen X Kontrollhäkchen zur Auswahl der Positionen zur Verfügung. Bitte wählen Sie wieder die Positionen aus, von denen Sie denken, dass sie mehr Aufmerksamkeit verdienen.
e. Wiederholen Sie diesen Prozess, bis Sie zu der Anzahl an Positionen gelangen, die Sie weiter verfolgen wollen. Normalerweise erreichen Sie dies nach zwei bis drei Wiederholungen, abhängig von der Länge der Ursprungsliste.

Wissenswertes BroomWagon ist ein effektives thinkLet, um lange Ideenlisten schnell und durch einen für die Gruppe leicht verständlichen Prozess zu verkürzen. So kann man durchaus innerhalb von 15 min eine Liste mit 200 Positionen auf 15 bis 20 Positionen verkürzen. Aufgrund der geringen kognitiven Belastung für die Teilnehmer ist dieses thinkLet bei Gruppen sehr beliebt.

Die entscheidende Eigenschaft des BroomWagons ist die Anzahl der Auswahlmöglichkeiten der Teilnehmer durch Kontrollhäkchen. Diese darf nicht zu niedrig sein, da sonst wichtige Positionen nicht berücksichtigt werden könnten, jedoch dürfen auch nicht so viele zur Verfügung stehen, dass nahezu jede Position der Liste markiert werden kann. Dies würde die Reduktion der Positionen erschweren. Die Anzahl der Auswahlmöglichkeiten sollte erfahrungsgemäß zwischen 20 und 33 % der Gesamtanzahl an Positionen liegen.

Wenngleich die Anwendung von BroomWagon sehr einfach erscheint, gibt es einige Hindernisse und Probleme, die es zu vermeiden gilt. Beispielsweise kann es Schwierigkeiten mit der Auswahl der Positionen geben, weil diese unklar erscheinen. Das kann zum einen an mangelnder Zeit der Teilnehmer zur Einsicht der Ideen liegen, jedoch zum anderen auch an dem Versuch seitens der Teilnehmer, ihre Präferenzen verbal zu unterstreichen und so den Vorgang zu beeinflussen. Zur Klärung sollte eine Runde zwischengeschoben werden, in welcher die nicht verständlichen Positionen identifiziert und verdeutlicht werden.

Ein weiterer Einwand seitens der Teilnehmer könnte sein, dass sie nicht ausreichend Auswahlkapazitäten für die ihnen als wichtig erscheinenden Positionen besitzen. Hier sollte der Facilitator deutlich machen, dass es nur diese begrenzte Anzahl an Auswahlmöglichkeiten gibt. Zur Hilfestellung kann dem Teilnehmer geraten werden, aus der Liste zunächst die wichtigste Position auszuwählen und bei den verbleibenden Positionen erneut nach diesem Schema zu verfahren.

In seltenen Fällen erhalten alle Positionen die gleiche Anzahl an Stimmen. Um dieses Problem zu lösen, kann der Facilitator den Teilnehmern einige zusätzliche Auswahlmöglichkeiten zur Verfügung stellen, so dass diese nicht mehr nur ihre Präferenzen wählen, sondern sich zusätzlich für andere Positionen entscheiden.

Werden bestimmte Positionen mangels Stimmen von der Liste gestrichen, kann dies zu Protesten einiger Teilnehmer führen. Der Facilitator kann dann in Abstimmung mit der Gruppe vorschlagen, dass eine Position als Ausnahmefall erhalten bleibt, jedoch bei nicht ausreichend Stimmen in der nächsten Wiederholung ohne weitere Diskussion heraus fällt.

BroomWagon funktioniert am besten mit Listen, die nach dem direkten Brainstorming geordnet und von Redundanzen und Widersprüchen befreit werden. Für eine solche Bereinigung nach dem Brainstorming eignet sich BroomWagon nicht.

CheckMark Anwendung,…

- wenn Sie wollen, dass die Gruppe sich auf die Punkte konzentriert, über die Einigkeit besteht, und die Elemente in den Hintergrund treten sollen, bei denen sich die Gruppe uneinig ist.
- wenn die Gruppe zwischen so vielen Positionen (mehr als 100) wählen muss, dass eine quantitative Bewertung zu einer kognitiven Überlastung führen würde.

Nicht angewendet werden sollte dieses thinkLet,…

- wenn die Annahmen oder Interessen ergründet werden sollen, die den Unstimmigkeiten innerhalb der Gruppe zu Grunde liegen. In diesem Fall eignet sich StrawPoll besser.
- wenn die Abstimmung dazu genutzt werden soll, eine Diskussion zu provozieren.

Übersicht/Kurzbeschreibung Im Rahmen dieses thinkLets erhält jeder Teilnehmer die Möglichkeit, aus einer Liste mit Positionen seine Favoriten auszuwählen, indem er diese mit einem Häkchen kennzeichnet. Normalerweise wird dabei die Anzahl der Häkchen begrenzt.

- Inputs: Eine Liste mit Ideen aus einem Brainstorming.
- Outputs: Eine Liste der Ideen, die nach den Präferenzen der Teilnehmer geordnet wurde.

Vorbereitungen
1. Legen Sie für jeden Teilnehmer eine Liste an, auf der die Ideen des Brainstormings notiert sind.
2. Legen Sie die Anzahl der Häkchen fest, die jeder Teilnehmer vergeben kann.

Schritte
a. Anweisungen an die Teilnehmer:
   - Jeder von Ihnen findet vor sich eine Liste mit allen Ideen, die im Rahmen unseres Brainstormings erarbeitet wurden.
   - Lesen Sie sich die Liste nun durch und markieren Sie alle Ideen, die Sie favorisieren, mit einem Häkchen.
   - Beachten Sie dabei, dass Sie lediglich X Häkchen vergeben können.
b. Haben alle Teilnehmer die Auswahl beendet, sagen Sie Folgendes:
   - Hier sind die Resultate. So wie es aussieht, sind X von Ihnen der Meinung, dass das Item A das wichtigste auf der Liste ist. Y von Ihnen sind der Meinung, dass das Item B eine weitere Betrachtung verdient.

Wissenswertes CheckMark hat zwei besondere Vorteile. Zum einen ist es möglich, die Übereinstimmungen innerhalb der Gruppe offen zu legen, ohne dass die Unstimmigkeiten dediziert aufgezeigt werden. Herrschen innerhalb der Gruppe Konflikte, so wird den Teilnehmern bewusst, wo Ihre Gemeinsamkeiten liegen, ohne dass sie dabei zu viel Aufmerk-samkeit auf Punkte legen müssen, die nicht konsensfähig sind.

Zum anderen bedingt CheckMark eine relativ geringe kognitive Last. Es ist wesentlich einfacher, ein Häkchen zu setzen, als die einzelnen Positionen über eine quantitative Skala zu bewerten. Insbesondere bei einer Liste mit vielen Positionen kommt hier das Besondere von CheckMark zum Tragen.

8.7.3   Organisieren

PopcornSort Anwendung,…

- nach einer Generierung (z. B. FreeBrainstorming) oder einer Reduzierung, wie etwa der Anwendung des FastFocus-thinkLet.
- um auf schnelle Weise eine unstrukturierte Sammlung von 50 bis 100 Brainstorming-Ergebnissen in entsprechende Cluster zu fassen.
- zur Validierung einer Reduzierung.

Nicht angewendet werden sollte dieses thinkLet,…

- zur Erzeugung von Zwischen- oder Endergebnissen. Dieses thinkLet dient der Gliede-rung vielfältiger Beiträge und sollte nicht dazu verwendet werden, um über Resultate abzustimmen, die weiter verfolgt werden sollen.

Übersicht/Kurzbeschreibung Die Team-Mitglieder ordnen Elemente aus einer unsor-tierten Liste einer anderen Liste zu, die jeweils einer Kategorie zur Sortierung der Elemen-te darstellt.

- Inputs: 1) Eine unsortierte Liste mit Kommentaren aus einem Brainstorming.
            2) Mehrere leere Listen, die jeweils eine Kategorie zur Gliederung der Ideen dar-stellen.
- Outputs: Eine in Kategorien eingeteilte und sortierte Kommentarsammlung.

Vorbereitungen
1. Erstellen Sie eine unsortierte Liste mit Kommentaren aus einem Brainstorming.
2. Veröffentlichen Sie zusätzlich für jede Kategorie, in die die Teilnehmer sortieren sollen, eine leere Liste.
3. Sorgen Sie dafür, dass alle Teilnehmer die unsortierte Liste einsehen können.

Schritte
a. Stellen Sie sicher, dass die Gruppe die Bedeutung der einzelnen Kategorien versteht.
b. Anweisungen an die Teilnehmer:

- Wir werden nun diese Kommentare den vorliegenden Kategorien zuordnen.
- Wenn ich „Los" sage, werden Sie die Kommentare aus der ursprünglichen Liste einer geeigneten Kategorie zuordnen.
- Sie müssen schnell arbeiten, denn während Sie über eine Position nachdenken, könnte ein anderer Teilnehmer diese aus der Liste herausziehen und in eine Kategorie einordnen.
- Diese Aktivität ist sehr spritzig. Also haben Sie Spaß dabei und arbeiten Sie schnell.
- Irgendwelche Fragen? Ok. Auf die Plätze, fertig, LOS!

Wissenswertes Das Potenzial von PopcornSort liegt in dessen Schnelligkeit. Eine Gruppe kann eine Sammlung von Ideen innerhalb von fünf Minuten gliedern. Dies funktioniert bei jeder Anzahl von Brainstorming- Ergebnissen, denn eine einzelne Person kann in einem Brainstorming maximal 25–30 Kommentare beisteuern, und eine Person kann in weniger als fünf Minuten 30 Kommentare mit PopcornSort sortieren. Entsprechend unabhängig ist die Zeitangabe von fünf Minuten daher von der Gruppengröße.

Der Erfolgsfaktor des PopcornSorts liegt in der parallelen Arbeit der Teilnehmer, denn hierdurch wird eine schnelle und effektive Arbeit gewährleistet.

StrawPoll Anwendung,…

- um den Konsens in einer Gruppe zu überprüfen.
- um gleiche und unterschiedliche Ansichten in einer Gruppe aufzudecken.
- um verschiedene Konzepte zu bewerten oder abzuwägen.

Nicht angewendet werden sollte dieses thinkLet,…

- um Entscheidungen zu treffen.

Übersicht/Kurzbeschreibung Dieses thinkLet bestimmt die Blickrichtung der Gruppe durch Abstimmung und Bewertung der Ergebnisse. StrawPoll wird genutzt, um Diskussionen einzuleiten oder zu beenden.

- Inputs: Eine Liste der zu bewertenden Positionen.
- Output: Eine Liste mit gegliederten und bewerteten Positionen.

Vorbereitungen

1. Stellen Sie die Positionen zusammen, über die abgestimmt werden soll.
2. Wählen Sie eine Abstimmungsmethode aus (dies ist sehr entscheidend).
3. Bestimmen Sie die Abstimmungskriterien (dies ist ebenfalls entscheidend).

Schritte

a. Anweisungen an die Teilnehmer:
   – Wir werden nun ein StrawPoll durchführen. Dies soll nicht zu einer endgültigen Entscheidung führen. Wir wollen lediglich Kenntnisse über die Richtung der Gruppe gewinnen, damit wir wissen, in welche Richtung wir unseren Arbeitsaufwand lenken müssen.
   – Ich habe Ihnen einen Wahlzettel mit einer Sammlung von X Positionen zugestellt.
   – Eine Bewertung von Y bedeutet…
   – Eine Bewertung von Z bedeutet…
   – Wenn Sie die Bewertung beendet haben, bringen Sie dies bitte dem Moderator gegenüber zum Ausdruck.

Wissenswertes Abstimmungswerkzeuge werden in den meisten Fällen nicht genutzt, um endgültige Entscheidungen zu treffen; deshalb ist dies auch nicht das Ziel des StrawPolls. Vielmehr können durch Abstimmungen bestimmte Richtungen und Tendenzen der Akteure erkannt werden. Hierzu können verschiedene Variationen im Ablauf durchgeführt werden. Beispielsweise kann ein Ranking vorgenommen werden, indem die Teilnehmer die Positionen in der Reihenfolge ihrer Präferenzen darstellen. Des Weiteren können Bewertungen anhand einer Punktevergabe auf einer Skala von eins bis zehn vorgenommen werden. Auf diese Weise können auch deutlich die Abstände zwischen den einzelnen Positionen herausgestellt werden, welche die Wichtigkeit der Bearbeitung für die Teilnehmer kennzeichnen. Ebenfalls denkbar sind Bewertungen anhand von Markierungen mit einfachen Ja/Nein- oder wahr/falsch-Aussagen.

BucketWalk Anwendung,…

• um die Ergebnisse eines PopcornSorts oder LeafHoppers zu diskutieren und zu bestätigen.

Nicht angewendet werden sollte dieses thinkLet,…

• wenn es nicht wichtig ist, dass jede Position nach einem PopcornSort geklärt wird und eine Annäherung ausreicht.

Übersicht/Kurzbeschreibung Mit diesem thinkLet werden zuvor durchgeführte Gliederungsprozesse überprüft. Nach einem PopcornSort geht das Team die Inhalte jedes Ordners erneut durch, um sicherzustellen, dass alle Inhalte richtig zugeordnet und verstanden wurden. Zudem werden mögliche Überschneidungen aufgedeckt.

• Inputs: Eine in Kategorien gegliederte Sammlung von Ideen.
• Outputs: Eine in Kategorien gegliederte Ideensammlung, welche hinsichtlich der Zuordnung der Ideen zu den Kategorien geprüft und gegebenenfalls als richtig bestätigt wird.

Vorbereitungen

1. Legen Sie ein Kategorienverzeichnis an.
2. Jede Kategorie enthält die Ideen, die als zu dieser zugehörig bestimmt wurden.

Schritte

a. Beginnen Sie mit der Bearbeitung der ersten Kategorie.
b. Anweisungen an die Teilnehmer:
   - Finden Sie in dieser Kategorie irgendwelche Beiträge, die nicht hierher gehören? Falls ja, melden Sie sich bitte, damit wir über eine alternative Zuordnung zu einer anderen Kategorie diskutieren können.
c. Falls ein Teilnehmer einen Beitrag diskutieren möchte, leiten Sie eine Diskussion ein, um festzulegen, in welche Kategorie diese Position besser zugeordnet werden sollte.
d. Setzen Sie dies solange fort, bis alle Teilnehmer der Meinung sind, dass die Beiträge den richtigen Kategorien zugeordnet sind.
   - Dann fahren Sie mit der nächsten Kategorie fort:
   - Gibt es Positionen in dieser Kategorie, von denen Sie der Meinung sind, dass sie dieselbe Idee beschreiben?
   - Wenn ja, erläutern Sie dies mit der Gruppe:
   - Sollen wir diese beiden Ideen vereinigen? Wenn ja, welche Idee soll bestehen bleiben?
   - Setzen Sie dies fort, bis die Teilnehmer der Meinung sind, dass keine Überschneidungen mehr existieren.
e. Fahren Sie dann folgendermaßen fort:
   - Gibt es in diesem Ordner Ihrer Meinung nach schlecht formulierte Positionen? Wenn ja, melden Sie sich bitte.
   - Meldet sich ein Teilnehmer hierzu, klären Sie die Frage, indem Sie Erklärungen und alternative Formulierungen seitens der Gruppe einholen.
   - Gehen Sie auf diese Weise so lange vor, bis keine fehlformulierten Positionen mehr identifiziert werden.
f. Wiederholen Sie das gesamte Muster für jeden Ordner (Kategorie).

Wissenswertes Während sich der PopcornSort schnell und wild anfühlt, ist der BucketWalk sicher und beschaulich. Im Normalfall findet die Gruppe eine oder zwei Positionen, die einer anderen Kategorie zugeordnet werden sollen und die ohne große Schwierigkeiten in eine andere Kategorie verschoben werden können. Gleiches gilt für den Fall, dass die Gruppe neue Kategorien identifiziert oder dass einzelne Positionen umformuliert werden müssen. Nachdem der BucketWalk beendet wurde, hat die Gruppe großes Vertrauen in die erzeugten Ergebnisse. Sie ist sich sicher, dass die einzelnen Positionen tatsächlich in die zugeordneten Kategorien gehören, dass die Kategorien keine Redundanzen aufweisen und für sich genommen Sinn ergeben. Außerdem wird die Gruppe ein weitaus besseres gemeinsames Verständnis dafür haben, was in welche Kategorie gehört.

8.7.4 Evaluieren

MultiCriteria Anwendung,…

- um eine Liste mit Positionen anhand mehrerer Kriterien zu bewerten.
- wenn die Gruppe sich ein Bild über komplexe Sachverhalte, die mit einer Entscheidung einhergehen, machen will.
- um eine fruchtbare, fokussierte Diskussion über eine Liste mit Optionen zu provozieren.

Nicht angewendet werden sollte dieses thinkLet,…

- um eine finale Entscheidung zu treffen, da es innerhalb einer Multi-Kriterien-Analyse zu Ausreißern innerhalb der Ergebnisse kommen kann.

Übersicht/Kurzbeschreibung Innerhalb dieses thinkLets bewerten die Teilnehmer eine Liste mit Positionen anhand zweier oder mehrerer Kriterien. Die Ergebnisse werden dann in aggregierter Form wiedergegeben und dienen dazu, eine Diskussion in Gang zu setzen. Vereinzelt werden sie auch dazu benutzt, eine Entscheidung zu treffen.

- Inputs: 1) Eine Liste mit Elementen, die bewertet werden sollen.
               2) Eine Liste mit Kriterien zu deren Bewertung.
               3) Eine Liste der Gewichte der einzelnen Kriterien.
- Outputs: 1) Eine Liste der Elemente in der Reihenfolge ihrer Bewertung.
               2) Aussagen über den Konsens innerhalb der Gruppe anhand statistischer Auswertungen.

Vorbereitungen
1. Erstellen Sie eine Liste mit den Alternativen, über die abgestimmt werden soll, und sorgen Sie dafür, dass alle Teilnehmer diese sehen können.
2. Erstellen Sie eine Liste mit den Kriterien, anhand derer abgestimmt werden soll, und sorgen Sie dafür, dass alle Teilnehmer diese sehen können.
3. Stellen Sie eine Möglichkeit bereit, mit Hilfe derer die Teilnehmer ihre Bewertung abgeben können.

Schritte
a. Sorgen Sie zunächst dafür, dass die Gruppe die Alternativen versteht, über die abgestimmt werden soll.
b. Anweisung an die Teilnehmer:
   – Sofern es auf dieser Liste Alternativen gibt, die Sie nicht verstehen, heben Sie bitte die Hand.
c. Falls sich Teilnehmer melden, setzen Sie eine Diskussion in Gang, innerhalb derer die unklaren Alternativen aufgeklärt werden. Falls notwendig, ändern Sie den Wortlaut der betreffenden Alternativen.

d. Stellen Sie sicher, dass die Gruppe die Kriterien versteht.
   Anweisung an die Teilnehmer:
   – Sofern es auf dieser Liste Kriterien gibt, die Sie nicht verstehen, heben Sie bitte die Hand.
e. Falls sich Teilnehmer melden, setzen Sie eine Diskussion in Gang, innerhalb derer die unklaren Kriterien aufgeklärt werden. Falls notwendig, ändern Sie den Wortlaut der betreffenden Kriterien.
f. Erklären Sie den Teilnehmern, auf welche Weise Sie ihre Bewertung abgeben sollen.
g. Stellen Sie sicher, dass jede Alternative in Bezug auf jedes Kriterium bewertet wird.
   Anweisung an die Teilnehmer:
   – Falls es keine weiteren Fragen gibt, fangen wir nun an. Bitte bewerten Sie jede der Alternativen in Bezug auf die Kriterien, die wir soeben durchgesprochen haben.
h. Gehen Sie die Ergebnisse zusammen mit dem Team durch. Achten Sie dabei insbesondere auf die Standardabweichung der Wahlergebnisse.

Wissenswertes Der Vorteil des MultiCriteria liegt nicht so sehr in der Abstimmung selbst, sondern in der sich daran anschließenden Diskussion, in der die Teilnehmer das Zustandekommen der Ergebnisse erklären. Sollte es die Gruppe nicht explizit anders wünschen, achten Sie darauf, dass eine entsprechende Diskussion zu Stande kommt.

Zudem ist es sinnvoll, die Ergebnisse zu hinterfragen. Verwenden Sie hierzu Aussagen wie: „Hier sind die Ergebnisse. Es sieht so aus, als ob die Alternativen A und B ganz oben stehen, während C und D sich am Ende der Tabelle wiederfinden. Macht das für Sie Sinn? Glauben Sie das?"

Hieraus entstehen meist sehr gute Diskussionen, in der die Gruppe neue Perspektiven und Dinge entdeckt, welche die zukünftigen Wahlergebnisse beeinflussen können.

Manchmal kann es Sinn machen, die einzelnen Kriterien unterschiedlich zu gewichten, da die Gruppe beispielsweise der Meinung ist, dass der Aspekt Kosten doppelt so wichtig ist wie der Aspekt Geschwindigkeit.

Generell gilt: Wähle früh, wähle oft!

8.7.5 Konsens bilden

Crowbar Anwendung,...

- um Hypothesen zu entwickeln und zu begutachten.
- zur Verteilung von Informationen.
- um verdeckte Ansichten aufzuzeigen.
- um gezielt Diskussionen über Positionen, bei denen die Gruppe einen niedrigen Konsens hat, zu entfachen.

Nicht angewendet werden sollte dieses thinkLet,...

- wenn Sie lediglich das Ziel haben, dass die Gruppe einige Positionen festlegt, um die weitere Diskussion hierauf zu lenken (wie beispielsweise beim BroomWagon).

Übersicht/Kurzbeschreibung Das Crowbar thinkLet sorgt dafür, dass die Gruppe sich mit den Gründen für einen mangelnden Konsens hinsichtlich bestimmter Positionen befasst. Crowbar wird beispielsweise nach der Durchführung eines StrawPolls angewendet, um eine strukturierte Diskussion über die Positionen zu führen, welche die höchste Standardabweichung bei der Punktevergabe aufweisen.

- Inputs: Abstimmungsergebnisse aus einem StrawPoll-thinkLet, in welchem Übereinstimmungen und Meinungsverschiedenheiten aufgedeckt wurden.
- Outputs: 1) Eine Prioritätenliste der Positionen.
  2) Gemeinsames Verständnis der Gründe von Meinungsverschiedenheiten in der Gruppe.

Vorbereitungen
1. Sortieren Sie die Ergebnisse des StrawPolls abfallend nach Ihrer Standardabweichung.
2. Sorgen Sie dafür, dass die sortierten Ergebnisse öffentlich sichtbar sind.

Schritte
a. Anweisungen an die Teilnehmer:
   - Über die Positionen am Ende der Liste herrscht das meiste Einverständnis innerhalb der Gruppe.
   - Allerdings existiert keine Einigkeit hinsichtlich der Positionen am Anfang der Liste.
   - Lassen Sie uns die erste Position betrachten. Einige von Ihnen bewerteten diese sehr hoch, während andere sie sehr niedrig bewerteten.
   - Ohne dass Sie mir sagen müssen, wie Sie diese Position bewertet haben, welche Gründe könnten für eine hohe und welche für eine niedrige Bewertung dieser Position bestehen?

b. Moderieren Sie eine Diskussion über die möglichen Gründe für hohe und niedrige Bewertungen. Wiederholen Sie Crowbar immer dann, wenn Sie das Gefühl haben, die Diskussion stoppt.
c. Behalten Sie die Diskussion im Auge und wiederholen Sie von Zeit zu Zeit die Gründe, die von der Gruppe für jede Seite genannt werden.
d. Wiederholen Sie diesen Prozess für jede Position auf dem Wahlzettel, bei dem es nötig erscheint.

Wissenswertes Crowbar wird sehr häufig in der Teamarbeit angewendet. Trotz seiner Einfachheit ist es jedoch recht anstrengend. Der Erfolgsfaktor von Crowbar liegt in der Aussage: „Ohne zu sagen, wie Sie bewertet haben, sagen Sie mir nun, welche Gründe für eine hohe oder niedrige Bewertung sprechen". Diese Aufforderung führt dazu, dass in der

Gruppe nur über das Wesentliche diskutiert wird. Außerdem kommt seitens der Teilnehmer ein reger Informationsaustausch zustande. Zudem geben die Teilnehmer aufgrund der angenehmen und offenen Diskussionsatmosphäre oftmals preis, wie sie verschiedene Positionen bewertet haben. Auch wenn dies nicht der Anweisung des Facilitators entspricht, sollte er dies zulassen und sich nicht aus dem Konzept bringen lassen. Die Aufforderung dient lediglich dazu, die Teilnehmer zu Beiträgen zu bewegen, ohne dass sie sich für ihre Wahl vor der restlichen Gruppe verantworten müssen oder diesbezüglich „abgestempelt" werden. Wichtig ist, dass dieses thinkLet ausschließlich zur Diskussion genutzt wird, nicht zur Entscheidungsfindung.

MoodRing Anwendung,…

- um Übereinstimmungsstrukturen für einzelne Sachverhalte aufzudecken.
- um herauszufinden, wann es Zeit ist, die Gespräche zu beenden und eine Entscheidung zu treffen.

Nicht angewendet werden sollte dieses thinkLet,…

- wenn mehrere Sachverhalte zur gleichen Zeit bearbeitet werden müssen (hier empfiehlt es sich, StrawPoll anzuwenden).

Übersicht/Kurzbeschreibung Innerhalb dieses thinkLets bewerten die Teilnehmer eine Aussage zu einem bestimmten Thema und beginnen dann mit einer Diskussion. Ändert sich im Verlauf der Diskussion ihre Meinung gegenüber der Aussage, sind die Teilnehmer aufgefordert, ihre Bewertung zu ändern.

- Inputs: Eine Aussage über ein Thema.
- Outputs: Eine sich ständig verändernde Übereinstimmungsstruktur der Gruppe.

Vorbereitungen
1. Veröffentlichen Sie eine Aussage zu einem bestimmten Thema.
2. Geben Sie jedem Teilnehmer die Möglichkeit, seine Bewertung der Aussage festzuhalten, und sorgen Sie dafür, dass die Bewertung möglichst schnell in das bisherige Ergebnis einfließen kann.

Schritte
a. Stellen Sie sicher, dass die Gruppe den Sachverhalt versteht. Sagen Sie Folgendes:
   - Falls Sie irgendwelche klärenden Fragen zu diesem Sachverhalt haben, melden Sie sich bitte.
b. Sollten sich Teilnehmer melden, beseitigen Sie die Verständnisschwierigkeiten in einer Diskussion. Falls notwendig, formulieren Sie den Sachverhalt um.
c. Anweisungen an die Teilnehmer:

- Bitte treffen Sie jetzt Ihre Bewertung des Sachverhalts.
- Lassen Sie uns nun über den Sachverhalt sprechen. Falls Sie irgend etwas hören, was ihre Denkweise ändern sollte, ändern Sie bitte Ihre Bewertung entsprechend und teilen Sie mir verdeckt Ihre neue Bewertung mit. Wir werden solange darüber diskutieren, bis wir eine Einigung über diesen Sachverhalt erzielen.

Wissenswertes Mit dem MoodRing lassen sich schnell Entscheidungen darüber treffen, ob ein Sachverhalt weiter diskutiert werden muss oder ob Einigkeit hierüber besteht. Dabei können die Meinungen der Teilnehmer durchaus polarisierend sein. Der Facilitator wird jedoch feststellen, dass die Diskussion zu einem immer deutlicheren Konsens führt. Die Teilnehmer beginnen damit, ihre Meinungen zu überdenken, indem sie gezielt fragen: „Was meinen Sie damit, wenn Sie sagen…". Dies ist bereits ein sehr positiver Schritt in Richtung Konsensbildung. Hier kann es sinnvoll sein, die Definitionen der Teilnehmer auf einem Whiteboard aufzuschreiben. Auch das Umformulieren von Beiträgen und Definitionen kann bei dieser Aktivität auftreten. Dies kann der Facilitator solange zulassen, bis keine konkrete Änderung des gesamten Statements mehr vorgenommen wird.

Verwendete Literatur

Backerra, H. (1997). *Die sieben Kreativitätswerkzeuge K7: Kreative Prozesse anstoßen, Innovationen fördern*. München: Hanser Fachbuchverlag.

Briggs, R. O., de Vreede, G.-J., Nunamaker, J. F. Jr., & Tobey, D. (2001). *ThinkLets: Achieving predictable, repeatable patterns of group interaction with Group Support Systems (GSS)*. Proceedings of the 34th Annual Hawaii International Conference on System Sciences 00: 9.

Briggs, R. O., de Vreede, G.-J., & Nunamaker, J. F. Jr. (2003a). Collaboration engineering with ThinkLets to pursue sustained success with group support systems. *Journal of Management Information Systems, 19, 31–64.*

Briggs, R. O., Kolfschoten, G. L., de Vreede, G.-J., Albrecht, C., Dean, D. L., Lukosch, S. (im Erscheinen). A six layer model of collaboration for designers of collaboration systems. In J. F. Nunamaker Jr., R. O. Briggs, & N. C. Romano Jr. (Hrsg.), *Advances in Collaboration Systems* (S. 1–14). Armonk: M.E. Sharpe, Inc.

de Vreede, G.-J., & Briggs R. O. (2005). *Collaboration engineering: Designing repeatable processes for high-value collaborative tasks*. System Sciences, 2005. HICSS '05. Proceedings of the 38th Annual Hawaii International Conference on System Sciences, 1–17.

Kolfschoten, G. L., Appelman, J. H., Briggs, R. O., & de Vreede, G.-J. (2004). *Recurring patterns of facilitation interventions in GSS sessions*. System Sciences, 2004. Proceedings of the 37th Annual Hawaii International Conference on 00: 10.

Kolfschoten, G. L., & Veen, W. (2005). *Tool support for GSS session design. System Sciences, 2005.* HICSS 05. Proceedings of the 38th Annual Hawaii International Conference on, 1–10.

Kolfschoten, G. L., Briggs, R., de Vreede, G.-J., Jacobs, P., & Appelman, J. (2006a). A conceptual foundation of the thinkLet concept for collaboration engineering. *International Journal of Human-Computer Studies, 64,* 611–621.

Kolfschoten, G. L., & de Vreede, G.-J. (2009). A design approach for collaboration processes: A multimethod design science study in collaboration engineering. *Journal of Management Information Systems, 26,* 225–256.

Mento, A. J., Martinelli, P., & Jones, R. M. (1999). Mind mapping in executive education: Applications and outcomes. *Journal of Management Development, 18,* 390–416.

Neuland M. (2003). *Neuland-Moderation.* Bonn: Managerseminare Verlag.

Niederhuber, M., & Bart, P. (2010). *Systematisches Vorgehen beim Problemlösen Methoden und Techniken.* Geographic Information Technology Training Alliance.

Santanen, E. L., & de Vreede, G.-J. (2004). Creative approaches to measuring creativity: Comparing the effectiveness of four divergence thinkLets. *Techniques 00,* 1–10.

Schenk, B., & Schwabe, G. (2001). *Moderation. CSCW Kompendium.* Berlin: Springer.

Scherer, J. (2007). *Kreativitatstechniken: In 10 Schritten Ideen finden, bewerten, umsetzen.* Offenbach: GABAL-Verlag GmbH.

Schilling, G. (2005). *Moderation von Gruppen: Der Praxisleitfaden für die Moderation von Gruppen, die gemeinsam arbeiten, lernen, Ideen sammeln, Lösungen finden und entscheiden wollen.* Berlin: Schilling Verlag.

Schlicksupp, H. (1998). *Innovation, Kreativitat und Ideenfindung.* München: Vogel Verlag.

Van Gundy, A. B. Jr. (1988). *Techniques of structured problems* (General Business & Business Ed.). New York: Van Nostrand Reinhold.

Weiterführende Literatur

Briggs, R. O., de Vreede, G.-J., Nunamaker, J. F. Jr., & Tobey, D. (2001). *ThinkLets: Achieving predictable, repeatable patterns of group interaction with Group Support Systems (GSS).* Proceedings of the 34th Annual Hawaii International Conference on System Sciences 00:9.

Briggs, R. O., de Vreede, G.-J. & Nunamaker, J. F. Jr. (2003). Collaboration Engineering with Think-Lets to Pursue Sustained Success with Group Support Systems. *Journal of Management Information Systems, 19* (4), 31–64.

Briggs, R. O., & de Vreede, G.-J. (2009). *ThinkLets: Building Blocks for Concerted Collaboration.* Omaha: Briggs and de Vreede.

Briggs, R. O., Kolfschoten, G. L., de Vreede, G.-J., Albrecht, C., Dean, D. L., Lukosch, S. (im Erscheinen). A six layer model of collaboration for designers of collaboration systems. In: J. F. Nunamaker Jr., R. O. Briggs, & N. C. Romano Jr. (Hrsg.), *Advances in collaboration systems (S. 1–14),* Armonk M.E. Sharpe, Inc.

de Vreede, G.-J., & Briggs, R. O. (2005). *Collaboration engineering: Designing repeatable processes for high-value collaborative tasks.* System Sciences, 2005. HICSS '05. Proceedings of the 38th Annual Hawaii International Conference on System Sciences, 1–17.

Kolfschoten, G. L., Appelman, J. H., Briggs, R. O., & de Vreede, G.-J. (2004). *Recurring patterns of facilitation interventions in GSS sessions.* System Sciences, 2004. Proceedings of the 37th Annual Hawaii International Conference on 00:10.

Kolfschoten, G. L., & Veen, W. (2005). *Tool Support for GSS Session Design.* System Sciences, 2005. HICSS' 05. Proceedings of the 38th Annual Hawaii International Conference on:1–10.

Kolfschoten, G. L., Briggs, R., de Vreede, G.-J., Jacobs, P., & Appelman, J. (2006). A conceptual foundation of the thinkLet concept for collaboration engineering. *International Journal of Human-Computer Studies, 64*(7), 611–621.

Kolfschoten, G. L., & de Vreede, G.-J. (2009). A design approach for collaboration processes: A multimethod design science study in collaboration engineering. *Journal of Management Information Systems, 26*(1), 225–256. M.E. Sharpe Inc.

Santanen, E. L., & de Vreede, G.-J. (2004). Creative approaches to measuring creativity : Comparing the effectiveness of four divergence thinkLets. Techniques 00, 1–10.

Kollaborationswerkzeuge (Collaboration Tools)

Zusammenfassung

Kollaborationswerkzeuge werden im Zuge des Kollaborationsprozesses eingesetzt, um eine Gruppe bei ihrer Zusammenarbeit zu unterstützen, und lassen sich in die fünfte Ebene des Sechs-Ebenen-Kollaborationsmodells (SeKMo) einordnen. Im vorliegenden Kapitel werden verschiedene nicht-IT-gestützte Werkzeuge, IT-gestützte Einzelrechner-Werkzeuge, IT-gestützte Werkzeuge für private Netzwerke sowie webgestützte Werkzeuge vorgestellt. Um einen Collaboration Engineer optimal bei der Werkzeugwahl zu unterstützen, werden diese Werkzeuge zum einen nach der sogenannten Raum-Zeit-Matrix sowie zum anderen nach den Patterns of Collaboration klassifiziert. Diese Kategorisierung findet auf Grundlage der Informationen statt, die Auskünfte darüber geben, wo, wann und wie die einzelnen Werkzeuge im Kollaborationsprozess eingesetzt werden können. Im zweiten Teil dieses Kapitels werden verschiedene Formen von IT-gestützten aggregierten Kollaborationswerkzeugen vorgestellt und deren möglicher Einsatz im Kollaborationsprozess beschrieben.

Im Rahmen dieses Kap. 9[1] findet eine Beschreibung der Grundlagen und Merkmale von Groupware und Web 2.0 Systemen statt, bei der u. a. auch auf verschiedene Architekturen von Groupwaresystemen eingegangen wird. Der Hauptteil dieses Kapitels besteht aus der Vorstellung von verschiedenen Kollaborationswerkzeugen. Als Basis zur Strukturierung des Kapitels dient die sogenannte Raum-Zeit-Matrix, welche die Werkzeuge auf Basis der Orts- und Zeitabhängigkeit einteilt. Damit ein Collaboration Engineer aus dieser Menge an Werkzeugen ein geeignetes Kollaborationswerkzeug für einen bestimmten Verwendungszweck bewerten und auswählen kann, werden im Anschluss zwei Systematiken vorgestellt, nach denen die Auswahl unterstützt wird. Im letzten Teil dieses Kapitels werden verschiedene Arten und konkrete Ausprägungen von IT-gestützten aggregierten Kollabo-

---

[1] Die Ausführungen zum Thema Web 2.0 und Social Software, insb. S.216 - 221, 234 - 241, 244, sowie 251 - 256, basieren auf Manouchehri (2010).

J. M. Leimeister, *Collaboration Engineering*,
DOI 10.1007/978-3-642-20891-1_9, © Springer-Verlag Berlin Heidelberg 2014

rationswerkzeugen vorgestellt, die dann zum Einsatz kommen, falls einzelne Werkzeuge nicht zielführend sind.

Beispiel

Martin befindet sich im fünften Semester seines Studiums und belegt die Veranstaltung Collaboration Engineering. Im Rahmen dieser Veranstaltung muss er mit Jan und Katrin zusammen eine Hausarbeit schreiben. Sie haben sich dabei die Frage gestellt, durch welche Werkzeuge der kollaborative Schreibprozess unterstützt werden kann, damit am Ende des Prozesses das Ergebnis den Erwartungen entspricht. Die Studenten haben sich daraufhin darüber Gedanken gemacht, welche Anforderungen sie an das Kollaborationswerkzeug haben, um sich auf Basis dieser Überlegungen für ein bzw. einige der den Anforderungen genügenden Werkzeuge zu entscheiden. Dabei empfinden sie zwei Kriterien als besonders wichtig: zum einen die Möglichkeit zur gemeinsamen synchronen und asynchronen Kommunikation der beteiligten Personen, zum anderen die Option zur gemeinsamen zentralen Erstellung und Bearbeitung der Hausaufgabe, so dass alle immer Zugriff auf die aktuellste Version der Arbeit haben und diese durchgängig aktualisieren können. Katrin kam dabei auf die Idee, Werkzeuge, die das soziale Netzwerk Facebook zur Verfügung stellt, für ihre Zwecke einzusetzen. Aus diesem Anlass hat sie bei Facebook eine Gruppe eingerichtet und ihre beiden Kommilitonen in diese eingeladen. Diese Gruppe dient den Studenten dazu, ortsunabhängig Werkzeuge, wie die zum Erstellen und gemeinsamen Bearbeiten von Texten, zu verwenden, und ermöglicht die Kommunikation über das Nachrichten- und Chatsystem. Nachdem jeder für sich seinen Teil der Hausarbeit bearbeitet hat, treffen sich die Studenten in einem Raum der Universität. In dieser gemeinsamen Sitzung möchten sie die letzten Änderungen an der Arbeit vornehmen und das ganze Projekt zum Ende bringen. Hier kommt ein weiteres Werkzeug zum Einsatz: der Videoprojektor. Mit Hilfe dieses Gerätes haben die Studenten die Möglichkeit, die Hausarbeit vergrößert an die Wand zu projizieren und so kollaborativ die Arbeit zu betrachten, zu bearbeiten und zum Abschluss zu bringen.

Einordnung der Kollaborationswerkzeuge in den Kollaborations-Prozess-Design-Ansatz Sei es die Gruppenfunktion bei Facebook, das Versenden von E-Mails, ein Videoprojektor zur Anzeige einer Präsentation oder einfach nur Alltagsgegenstände wie Tische, Stühle und Stifte: All diese Werkzeuge unterstützen eine Gruppe bei ihrer Zusammenarbeit. Nach dem Kollaborations-Prozess-Design-Ansatz (KoPDA) wurden bis jetzt drei Schritte durchgeführt. Im letzten Kapitel wurden außerdem thinkLets vorgestellt, die einen Weg darstellen, Aktivitäten zu unterteilen und dabei direkte Handlungsanweisungen für die Gruppenmitglieder bereitstellen. U.a. enthält ein thinkLet auch Informationen darüber, welche Funktionen ein mögliches Kollaborationswerkzeug unterstützen muss, um das thinkLet umzusetzen. Mit Hilfe dieser Funktionsbeschreibung muss sich ein Collaboration Engineer im nächsten Schritt überlegen, welches das passende Kollaborationswerkzeug für die Umsetzung des thinkLets ist. Im Verlauf dieses Kapitels werden verschiedene Werkzeuge vorgestellt und ihre Vor- und Nachteile beim Einsatz innerhalb eines Kollaborationsprozesses beschrieben (Abb 9.1).

Abb. 9.1 Einordnung der
Kollaborationswerkzeuge im
KoPDA. (Eigene Darstellung in
Anlehung an Kolfschoten und
de Vreede 2009)

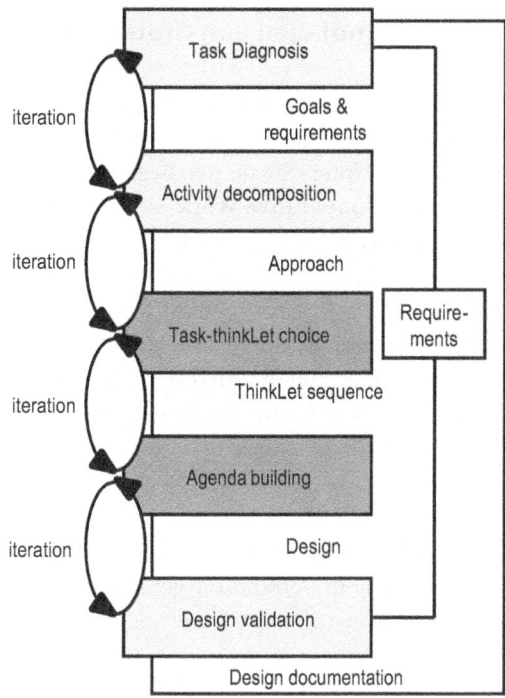

9.1   Grundlagen von Groupware und Web 2.0

Sozio-technische Systeme sind technische Systeme, die in einem sozialen System genutzt
werden Abschn. 3.1. Dies bedeutet, dass bei der Entwicklung eines solchen technischen
Systems dessen Einfluss auf das soziale System beachtet werden muss. Der Zusammenhang zwischen sozialem und technischem System ist bei der Entwicklung von sozio-tech-
nischen Systemen, also von Menschen genutzten Systemen, zentral (Söllner und Leimeister 2012). Seit der Einführung der ersten Computersysteme auf dem Konsumentenmarkt
haben sich diese Systeme explosionsartig auf der gesamten Welt verbreitet. Heute gibt es
nahezu keinen Bereich mehr, in dem Computer nicht involviert sind. Sei es die Steuerung
von komplexen Ampelsystemen oder die Regelung der Klimaanlage in einem Auto, der
Computer ist in allen Gebieten Teil unseres Lebens geworden. So spielen diese Technologien auch eine sehr wichtige Rolle bei der Kollaboration. Wie bereits in Kap. 3 beschrieben,
beschäftigt sich der Forschungsbereich Computer Supported Collaborative Work mit der
Fragestellung, inwieweit Computersysteme Menschen bei ihrer Zusammenarbeit unterstützen können. Im ersten Teil dieses Abschnittes wird beschrieben, was Groupware ist
und welche Rolle sie bei der Unterstützung von Zusammenarbeit spielt. Der zweite Teil
beschäftigt sich mit Web 2.0 Systemen, der modernen Form von Groupwaresystemen, und
stellt ihre Kerntechnologien vor.

9.1.1   Grundlagen von Groupware

Einführung in Groupware Im sprachlichen Gebrauch werden meist Groupware und Computer Supported Cooperative Work (CSCW) synonym verwendet bzw. die Bedeutungen und Unterschiede der Begriffe werden nicht deutlich hervorgehoben. Computer **Supported Cooperative Work** ist ein eigenständiges, interdisziplinäres Forschungsgebiet, welches folgendermaßen definiert ist:

> Das Forschungsgebiet Computer Supported Cooperative Work (CSCW) untersucht in erster Linie auf interdisziplinärer Basis, wie Individuen in Teams zusammenarbeiten und wie sie dabei durch Informations- und Kommunikationstechnologie (IKT) unterstützt werden können (Teufel et al. 1995).

Einhergehend mit dem Begriff CSCW wird auch **Groupware** mit der technologischen Unterstützung in Verbindung gebracht.

> Groupware ist ein computerbasiertes System, das eine Gruppe von Personen in ihrem Aufgabengebiet oder Ziel unterstützt und eine Schnittstelle für eine geteilte Arbeitsumgebung bietet (Ellis et al. 1991).

Nastansky (1993) stellt Groupware in seiner Definition nicht nur als computerbasierte Systeme dar, sondern nimmt auch besonderen Bezug auf die Aufgaben von Groupware:

> „Groupware stellt computergestützte Konzepte für Teamarbeit bereit. Insbesondere müssen dabei [...] der Arbeitsfluss und das Vorgangsmanagement in den vielfältigen Kommunikations- und Arbeitsinteraktionen zwischen Mitarbeiterinnen und Mitarbeitern [...] im Projektteam unterstützt werden." (Nastansky 1993).

In beiden Definitionen wird deutlich, dass es sich bei Groupware um technische, computergestützte Systeme bzw. Konzepte handelt. Ebenfalls wird in beiden Definitionen von Gruppen- bzw. Teamarbeit gesprochen. Darüber hinaus können auch Communities, Netzwerke oder ganze Organisationen in ihrer Arbeit durch Groupware unterstützt werden. Eine wichtige Abgrenzung von Groupware im Vergleich zu Einzelanwendungen nehmen Lynch et al. (1990) vor. Sie stellen heraus, dass Nutzer von Groupware wissen, dass sie Teil einer Gruppe sind und dementsprechend nicht als Individuen handeln. Groupware wird

Abb. 9.2 Architekturen von Groupware. (Nach Borghoff und Schlichter 1998)

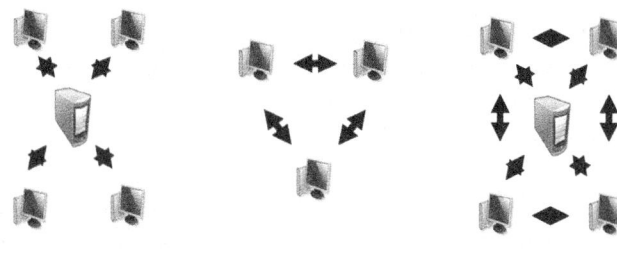

Zentrale Architektur   Verteilte Architektur   Hybride Architektur

von normaler Software durch eine grundlegende Annahme unterschieden: Groupware macht dem Nutzer bewusst, dass er Teil einer Gruppe ist, wohingegen die meisten anderen Softwareprodukte versuchen, die Nutzer gegenseitig zu verstecken und zu beschützen (Lynch et al. 1990). Diese Verbundenheit der Nutzer wird als Koexistenz bzw. Awareness bezeichnet (Koch und Gross 2007).

Architekturen von Groupwaresystemen   Verteilte Systeme, die als Groupware bezeichnet werden, können derweil in sogenannte Verteilungsarchitekturen aufgeteilt werden, welche Angaben über die Aufteilung der Anwendungen bzw. der darin enthaltenen Komponenten vermitteln sollen. Nachfolgend werden drei mögliche Einteilungen aufgezeigt. Läuft die gemeinsame Anwendung auf einem zentralen Rechner (Server), so wird der zugehörige Typ zentrale Architektur genannt. Bei verteilten Architekturen läuft die gemeinsame Anwendung auf den Rechnern der jeweiligen Teilnehmer (Replikanten oder Clients). Durch Entwicklung von Anwendungen speziell für die Zusammenarbeit sind schließlich Mischformen, sogenannte hybride Architekturen, entstanden. Sie zerlegen die Anwendungen in Teile, von denen einige zentral und andere verteilt ausgeführt werden (Borghoff und Schlichter 1998). Abbildung 9.2 stellt die drei vorgestellten Architekturen dar.

Zentrale Architektur   Bei zentralen Architekturen werden sämtliche Eingaben räumlich verteilter Benutzer an einen zentralen Rechner weitergeleitet und dort verarbeitet. Das bedeutet, dass hier die Daten sequentialisiert, geordnet und gegebenenfalls gefiltert werden. Die Ausgaben des Rechners werden daraufhin zurück zu den Ausgabegeräten der einzelnen Benutzer gesendet. Als Beispiel für eine derart zentrale Einrichtung kann an dieser Stelle die E-Mail-Architektur genannt werden: Beim Versenden einer Nachricht wird diese zunächst von einem zentralen Server des E-Mail-Providers des Absenders empfangen. Dieser Server schickt danach die E-Mail an den Mail-Server des Empfängers, der wiederum die Mail an den Empfänger weiterleitet. Die Vorteile der Architektur ergeben sich aus der einfachen Synchronisation von Daten und Objekten, da sie lediglich auf dem Server existieren. Allerdings besteht die Gefahr des Datenstaus. Wenn beispielsweise für viele Teammitglieder Fensterinhalte und Daten synchronisiert werden müssen, ist das System schnell ausgelastet (Borghoff und Schlichter 1998).

Verteilte Architektur Im Gegensatz zur zentralen Architektur müssen Eingaben bei einer verteilten Architektur nicht zunächst an einen zentralen Rechner weitergeleitet werden, da sich auf dem Benutzerrechner eine Kopie der Anwendung befindet. Benutzereingaben werden an alle Anwendungskopien weitergereicht, dort lokal sequentialisiert und geordnet, bevor sie Ereignisse in der lokalen Anwendung bewirken können. Die Ausgaben werden nur lokal angezeigt und belasten somit das Gesamtnetz nicht. Ein Beispiel für eine verteilte Architektur ist das auf das BitTorrent[2] Protokoll basierende File-Sharing. Zu den Vorteilen solcher Architekturen gehört die implizite, parallele Verarbeitung von Interaktionen, die zur Synchronisation von Bildschirm- und Datenobjekten führen. Nachteile ergeben sich durch den Mehraufwand für die Clients, längere Antwortzeiten und eine höhere System-komplexität, was die Objektverteilung und das Zugriffs- bzw. Konfliktmanagement betrifft (Borghoff und Schlichter 1998).

Hybride Architektur Hybride Architekturen vereinen die Vorteile der zentralen und ver-teilten Architektur. Sie besitzen eine zentrale Instanz, erlauben aber auch direkte Kom-munikation zwischen dezentralen Komponenten. Kritische Datenobjekte können auf dem Server verwaltet werden und damit konsistent bleiben, für die individuelle Sicht darauf sind die jeweiligen Replikanten verantwortlich (Borghoff und Schlichter 1998). Ein Bei-spiel für eine hybride Architektur ist Skype und dessen Netzwerk. Die Anmeldung sowie der Abgleich der Benutzerdaten werden über zentrale Server abgewickelt. Die Kommuni-kation und der Datentransfer zwischen einzelnen Anwendern verhalten sich jedoch wie bei der verteilten Architektur.

Basierend auf diesen drei Architekturen bieten Groupwaresysteme verschiedene An-wendungsmöglichkeiten an, um Teamarbeit durch Technologie zu unterstützen. Eine moderne Form von Groupwaresystemen stellen Web 2.0 Anwendungen dar. Nachfolgend werden die Grundlagen und Prinzipien von Web 2.0 vorgestellt und dabei die Relevanz zu Collaboration Engineering aufgezeigt.

9.1.2   Grundlagen und Prinzipien des Web 2.0

Die Entstehung des Web 2.0 Seit der Einführung des Internets wächst dieses rasant an und hat heute ungeahnte Dimensionen angenommen. Zunächst waren es einfache Web-seiten, deren Betreiber lediglich Informationen bereitgestellt hatten, die der Nutzer nur betrachten konnte. Eine weitere Bearbeitung der Informationen war nicht vorgesehen; der Nutzer war lediglich passiver Konsument von Informationen. Mit der Zeit entstanden die ersten Applikationen, die es dem User ermöglichten, den Inhalt der Seite mitzugestalten. Der Nutzer trat nun erstmals auch als Produzent von Informationen auf. Hier beginnt das Zeitalter des Web 2.0: Die Wahrnehmung und Nutzung des Internets hat sich mit dem An-bruch des Web 2.0 stark verändert. Im Rahmen des Collaboration Engineerings werden interaktive Werkzeuge benötigt, welche die Teamarbeit effektiv unterstützen.

---

[2] http://www.bittorrent.com.

Web 2.0 ist damit eine wichtige Basistechnologie, mit der interaktive Anwendungen entwickelt werden können, damit die Zusammenarbeit orts- und zeitunabhängig durchgeführt werden kann. Weiterhin sind mit der Einführung von Web 2.0 innovative Technologien und Applikationen entstanden, die nicht nur die Kollaboration als solche unterstützen, sondern auch neue Formen der Kollaboration ermöglicht haben.

Als Beispiel gilt an dieser Stelle Mass Collaboration, das ohne die heute existierenden Social Media Technologien nicht durchführbar wäre. Darunter versteht man die kollektive Zusammenarbeit einer großen Anzahl von Teilnehmern zur Erfüllung einer Aufgabe. Aus diesem Grund gilt es zunächst, Web 2.0 als Basis für derartige Werkzeuge zu erläutern. Nachfolgend werden zu diesem Zweck die Grundprinzipien des Web 2.0 und der Social Software vorgestellt.

Durch die Vergabe einer Versionsnummer suggeriert der Begriff Web 2.0 einen fundamentalen, technologischen Sprung und leitet damit insofern fehl, als dass er vielmehr zur Charakterisierung einer neuen Nutzungsart der Internettechnologien verwendet wird (Bohl et al. 2007). In den 1990er Jahren konnten sich die Nutzer mit Hilfe von Hyperlinks lediglich durch die Navigationsstrukturen von unzähligen statischen Webseiten durchklicken (Schroll und Neef 2006). Ein aktiver Einfluss auf die Inhalte war jedoch nicht möglich und nur denjenigen Nutzern vorbehalten, die über das notwendige technische Wissen und dementsprechende Programmierkenntnisse verfügten. Mit dem Beginn des sogenannten Web 2.0-Zeitalters steht das Netz hingegen nicht mehr nur als Informationsmedium im Mittelpunkt der Betrachtung, sondern vielmehr als das neue Medium der Interaktion und Kooperation (Beck 2007). Es stellt eine Reihe innovativer und gleichzeitig einfacher Internettechniken und -dienste zur Verfügung, denen eines gemeinsam ist: Die Internetbenutzer sind nicht mehr nur passive Leser, sondern aktive Mitgestalter von Informationen im Web (Wilbers 2007). Benutzer können dementsprechend eigene Inhalte wie Fotos, Videos oder Textbeiträge anderen Benutzern zur Verfügung stellen oder deren online gestellte Inhalte selbst nutzen und verknüpfen. Zudem spielt der technische Zugang keine entscheidende Rolle mehr, die Technologie als solches tritt hinter den Anwendungen in den Hintergrund. Hinchcliffe beschreibt es treffend: Web 2.0 verändert mehr die Menschen und die Gesellschaft als die Technologie (Hinchclife 2006).

Die Definition von Web 2.0   Der Begriff Web 2.0 selbst entstand im Jahr 2004 während eines Brainstormings zwischen O'Reilly Media und Medialive International, die für eine anstehende Konferenz einen passenden Titel suchten (Szugat et al. 2006; Alby 2008). Im Rahmen der Konferenz wurde verdeutlicht, dass nach dem Scheitern der Net Economy immer mehr interessante Anwendungsmöglichkeiten und Webseiten zu einer Art Wendepunkt des Internets führten und damit den Begriff **Web 2.0** rechtfertigten. O'Reilly (2005) prägte als einer der ersten den Begriff und schrieb 2005 in seinem Beitrag What is Web 2.0? dazu:

> Wie viele bedeutsame Konzepte hat das Web 2.0 keine festen Grenzen, jedoch enthält es einen anziehenden Kern. Man kann das Web 2.0 als eine Sammlung von Prinzipien und Methoden visualisieren, die zusammen ein Sonnensystem von Seiten bilden und einige oder all diese Prinzipien demonstrieren (O'Reilly 2005).

Einführung in Social Software Der Begriff Social Software etablierte sich hingegen erst in den vergangenen Jahren, insbesondere im Zusammenhang mit neueren Web-Anwendungen wie Wikis und Weblogs (Bächle 2006; Hippner 2006). Daher existieren durchaus verschiedene Ansätze, die den Begriff u. a. aus informatischer, wirtschaftsinformatischer, soziologischer oder ökonomischer Sicht erklären. Bis dato ist der Begriff nur durch Definitionsansätze beschrieben. Um einen Versuch zu unternehmen, sich einer einheitlichen Definition für die weitere Verwendung anzunähern, sollen nachfolgend verschiedene Auslegungen gegenübergestellt und kontrovers diskutiert werden.

Eine häufig zitierte Quelle bildet die Webseite Life with Alacrity von Allen (2004), welcher dort im Oktober 2004 in seinem Artikel Tracing the Evolution of Social Software, in Anlehnung an Shirky, den Begriff Social Software als Software, die Gruppeninteraktionen unterstützt, bestimmt. Überdies stellt Allen fest, dass sich die Bedeutung des Begriffs mit den Entwicklungen im Bereich Telekommunikation und Software ebenfalls ändert sowie weiterentwickelt. Zudem nennt er Groupware als den direkten Vorgänger von Social Software (Allen 2004). Andere Autoren gehen bei ihrer Auslegung des Social Software Begriffs auf bestimmte Aspekte ein. So beschreibt Coates Social Software als Software, die menschliches soziales Verhalten, Foren, die gemeinsame Nutzung des Musikgeschmacks oder von Fotos, Instant Messaging, Mailinglisten oder soziale Netzwerke unterstützt, erweitert oder aus diesen einen Mehrwert schafft, und legt damit den Schwerpunkt auf die Vielseitigkeit der sozialen Netzwerke, welche sowohl einen eher formalen, professionellen Charakter als auch einen sehr persönlichen und privaten sowie sogar anonymen Charakter haben können. Letztgenannter Fall kann zum Beispiel eintreten, wenn sich eine Personengruppe zusammensetzt, deren Mitglieder die gleichen Interessen (Sportart, Musikrichtungen oder Kulturereignisse) teilen, ohne dass sie in einer offensichtlichen Gemeinschaft zusammengefasst werden können (Coates 2005).

Definition von Social Software Die oben aufgeführten Definitionen sind nur einige von vielen. Dies verdeutlicht das Fehlen einer einheitlichen Definition von Social Software und dabei vor allem einer Abgrenzung der Anwendungsfelder für Social Software. Hieraus resultierend wird zusammenfassend der Begriff **Social Software** in Anlehnung an die bisherigen Definitionen und im Sinne der Unterstützung von Zusammenarbeit wie folgt definiert:

Unter dem Begriff Social Software werden (webbasierte) Systeme zusammengefasst, die vor allem durch ihre einfache Handhabung den Menschen und seine individuellen Eigenschaften als Nutzer der Software in den Vordergrund stellen, für soziale Interaktionen innerhalb (verteilter) Gruppen eingesetzt werden, die menschliche Kommunikation, Kooperation und Koordination unterstützen und somit gemeinsam den Aufbau und die Pflege sozialer Netzwerke sowie die Publikation, Verteilung und Verknüpfung von Informationen und kollektivem Wissen innerhalb dieser fördern.

Social Software als Teilmenge von Web 2.0   Resultierend aus der vorangegangenen Diskussion kann festgehalten werden, dass Technologien und Anwendungen, die dem Begriff Web 2.0 zugeordnet werden, vor allem Interaktionen zwischen Individuen und Gruppen ermöglichen. Dabei sind viele der Prinzipien hinter Web 2.0 auch in Anwendungen der Social Software wiederzufinden und sorgen für eine große Verbreitung von Social Software im privaten Bereich (Alby 2008). Beck (2007) nimmt die Definition von Social Software und zeichnet einen Ansatz auf, um die Begriffe voneinander abzugrenzen (Beck 2007). Demnach wird Social Software als eine Teilmenge von Web 2.0 gesehen, die sich zeitlich früher etabliert hat. Sie stellt weiterhin die Verbindung zwischen Konzepten der CSCW, Groupware, die bereits als direkter Vorgänger von Social Software weiter oben beschrieben wurde, sowie Web 2.0 her. Nach Beck (2007) umfasst Web 2.0 neben der Social Software noch weitere Angebote, die unter browserbasierten Anwendungen zusammengefasst werden können. Die Zugehörigkeit von Social Software zu Web 2.0 vertreten auch andere Autoren. Sie verbinden die Social Software im Gegensatz zu Web 2.0 nicht nur mit neuen Formaten oder Programmarchitekturen, sondern vielmehr mit der Unterstützung sozialer Strukturen und Interaktionen. Für die Verwendung im weiteren Verlauf wird Social Software ebenfalls als eine Teilmenge von Web 2.0 definiert. Vor allem geht es bei Social Software um die Schnittmenge an Anwendungen, bei denen die Interaktion der Benutzer im Vordergrund steht und die der eingeführten Definition gerecht werden.

Basierend auf der Annahme, dass Social Web eine Kombination aus neuen Techniken (u. a. Web Services, Ajax, RSS), neuen Anwendungstypen (u. a. Weblogs, Wikis, Social Bookmarking), einer sozialen Bewegung (Mitwirkung und Selbstdarstellung der Endbenutzer) und neuen Geschäftsmodellen (Software als Service, The Long Tail) darstellt, wird im Folgenden eine State-of-the-Art-Analyse der existierenden Technologien und Konzepte von Social Software betrieben (Hippner 2006; Richter und Koch 2007).

Technologien von Social Software   Die Basis für Social Software-Anwendungen stellen die zahlreichen neuen Technologien und Konzepte dar, die sich querschnittartig in vielen der Plattformen wiederfinden und einen entscheidenden Einfluss auf die Verwirklichung der einzelnen, als innovativ empfundenen Funktionen und Services haben. Die Technologien sind unterschiedlich aufgebaut und kommen aus verschiedenen Entwicklungsrichtungen, die mal mehr, mal weniger intensiv miteinander verknüpft sind (Bienert 2007; Langham 2007). Nachfolgend werden die wichtigsten und relevanten Technologien und Konzepte vorgestellt.

Newsfeeds Zunächst gibt es sogenannte Newsfeeds, die von vielen Social Software-Anwendungen verwendet werden, um die Nutzer fortwährend auf einem aktuellen Informationsstand über die Inhalte einer Webseite zu halten. Somit wird ein einfacher, standardisierter Austausch von Informationen zwischen Webseiten ermöglicht. Der Unterschied gegenüber einem E-Mail-Abonnement besteht darin, dass die Initiative vom Nutzer, dem Empfänger des Newsfeeds, ausgeht. Really Simple Syndication (RSS) ist einer der ersten Vertreter dieser Technologie. Dabei umfasst das Syndizierungsverfahren RSS eine Sammlung von plattformunabhängigen Dateiformaten, die alle auf der Extensible Markup Language (XML) basieren. Das Prinzip ist im Wesentlichen ganz einfach: Nach jeder Änderung der Inhalte einer Seite wird zusätzlich eine XML-Datei, auch RSS-Feed oder News-Feed genannt, automatisch generiert. Diese Datei enthält Kurzbeschreibungen der Nachrichten sowie Links zu den kompletten Artikeln, jedoch keine weiteren Angaben über Layout oder Design. Über spezielle RSS-Aggregatoren, sogenannten RSS-Readern, können die RSS-Feeds ausgelesen bzw. abonniert werden (Alby 2008).

Tagging Eine weitere Technologie stellt das Tagging dar. Es ist eine gemeinschaftlich erzeugte Indexierung, die es ermöglicht, eine Kategorisierung von Informationen vorzunehmen, die in unterschiedlichen Formen oder Formaten vorliegen. Alle Schlagwörter, die der Benutzer zu einem Informationsobjekt hinzufügt, werden zentral gesammelt und gewichtet, so dass eine Verbindung der Schlagwörter untereinander dargestellt werden kann. Diese wird oftmals mittels einer Wortwolke (Tag Cloud) visualisiert (siehe Abb. 9.3), wobei besonders häufig vergebene/enthaltene Tags mit einer größeren Schrift dargestellt werden, so dass sich daran ein thematischer Schwerpunkt relativ schnell erkennen lässt.

Mashup

> Der Begriff Mashup (engl. mash = vermischen) stammt aus der Musikbranche und bezeichnet die Erstellung eines Remix, basierend auf der Kombination zweier oder mehrerer bestehender Lieder.

Im vorliegenden Bezug auf Social Software beschreibt der Begriff die Zusammenstellung von offenen und frei zugänglichen Inhalten oder Anwendungen mit dem Ziel, neue Angebote mit minderem Aufwand zu kreieren. Viele Onlineeditoren (u. a. Pageflakes.com) und Portale bieten dabei die Möglichkeit, per Drag & Drop Inhalte und Anwendungen zusammenzustellen, um auf diese Weise die Personalisierung der eigenen Startseite zu vollziehen (Ebersbach et al. 2008).

Abb. 9.3 Ein Beispiel für
eine Wortwolke (Tag Cloud).
(Eigene Darstellung)

Rich Internet Application und Ajax

> Rich Internet Application (RIA) beschreibt Anwendungen, die neue Techniken des
> Internets wie Flash oder Ajax benutzen und eine intuitive Benutzeroberfläche bieten.

Eine der am meisten thematisierten Technologien im Zusammenhang mit Social Software Anwendungen ist Ajax, ein Akronym stehend für Asynchronous JavaScript and XML (Garret 2005). Mit dieser Technologie können interaktive, desktop-ähnliche Webanwendungen realisiert werden. Diese Anwendungen stellen asynchron Anfragen an den Server, von dem sie geladen werden, um neue Inhalte abzufragen. Diese Inhalte werden indessen typischerweise als XML-Dokumente zurückgeliefert. Mit JavaScript-Anweisungen können diese Inhalte dann zur Aktualisierung oder Änderung des Seiteninhalts eingesetzt werden. Das Laden von Daten geschieht im Hintergrund und wird vollständig von der Ajax Engine übernommen. Der Datenaustausch zwischen Webbrowser und Server ist dabei auf das Notwendigste reduziert und der Benutzer bleibt ständig auf der gleichen Webseite. Ein Beispiel für eine Rich Internet Application mit Ajax Unterstützung ist Google Maps.

Die in diesem Abschnitt eingeführten Grundlagen zu Groupware und Web 2.0 dienen als Basis für das Verständnis des folgenden Abschn. 9.2. Dieser bildet den Kern dieses Kapitels – die Vorstellung von Kollaborationswerkzeugen.

9.2   Arten von Werkzeugen für die Kollaboration

Heute existieren verschiedenste kommerzielle sowie freie Kollaborationswerkzeuge, die neben Unternehmen auch kleinere Gruppen bei ihrer Zusammenarbeit unterstützen können. Bevor auf konkrete Werkzeuge eingegangen wird, werden zunächst die verschiedenen Arten von Kollaborationswerkzeugen vorgestellt, um eine Verständnisgrundlage für die anschließenden Abschnitte zu schaffen.

Unterscheidung in vier Werkzeugarten In diesem Zusammenhang werden vier Arten von Werkzeugen unterschieden: nicht-IT-gestützte Werkzeuge, IT-gestützte Einzelrechner-Werkzeuge, IT-gestützte Werkzeuge für private Netzwerke und webgestützte Werkzeuge. Zu nicht-IT-gestützten Werkzeugen zählen alle Tools, die keinen direkten Bezug zur IT haben, was jedoch nicht ausschließt, dass diese Tools auch elektronisch sein können.

Damit reicht die Palette der klassischen Werkzeuge von Papier und Stift bis hin zu Telefonanlagen. IT-gestützte Einzelrechner-Werkzeuge beschreiben IT-Systeme, die aus einem Computer bestehen, jedoch von mehreren Personen zur gleichen Zeit bedient werden können. Dazu zählen z. B. Tabletops, auf die in Abschn. 9.2.1.2 weiter eingegangen wird. IT-gestützte Werkzeuge für private Netzwerke sind Tools, die innerhalb eines geschlossenen Netzwerks zum Einsatz kommen, wie es z. B. in einem Unternehmen häufig der Fall ist. Schließlich sind webgestützte Werkzeuge Anwendungen, die entweder auf die Kommunikation über das Internet angewiesen sind, oder Hilfsmittel, auf die über das Internet z. B. über den Browser zugegriffen wird.

Obwohl diese Art der Unterscheidung der Werkzeuge eine gute Möglichkeit zur Klassifizierung bietet, hilft sie jedoch dem Collaboration Engineer nicht, das optimale Werkzeug für den Kollaborationsprozess auszuwählen. Der Grund hierfür ist, dass bei der Auswahl geeigneter Werkzeuge nicht nur die Werkzeugart, sondern auch Informationen darüber, wo, wann und wie das Werkzeug eingesetzt werden soll, bei der Wahl der zu nutzenden Materialien relevant sind. Zu diesem Zweck gibt es zwei verschiedene Klassifikationen von Kollaborationswerkzeugen, auf die nachfolgend eingegangen wird.

Kategorisierung von Kollaborationswerkzeugen nach der Raum-Zeit-Matrix Die bekannteste und einfachste Kategorisierung von Kollaborationswerkzeugen ist die Positionierung verschiedener Werkzeuge in einer sogenannten Raum-Zeit-Matrix. Ausschlaggebend für die Einordnung der Werkzeuge innerhalb der Quadranten der Matrix sind zwei Fragen:

- Können sich die Teammitglieder, die das Tool benutzen, am gleichen Ort oder an unterschiedlichen Orten aufhalten?
- Kann dieser Aufenthalt zur gleichen Zeit (synchron) oder zu unterschiedlichen Zeiten (asynchron) stattfinden?

Auf Basis dieser Aspekte unterscheidet die Raum-Zeit-Taxonomie nach Johansen die Kollaborationswerkzeuge nach dem Raum und der Zeit, die für die Teammitglieder zur Verfügung steht Johansen (1991). Abbildung 9.4 zeigt beispielhaft, wie eine Raum-Zeit-Matrix mit Kollaborationswerkzeugen befüllt werden kann. Ein Kollaborationswerkzeug wird je nach Hauptaufgabe des Werkzeuges einer der vier Dimensionen zugeordnet.

Klassifikation nach Kommunikations-, Koordinations- oder Kooperationsunterstützung Der zweite Ansatz zur Klassifikation von Kollaborationswerkzeugen ist die Unterscheidung nach Art der unterstützten Interaktion zwischen den Gruppenmitgliedern. Diese Interaktion kann je nach Intensität auf Basis von Kommunikation, Koordination oder Kooperation erfolgen (Schlichter 2005). Der Grad der Unterstützung der jeweiligen

Abb. 9.4 Klassifikation von Groupware nach Raum und Zeit. (Nach Johansen 1991)

		Gleiche Zeit (Synchron)	**Verschiedene Zeiten (Asynchron)**
Gleicher Ort		**1. Dimension**	**3. Dimension**
		Brainstorming Tool Whiteboard Flipchart Abstimmungstool Overheadprojektor Beamer Tabletop Pinnwand	Schwarzes Brett Gruppenarbeitsraum Anrufbeantworter Klebezettel
Verschiedene Orte		**2. Dimension**	**4. Dimension**
		Instant Messaging System Dateiübertragungs- werkzeug Telefon VoIP-System Videokonferenzsystem Desktop/Application Sharing Werkzeug	E-Mail Newsgroup Internetforum Weblog Wiki Video-Streaming-Plattform Shared File Repository Social Tagging Abstimmunsgtool

Interaktionsform bestimmt die Einordnung der Werkzeuge in das Vier-K-Modell, das in Abschn. 1.2 eingeführt wurde. Der Fokus der Kommunikation liegt auf dem gegenseitigen Informationsaustausch zwischen zwei oder mehreren Personen. Koordination bezieht sich auf Tätigkeiten und Ressourcenallokation, die Kooperation stellt hingegen das gemeinsame Arbeiten mit einem Artefakt auf ein bestimmtes Ziel hin dar.

Diese Kombination beider Klassifizierungen, also die nach der Raum-Zeit-Matrix sowie nach dem Vier-K-Modell, dient in diesem Buch als Grundlage für die Strukturierung dieses Abschnittes. Im Verlaufe dieses Abschnittes werden alle vier Dimensionen der Raum-Zeit-Matrix vorgestellt und in jeder Dimension passende, aktuelle Werkzeuge beschrieben, welche die Kommunikation, Kooperation oder Koordination der Gruppe unterstützen.

9.2.1   Werkzeuge der ersten Dimension (synchron und gleicher Ort)

Bei Werkzeugen der ersten Dimension handelt es sich um Tools, die am gleichen Ort und zur gleichen Zeit von Teammitgliedern genutzt werden. Klassisch handelt es sich dabei um Alltagsgegenstände, die auf den ersten Blick nicht als Werkzeuge wahrgenommen werden, jedoch bei genauer Betrachtung als solche erkannt werden. Als Raum eines dieser Werkzeuge wird zunächst der Ort verstanden, an dem das Team zusammenkommt, um seiner kollaborativen Arbeit nachzukommen. Alle Möbel, die sich in dem Raum befinden und die während der Zusammenarbeit benutzt werden, gehören ebenfalls zu den Tools, wie auch alle kleineren Utensilien wie Papier und Stifte. Nachfolgend werden wichtige Kategorien von Werkzeugen vorgestellt, die der ersten Dimension zugeordnet werden können.

9.2.1.1 Präsentationswerkzeuge (Presentation Tools)

Während einer Kollaboration ist es wichtig, Informationen schnell, kompakt und ohne lange Umwege zu teilen. Arbeiten alle Mitglieder eines Teams stets an einem Ort, so haben sie die Möglichkeit, jederzeit zusammenzukommen, um z. B. Fortschritte in ihrem Kollaborationsvorhaben zu präsentieren. Derzeit haben sich viele verschiedene Präsentationswerkzeuge auf dem Markt etabliert, von denen nachfolgend einige vorgestellt werden. Diese sollen die Kreativität von Teammitgliedern fördern und bei der gemeinsamen Entscheidungsfindung helfen. Dabei handelt es sich um Tools, welche die Moderation unterstützen. Moderationswerkzeuge erleichtern und unterstützen eine Moderation durch die Möglichkeit der Visualisierung einzelner Beiträge oder Ideen der Teilnehmer. Arbeitsablauf, Fortschritte und Lösungen werden hiermit für alle transparent und nachhaltig dargestellt. Zu den gängigen Werkzeugen gehören u. a.:

Typische Moderationswerkzeuge

- Flipchart: Sowohl zur Vorbereitung einer Moderation als auch für die Präsentation von (Zwischen-) Ergebnissen und Darstellungen sowie Notizen in Kleingruppen sind Flipcharts sehr geeignet. Für alle sichtbar aufgestellt, bieten sie die Gelegenheit, Informationen dauerhaft einsehbar zu halten.
- Overheadprojektor/Folien: Ein Overheadprojektor ist ein altbewährtes Werkzeug für Präsentationen. Vorteilhaft ist hier die Erreichbarkeit vieler Teilnehmer durch das Projizieren an größere Flächen. Durch die Verwendung von Folienstiften können auch vorbereitete oder ältere Sachverhalte geändert und erweitert werden, das Malen oder Visualisieren ist einfacher als mit einem PC. Allerdings ist die Sichtbarkeit auf die Zeit der Projektion beschränkt.
- Videoprojektor: Videoprojektoren sind die Overheadprojektoren der Neuzeit. Visualisierungen können durch einen Videoprojektor direkt vom Notebook in die Moderation eingebracht werden und unterstützen eine professionelle Moderation.

9.2.1.2 Mehrbenutzer-Editoren (Shared Editor Tools)

Pinnwände und Whiteboards Mehrbenutzer-Editoren ermöglichen mehreren Teammitgliedern die simultane Arbeit an einem Dokument. Dazu zählen auch einige Moderationswerkzeuge, welche die Kreativität von Teammitgliedern fördern und bei der gemeinsamen Entscheidungsfindung helfen. Sie erleichtern und unterstützen zudem eine Moderation durch die Möglichkeit der Visualisierung der einzelnen Beiträge oder Ideen der Teilnehmer. Arbeitsablauf, Fortschritte und Lösungen werden hiermit für alle transparent und nachhaltig dargestellt. Zu den gängigen Werkzeugen gehören u. a. Pinnwände. Mithilfe von Pappkarten (beispielsweise in Form von Vierecken, Kreisen oder Ovalen) können auf

Pinnwänden besonders gut gemeinsame Ergebnisse von Kleingruppen erarbeitet und festgehalten werden. Auch zur Präsentation eignen sich Pinnwände, wenn sie für alle Teilnehmer gut sichtbar aufgestellt sind. Ein weiteres Moderationswerkzeug ist ein Whiteboard
– die moderne Variante der Schreibtafel. Sie ist eine aus einer großen glatten Fläche bestehende Tafel, auf die mit speziellen Markern geschrieben und auf der das Geschriebene
einfach abgewischt werden kann. Whiteboards eignen sich gut, um z. B. Gruppenergeb-
nisse zusammenzutragen und damit ein allgemeines Gruppenverständnis zu schaffen.

Tabletops – Ein IT-gestütztes Einzelrechner Werkzeug Die schnelle Verbreitung der
PCs in den 80er Jahren führte dazu, dass sich fast jeder einen eigenen Computer leisten konnte, der zudem ausreichend Leistung aufwies, um mit ihm alltägliche Aufgaben
zu erledigen. Besonders die Konzentration auf grafische Benutzeroberflächen erlaubte
den strukturierten und vereinfachten Zugang zu den auf dem Computer gespeicherten
Daten. Am Anfang waren es nur Hardwaretastaturen und Computermäuse, mit denen
Interaktionen durchgeführt werden konnten, jedoch gab es mit der Zeit Fortschritte in
der Entwicklung der Benutzereingabemethoden, wobei neben der Sprachsteuerung auch
die durch Berührungen ausgelösten Benutzereingaben, die Touch-Technologie, zu großer
Beliebtheit kam. Seit der Einführung der Touch-Technologie gibt es eine große Anzahl von
Geräten, die diese Technologie für Benutzerinteraktionen verwenden. Relativ simple und
kostengünstige Hardware- und Softwarelösungen erlauben die Entwicklung von Benut-
zungsschnittstellen, die durch Wischgesten gesteuert werden und auf Hardware-Einga-
bemethoden völlig verzichten können. Mit der sogenannten Multi-Touch-Technologie
besteht die Möglichkeit, drei und mehr Touch Events separat zu erkennen und zu verarbeiten. Diese neue Arbeitsweise wird als sehr natürlich und komfortabel empfunden und
kommt bei vielen der heutigen Geräte zum Einsatz. Insbesondere seit der Einführung des
Apple iPhone sorgt die Multi-Touch-Technologie für großes Aufsehen.

> Ein auf der Multi-Touch-Technologie basierender Mehrbenutzer-Editor ist der so-
> genannte Tabletop. Hierbei handelt es sich um einen Tisch mit einer Multi-Touch-
> fähigen Oberfläche. Der Term Tabletop wurde, ähnlich wie die Begriffe Desktop und
> Laptop, auf den Standort der Geräte bezogen vergeben (Müller-Tomfelde 2010).

Dieser Tisch dient einer einzelnen Person oder einer Gruppe von Personen dazu, Informationen gemeinsam zu verarbeiten. Ein typisches Interaktionsszenario ist die gemeinsame
Sicht auf den Tisch und die Erstellung, Manipulation und Anzeige von digitalen Objekten,
die relevante Informationen enthalten. Der Grundaufbau eines Tabletops besteht je nach
Technik in den meisten Fällen aus Projektoren, Kameras, Filter, Infrarotlicht sowie aus
einer Oberfläche, die zu Präsentations- und gleichzeitig zu Interaktionszwecken verwendet wird und auf die das Bild projiziert wird; auf diese Weise wird dem Nutzer die Interaktion mit der Anwendung ermöglicht. Für die Darstellung des Bildes können entweder
Projektoren, die das Bild auf die Oberfläche projizieren, oder LCD-Bildschirme verwendet

werden. Für die Finger- bzw. Objekterkennung gibt es viele verschiedene Techniken, auf die im Rahmen dieses Buches nicht weiter eingegangen wird. Viele der heutigen Betriebssysteme unterstützen Multi-Touch. Darunter zählen im Desktopbereich das Microsoft Windows 7, Apple Mac OS X und Ubuntu als Linux Derivat.

9.2.2   Werkzeuge der zweiten Dimension (synchron und verschiedene Orte)

Werkzeuge der zweiten Dimension beschreiben Tools, die von Teammitgliedern zur selben Zeit, jedoch von verschiedenen Orten aus benutzt werden können. Dieser Fall kann beispielsweise dann auftreten, wenn sich ein Teil der Teammitglieder an einem Ort befindet, während weitere Gruppenangehörige von anderen Standorten aus arbeiten. Um trotzdem den Kollaborationsprozess zu unterstützen, können die nachfolgend vorgestellten Kollaborationswerkzeuge eingesetzt werden.

9.2.2.1   Konversationswerkzeuge (Conversation Tools)

Instant Messaging-Systeme   Der primäre Nutzen von Konversationswerkzeugen ist die ortsunabhängige Unterstützung der Kommunikation innerhalb eines Teams. Im Bereich der webgestützten Systeme findet man eine breite Auswahl an Konversationswerkzeugen.

> Der Begriff Social Communication umfasst Instant Messaging-Systeme (auch IM-Systeme oder Instant Messaging-Dienste), die es ermöglichen, in Echtzeit über eine Software mit anderen Teilnehmern zu kommunizieren. Das Kommunikationsmedium, mit Hilfe dessen sich Teilnehmer textuell in Echtzeit über Orts- und Zeitgrenzen hinweg unterhalten können, unterstützt sowohl synchronen als auch asynchronen Informationsaustausch.

Im Push-Verfahren werden über ein Netzwerk Textmitteilungen an eine oder mehrere Kontaktperson(en) versendet, auf die diese unmittelbar reagieren können, sofern sie online sind. Ist der Empfänger der Nachricht zu diesem Zeitpunkt offline, so wird ihm die Nachricht automatisch zugestellt, sobald er oder bei manchen Systemen beide online sind. Zu den bekanntesten Instant Messaging-Systemen gehören ICQ[3], Windows Live Messenger[4], Google Talk[5] oder Yahoo! Messenger[6].

---

[3] http://www.icq.com/de.

[4] http://messenger.live.de.

[5] http://www.google.com/talk.

[6] http://de.messenger.yahoo.com.

Gemeinsamkeiten gängiger IM-Systeme Allen gängigen Systemen ist gemein, dass sie über eine Art Adressbuch oder Kontaktliste verfügen. Zudem kann der Onlinestatus der Kontaktpersonen, die aktuell im Netzwerk sind, angezeigt werden (Bächle 2006; Hippner 2006). Viele der Systeme bieten weiterhin Funktionalitäten wie Kalender, Aufgabenliste oder auch das Versenden von Dateien an. Auch das Angebot, über das Internet zu telefonieren (Voice-over-IP), hat seit etwa 2003, insbesondere durch das Programm Skype, an Popularität gewonnen. So können Nutzer mittels dieser Software kostenlose Telefongespräche von PC zu PC via Internet und gebührenpflichtig ins Fest- sowie Mobilfunknetz führen (Hippner 2006). IM-Systeme laufen meistens im Hintergrund, während sich die Benutzer im Internet bewegen. Durch sie wird es ermöglicht, dass der Benutzer in Echtzeit anzusprechen ist oder ihm eine Nachricht hinterlassen werden kann. IMs ermöglichen die Bildung eines virtuellen Treffpunkts, der besonders für die Zusammenarbeit ein nützliches Tool zur Unterstützung der Kommunikation darstellt.

Je nach Version und Anbieter unterstützen IM- sowie VoIP-Systeme[7] (Sulzbacher 2003; Schneider 2005) unterschiedliche Möglichkeiten der Kommunikation. So existieren IMs, die ausschließlich auf textbasierte Unterhaltungen ausgelegt sind. Mit zahlreichen Funktionserweiterungen ist es aber mittlerweile möglich geworden, Audio-, Video- sowie VoIP-Kommunikationen nicht nur zwischen zwei, sondern ebenfalls zwischen mehreren Beteiligten als Konferenzschaltung zu führen.

Funktionalitäten von IM-Systemen – Kontaktverwaltung Wie bei anderen Typen von Social Software werden auch bei IM die technischen Aspekte der Kommunikation in den Hintergrund gestellt, um die Benutzung intuitiv und einfach zu gestalten. Dies war bei klassischen Chat-Applikationen wie Mirc noch nicht der Fall, d. h. die Nutzer früherer Anwendungen mussten über ein höheres Maß an Fachwissen verfügen, um diese bedienen zu können. Die heutigen Anwendungen verfügen jedoch über wesentlich einfacher zu bedienende Funktionalitäten. Dazu zählt zunächst die Kontaktverwaltung. Alle IM-Systeme bieten ihren Nutzern die Möglichkeit, bestehende Kontakte in Listen einfach zu verwalten. In der Regel können diese nach verschiedenen Kriterien geordnet werden, beispielsweise nach der Zugehörigkeit zu bestimmten Gruppen (Freunde, Kollegen, Familie, etc.) oder nach Herkunft.

Statusanzeige Auch eine Statusanzeige ist stets vorhanden, mit deren Hilfe alle Nutzer identifiziert werden können, die im selben Moment online sind. Zudem informiert die Statusanzeige über die Bereitschaft der anderen Nutzer zur Kommunikation. Dazu sind verschiedene Kategorien gebräuchlich wie online, offline, abwesend, beschäftigt, bitte nicht

---

[7] Voice over IP (VoIP) bezeichnet dabei die Möglichkeit, Sprache über das Internet zu transportieren. Für die Übertragung der Sprache wird diese mittels des Internet Protocol (kurz IP) in IP-Pakete umgewandelt und über das Internet verschickt. Abhängig von der Bandbreite einer Leitung können über VoIP auch diverse Gespräche parallel geführt werden. Vgl. Stuppert S (2006) Telefonieren über Internet: VoIP.

stören und andere. Von Interesse ist bei einigen Anbietern ein Status wie unsichtbar, der es nur bestimmten zugelassenen Nutzern erlaubt, über die eigene Anwesenheit Kenntnis zu erhalten.

Datenaustausch und Archivierung Viele Anwendungen bieten außerdem an, auf einfache Art und Weise schnell Dokumente und andere Daten transferieren zu können. Die Textnachrichten und Gesprächsprotokolle können in den meisten Anwendungen als Historie archiviert und auch exportiert werden.

Weiterleitung Funktionen zur Umleitung eingehender Nachrichten auf andere Nutzer bzw. Gruppen werden von heutigen IM-Programmen teilweise angeboten. Auch können Nachrichten an Teilnehmer versandt werden, die gerade offline sind. Diese Nachrichten werden dem entsprechenden Teilnehmer zugeleitet, sobald er wieder erreichbar ist.

Viele IM können auch als Medium für die computervermittelte Sprachkommunikation eingesetzt und zur Durchführung von Audio- bzw. Video-Konferenzen mit mehreren angemeldeten Nutzern benutzt werden. Aus Kostensicht ist diese Funktion für internationale Gespräche besonders attraktiv, da sie meist wesentlich günstiger ist als die Kommunikation über das herkömmliche Telefonnetz. Für die Durchführung von Video-Kommunikation über IM benötigen die Benutzer zusätzliche Zubehörgeräte, welche die Übertragung von dynamischen Bilder und Sprache unterstützen. Auf die Audio- und Video-Werkzeuge wird in Abschn. 9.2.2.3 näher eingegangen.

9.2.2.2 Dateiübertragungswerkzeuge (File Transfer Tools)

Dateiübertragungswerkzeuge werden eingesetzt, um Dokumente und andere digitale Daten zwischen zwei oder mehreren Benutzern auszutauschen. Weit verbreitet für diesen Zweck ist das File Transfer Protocol (FTP) zur Übertragung von Daten zwischen einem Server und einem Client. Man kann mit FTP Dateien jeglicher Art und Größe auf einen FTP-Server hochladen oder bereits auf dem Server existierende Dateien herunterladen. Des Weiteren kann man mit FTP Verzeichnisstrukturen anlegen und sie bearbeiten, um somit hochgeladene Dateien zu organisieren (Briggs et al. o.J.).

Ein einfach zu bedienendes, webgestütztes Kollaborationswerkzeug zur Dateiübertragung ist wetransfer[8]. Dieser Dienst bietet eine kostenlose Möglichkeit an, Dateien bis zu 2 GB hochzuladen und an andere Personen zu verteilen. Dazu werden lediglich drei Schritte benötigt: Zunächst wird über die Webseite eine Datei ausgewählt, anschließend werden die E-Mail-Adressen des Absenders und des Empfängers eingegeben. Im Anschluss wird die ausgewählte Datei auf den Server des Betreibers hochgeladen und ein Downloadlink generiert. Über diesen Link haben nun die Empfänger zwei Wochen lang die Gelegenheit, die auf diese Weise hinterlegte Datei herunterzuladen.

---

[8] http://www.wetransfer.com.

9.2.2.3   Audio- und Video-Werkzeuge (Audio Video Tools)

Klassische und computergestützte Audio- und Video-Werkzeuge   Das klassische Kollaborationswerkzeug für diesen Typ ist allseits bekannt und steht nahezu in jedem Haushalt zur Verfügung: das Telefon. Über längere Distanzen hinweg ermöglicht es, Gespräche mit anderen Personen zu führen, und erlaubt es ggf. auch, in Abhängigkeit von Anbieter und Gerätetyp, Konferenzgespräche zu führen. Die Funktionsweise sowie die Vor- und Nachteile des Telefons werden an dieser Stelle nicht weiter erläutert. Viel interessanter sind die IT-gestützten Werkzeuge, zu denen auch Videokonferenzsysteme gehören. Hierbei handelt es sich um Werkzeuge, die eine synchrone Audio- bzw. Videokommunikation erlauben. Sie ähneln einem Telefonanruf, jedoch sind sie durch die Videoübertragungsfunktion umfangreicher ausgestattet und stellen mittlerweile für viele Unternehmen ein bedeutendes Medium der internen und externen Abstimmung sowie Entscheidungsfindung dar. Damit ist die Technik im Verhältnis zu früher nicht nur leistungsfähiger, sondern auch kostengünstiger geworden. Auch existieren bei Videokonferenzen keine Kompatibilitätsprobleme mehr, wie dies früher noch der Fall war. Als synchrones Kommunikationsmedium, das zudem die Abspeicherung der Konferenzübertragung ermöglicht, wird die Videokonferenz vorwiegend für Besprechungen und Arbeitssitzungen zwischen räumlich getrennt arbeitenden Personen eingesetzt.

Skype – Ein webgestütztes Audio- und Video-Werkzeug   Seit der Einführung von Skype ist die Durchführung von Audio- und Videokonferenzen über das Internet sehr einfach geworden. Es bietet neben der Kommunikation zwischen zwei Personen auch Konferenzen in Gruppen an. Räumlich getrennten Teammitgliedern steht somit die Möglichkeit zur Verfügung, über eine Skype-Konferenz virtuell an einem Ort zusammenzukommen und verschiedene Aktivitäten, wie das Klären von Sachverhalten oder die Schaffung eines gemeinsamen Gruppenverständnisses, durchzuführen. Dies wird insbesondere dadurch erleichtert, dass Skype heute nahezu auf allen wichtigen Betriebssystemen und Endgeräten lauffähig ist und damit eine breite Masse verbindet. Aktuell unterstützen neben Skype auch viele gängige Instant Messenger Audio- und Videokonferenzen.

9.2.2.4   Desktop/Application Sharing Tools

Desktop/Application Sharing Werkzeuge eignen sich dazu, Benutzern den Inhalt von einzelnen Anwendungen oder den Bildschirm für weitere Anwender freizugeben. Dabei können einzelne Bereiche oder der gesamte Bildschirm angezeigt werden, um so den Fokus des angezeigten Inhalts zu steuern. Einige der Anwendungen erlauben zudem die Steuerung der Maus und der Tastatur des ferngesteuerten Computers. Desktop/Application-Sharing-Werkzeuge eignen sich gut für die Durchführung von virtuellen Besprechungen mit interaktiven Präsentationen (Briggs et al. o.J.).

Im Folgenden werden einige dieser Werkzeuge kurz vorgestellt, ihre Handhabung beschrieben und deren Vor- und Nachteile erläutert.

TeamViewer TeamViewer[9] ist eine Software, die für Desktop-Sharing verwendet wird. Sie unterstützt Funktionen wie Fernwartungen, Online-Präsentationen, Dateitransfer und das Anlegen von virtuellen privaten Netzwerken. TeamViewer lässt sich auf allen gängigen Betriebssystemen installieren und bietet für den jeweiligen Anwender verschiedene Installationspakete an. TeamViewer kann zwischen zwei oder mehreren Computern eine Verbindung aufbauen. Dies lässt sich auf zwei Arten realisieren: Zum einen wird vorausgesetzt, dass auf allen teilnehmenden Computern TeamViewer installiert ist und ausgeführt wird. Dabei erhält jeder Computer eine statische ID und ein variables Passwort. Die ID und das Passwort müssen dem anderen Teilnehmer übermittelt werden, damit dieser die Verbindungsart wählen und aufbauen kann. Für eine Präsentation muss der Anwender, der die Präsentation vorführen möchte, seine ID und das dazugehörige Kennwort an die Teilnehmer versenden, damit diese sich von ihrem TeamViewer aus mit dem Computer, auf dem die Präsentation gezeigt wird, verbinden können. Bei der zweiten Verbindungsmöglichkeit ist nur auf einem Computer TeamViewer installiert. Der Anwender schickt an seine Teilnehmer eine standardisierte E-Mail, in der ein Link mit der auszuführenden Datei, der ID und dem Passwort enthalten sind. Der Empfänger öffnet die Datei von dem Link, gibt die ID und das Passwort ein und verbindet sich so mit dem anderen Computer, ohne TeamViewer auf dem eigenen Computer installiert zu haben. Während die Verbindung für die Fernsteuerung besteht, hat derjenige, der die Verbindung aufgebaut hat, die Möglichkeit, den anderen Computer fernzusteuern. Er sieht den Desktop und kann diesen per Maus und Tastatur steuern. Ebenso kann er spontan die Richtung wechseln, um dem verbundenen Partner seinen lokalen Desktop präsentieren zu können.

Remote Login Der Remote Login setzt voraus, dass sich zwei oder mehrere PCs in demselben Netzwerk befinden, sei es durch das Internet oder ein lokales Netzwerk. Der Remote Login dient dazu, sich mit einem Benutzernamen und einem dazugehörigen Passwort auf einem anderen entfernten PC einzuloggen und diesen so zu nutzen, als wäre man vor Ort. Somit ergeben sich verschiedene Anwendungsformen für den Remote Login: Zum einen kann man den PC an seinem Arbeitsplatz von zu Hause aus ansteuern und daran arbeiten, zum anderen kann man einen Terminalserver einrichten, der mehrere Useraccounts verwaltet. Zu jedem Useraccount gehört ein virtueller Desktop, auf dem man arbeiten kann wie auf einem richtigen Desktop PC. So werden auf einem leistungsstarken Server mehrere Desktop PCs realisiert, was wiederum Kosten einspart. Auf dem Client-PC muss lediglich eine Software installiert sein, um sich am Terminalserver anmelden zu können. Das ermöglicht am lokalen Arbeitsplatz auch den Einsatz von sogenannten Thin Clients, die

---

[9] http://www.teamviewer.com.

im Gegensatz zu vollwertigen Desktop PCs über weniger Hardware verfügen und somit auch bei ihrer Anschaffung kostengünstiger sind.

Virtual Network Computing   Nachfolgend wird das Virtual Network Computing (VNC), eine weitere Möglichkeit des Desktop/Application Sharings, beschrieben. Der Ausgangspunkt ist auch in diesem Fall, dass sich zwei oder mehrere Computer im gleichen Netzwerk befinden. Entweder sind sie über das Internet oder über ein lokales Netzwerk miteinander verbunden. Mit Hilfe des VNC und der dazugehörigen Software ist es möglich, sich von einem Computer im Netzwerk auf einen anderen Rechner einzuloggen und diesen fernzusteuern. Dabei bezeichnet man den Computer, auf den zugegriffen wird, als Server und den Computer, von dem aus die Eingaben getätigt werden, als Client. Sobald eine Verbindung aufgebaut wurde, sieht man den Desktop des Server-PCs und kann diesen durch die Eingabe-Periphere des Client-PCs so bedienen, als würde man direkt davor sitzen. Einer der wesentlichen Vorteile von VNC gegenüber anderen kommerziellen Produkten ist die Möglichkeit der plattformunabhängigen Interaktion. Das bedeutet, dass man sich mit einem Windows-PC auf einen Linux-PC einloggen und diesen bedienen kann.

9.2.3   Werkzeuge der dritten Dimension (asynchron und gleicher Ort)

Im Allgemeinen gibt es nur sehr wenige Werkzeuge, die man zur dritten Dimension der Raum-Zeit-Matrix zuordnen kann. Der Grund dafür ist, dass der Fokus der meisten Kollaborationswerkzeuge auf den anderen Dimensionen liegt. Diese Werkzeuge können natürlich auch in die dritte Dimension eingeordnet werden, jedoch würde man dadurch die Funktions- und Einsatzmöglichkeiten des Werkzeuges stark einschränken.

Ein Werkzeug der dritten Dimension, das unter der Kategorie der Mehrbenutzer-Editoren aufgenommen wird, ist ein schwarzes Brett. Es dient als simples Koordinationstool, an dem mehrere Personen an einem Ort, jedoch zu verschiedenen Zeiten, Informationen zur Besichtigung hinterlegen können. Typische Anwendung eines schwarzen Brettes ist die Bekanntmachung von Terminen oder Veranstaltungen.

Eine ähnliche Funktion haben u. a. Klebezettel – im allgemeinen Sprachgebrauch auch Post-it genannt. Hierbei handelt es sich zumeist um kleine Zettel, die an der Rückseite mit einem haftenden Klebstoff beschichtet sind und sich an meist glatten Gegenstand festkleben lassen. Das Besondere daran ist, dass sich diese Klebezettel rückstandsfrei entfernen und erneut festkleben lassen. Mit dieser Funktion bieten Klebezettel dieselben Einsatzmöglichkeiten wie ein schwarzes Brett an.

Im Bereich der Kommunikationsunterstützung erlauben Anrufbeantworter, Telefonanrufe anzunehmen und Nachrichten des Anrufers elektronisch aufzunehmen und zu speichern. Diese Nachrichten können dann zu einem späteren Zeitpunkt von einer weiteren Person angehört werden. Damit können Gruppenmitglieder zu unterschiedlichen Zeiten Nachrichten austauschen.

9.2.4 Werkzeuge der vierten Dimension (asynchron und verschiedene Orte)

Die vierte Dimension aus der Raum-Zeit-Matrix beschreibt zeit- und ortsunabhängige Tools und umfasst weitaus mehr Werkzeuge als die drei anderen Dimensionen. Der Grund dafür ist, dass ein Großteil der Web 2.0 Werkzeuge unter dieser Dimension aufgenommen werden kann. Nachfolgend werden einige dieser Werkzeuge vorgestellt und deren Bezug zum Collaboration Engineering hervorgehoben.

9.2.4.1 Konversationswerkzeuge (Conversation Tools)

E-Mail – Ein weiteres Konversationswerkzeug Ein weit verbreitet eingesetztes und aus der heutigen Zeit nicht mehr wegzudenkendes Konversationswerkzeug der vierten Dimension stellen E-Mails dar. Sie sind mittlerweile ein unverzichtbares Medium zur elektronischen Informations- sowie Datenübermittlung zwischen verschiedenen Kommunikationspartnern. Über räumliche und zeitliche Grenzen hinweg können Beteiligte ohne großen Aufwand und hohe Kosten mithilfe von E-Mail miteinander in Kontakt treten. Als ein asynchrones Kommunikationshilfsmittel hat es den Vorteil, dass bei der Übermittlung von Nachrichten die gleichzeitige Anwesenheit der Kommunikationspartner nicht erforderlich ist (Schlichter 2005). Von einem Absender können E-Mails sowohl an einen als auch an mehrere Adressaten versendet werden. Dem Empfänger steht es dabei frei, zu welchem Zeitpunkt er die Nachrichten liest und beantwortet. Heute existiert eine unüberschaubar große Anzahl von E-Mail-Diensten, von denen Google Mail[10], Hotmail[11], Yahoo! Mail[12] oder GMX[13] zu den größten und bekanntesten Anbietern gehören.

Newsgroups Ähnlich wie bei E-Mails, jedoch mit dem Hauptfokus auf Gruppenkommunikation, geht es bei Newsgroups um das Verschicken von Nachrichten zu bestimmten Themen. Im Gegensatz zu Mailinglisten ist der Leserkreis von Newsgroups nicht auf einzelne Personen beschränkt, sondern einer Vielzahl von Interessenten zugänglich. Im Unterschied zu E-Mails, die als private Kommunikation mit einem festen Leserkreis verstanden werden, haben Newsgroups einen öffentlichen Charakter, der Teilnehmerkreis ist dabei fast unbegrenzt. Der Kommunikationsverlauf innerhalb einer Newsgroup zu einem Beitrag kann über Tage oder sogar Wochen fortgeführt werden. Ist bei einem Alltagsgespräch die Teilnahme auf einen kleinen Personenkreis beschränkt, so ermöglichen Newsgroups durch die schriftliche Form der Beiträge einer viel größeren Anzahl von Personen die Teilnahme als aktive oder passive Nutzer. Als weiteren Vorteil dieser Kommunikationsmöglichkeit ist das Vorliegen der Beiträge auch nach Tagen oder Wochen noch zu nen-

---

[10] http://mail.google.com.

[11] http://www.windowslive.de.

[12] http://de.mail.yahoo.com.

[13] http://www.gmx.net.

nen. Neue Teilnehmer können problemlos in einen Themenkomplex einsteigen und sich ebenso durch Nachfragen am Austausch beteiligen (Döring 2003).

Internetforen Eine weit verbreitete Methode, Diskussionen online zu führen, sind Internetforen. Sie bieten die Möglichkeit, sogenannte Threads zu erstellen, die aus einer Überschrift und einem dazugehörigen Text bestehen. Andere Teilnehmer des Forums können diesen Thread lesen und gegebenenfalls eine Antwort dazu schreiben, die anschließend unterhalb des letzten Beitrages erscheint. In den meisten Foren können Threads auch Fotos, Videos oder angehängte Dateien enthalten. Meist sind Foren nach übergeordneten Themenbereichen strukturiert, was vor allem sinnvoll ist, um sich in großen Foren schnell orientieren zu können. Mit Hilfe einer Suchfunktion ermöglicht es die Forensoftware, nach bestimmten Themen oder Fragen zu suchen. Zur Vorbeugung von Unordnung und unsachgemäßen Beiträgen werden Foren von Administratoren verwaltet. Durch die zusätzliche Vergabe von Rängen werden den Mitgliedern vordefinierte Rechte und Befugnisse erteilt. Meist werden Teilnehmer, die vertrauenswürdig sind, zu Moderatoren ernannt, die nach den Administratoren die meisten Rechte besitzen und an der Pflege des Forums beteiligt sind. So achten sie z. B. darauf, dass der Umgangston gewahrt wird und allgemein die Regeln des Forums, die in den meisten Fällen von der Community selbst erstellt wurden, eingehalten werden. Um ein Forum schnell und einfach einrichten zu können, gibt es eine große Auswahl an Foren-Software. Eine freie und kostenlose Software ist phpBB[14].

Weblogs – Ein Web 2.0 Konversationswerkzeug In der Welt des Web 2.0 gehören Weblogs zu den Konversationswerkzeugen. Sie sind vorwiegend persönlich geprägte Tagebücher, die ihren Nutzern neue Formen der Selbstdarstellung und Pflege sozialer Beziehungen ermöglichen (Schmidt 2006). Die Betreiber, auch sogenannte Blogger, veröffentlichen in (un-) regelmäßigen Abständen Beiträge, die von der Software automatisch in umgekehrt chronologischer Reihenfolge auf der Webseite publiziert werden. Außerdem erhalten die Leser über eine Kommentarfunktion unterhalb jedes Beitrags die Möglichkeit, zu diesem eine persönliche Meinung zu hinterlassen. Ein Weblog kann von einer einzelnen Person oder auch von einer Personengruppe geführt werden, wobei der Themenvielfalt keine Grenzen gesetzt sind. Berichte über Musik, Computer oder Reisen, Beiträge zu aktuellen Nachrichten und politischen Ereignissen sowie arbeitsrelevanten Themen oder wissenschaftlichen Publikationen werden mittels Weblogs publiziert.

> Der Begriff Weblog setzt sich aus den beiden Wörtern Web als Synonym für das WWW sowie Log (griech. Logos = Logbuch) für eine Art Tage- oder Logbuch zusammen.

---

[14] http://www.phpbb.com.

Da dieses im Internet veröffentlicht wird, wird auch teilweise von einem Web- oder On-line-Tagebuch gesprochen (Koch und Haarland, 2003). Geprägt wurde der Begriff jedoch von Barger, der im Jahre 1997 Dokumentationen auf seiner Webseite Robot Wisdom ver-öffentlichte und dies dann als Web-Logbuch titulierte (Koch und Haarland, 2003; Möller, 2005). Blood (2004) definiert in diesem Zusammenhang:

> Ein Weblog (auch Blog oder Newspage oder Filter genannt) ist eine Webseite, wo Weblogger (auch Blogger oder Pre-Surfer genannt) ihre als interessant empfunde-nen Webseiten protokollieren (Blood 2004).

Ausprägungen von Weblogs: Private, Nachrichten, PR und Corporate Weblogs Es existieren verschiedene Ausprägungen von Weblogs, welche sich anhand unterschied-licher Kriterien wie Inhalte, eingestellte Medien oder Betreiber unterscheiden lassen. Nachfolgend wird eine Klassifikation von Weblogs nach ihrem Verwendungszweck vorge-nommen. Private Weblogs sind zumeist als Online-Tagebücher zu verstehen, welche durch private Nutzer verfasst werden. Sie werden in der Regel zur Schilderung ihrer Erlebnisse und Erfahrungen, Interessensgebiete oder zur Darstellung ihrer Hobbys benutzt. Nach-richten Blogs werden von Journalisten oder Nachrichtenagenturen betrieben. Hierunter werden einerseits J-Blogs erfasst, bei denen die Betreiber Journalisten sind. Diese han-deln zumeist aus privatem Interesse heraus und berichten beispielsweise in War-Blogs aus Kriegsgebieten (Pleil 2004; Picot und Fischer 2006). Betreiben dagegen klassische Medien Weblogs, werden diese als Media-Weblogs bezeichnet (Pleil 2004; Sauer 2007). PR-Blogs können gezielt im Rahmen einer Kommunikationsstrategie eingesetzt werden. In der Poli-tik dienen sie zur Information der Öffentlichkeit (Beispiel: U.S. Government Blog).[15] Als Watchblogs unterstützen diese die kritische Beobachtung bestimmter Themengebiete mit dem Ziel, eine Gegenöffentlichkeit zu etablieren (Pleil 2004). Als Personality Blogs wer-den sie zumeist von berühmten Personen wie Politikern, Künstlern oder Schauspielern geführt. In ihrer Ausprägung als Corporate Blogs können sie auch von Unternehmen, bei-spielsweise im Rahmen einer Produkteinführung, betrieben werden. Als Corporate Blogs werden persönliche oder thematische Weblogs bezeichnet, die von Unternehmen geführt werden. Mithilfe von Corporate Blogs wird den Unternehmen ein neues Medium an die Hand gegeben, um eine direkte, ungefilterte und dialogorientierte Kommunikation mit den entsprechenden Zielpersonen zu ermöglichen (Zerfaß 2005). Zu der bekanntesten Blog-Software zählt WordPress[16]. Ohne jegliche Vorbereitung aus Benutzersicht können mit dem Blog-Hostingdienst Blogger[17] eigene Weblogs erstellt werden.

Beiträge in chronologisch umgekehrter Reihenfolge Um die Funktionsweise von Web-logs besser zu verstehen, werden nachfolgend die wesentlichen Grundelemente beschrie-

---

[15] Vgl. http://blog.usa.gov/roller – Abruf am 18.07.2011.

[16] http://www.wordpress.org.

[17] http://www.blogger.com.

ben, welche von den meisten Systemen unterstützt werden können. Beiträge können Sammlungen von Links, thematischen Beiträgen oder Schilderungen persönlicher Berufs- oder Lebenserfahrungen in Form von Videos, Audioformaten, Fotos oder Text sein. Die Beiträge erscheinen in chronologisch umgekehrter Reihenfolge. Der aktuellste Beitrag befindet sich am Seitenanfang. Die älteren, archivierten Beiträge werden unter der Jahres- oder Monatszahl im Menü angezeigt.

Kommentarfunktion und Permalink Beiträge können von Lesern kommentiert werden, wodurch ein Dialog entstehen kann. Durch die Vernetzungsmöglichkeit der Kommentare untereinander entstehen virtuelle Gemeinschaften (Pleil 2004; Schmidt 2006). Die Weblogs in ihrer Gesamtheit ergeben die sogenannte Blogosphäre. Ein permanenter Link (Permalink) bezeichnet die stetige Adresse (URL), unter der die Beiträge und Kommentare dauerhaft und unveränderlich zu finden sind.

Aktualisierung und Blogroll Weblogs unterliegen in der Regel einer häufigeren und regelmäßigeren Aktualisierung als herkömmliche Webseiten (Bausch et al. 2002). Dies wiederum bewirkt ein hohes Ranking des Weblogs bei Ergebnislisten von Suchmaschinen (Koch und Haarland 2003). Der Verweis auf andere favorisierte Weblogs innerhalb des eigenen kann in Form einer Liste von verschiedenen Weblogs oder Webseiten als Lesehinweise am Seitenrand geschehen und wird als Blogroll bezeichnet. Angesichts möglicher Gemeinsamkeiten zwischen den Bloggern können wiederum (thematische) Netzwerke entstehen (Pleil 2004).

Trackbacks/Pingback Trackbacks lassen sich als Rücklinks zu anderen Weblogs verstehen. Diese sorgen durch den Austausch von Sendesignalen im Internet (sogenannte Pings zwischen den Weblogs) dafür, dass ein Beitrag, der durch einen Trackback unterstützt wird, in einem anderen Weblog sichtbar wird. Zudem bilden bereits vorgestellte Technologien wie Tagging und Newsfeeds wichtige Grundelemente von Blogs und kommen in nahezu allen Blogs vor. Hinzu kommen auch Podcasts, die nachfolgend beschrieben werden.

Podcasts Weblogs können ihre Inhalte auch als aufgezeichnete Audiodateien verbreiten. Hierbei wird von Podcasts (iPod + broadcast) gesprochen, digital erstellte Mediendateien, die entweder als Audio- oder Video-Dateien, meist im MP3-Format, zeitversetzt über das Internet angeboten werden (Lautenbacher und Buric 2007; Alby 2008). Genauso wie Informationen über RSS-Feeds im Internet verbreitet werden, können die Podcasts ebenfalls mit einem sogenannten Podcatcher über RSS oder Atom-Feeds bezogen werden (Hippner 2006; Alby 2008). Ihren Erfolg verdanken die Podcasts vor allem der Komprimierung in das MP3-Format, da dies kleine und schnell herunterzuladende Dateien ermöglicht. Einer der entscheidenden Vorteile von Podcasts liegt darin, dass die Hörer und Zuschauer jederzeit und überall die Inhalte abrufen und nutzen können. Sie können ebenfalls auf jedem anderen MP3-Player, dem Smartphone, dem Handy oder dem heimischen PC abgespielt werden. Am bekanntesten sind Podcasts zu Radiosendungen, in denen Zusatzinformationen zum eigentlichen Radioprogramm präsentiert werden. Aber auch Beiträge zu Politik, Sport, Wirtschaft oder Technik sind hierüber abrufbar.

Micro Blogging-Dienste Eine besondere Form von Blogs sind sogenannte Micro-Blogs, bei denen die Nutzer kurze, SMS-ähnliche Textnachrichten (meist weniger als 200 Zeichen) privat oder öffentlich herausgeben können. Die Dienste bieten für Autoren und Leser ein relativ einfaches Echtzeit-Medium zur Veröffentlichung von Erfahrungen, Meinungen oder anderen Aspekten des alltäglichen Lebens und dienen damit der Kommunikation und dem Informationsaustausch. Die Leser haben die Möglichkeit, Beiträge anderer Nutzer zu abonnieren und/oder mit einem Kommentar zu versehen. Die Beiträge können dabei über verschiedene Kanäle, wie u. a. SMS, E-Mail, Instant Messaging oder andere Social Software-Anwendungen, erstellt und abonniert werden. Der bekannteste Mikro Blogging-Dienst ist Twitter.com. Der Name basiert auf der Bezeichnung der Beiträge, sogenannte Tweets (tweet = zwitschern, oder Updates).

Corporate Blogs Wichtige Vorreiter für Corporate Blogs sind große Unternehmen wie Microsoft oder IBM (John et al. 2005; Pleil 2005). Aber auch die kleinen und mittelständischen Unternehmen nutzen das Medium zunehmend für die interne und externe Unternehmenskommunikation. Ebenfalls setzen verstärkt Gewerkschaften und Non-Profit-Organisationen Weblogs ein, um über ihre Aktivitäten und Projekte zu berichten und meinungsbildend zu wirken (Pleil 2005; Zerfaß und Boelter 2005).

Zielgruppen von Corporate Blogs Die Anwendungsmöglichkeiten von Corporate Blogs werden von Autor zu Autor kontrovers diskutiert (u. a. Pleil 2004; Zerfaß 2005; Picot und Fischer 2006; Röll 2006). Zerfaß und Boelter (2005) systematisieren die möglichen Einsatzfelder von Corporate Blogs in zwei Dimensionen: die Zielgruppen und die Einflussfunktionen. Als Zielgruppe können Corporate Blogs alle Handlungsfelder der Unternehmenskommunikation und damit die interne Kommunikation, die Marktkommunikation sowie die Public Relations umfassen (Pleil und Zerfaß 2007, Abb. 9.5).

Drei Einflussfunktionen Zusätzlich zu diesen drei Zielgruppen wird zwischen drei Einflussfunktionen unterschieden. Hierbei handelt es sich um Vorgehensweisen, mit denen die Autoren von Weblogs mithilfe der Bedeutungsvermittlung und Verständigung Einfluss auf ihre Zielgruppen ausüben können (Zerfaß und Boelter 2005). Bei der informativen Kommunikation ist bei den Autoren die Art und Weise der Einflussnahme auf ihre Zielgruppen weitestgehend unbestimmt, so dass die reine Bedeutungsvermittlung und Wissensgenerierung in den Vordergrund tritt (Zerfaß und Boelter 2005). Die persuasive Kommunikation dient der Unterstützung von übergeordneten Koordinationsformen, wie Reputation, administrative Macht oder Kaufverträgen. Hier möchten die Autoren ihre eigenen Interessen durchsetzen, indem sie beispielsweise versuchen, den Rezipienten zu überreden. Bei der argumentativen Kommunikation versuchen die Kommunikatoren hingegen zu überzeugen. Hierbei möchten sie keine der von ihnen festgelegten Lösungen

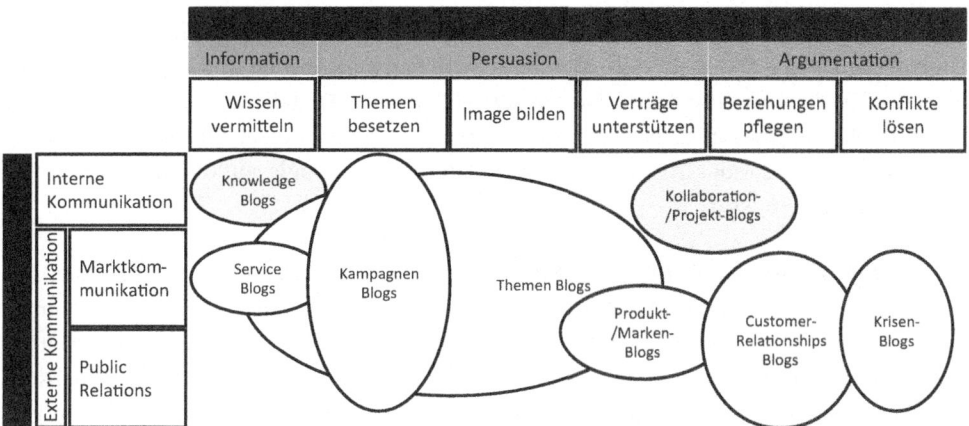

Abb. 9.5 Einsatzmöglichkeiten von Weblogs in Unternehmen. (Nach Zerfaß und Boelter 2005)

durchsetzen, sondern in erster Linie einen gemeinsamen Klärungsprozess bzw. Argumentationsprozesse in Gang bringen (Zerfaß und Boelter 2005).

Intensiver wird die Nutzung von Corporate Blogs in der Marktkommunikation eingesetzt, welche insbesondere Informationen und Services für den Kunden bereitstellen. Im Bereich Public Relations sind vornehmlich die CEO-Blogs sowie die Kampagnen-Blogs angesiedelt, welche durch das Management unterhalten werden und Themen wie Unternehmensstrategie oder auch branchenspezifische Themen behandeln (Jüch und Stobbe 2005).

Für das vorliegende Kapitel sind Blogs im Bereich der internen Kommunikation in Form von Knowledge-Blogs, zur Unterstützung des Wissensmanagements, sowie Kollaborations- und Projekt-Blogs, mit denen die Zusammenarbeit sowie die Beziehungspflege unterstützt werden können, von besonderer Bedeutung. Weblogs können in einem Kollaborationsprozess als Kommunikationswerkzeug eingesetzt werden. In einem Blog können z. B. Ideen oder aufgetretene Probleme als Blogeintrag zur Besprechung innerhalb der Gruppe hinzugefügt werden, auf welche die Mitglieder des Teams durch die Kommentarfunktion antworten und mit hilfreichen Kommentaren die Angelegenheit weiter vorantreiben können. Dadurch ist der Prozess von der Präsentation bis hin zur Bearbeitung und Finalisierung der Idee bzw. des Problems in einer chronologischen Reihenfolge im Weblog hinterlegt und kann jederzeit nachvollzogen oder in weiteren Blogeinträgen verlinkt werden.

9.2.4.2 Mehrbenutzer-Editoren (Shared Editor Tools)

Mehrbenutzer-Editoren für die gemeinsame Bearbeitung von Dateien Computergestützte Mehrbenutzer-Editoren sind ursprünglich für den Softwareerstellungsprozess entwickelt worden, um eine gemeinsame und einfache Bearbeitung von Quellcode zu ermöglichen. Heute existieren computergestützte Mehrbenutzer-Editoren für verschiedene Dateiformate wie Text- und Hypertextdokumente, Tabellenkalkulationen, Grafiken oder

Ähnliches mit dem Ziel, die Produktivität durch die gleichzeitige Bearbeitung zu erhöhen (Burmester et al. 2007). Unterschieden wird zwischen synchronen und asynchronen Anwendungen, die entweder native Desktop Applikationen darstellen oder browsergestützt und über das Internet aufrufbar sind. Ein Beispiel für Mehrbenutzer-Editoren ist die Text- und Tabellenkalkulations-Anwendung Drive[18] der Firma Google, auf die in Abschn. 9.4.1 näher eingegangen wird.

Wiki – Ein weiterer Mehrbenutzer-Editor Ein weiteres zu der Kategorie der Mehrbenutzer-Editoren gehörendes Werkzeug ist das Wiki. Mit der Archivierung von Wissen in schriftlicher Form sind über die Jahrtausende umfangreiche Bestände an Wissen entstanden. Eine Sammlung von Informationen kann sowohl in allgemeinen als auch in fachspezifischen Werken, Lexika sowie Enzyklopädien erfolgen. Wikis bilden neue Formen von Enzyklopädien, bei denen Nutzer ihr Wissen zu Themengebieten online veröffentlichen.

> Unter einem Wiki wird dabei eine Ansammlung von Webseiten verstanden, die untereinander verlinkt sind, von jedem Besucher der Webseite gelesen und jederzeit online im Browser ohne HTML-Kenntnisse bearbeitet werden können (Przepiorka 2006). Den Internetnutzern ist es dabei nicht nur möglich, Inhalte auf dieser Webseite selbst zu veröffentlichen, sondern auch die Inhalte anderer zu bearbeiten oder zu löschen sowie mit anderen Nutzern gemeinschaftlich zusammenzuarbeiten. Somit bilden Wikis eine einfache und leicht zu bedienende Plattform für kooperatives Arbeiten an Texten und Hypertexten (Ebersbach et al. 2008).

Beispielsweise kann ein Wiki im Kollaborationsprozess dazu verwendet werden, um Ideen zu generieren oder Sachverhalte zu verdeutlichen. Dazu wird eine Wikiseite erstellt, auf die alle Teilnehmer Zugriff haben und die sie mit eigenen Inhalten füllen können.

WikiWikiWeb das erste Wiki Der Begriff Wiki ist indessen die Kurzform für WikiWikiWeb. Cunningham, der Erfinder von Wikis, beabsichtigte mit der Namensgebung das Prinzip von Wiki, nämlich die schnelle und einfache Erstellung und Bearbeitung von Web-Inhalten, hervorzuheben (Leuf und Cunningham 2002). Er unternahm dabei im Jahr 1994 den Versuch, eine Lösung zu finden, um mit Kollegen über das Internet Entwurfsmuster von Programmen zu sammeln. Dabei verfolgte Cunningham das Ziel, eine möglichst einfache Software zu entwickeln, die ebenso einfach in der Nutzung sein sollte. Mit dieser Zielsetzung verknüpfte er vorhandene Internet-Elemente und erzeugte so ein offenes Dokumentationssystem. Mit dem ersten Wiki, dem Port Pattern Repository[19], veröffentlichte Cunningham nicht nur eine neue Software, sondern auch eine Reihe von Prinzipien, die er später als Wiki Design Principles (Cunningham 2006) zusammenfasste. Er

---

[18] Nähere Informationen zu Google Drive sind zu finden unter http://drive.google.com.

[19] Vgl. http://www.c2.com – Abruf am 05.07.2011.

beschreibt Wikis als die einfachste Online Datenbank, die möglicherweise funktioniert. (Leuf und Cunningham 2002).

Wikipedia Nach der Veröffentlichung des ersten Wikis dauerte es eine Weile, bis andere die Idee adaptierten. Der endgültige Durchbruch kam jedoch im Jahr 2001 mit der freien Enzyklopädie Wikipedia.org. Im September 2004 überschritt der Umfang des Gesamtprojekts die Grenze von einer Million Artikeln, mittlerweile sind es über 18,7 Mio. Die deutschsprachige Wikipedia enthält derzeit mehr als 1.255.422 Artikel, die englische über 3,67 Mio.[20].

> Bei öffentlichen Wikis, wie dies auch bei Wikipedia.org der Fall ist, schreiben meist einander vollkommen unbekannte Personen gemeinsam an Texten oder nehmen Veränderungen vor.

Eine umfangreiche Kontrolle der Beiträge entfällt in diesem Fall, denn die Leser selbst prüfen und verbessern diese im Nachhinein (Danowski et al. 2007). Besteht bezüglich einzelner Artikelinhalte Uneinigkeit zwischen den Mitwirkenden, so können sie sich auf einer entsprechenden Diskussionsseite austauschen und nach gemeinsamer Entscheidung entsprechende Veränderungen vornehmen. Die Koordination der Beiträge erfolgt dabei ohne jegliche Steuerungsinstrumente oder formale Hierarchien (Frost 2006). Damit basieren Wikis auf einer Art Selbstorganisation bzw. Selbstregulierung. Zudem verfügt die Software für jeden Artikel seit dessen Entstehung über eine Versionsverwaltung. Wurden beispielsweise einzelne Textpassagen gelöscht, so sind diese nicht verloren, sondern können jederzeit durch die Moderatoren problemlos wieder hergestellt werden.

Ausprägungen von Wikis Da spezielle Technologien bei Wikis keine Rolle spielen, gibt es sie in unterschiedlichen Programmiersprachen, welche die wesentlichen Wiki-Prinzipien konform umsetzen. Des Weiteren haben sich einige Wikis auf bestimmte Anwendungsbereiche spezialisiert, beispielsweise das DokuWiki auf Dokumentation, während Lexi im Gegensatz dazu z. B. eine Mischung aus Wiki und Lexikon darstellt. Die meisten Systeme sind freie Software und stehen unter einer Open Source-Lizenz. Jedoch vertreiben einige Firmen auch kommerzielle Wikis für den Unternehmenseinsatz. Eine Kategorisierung nach Zweck des Einsatzes kann wie folgt geschehen: Private, Community und Corporate Wikis. Private Wikis können für den persönlichen Gebrauch beispielsweise zur Ablage und Organisation persönlichen Wissens und von Informationen genutzt werden (z. B.: Stikipad.com). Ein Community Wiki dient hauptsächlich der Information einer interessierten Öffentlichkeit (z. B.: Wikipedia.org). Schließlich können Corporate Wikis im Unternehmenseinsatz in einer Reihe verschiedener Anwendungsbereiche u. a. zu Dokumentations-

---

[20] Vgl. www.wikipedia.org.

Tab. 9.1 Gegenüberstellung von CMS und Wiki. Nach Gerick (2006)

Content Management System (CMS)	Wiki
„Schwergewichtig"	„Leichtgewichtig"
Hohe Investitionen	Geringe Investitionen
Eher statisch	Eher dynamisch
Hierarchische Inhalte	Netzartige Inhalte
Redakteure können ändern	Jeder kann ändern
Redaktionsprozessorientiert	Nutzerzentriert
HTML- oder Wysiwyg-Editor	Wiki-Syntax
Technische Fähigkeiten notwendig	Kaum technische Fähigkeiten notwendig
Aktuelle Version zugreifbar	Alle Versionen verfügbar

zwecken im Rahmen der Projektarbeit verwendet werden. Diese Wikis sind meist für unternehmensinterne Zwecke konzipiert und daher nicht öffentlich für jeden zugänglich.

Funktionsweise und Komponenten von Wikis Zu jedem Artikel in einem Wiki existiert ein Link, durch den ein Textfenster geöffnet wird und in dem der Inhalt des Textes beliebig verändert werden kann. Dieser Text besteht in den meisten Fällen aus einer Syntax[21], welche die Strukturierung und Formatierung von Wikis vereinfachen soll (Hippner 2006). Wikis nutzen weiterhin das Konzept des Hypertextes, so dass sich Inhalte einzelner Seiten assoziativ über Relationen miteinander verknüpfen lassen. Aufgrund dieser Verlinkungsmöglichkeit entsteht innerhalb des Wikis nicht nur eine netzartige Struktur, sondern es wird dadurch ebenfalls eine Redundanz der Texte verhindert (Müller und Dibbern 2006).

Technisch gesehen ähneln Wikis sehr stark offenen Content Management Systemen, die es den Besuchern erlauben, online, kollaborativ und ohne eine explizite Registrierung hochgradig verlinkte Dokumente zu erstellen (Hippner 2006). Der Unterschied dieser beiden Systeme ist in der Tab. 9.1 dargestellt:

Damit das Prinzip der Wikis von den Nutzern angewendet werden kann, bedarf es einiger grundlegender Funktionalitäten. Es gibt zwar mittlerweile unterschiedliche Anwendungen, die neben eigenen Formatierungsregeln bereits viele neue Features bieten, jedoch weist jedes Wiki zentrale Merkmale auf, die sich als substanziell erweisen (Ebersbach et al. 2005).

Editierung Zu diesen Funktionen gehört die Editierung. Der Nutzer bekommt die Möglichkeit, im Bearbeitungsmodus die Inhalte zu bearbeiten. Dabei öffnet sich ein Editor im Browser. Mit Hilfe der Syntax kann der Nutzer nun die Seite formatieren. Nur in Ausnahmefällen werden spezielle Artikel von dieser Möglichkeit ausgenommen. Diese

---

[21] Die Wiki-Syntax oder *Wiki Markup Language* ist eine Auszeichnungssprache, die eine vereinfachte Alternative zu HTML darstellt, um den Inhalt einer Wiki-Seite mit Formatierungen strukturieren zu können.

Sperren treten allerdings selten in Erscheinung, da sie dem Grundcharakter eines Wikis entgegenstehen.

Verlinkung Ebenso wichtig ist die Verknüpfung und Generierung von Seiten. Diese Verlinkung erfolgt typischerweise durch die Verwendung der sogenannten CamelCase-Schreibweise[22] oder einer anderen geeigneten Auszeichnung, etwa die Verwendung eckiger Klammern.

Versionshistorie Mit der Versionshistorie lassen sich alle vorherigen Versionen und Änderungen eines Artikels einsehen und rekonstruieren. Die Änderungen werden in einer Versionshistorie (mit genauem Datum, Uhrzeit, Name des Autors und ggf. IP-Adresse) gepflegt und sind somit sowohl inhaltlich als auch die Verfasser betreffend nachvollzieh- und revidierbar. Ein solches Zurücksetzen auf eine Vorgängerversion wird Rollback genannt.[23]

Letzte Änderungen und Suchfunktion Die sogenannte Recent Changes ist eine automatisch generierte Seite, die einen Überblick über kürzlich durchgeführte Änderungen am Wiki bietet. Für Autoren bieten einige Wikis eine Beobachtungsliste an, die den Autoren eine selektive Auswahl relevanter Seiten und Textpassagen zur Verfügung stellt. Häufig wird hierfür auch ein RSS-Feed angeboten, der den Nutzer über Änderungen informiert. Die meisten Wikis bieten eine Volltextsuche an.

SandBox und Nutzerverwaltung Bei der sogenannten Spielwiese handelt es sich um einen Bereich des Wikis, der dazu genutzt werden kann, die verschiedenen Techniken und Möglichkeiten auszuprobieren. Im Gegensatz zu dem ursprünglichen Wiki etabliert sich zunehmend die namentliche Anmeldung. Die Nutzerverwaltung regelt dabei die Rechte, um vor allem gänzlich offene Systeme vor Vandalismus und Missbrauch zu schützen.

Wiki-Systeme sind mächtige Werkzeuge zur Verwaltung von Wissen, die insbesondere als Kollaborationswerkzeuge große Vorteile mit sich bringen. Im Gegensatz zu Weblogs sind Wiki-Einträge nicht chronologisch hinterlegt, sondern nach Themen geordnet, was ein einfaches Auffinden ermöglicht. Der Haupteinsatz eines Wikis während eines Kollaborationsprozesses ist für die Schaffung einer gemeinsamen Wissensbasis, zur Planung und Organisation von Prozessen, zur Lösung von Problemen sowie zur gemeinsamen Schaffung von Ergebnissen, im Sinne von gemeinsam erstellten Dokumenten, von Bedeutung. Beispielsweise können Projektergebnisse als ein Wiki-Eintrag erstellt werden, an dem mehrere Teammitglieder arbeiten. Es können fortlaufend Änderungen an dem Dokument

---

[22] Bei der *CamelCase-Schreibweise* werden die Titelwörter eines Artikels mit großen Anfangsbuchstaben und ohne Leerzeichen direkt zusammengeschrieben (z. B.: „CamelCase").

[23] Modernere Wikis bieten sogenannte *Differenzierungsmöglichkeiten* bei der Versionskontrolle an, so dass der Autor nicht jede Zeile einzeln durchgehen muss.

vorgenommen werden, so dass die Gruppe stets auf dem neuesten Stand des Projektes ge-halten wird.

9.2.4.3   Präsentationswerkzeuge (Presentation Tools)

Webgestützte Präsentationswerkzeuge In der Welt des Web 2.0 gibt es mittlerweile Plattformen wie Youtube, AuthorStream und SlideShare, welche die Möglichkeit bieten, komplett vorerstellte audiovisuelle Aufzeichnungen hochzuladen und der breiten Masse zu präsentieren. Unter bestimmten Umständen ist eine solche Einweg-Remote-Präsenta-tion das richtige Werkzeug für Zusammenarbeit, aber es gibt Situationen, in denen eine solche Remote-Präsentation Interaktionen mit den Benutzern notwendig macht, die evtl. auch zeitnah erfolgen müssen, z. B. wenn die Benutzer Fragen haben oder eine konkrete Erläuterung zu den dargestellten Informationen brauchen. Viele Web-Konferenz-Lösun-gen sind schon mit Software ausgestattet, welche die Zusammenarbeit unterstützen, wie z. B. mit Remote-Präsentation, Audio/Video- und Desktop-Sharing, Instant-Messaging und gemeinsamen Whiteboards.

Web-Konferenz-Werkzeuge werden von Händlern oft als ein gehosteter Service und als eine eigenständige Software angeboten. Beispielsweise bietet Microsoft ihr Office Live Meeting Produkt in beiden Varianten an. Das WebEx Meeting Center von Cisco ist ein an-deres Beispiel für eine Firma, welche ihre Software ebenfalls in beiden Varianten anbietet.

9.2.4.4   Shared File Repositories
Versionsverwaltungssysteme

> Ein Shared File Repository ist ein über das Internet oder über ein Netzwerk zur Verfügung gestellter gemeinsamer Speicher, auf den eine Gruppe zugreifen, Daten speichern, organisieren und untereinander teilen kann.

Der Grundgedanke bei einem Shared File Repository ist die Arbeit auf einer gemeinsa-men Datenbasis. In größeren Projekten, an denen mehrere Personen beteiligt sind und gemeinsam ein Artefakt erstellen, wie z. B. eine Software oder ein Buch, ist es üblich, dass mehrere Personen zum einen an verschiedenen Stellen des Endprodukts synchron oder asynchron arbeiten oder zum anderen an der gleichen Stelle des Produktes tätig sind. Fin-det keine angemessene Verwaltung und Koordination dieser Prozesse statt, so muss mit größter Wahrscheinlichkeit mit schwerwiegenden Problemen gerechnet werden. Denn so-wohl bei einem unkontrollierten Zugriff auf diese Daten als auch bei der Zusammenfüh-rung der einzelnen Teilergebnisse zu einem Ganzen können Komplikationen entstehen, so dass möglicherweise Dateninkonsistenzen und sogar einige der erbrachten Arbeiten verloren gehen und damit unnötige Kosten auftreten. Um genau diese Dateninkonsistenz zu vermeiden, gibt es Versionsverwaltungssysteme, welche die Verwaltung der Artefakte übernehmen.

Vorteile von Versionsverwaltungs-Systemen Die Versionsverwaltung erlaubt weiterhin die kontrollierte zeitgleiche Arbeit von mehreren Personen an einem Dokument. Nach Abschluss der Arbeiten hilft das System dabei, die einzelnen Teilarbeiten zusammenzuführen. Entstehen dabei Konflikte, so unterstützt das System bei der Beseitigung der Schwierigkeiten und stellt damit sicher, dass keine Teilergebnisse verloren gehen.

Durch die Versionierung der Dokumente wird stets gewährleistet, dass nicht nur die vorgenommenen Änderungen und die Zeit zurückverfolgt werden können, sondern auch der Bearbeiter des Dokumentes festgestellt werden kann. Ein weiterer Vorteil dieser Systeme ist die Möglichkeit, von jeder beliebigen Version des Artefakts auf eine ältere oder neuere Version zu wechseln. Sind Fehler entstanden, dann können diese durch eine einfache Wiederherstellung einer älteren Version rückgängig gemacht werden. Dies gilt nicht nur für einen bestimmten Mitarbeiter oder für eine bestimmte Datei, sondern es kann ein gesamtes Projekt auf eine beliebige Version zurückgesetzt werden. Der große Vorteil ist hierbei die Gewissheit, dass Fehler keine größeren Auswirkungen mehr auf das Projekt haben und die Projektbeteiligten dadurch deutlich schneller und effizienter arbeiten können (Thomas et al. 2004). Beispiele für Versionsverwaltungssysteme sind CVS[24], Subversion[25] oder Git[26]. Bei jedem dieser Systeme wird jedoch vorausgesetzt, dass auf dem Server, auf dem das Repository liegt, die serverseitige Software eingerichtet ist. Auf den jeweiligen Clients ist die entsprechende Client-Software installiert.

Ein weiteres heutzutage sehr beliebtes Shared File Repository ist Dropbox[27]. Gegenüber den oben erwähnten Versionsverwaltungssystemen muss bei Dropbox weder serverseitig noch clientseitig eine Software installiert werden, da über eine simple Bedienoberfläche im Internet alle Funktionen bedient werden können. Jedoch kann durch die zusätzlich erhältliche Client-Software der Komfort erhöht werden, da der Umweg über den Internet Browser wegfällt und die Dateien direkt im Datei-Explorer des Betriebssystems bearbeitet werden können. Einen ähnlichen Funktionsumfang wie Dropbox bietet die alternative Webanwendung SugarSync[28].

9.2.4.5   Social Tagging

Koch und Richter beschreiben in diesem Rahmen Social Tagging als den Prozess, über den Benutzer Metadaten in Form von einfachen Schlüsselworten zu gemeinsamen Inhalten hinzufügen. Dabei geht es nicht in erster Linie um die Generierung neuer Inhalte, sondern um die Anreicherung vorhandener Inhalte wie Bookmarks mit Informationen (Koch und Richter 2007), in Anlehnung an Golder und Huberman (2005). In diesem Rahmen liefern Braly und Froh (2006) eine umfassende Definition für Social Bookmarks, die sich ohne weiteres auf andere Social Sharing-Plattformen übertragen lässt:

---

[24] http://savannah.nongnu.org/projects/cvs.

[25] http://subversion.apache.org.

[26] http://git-scm.com.

[27] http://www.dropbox.com.

[28] http://www.sugarsync.com.

Social Bookmarking Systeme (SBS) sind Kollaborationswerkzeuge, die Nutzern das Sichern, den Zugang, die gemeinsame Nutzung und die Beschreibung von Verknüpfungen zu anderen Quellen im Web erlauben. Ursprünglich waren sie als persönliche Informationsmanagement-Werkzeuge dafür gedacht, Nutzer bei der ortsunabhängigen Verwendung des Internets durch ein Repository für die Sammlung von eigenen Bookmarks zu unterstützen. Im späteren Verlauf jedoch wurden zwei zusätzliche Schlüsselfunktionen hinzugefügt: 1) die Beschreibung von Bookmarks mit beliebigen Schlagwörtern (tagging) und 2) die gemeinsame Nutzung von Bookmarks und Tags mit mehreren Nutzern (Braly und Froh 2006).

Es gibt aktuell verschiedene Software, die mit Hilfe des Taggings eine Kategorisierung ihrer Daten vornehmen. Dazu zählt u. a. das sehr prominente Online-Portal Flickr[29] – ein Dienst zum Teilen von digitalen und digitalisierten Bildern. Diese veröffentlichten Bilder können durch Tags ergänzt und damit organisiert werden. Ein weiteres Beispiel ist die Webanwendung delicious[30]. Diese ermöglicht es Anwendern, Lesezeichen anzulegen und diese mit Tags zu versehen. Im Kollaborationsprozess haben somit alle Gruppenmitglieder die Option, zentral eine Zusammenstellung von Internetlinks zu sammeln und diese durch Tags zu kategorisieren. Näheres über die Funktionsweise von delicious wird bei der Behandlung von Social Sharing Platformen in Abschn. 9.4.3 beschrieben.

9.2.4.6 Abstimmungstools

Abstimmungswerkzeuge eignen sich dazu, Meinungen und Bewertungen von mehreren Personen zu erheben, zusammenzuführen und zu verstehen. Im Kollaborationsprozess kann ein Abstimmungswerkzeug dazu genutzt werden, einzelne Konzepte im Hinblick auf deren Beitrag zur Erreichung der jeweiligen Zielsetzung zu bewerten. Dies soll der Gruppe ermöglichen, den Nutzen der einzelnen Konzepte zu reflektieren bzw. die Meinung der Gruppe über die einzelnen Konzepte offenzulegen. Ein Abstimmungswerkzeug besteht im Allgemeinen aus mindestens drei zentralen Merkmalen: Zunächst müssen den Benutzern verschiedene Auswahlmöglichkeiten angeboten werden, wobei sie aus diesen wählen und für eine oder mehrere Optionen stimmen können. Eine Möglichkeit zur Abgabe bzw. Aufzeichnung von Stimmen zählt zu den Kernfunktionen. Schließlich muss das Werkzeug die Anzeige der gesammelten Stimmen in einer geeigneten Form unterstützen. Diese Grundfunktionen können weiter ergänzt werden, indem Rating-, Ranking- oder Kategorisierungsmöglichkeiten hinzugefügt werden (Mittleman et al. 2008). Viele Forenanwendungen haben ein Abstimmungswerkzeug integriert, das von den Benutzern z. B. zum Erstellen von Umfragen innerhalb eines Foreneintrages eingesetzt werden kann. Je nach Funktionsumfang des Tools lassen sich auch anonymisierte Stimmen abgeben und diese durch Kommentare ergänzen (Briggs et al. o.J.).

---

[29] http://www.flickr.com.

[30] http://www.delicious.com.

Beispiele für Abstimmungswerkzeuge Heute existieren mehrere Abstimmungswerkzeuge, zu denen auch Survey Monkey[31], Decing[32], YouPolls[33] und Doodle[34] gehören. Insbesondere Survey Monkey ist ein weit verbreitetes Tool. Es ermöglicht nach Registrierung auf einfache Art und Weise, eine Umfrage zu erstellen. Dazu absolviert der Benutzer drei Schritte: Zunächst wird neben einem Titel der Umfrage eine passende Kategorie zu der Befragung ausgewählt. Im nächsten Schritt stehen mehrere Fragetypen zur Auswahl. Darunter fallen z. B. Multiple-Choice, Auswahlmatrix oder mehrere Textfelder, von denen der Benutzer sich für einen Typ entscheiden muss. Neben weiteren Einstellungsoptionen werden anschließend die Fragen und die später zur Auswahl stehenden Antwortmöglichkeiten eingetragen. Anschließend ist der Vorgang abgeschlossen und es wird ein sogenannter Umfragelink generiert, der an die Teilnehmer der Befragung geschickt werden kann. Die Empfänger können daraufhin über diesen Link an der Umfrage teilnehmen und ihre Stimmen abgeben. Weiterhin bietet Survey Monkey verschiedene Statistikwerkzeuge, um die Ergebnisse zu veranschaulichen und zu analysieren.

9.3 Auswahl und Bewertung von Kollaborationswerkzeugen

Im vorhergehenden Abschn. 9.2 wurden verschiedene Arten von Werkzeugen vorgestellt und diese, je nach Einsatzzweck und Kernfunktionalität, einer Kombination aus der Raum-Zeit-Matrix und dem Vier-K-Modell zugeordnet. Zwar weiß der Collaboration Engineer zum jetzigen Zeitpunkt, welche Typen von Kollaborationswerkzeugen existieren, jedoch fehlt ihm eine Möglichkeit zur systematischen Selektion eines passenden Werkzeuges für einen bestimmten Einsatzzweck. In diesem Abschnitt werden daher zwei Systematiken vorgestellt, nach denen ein Collaboration Engineer seine Werkzeuge für die Zusammenarbeit auswählen kann.

Klassifizierung nach der Raum-Zeit-Matrix und dem Vier-K-Modell Die erste Klassifizierung basiert auf der Raum-Zeit-Matrix und dem Vier-K-Modell und wird in Tab. 9.2 veranschaulicht. Jeder Werkzeugart sind verschiedene Ausprägungen von Kollaborationswerkzeugen untergeordnet. Diese Ausprägungen werden anhand ihrer Kernfunktionalitäten zunächst einer Dimension der Raum-Zeit-Matrix zugeordnet. In einem zweiten Schritt werden sie, je nach Kernfunktionalität des Werkzeuges, entweder der Kooperation, Koordination oder Kommunikation zugeordnet. Dabei ist zu unterscheiden, ob ein Werkzeug in einem Feld eine volle (+), eine teilweise (0) oder keine (-) Unterstützung bietet. Werkzeuge mit voller Unterstützung bringen Funktionalitäten mit, um Aktivitäten, die in dieser Dimension anfallen, ohne Einschränkungen durchzuführen. Im Gegensatz dazu können

---

[31] http://de.surveymonkey.com.

[32] http://www.decing.com.

[33] http://www.youpolls.com.

[34] http://www.doodle.com.

Tab. 9.2 Einordnung von Kollaborationswerkzeugen nach der Raum-Zeit-Matrix und dem Vier-K-Modell. (Eigene Darstellung)

Werkzeuge	Art der Interaktion	Gleicher Ort		Verschiedene Orte	
		Synchron	Asynchron	Synchron	Asynchron
Audio-/Videokonferenzsystem	Kommunikation	-	-	+	-
Dateiübertragung	Kommunikation	0	-	+	-
E-Mail	Kommunikation	-	0	-	+
Instant Messaging/Group Chat	Kommunikation	0	0	+	0
Internetforum	Kommunikation	0	0	0	+
Shared Files Repository	Kommunikation	0	0	0	+
Brainstorming Tool	Kooperation	+	0	+	0
Flipchart	Kooperation	+	0	-	-
Overheadprojektor	Kooperation	+	-	-	-
Pinnwand/Whiteboard	Kooperation	+	0	-	-
Tabletop	Kooperation	+	0	-	-
Weblog	Kooperation	0	0	0	+
Wiki	Kooperation	0	0	0	+
(Social)Tagging	Koordination	0	0	0	+
Abstimmungstool	Koordination	+	0	0	+
Desktop/Application Sharing Tool	Koordination	0	-	+	-
Schwarzes Brett	Koordination	0	+	-	-

Volle (+), teilweise (0) und keine (-) Unterstützung

Werkzeuge mit keiner Unterstützung nicht für Aktivitäten in der ausgewählten Dimension eingesetzt werden. Eine teilweise Unterstützung bedeutet, dass das Werkzeug zwar mit Einschränkungen für Aktivitäten in dieser Dimension verwendet werden kann, jedoch dessen Kernfunktionalität nicht für die gegebene Dimension vorgesehen ist. Es ist an dieser Stelle anzumerken, dass einzelne Werkzeuge auch mehrere der Dimensionen abdecken. Anhand dieser Zuordnung und Bewertung von Kollaborationswerkzeugen ist es dem Collaboration Engineer stets möglich, zu jeder Dimension und zu jedem Einsatzzweck ein optimales Kollaborationswerkzeug auszuwählen, um seine Tätigkeiten ausführen zu können. Dazu stellt er zunächst fest, in welcher Dimension er sich befindet, überprüft, ob die Kommunikation, Kollaboration und/oder Kooperation unterstützt werden soll, und wählt anschließend aus der Tab. 9.2 ein möglichst voll unterstütztes Kollaborationswerkzeug aus. Als Interaktionsart ist in der Tab. 9.2 nur die Art genannt, welche von dem Werkzeug hauptsächlich fokussiert wird, aber sicherlich gibt es auch einige Werkzeuge, die u. a. zwei oder sogar alle drei Arten abdecken.

Tab. 9.3 Zuordnung von Kollaborationswerkzeugen zu den sechs Patterns of Collaboration. (Eigene Darstellung)

Werkzeuge	Art der Interaktion	Patterns of Collaboration					
		Generieren	Reduzieren	Verdeutlichen	Organisieren	Evaluieren	Konsens bilden
Audio-/Videokonferenzsystem	Kommunikation	0	0	+	0	0	0
Dateiübertragung	Kommunikation	+	-	-	0	-	-
E-Mail	Kommunikation	0	0	+	0	0	0
Instant Messaging/Group Chat	Kommunikation	0	0	+	0	0	0
Internetforum	Kommunikation	+	-	+	0	-	0
Shared Files Repository	Kommunikation	+	0	-	+	-	0
Brainstorming Tool	Kooperation	+	-	0	0	-	-
Flipchart	Kooperation	+	0	0	0	0	0
Overheadprojektor	Kooperation	0	0	+	0	0	0
Pinnwand/Whiteboard	Kooperation	+	+	0	+	0	0
Tabletop	Kooperation	+	0	+	0	-	0
Weblog	Kooperation	+	-	0	-	-	0
Wiki	Kooperation	+	0	+	0	-	0
(Social)Tagging	Koordination	0	-	0	+	-	-
Abstimmungstool	Koordination	-	0	0	0	+	0
Desktop/Application Sharing Tool	Koordination	-	-	+	-	-	+
Schwarzes Brett	Koordination	0	0	-	-	-	0

Volle (+), teilweise (0) und keine (-) Unterstützung

Klassifizierung nach den sechs Patterns of Collaboration Die zweite Systematik von Kollaborationswerkzeugen, nach der ein Collaboration Engineer einzelne Werkzeuge für einen bestimmten Einsatzzweck auswählen kann, basiert auf den sechs Patterns of Collaboration und wird in Tab. 9.3 veranschaulicht. Bei dieser Art der Kategorisierung werden verschiedene Werkzeuge anhand ihrer Kernfunktionalitäten den Patterns of Collaboration zugeordnet, um die Eignung einzelner Werkzeuge innerhalb der Patterns zu kennzeichnen. Die Bewertung der einzelnen Werkzeuge nach ihrer Eignung in der jeweiligen Dimension erfolgt wie zuvor in drei Stufen: Volle (+), teilweise (0) und keine (-) Unterstützung.

Die Einordnung der Werkzeuge in die Patterns of Collaboration und in die Raum-Zeit-Matrix lässt einen Collaboration Engineer ein optimales Werkzeug, entweder auf Basis der

Aktivitäten oder aufgrund der Aufenthaltsorte oder Einsatzzeiten der beteiligten Teammitglieder, auswählen.

9.4 IT-gestützte aggregierte Kollaborationswerkzeuge (Aggregated Technologies)

Die meisten der bisher vorgestellten Werkzeuge sind für die Unterstützung einer einzelnen
Aufgabe konzipiert worden: Seien es IM-Systeme, die für die ortsunabhängige Kommunikation zwischen Teammitgliedern eingesetzt werden, oder Mehrbenutzer-Editoren, die
das gemeinsame Arbeiten an einem Dokument ermöglichen – alle diese Tools haben eine
Kernfunktionalität.

> IT-gestützte aggregierte Kollaborationswerkzeuge (im weiteren Verlauf dieses Kapi-
> tels als aggregierte Kollaborationswerkzeuge bezeichnet) sind eine Kombination aus
> mehreren einzelnen Werkzeugen, die dann zum Einsatz kommen, wenn einzelne
> Werkzeuge nicht ausreichen, um ein gemeinsames Ziel der Gruppe zu erreichen.

Im Rahmen dieses Abschnittes werden vier Arten von aggregierten Kollaborationswerk-
zeugen behandelt: Virtuelle Arbeitsräume, Social Networking Systeme, Social Sharing
Plattformen und Gruppenunterstützungssysteme. Nachfolgend werden diese aggregierten
Kollaborationswerkzeuge näher beschrieben und anhand von Beispielen veranschaulicht.

9.4.1 Virtuelle Arbeitsräume (Virtual Workspaces)

Virtuelle Arbeitsräume helfen einem Projektteam, die Zusammenarbeit zu koordinieren,
um somit leichter ein gemeinsam definiertes Ziel zu erreichen. Diese Arbeitsräume kombinieren verschiedene Einzelwerkzeuge, wie z. B.: Shared File Repositories für Dokumente,
Gruppenkalender, Kommunikationswerkzeuge, Audio- und Video-Werkzeuge, Präsentationswerkzeuge und weitere.

Microsoft SharePoint Ein Beispiel für einen virtuellen Arbeitsraum ist Microsoft SharePoint. Dieses setzt sich aus mehreren Softwarelösungen zusammen, die für die Zusammenarbeit, das File-Sharing und das Web-Publishing entwickelt wurden. Der Nutzen von
SharePoint liegt darin, die Zusammenarbeit von Projektteams innerhalb und außerhalb
des Unternehmens zu erleichtern und Kosten durch eine einheitliche Infrastruktur zu sen-
ken. Es bringt viele Funktionen mit, die neben der Vereinfachung der Zusammenarbeit
auch zur Koordination von Gruppen eingesetzt werden können.

   Zunächst bietet Microsoft SharePoint eine Portalfunktion, die es jedem Teammitglied
erlaubt, Inhalte, wie beispielsweise Dokumente, Wikieinträge oder Bilder, zu erstellen

und diese für andere Gruppenmitglieder freizugeben. Die Kommunikation innerhalb des Teams kann durch die Bildung von internen Communities geregelt werden. Diese Funktion bietet den Teammitgliedern die Option, sich direkt und jederzeit untereinander in Verbindung zu setzen und Informationen auszutauschen. Dabei stehen der Gruppe als Kollaborationswerkzeuge beispielsweise. Wikis zur Verfügung. Der Vorteil von Communities ist der Aufbau eines Netzwerks auf eine einfache Art und Weise, was die Teammitglieder stärker in das Unternehmen einbindet.

Ein weiterer Bestandteil von SharePoint ist das Content-Management-System, das zudem über eine Versionsverwaltung verfügt. Es bietet eine für alle Teammitglieder zugängliche Plattform, um Dokumente und Unterlagen, Webinhalte oder Social Media Inhalte zu verwalten.

Eine Schlüsselposition von SharePoint nimmt das sogenannte Composites ein. Es dient dazu, funktionale Bausteine von SharePoint zusammenzustellen, miteinander zu verbinden oder anzupassen, ohne dabei einen Software-Code schreiben zu müssen. Die Gestaltungsvarianten reichen von einfach erstellten Webseiten bis hin zu funktionsreichen Anwendungen, die auf die jeweilige konkrete Unternehmensanforderung angepasst werden können[35].

IBM Lotus Notes Ein weiteres aggregiertes Werkzeug ist Lotus Notes der Firma IBM. Lotus Notes ist eine Plattform für die Bereitstellung gemeinsam nutzbarer virtueller Arbeitsräume. Es besteht aus einem komplexen Client/Server-System, das mit Hilfe von Datenbanken umfassende Basisfunktionen bietet und diese in einer funktionsreichen und integrierten Desktop-Umgebung zusammenführt. Die Software bietet Funktionen für E-Mails, Dokumente und Geschäftsanwendungen. Tools für die Kollaboration, wie u. a. Shared Workspaces, Instant Messaging, Adressverwaltung, Aufgabenplanung und Kalender bzw. Terminplanung, sind ebenfalls Bestandteile der Software. Sie helfen dabei, Teammitglieder besser zu koordinieren und Inhalte für die gemeinsame Nutzung zu verwalten. Der Lotus Notes Client kann online und offline verwendet werden. Um jedoch Dokumente mit anderen Teammitgliedern teilen zu können, wird die Anbindung an das Internet oder das interne Firmennetz benötigt. Alle Lotus Notes Datenbanken können über den Client oder einen Webbrowser bedient werden.

Cloud Computing

Cloud Computing ermöglicht es, IT-Infrastrukturen von Plattformen und Anwendungen aller Art bereitzustellen und zu nutzen. Diese werden dann im Internet als elektronisch verfügbare Dienste dynamisch bereitgestellt. Damit lässt sich Cloud Computing aus der Sicht des Dienst-Anbieters als Multi-Mandanten-Architektur (mit einem nutzungsabhängigen Abrechnungsmodell) beschreiben.

---

[35] http://sharepoint.microsoft.com/de-de/Seiten/default.aspx.

Mit dem Wort „Cloud" will man verdeutlichen, dass die Dienste von einem Internetprovider bereitgestellt werden. Der Nutzer der Cloud-Dienste kann wiederum seine eigenen Angebote als Dienste im Web oder im firmeninternen Netzwerk anbieten und auch nutzen.

Eigenschaften von Cloud Computing Merkmale von Cloud Computing sind zum einen, dass die Ressourcen, wie Computerhardware, virtualisiert sind, zum anderen sollen Dienste von mehreren Anwendern verlässlich nutzbar und skalierbar sein, also auf Abruf und nach Bedarf zur Verfügung gestellt werden. Der Nutzer dieser Cloud Dienste hat Zugriff auf seine Infrastruktur, und da die Anwendungen webbasiert angeboten werden, gibt es für diese Anwendungen auch keine systembedingten Abhängigkeiten oder Zwangsbedingungen. Durch eine dynamische Skalierbarkeit können zusätzlich Ressourcen bei Bedarf automatisch bereitgestellt werden. Das heißt, falls eine Anwendung mehr Ressourcen benötigt, muss ein Unternehmen keine Investitionen in zusätzliche Hardware tätigen, sondern kann die benötigten Ressourcen flexibel vom Internetprovider beziehen. Durch diese Dynamik wird bei steigender Nachfrage die Infrastruktur automatisch den wachsenden Anforderungen angepasst (Baun et al. 2009).

Google Apps Google Apps ist ein von Google angebotener Cloud Computing Dienst, der verschiedene Webanwendungen bereitstellt. Durch die Eigenschaft des Cloud Computings ist ein Zugriff auf die Anwendungen ortsunabhängig gegeben. Des Weiteren bietet Google Apps einen Marketplace an, bei dem die Möglichkeit besteht, weitere Webanwendungen zu erwerben. Diese können entweder kostenfrei oder gebührenpflichtig sein. Im Folgenden werden einige der von Google Apps enthaltenen Webanwendungen beschrieben, um die Einsatzmöglichkeiten von Google Apps aufzuzeigen.

Google Mail bietet verschiedene Kommunikationsmöglichkeiten, wie E-Mail, Sprach- und Videochat, wodurch eine hohe Kommunikationsfähigkeit geboten wird. Die Tatsache, dass dieser Dienst auch für mobile Endgeräte existiert, erweitert den Komfort der Anwendung. Ein weiterer Bestandteil von Google Apps ist der Google Kalender. Dieser ist eine Webanwendung für die Terminplanung und bietet eine Reihe von Funktionen, um die Koordination der Gruppe durchführen zu können. Durch die Integration von Google Kalender in Google Mail können z. B. Termineinladungen einfacher verschickt werden. Die gemeinsame Nutzung des Kalenders ermöglicht zusätzlich die zentrale Verwaltung von Gruppenterminen. Eine weitere Webanwendung ist Google Drive – primär eine Software für Textverarbeitung und Tabellenkalkulation. Mittlerweile können mit ihr auch Präsentationen, Formulare und Zeichnungen erstellt werden. Drive ermöglicht es, Dokumente gemeinsam und synchron zu bearbeiten. Dabei werden die Änderungen in Echtzeit angezeigt, was zur Folge hat, dass jeder beteiligte Nutzer alle Anpassungen des anderen sehen kann. Durch ein integriertes Instant Messaging System wird die Kommunikation innerhalb der Gruppe gefördert. Google Groups ermöglicht eine einfache Kommunikation zwischen Teammitgliedern und stellt eine Dateifreigabe zur Verfügung. So können Teammitglieder ihre Dokumente, Kalender, ganze Ordner oder andere Dateien an einzelne Personen oder ganze Personengruppen freigeben. Die Webanwendung verfügt ebenfalls über eine umfassende Archivierungsfunktion, mit der man frühere Gruppendiskussionen oder archivierte E-Mails einsehen kann. Google Video ist eine Webanwendung für das Hosting und Streaming von Videos. Man kann interne Videokanäle erstellen und diese wie bei Google Groups für bestimmte Personen oder Personengruppen freigeben, wie z. B. für den Einsatz interner Schulungen oder um interaktive Neuigkeiten mitzuteilen[36].

9.4.2 Social Networking Systeme

Social Networking-Plattformen unterstützen den Aufbau und die Pflege von privaten und geschäftlichen Beziehungen im Internet und basieren auf einem einheitlichen Grundschema der Anbahnung, Verknüpfung und Pflege von Kontakten. Demnach können die Mitglieder einer Plattform in ihrem Netzwerk u. a. nach Bekannten, Kollegen oder auch neuen Geschäftspartnern suchen und diesen eine Einladung zur Kontaktverknüpfung schicken. Durch die Bestätigung der Einladung wird sodann die Beziehung zwischen den Personen sichtbar angezeigt (Hippner und Wilde 2005).

Die Mitglieder sozialer Netzwerke können sich durch entsprechende Plattformen ein soziales Netz im Internet aufbauen und Networking betreiben (Szugat et al. 2006). Scheler definiert dabei den Begriff Networking wie folgt: „Networking bedeutet, mit den unterschiedlichsten Menschen in ganz verschiedenen Formen Umgang zu pflegen, sie von Zeit zu Zeit zu kontaktieren, Interesse an ihnen zu zeigen und etwas über sie zu wissen"(Scheler 2005). Furnham setzt zudem die Gruppe in den Mittelpunkt und bezeichnet Networking als den Prozess der Bildung von Beziehungen innerhalb und zwischen Gruppen (Furnham 1997).

Plattformen zur Unterstützung von Social Networking erlauben es nach Boyd und Ellison (2008) dem Nutzer, ein öffentliches oder halb-öffentliches Profil innerhalb eines beschränkten Systems zu konstruieren, eine Liste mit anderen Nutzern und deren Beziehungen aufzustellen und diese eigene Liste mit den Verbindungen sowie die Listen, die von anderen Nutzern erstellt wurden, zu betrachten (Boyd und Ellison 2008). Je höher dabei die Anzahl an Beziehungen und Profilaufrufen eines Mitglieds ist, desto mehr steigt der selbst empfundene Status in der virtuellen Gemeinschaft des Social Networks. Diese Aussage spiegelt sich auch in dem rasanten organischen Wachstum von Social Networks wieder: Diese entwickeln sich nahezu selbstständig weiter. Die Mitglieder suchen nach Kontakten und Beziehungen, erstellen Beiträge in Gruppen und beleben dadurch die Plattform und ihre im rasanten Tempo steigenden Nutzerzahlen (De Laporte 2006). In diesem Rahmen analysierte auch die Studie The Strength of Internet Ties des Pew Internet and American Life Project in Zusammenarbeit mit der University of Toronto im Jahre 2006 die Anzahl der Internetkontakte von US-Amerikanern und zeigte, dass das Internet ein

---

[36] Weitere Informationen zu Google Apps sind zu finden unter http://www.google.com/google-d-s/tour1.html und http://www.google.com/apps/intl/de/business/.

Abb. 9.6 Kategorisierung von
Social Networking Plattformen.
(nach Manouchehri 2010)

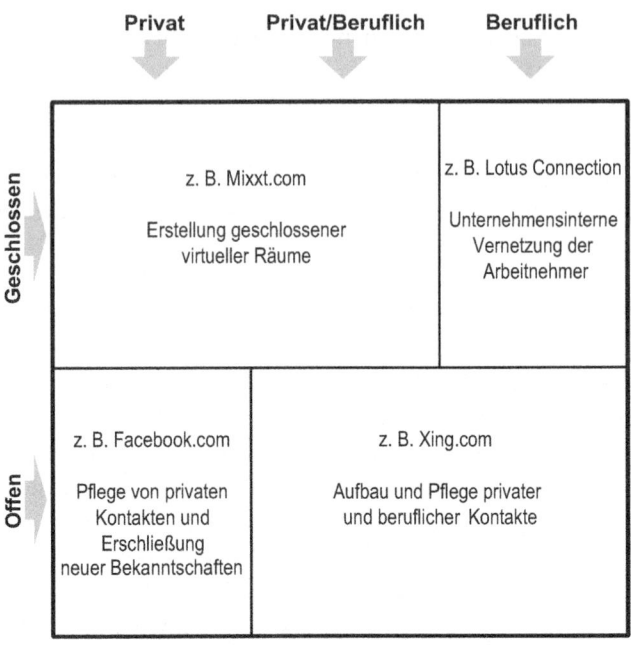

weit verbreitetes Hilfsmittel darstellt, um Kontakte über weite Distanzen hinweg zu pflegen
(Boase et al. 2006; Szugat et al. 2006).

Hinsichtlich der Entwicklung von Social Networking-Plattformen gemäß der obigen
Definition gehört die Seite Sixdegree.com zu den ersten Angeboten ihrer Art. Bereits im
Jahr 1997 stellte die Plattform seinen Nutzern die Möglichkeit zur Verfügung, Profile zu
erstellen, Freunde aufzulisten sowie deren Seiten zu besuchen. Viele der Funktionalitäten
existierten zwar für sich bereits davor, jedoch kam es hier zu einer ersten Aggregation der
verschiedenen Möglichkeiten (Boyd und Ellison 2008). Zwischen 1997 und 2001 haben
eine Reihe ursprünglicher Communities ihre Services um typische Social Network-Funk-
tionalitäten erweitert. Im Jahr 2001 begann sodann mit Ryze.com die Welle der Plattformen, die in den folgenden Jahren auf den Markt kamen und sich in privatem (u. a. Friend-
ster.com) oder beruflichem (u. a. Linkedin.com) Kontext etabliert haben. Das derzeit wohl
größte und bekannteste Social Network ist Facebook.com, welches weit über 600 Mio. aktive Nutzer zählt. In Deutschland sind weiter die in 2003 gestartete Business Networking-
Plattform Xing.com mit über 10,8 Mio. und die VZnet Netzwerke Studivz.net, Schülervz.
net und Meinvz.net mit über 17 Mio. Nutzern bekannt.

Ausprägungen von Social Networking-Plattformen Eine Kategorisierung von Social
Networking-Plattformen kann auf verschiedenen Wegen vorgenommen werden. Dabei
kann zwischen offen zugänglichen und geschlossenen Social Networking-Plattformen
unterschieden werden. Beide Ausprägungen können sodann entweder einen privaten,
einen beruflichen Charakter sowie eine Mischung beider Formen aufweisen. Abbildung 9.6 stellt eine mögliche Kategorisierung dar.

Vor allem die offenen Plattformen zum Aufbau und zur Pflege beruflicher Kontakte werden von Nutzern sowohl privat als auch beruflich benutzt.

Funktionsweise und Komponenten von Social Networking-Plattformen Generell bieten die meisten Social Networking-Plattformen ihren Mitgliedern nach der Anmeldung folgende Basisfunktionalitäten:

- Persönliches Profil: Durch die Erstellung eines persönlichen Profils kann der Benutzer den Mitgliedern der Plattform private Informationen (Kontaktinformationen, Fotos, persönliche Webseiten, Ausbildung und Berufserfahrung sowie weitere Kommentare zur eigenen Persönlichkeit) präsentieren. Dabei entscheidet der Benutzer bei den meisten Plattformen selbst, was er von sich preisgeben möchte und was nicht. Das Profil kann unterdessen auch eingeschränkt oder nur für Freunde sichtbar gemacht werden.
- Kontakte knüpfen: Über eine Suchmaske können Kollegen oder Freunde durch einfache, logische Suchfunktionen gefunden werden. Meistens erfolgt dies über den Vor- und Nachnamen. Wurde eine Person gefunden, ist zunächst eine Einladung an diese zu versenden. Erst durch die Einwilligung der angeschriebenen Person wird dem eigenen Profil der neue Kontakt hinzugefügt. Die Kontakte werden in einer Kontaktliste angezeigt, in der sämtliche Freunde und Kollegen aufgelistet werden. Es besteht auch, wie bei Orkut.com, die Möglichkeit, den Freundschaftsgrad zu dem jeweiligen Kontakt zu bewerten.
- Kommunikation: Über einen im Social Network integrierten Nachrichtendienst können Nachrichten an andere Mitglieder versandt und ebenso empfangen werden. Der Empfang einer neuen Nachricht wird in den meisten Fällen über eine Benachrichtigung an die E-Mail-Adresse des Mitglieds mitgeteilt.
- Gästebuch: Weiterhin verfügt jedes Nutzerprofil i. d. R über ein Gästebuch bzw. eine Pinnwand. Hier können andere Mitglieder Nachrichten hinterlassen, die somit für jeden Besucher des Nutzerprofils öffentlich ersichtlich werden.
- Gruppen: Die Bildung von Gruppen basiert auf einem ähnlichen organischen Prinzip wie das Wachstum des Social Networks. Mitglieder erzeugen einen Namen für eine neue Gruppe. Andere interessierte Mitglieder können der Gruppe beitreten. Je mehr Beitritte eine Gruppe verzeichnet, desto lebendiger kann diese werden, denn die Beiträge in den Gruppen hängen im Wesentlichen von der Aktivität ihrer Mitglieder ab. Durch den Eintritt in eine Gruppe kann sich das Mitglied über eine gruppenspezifische Thematik auf dem Laufenden halten. Des Weiteren kann dadurch auf die weiteren Interessen eines Mitglieds geschlossen werden.
- Sichtbarkeit: Einige Plattformen wie Linkedin.com und Xing.com bieten an, die eigenen Verbindungen teilweise oder ganz für andere Mitglieder zu verstecken. Bei anderen Anbietern wie Facebook.com kann gar die eigene Sichtbarkeit eingeschränkt werden, so dass über eine Personensuche kein Eintrag angezeigt wird.

Je nach Wahl der Social Networking-Plattform bieten diese ihren Mitgliedern erweiterte Funktionen an. Das wesentliche Ziel dieser Plattformen besteht jedoch darin, die Beziehungen zwischen Freunden, Kollegen oder Bekannten innerhalb des Netzwerkes öffentlich sichtbar zu machen. Im Mittelpunkt stehen dabei die Mitglieder mit ihren Bedürfnissen nach Sozialisation (De Laporte 2006).

Business Networking-Plattformen Social Networking-Plattformen erfahren auch im Unternehmen eine steigende Bekanntheit. Laut einer Studie von McKinsey ist der Anteil ihres Einsatzes in großen Unternehmen höher als der von Wikis oder Weblogs. Wie zuvor aufgezeigt, existieren offene und geschlossene Plattformen, die einen unternehmerischen Einsatz erfahren. Die offenen Plattformen wie Xing.com und Linkedin.com werden häufig aus Eigeninteresse der Mitarbeiter und deren Wunsch nach Pflege des eigenen Netzwerks betrieben. Des Weiteren finden Mitarbeiter hier eine Plattform, um sich und ihre eigenen Fähigkeiten präsentieren zu können. Jedoch sind auch für die Unternehmen die Potenziale der Plattformen nutzbar. Vor allem, wenn es um die Akquise neuer Kunden oder Mitarbeiter geht, kann sich das Unternehmen durch seine Mitarbeiter einer breiteren Öffentlichkeit darbieten sowie die bereits bestehenden Netzwerkverbindungen der derzeitigen oder ehemaligen Mitarbeiter nutzen (Koch und Richter 2008). Beispiele hierfür sind die Gruppen The Greater IBM Connection, Accenture Alumni Netzwerk oder PWC Alumni Club auf der Plattform Xing.com.

Social Networking-Plattformen existieren jedoch auch innerhalb des Unternehmens. Erste Ausprägungen waren die sogenannten Gelben Seiten, welche die Suche nach eigenen Wissensträgern und Expertisen in Unternehmen erleichterten. Beispiel hierfür sind die IBM Blue Pages mit über 475.000 Profilen, die systematisch um Social Software-Funktionalitäten ergänzt wurden (Farrell und Lau 2006; Koch und Richter 2008)[37]. Solche Plattformen können durch ihre Eigenschaften und Funktionen nicht nur die Verbindung der Personen untereinander anzeigen, sondern erlauben es über Profilseiten auch, mögliche Interessen und Erfahrungen der Personen anzuzeigen (Chambers et al. 1998).

9.4.3 Social Sharing Plattformen

Während es sich bei Social Networking-Plattformen um ein Vernetzungsinstrument von Personen bzw. Kontakten handelt, wird bei Social Sharing-Plattformen eine Beziehung zwischen den Benutzern über die gemeinsam genutzten Inhalte aufgebaut (Lehel und Matthes 2005), die hierbei den Begriff Object-Centered Social Software verwenden. Social Sharing-Plattformen erlauben es dabei den Nutzern, abhängig vom Dienst, Objekte wie Bookmarks (Lesezeichen), Literaturreferenzen, Fotos oder Videos zu archivieren, zu kategorisieren und vor allem schnell wiederzufinden (Millen et al. 2005).

---

[37] IBM hat inzwischen diverse Funktionalitäten auch im neuen Paket Lotus Connection integriert und bietet das geschlossene Social Networking-Plattform als geschlossene Software für Unternehmen an.

Sofern diese persönlichen Sammlungen nicht als privat gekennzeichnet sind, können sie anderen Nutzern zugänglich gemacht werden. Die Inhalte können teilweise von anderen Nutzern kommentiert und bewertet werden (Hippner 2006). Tagging stellt dabei ein Schlüsselkonzept für den Erfolg solcher Plattformen dar, das auf dem Grundgedanken des gemeinschaftlichen Indexierens von Objekten basiert (Lehel und Matthes 2005).

Die Suchsysteme in einer Social Sharing-Plattform sind folglich so aufgebaut, dass die Tags die Sammlung mit sinnvollen Beschriftungen so organisieren und darstellen, dass die Inhalte zu mehr als nur einer Kategorie gehören und damit die Limitierungen der traditionellen Kategorisierungen durchbrechen. Die soziale Natur entsteht dadurch, dass die Listen öffentlich sind und so jeder einen Eindruck davon bekommt, für welche inhaltlichen Themengebiete sich der Besitzer interessiert. Die durch den Nutzer vergebenen Tags erfüllen in der Regel eine oder mehrere Funktionen. Diese können das Thema oder das verlinkte Objekt beschreiben, den Besitzer identifizieren, eine subjektive Kategorisierung vornehmen, eine Eigenschaft beschreiben und/oder einen Selbst- bzw. Aufgabenbezug herstellen.

Ausprägungen von Social Sharing-Plattformen Die einzelnen Ausprägungen der Social Sharing-Plattformen lassen sich in verschiedene Untergruppen unterteilen. Folgende Ausprägungen können u. a. aufgezählt werden:

- Plattformen zum Sammeln, Ordnen und Teilen von Bookmarks wie Delicious.com,
- Plattformen speziell zum Sammeln von Literatur bzw. Literaturreferenzen wie Bibsonomy.org,
- Video Sharing-Plattformen wie Youtube.com,
- Foto Sharing-Plattformen wie Flicker.com,
- Musik Sharing-Anbieter wie Last.fm.

Funktionsweise und Komponenten von Social Sharing-Plattformen Die Grundstruktur und die Funktionsweise der verschiedenen Social Sharing-Plattformen sind größtenteils einheitlich. Die Funktionsweise wird nachfolgend anhand einer Social Bookmarking-Plattform näher beschrieben. Für die Nutzung und das Ablegen eines Bookmarks bedarf es zunächst der Anmeldung auf einer entsprechenden Plattform.

Buttons in der Navigationsleiste erleichtern das Hinzufügen des gewünschten Favoriten zu den eigenen Bookmarks. Beim Betätigen der Schaltfläche öffnet sich ein Eingabefenster, das die folgenden Merkmale aufweist:

- URL: Der Uniform Resource Locator (URL) gibt die eigentliche Adresse des Favoriten an.
- Titel: Der Titel beschreibt die Bezeichnung der zu referenzierenden Favoriten.
- Beschreibung: Der Nutzer hat die Möglichkeit, eine kurze Beschreibung des Favoriten anzugeben.

- Tags: Die eigentliche Vergabe der Kategorie durch den Nutzer wird durch die Eingaben in diesem Feld realisiert. Die Plattformen geben zur Unterstützung der Nutzer populäre Kategorien oder Empfehlungen vor.
- Datum: Diese Angabe wird von den meisten Plattformen automatisch dem Eintrag hinzugefügt und gibt an, wann das Lesezeichen gespeichert wurde.
- Privat/Intern: Einige Plattformen bieten den Zusatz, zwischen privaten, internen und öffentlichen Favoriten zu unterscheiden. Private Daten dürfen dabei nur von dem Ersteller selbst eingesehen werden, interne Daten von allen registrierten Mitgliedern oder einem ausgewählten Freundeskreis.

Zusätzlich zu diesen Merkmalen existieren vor allem bei den Plattformen zur Verwaltung und Teilung von medialen Dateien weitere Funktionalitäten:

- Upload: Durch diese Funktion können Dateien, die auf der eigenen Festplatte vorliegen, direkt auf den Server des Anbieters hochgeladen und sofort allen anderen verfügbar gemacht werden. Einige Portale stellen dabei sogar die Option zur Verfügung, Materialien direkt mittels Webcam oder Digitalkamera auf den Server einzuspielen.

Die Plattformen können zudem für andere Benutzer die Möglichkeit bieten, Kommentare zu verfassen, Bewertungen abzugeben oder die Inhalte für andere Medien verfügbar zu machen. Diese Optionen bereitzustellen, ist dabei meist den Produzenten der Inhalte vorbehalten.

9.4.4 Gruppenunterstützungssysteme (Group Support Systems)

Gruppenunterstützungssysteme oder auch Elektronische Meetingsysteme (EMS) werden zur Unterstützung von Meetings eingesetzt und können bei verschiedenen Aktivitäten während eines Treffens mit passenden speziellen Werkzeugen zur Anwendung kommen, um die Gruppe und damit die gemeinschaftliche Arbeit produktiver zu gestalten. Sie kommen insbesondere in den Fällen zum Einsatz, in denen es um eine Entscheidungsfindung geht. Dazu beschreibt Schmitz, diese Systeme sollen Gruppen in der Entscheidungsfindung unterstützen und bieten dazu Werkzeuge für Brainstorming, Ideensammlung und Kritik, Pro- und Kontra-Abwägung und zum Wählen. Sie sind oft integraler Bestandteil von Konferenzsystemen und dienen als zusätzliche Unterstützung in Besprechungen, um zur aktiven Teilnahme zu ermutigen, anonyme Teilnahme zu ermöglichen oder die Teilnahme durch „Aufrufen" zu erzwingen (Burmester et al. 2007).

ThinkTank – Ein Beispiel für Elektronische Meetingsysteme Ein Beispiel für ein Gruppenunterstützungssystem ist die Software ThinkTank von GroupSystems[38]. Das

---

[38] http://www.groupsystems.com.

Unternehmen wurde im Jahre 1989 gegründet und hat sich seitdem darauf spezialisiert, Kollaborationswerkzeuge zu entwickeln. ThinkTank beinhaltet Tools zur Realisierung der in Kap. 8 vorgestellten sechs Patterns of Collaboration, wie z. B. das Elektronische Brainstorming für die Unterstützung des Generieren-Patterns. Hier sieht man einen Auszug aus dem Funktionsumfang der Software (Schwabe 2001).

Agenda ThinkTank ermöglicht es einem Moderator vor Beginn der Sitzung, den Ablauf der Sitzung auf einem Agenda-Werkzeug abzubilden. So können bereits vor Beginn die Aufgaben, welche die Gruppe im Workshop durchlaufen muss, festgehalten werden. Diese können zudem vor Beginn der Sitzung den Teilnehmern zur Verfügung gestellt werden.

Elektronisches Brainstorming Für die Generierung von Ideen durch die Sitzungsteilnehmer, also dem sogenannten Brainstorming, bietet ThinkTank die Möglichkeit, ein IT-gestütztes Brainstorming durchzuführen. Dieses kann sogar vollständig anonymisiert erfolgen. In seiner Ausgestaltung entspricht das Brainstorming Werkzeug einem Instant-Messaging Programm. Die Teilnehmer können ihre Ideen zur selben Zeit in ein vorgegebenes Textfeld eingeben. Diese werden im Anschluss über das Netzwerk an die anderen Nutzer verschickt, so dass sie den Vorschlag, der in ein Dialogfeld eingeblendet wird, unmittelbar danach zu sehen bekommen.

Präferenzwahl Das Werkzeug der Präferenzwahl dient dazu, eine Liste zu erstellen, auf der die Sitzungsteilnehmer beliebige Inhalte hinsichtlich der eigenen Präferenz anordnen. Die Liste der verschiedenen Inhalte, in diesem Fall Items, wird von dem Moderator zusammengefügt. Um eine Gleichbehandlung der einzelnen Elemente zu gewährleisten, können diese randomisiert neu angeordnet werden. Ausgehend von dieser zufälligen Auflistung beginnen die Teilnehmer, die Items über ein Drag and Drop Verfahren auf der Liste zu verschieben, woraufhin jeder Beteiligte als Ergebnis eine Auflistung erhält, auf der die einzelnen Objekte seinen Vorstellungen entsprechend angeordnet sind. Nach Abschluss der Aktivität kann er das Ergebnis an das System übermitteln, um so zu signalisieren, dass er den Wahlvorgang abgeschlossen hat.

Multi-Kriterien-Wahl Die Multi-Kriterien-Wahl ermöglicht es, eine Liste verschiedener Items hinsichtlich beliebig vieler Kriterien zu bewerten. Wie bei der Präferenzwahl muss der Moderator hierzu zuerst eine Liste mit Items bereitstellen. Danach sind Kriterien zu definieren, anhand derer die verschiedenen Items bewertet werden sollen. Des Weiteren muss vom Moderator für jedes Kriterium eine Wahlmethode festgelegt werden. Hierfür stehen ihm acht verschiedene Ausprägungen zur Wahl. Neben einer Gleitskala mit den Extremen eins und zehn stehen ihm auch eine siebenstufige Punkteskala sowie weitere Wahlverfahren wie eine Auswahl zwischen Ja oder Nein zur Verfügung. Nachdem die Liste durch den Moderator veröffentlich wurde, beginnen die Beteiligten damit, die verschiedenen Items zu bewerten. Haben die Teilnehmer alle Items bewertet, so können sie, wie im Falle der Präferenzwahl, den Wahlvorgang für sich als beendet erklären. Es bestehen zwei Möglichkeiten, sich die Ergebnisse der Bewertung anzeigen zu lassen: Wie bei der Präferenzwahl können die Resultate in einer Übersicht dargestellt oder in jeweils einer Tabelle pro Kriterium ausgegeben werden, die neben der Verteilung der Stimmen auch den gewichteten und ungewichteten Mittelwert sowie die Standardabweichung beinhaltet. Außerdem ist es möglich, die Wahlergebnisse in Graphen zu überführen, um diese zu veranschaulichen.

Gruppenunterstützungssysteme sind so ausgelegt, dass durch die Anwendung mehrerer Kollaborations-Technologien eine höhere Stufe der Arbeitsfähigkeit erreicht wird. Jede Technologie für sich genommen könnte damit nicht mithalten. Wenn all diese Technologien in einer Lösung oder Plattform zusammengeführt werden, dann ist auch der Kommunikationsaufwand geringer, was wiederum eine höhere Produktivität zur Folge hat.

Ein weiteres Gruppenunterstützungssystem ist Trac[39]. Dieses ist ein Open-Source, webbasiertes Issue-Tracking-System, das zumeist für die Software Entwicklung benutzt wird. Es besitzt ein Wiki zum kollaborativen Erstellen und Verwalten von z. B. Dokumentationen. Außerdem verfügt es über eine Versionsverwaltungssoftware und einen sogenannten Bugtracker zum Dokumentieren von Programmfehlern oder Erweiterungswünschen. Zudem kann Trac durch den modularen Aufbau durch Plugins erweitert werden.

9.5 Zusammenfassung

Computer Supported Cooperative Work beschreibt ein interdisziplinäres Forschungsgebiet mit Einbezug von Informatik, Soziologie, Psychologie, Wirtschaftsinformatik, Wirtschaftswissenschaften, Medienwissenschaften und verschiedenen weiteren Disziplinen, das sich mit Gruppenarbeit und Zusammenarbeit und den die Gruppenarbeit unterstützenden Informations- und Kommunikationstechnologien befasst.

Kollaborationswerkzeuge lassen sich anhand der Raum-Zeit-Matrix sowie des Vier-K-Modells, je nach Intensitätsgrad der Zusammenarbeit innerhalb einer Gruppe, einer der Dimensionen zuordnen und in kommunikations-, koordinations- und kooperationsorientierte Werkzeuge unterscheiden. Bei der Kommunikationsorientierung steht die Verständigung von Personen mittels Informationsaustausch im Vordergrund. Koordinationswerkzeuge dienen hingegen der Abstimmung aufgabenbezogener Aktivitäten und Ressourcen. Kooperationswerkzeuge unterstützen die Verfolgung gemeinsamer Ziele. Als weiteres Auswahl- und Bewertungskriterium für Kollaborationswerkzeuge hat der Collaboration Engineer zudem die Möglichkeit, Werkzeuge hinsichtlich der Unterstützung in die sechs Patterns of Collaboration zu selektieren. Reicht der Funktionsumfang einzelner Werkzeuge nicht aus, um die Zusammenarbeit der Gruppe zu unterstützen, so können noch IT-gestützte aggregierte Kollaborationswerkzeuge, also eine Kombination mehrerer Einzelwerkzeuge, verwendet werden.

---

[39] http://trac.edgewall.org.

9.6 Wiederholungsfragen

1. Was sind die vier verschiedenen Kollaborationswerkzeugarten und wie sind diese jeweils definiert?
2. In welchem Zusammenhang befindet sich Social Software zu Web 2.0 und was sind die wichtigsten Technologien und Konzepte von Social Software?
3. Wie sind die Begriffe Computer Supported Collaborative Work und Groupware definiert und wie grenzen sie sich jeweils voneinander ab?
4. Wie werden Kollaborationswerkzeuge außerdem klassifiziert und wieso sind diese Klassifikationen notwendig?
5. Welche Dimensionen gibt es bei der Klassifikation nach der Raum-Zeit-Matrix? Geben Sie zu jeder Dimension jeweils zwei Kollaborationswerkzeuge als Beispiel.
6. Was ist der Unterschied zwischen einfachen und aggregierten Kollaborationswerkzeugen?
7. Welche Formen von aggregierten Kollaborationswerkzeugen haben Sie kennengelernt? Nennen Sie jeweils ein Beispiel für die einzelnen Formen.

Verwendete Literatur

Alby, T. (2008). *Web 2.0: Konzepte, Anwendungen, Technologien* (3. Aufl.). München: Carl Hanser.

Allen, C. (2004). *Tracing the evolution of social software. Life with alacrity* (blog). http://www.lifewithalacrity.com/2004/10/tracing_the_evo.html. Zugegriffen: 12. Nov. 2013.

Bächle, M. (2006). Social Software. *InformatikSpektrum, 29,* 121–124.

Baun, C., Kunze, M., Nimis, J., & Tai, S. (2009). Cloud computing: Web-basierte dynamische IT-Services. *Media, 134.*

Bausch, P., Haughey, M., & Hourihan, M. (2002). *We blog: Publishing online with Weblogs.* Indianapolis: Wiley.

Beck, A. (2007). Web 2.0: Konzepte, Technologie, Anwendungen. *HMD Praxis der Wirtschaftsinformatik, 255,* 5–16.

Bienert, J. (2007). Web 2.0 – Die Demokratisierung des Internet. *IM Information Management & Consulting, 1,* 6–14.

Blood, R. (2004). How blogging software reshapes the online community. *Communications of the ACM, 47,* 53–55.

Boase, J., Horrigan, J. B., Wellman, B., & Rainie, L. (2006). The strength of internet ties. Pew Internet.

Bohl, O., Manouchehri, S., & Winand, U. (2007). Unternehmerische Wertschöpfung im Web 2.0 (Bd. 255, S. 27–36).

Borghoff, U. M., & Schlichter, J. H. (1998). *Rechnergestützte Gruppenarbeit: Eine Einführung in verteilte Anwendungen* (2., vollständig überarbeitete und erweiterte Aufl.). Berlin u. a.: Springer.

Boyd, D. M., & Ellison, N. B. (2008). Social network sites: Definition, history, and scholarship. *Journal of Computer-Mediated Communication, 13,* 210–230.

Braly, M. D., & Froh, G. B. (2006). *Social bookmarking in the enterprise.* University of Washington. The information school. http://citeseerx.ist.psu.edu/viewdoc/download?doi=10.1.1.97.6846&rep=rep1&type=pdf

Briggs, R. O., Kolfschoten, G. L., de Vreede, G.-J., Albrecht, C., Lukosch, S., & Dean, D. L. (im Erscheinen). A six-layer model of collaboration for designers of collaboration systems.

In J. F. Nunamaker Jr, R. O. Briggs & N. C. Romano Jr. (Hrsg.), *Advances in Collaboration Systems*. Armonk: M.E. Sharpe, Inc.

Burmester, M., Eberhardt, B., Gerlicher, A., Goik, M., Hahn, J.-U., Hedler, M. et al. (2007). *Kompendium Medieninformatik: Medienpraxis*. Berlin u. a.: Springer.

Chambers, E. G., Foulon, M., Handfield-Jones, H., & Hankin, S. M. (1998). The war for talent. *The McKinsey Quarterly: The Online Journal of McKinsey & Co.*, 1–8.

Coates, T. (2005). An addendum to a definition of Social Software. http://plasticbag.org/archives/2005/01/an_addendum_to_a_definition_of_social_software

Cunningham Ward (2006). Design principles of wiki: How can so little do so much? In *Proceedings of the 2006 international Symposium on Wikis: WikiSym '06. ACM*. New York, NY, USA, 13–14.

Danowski, P., Jansson, K., & Voß, J. (2007). Wikipedia als offenes Wissenssystem. In *OnlineCommunities als soziale Systeme*. Waxmann.

De Laporte, M. (2006). Von der Community zum Social Network: Evolution im Netz: User generated Content als Treibsatz für neue Formen der Kommunikation und eine veränderte Mediennutzung.

Döring, N. (2003). *Sozialpsychologie des Internet: Die Bedeutung des Internet für Kommunikationsprozesse, Identitaten, soziale Beziehungen und Gruppen*. Göttingen: Hogrefe, Verlag für Psychologie.

Ebersbach, A., Glaser, M., & Heigl, R. (2005). *WikiTools: Kooperation im Web*. Xpert.press. Berlin: Springer.

Ebersbach, A., Glaser, M., & Heigl, R. (2008). The social web: Research and opportunities. *Computer, 41*, 88–91.

Ellis, C. A., Gibbs, S. J., & Rein, G. L. (1991). Groupware: some issues and experiences. *Communications of the ACM, 34*, 39–58.

Farrell, S., & Lau, T. (2006). Fringe contacts: People-tagging for the enterprise. Social Networks. IBM Research Report. *Computer Science*. http://domino.watson.ibm.com/library/CyberDig.nsf/papers/53299B30AD986C78852571B0004F46A9/$File/rj10384.pdf

Frost, I. (2006). Das Wikipedia-Phänomen. Wissensmanagement 9.

Furnham, A. (1997). *The psychology of behaviour at work: The individual in the organization*. New York: Psychology Press.

Garret, J. J. (2005). Ajax: A New Approach to Web Applications. https://courses.cs.washington.edu/courses/cse490h/07sp/readings/ajax_adaptive_path.pdf

Gerick, T. (2007). *Wissen ist Markt: die Soziale Revolution – vom Web 2.0 zu Enterprise 2.0. In: 4. Konferenz Professionelles Wissensmanagement – Erfahrungen und Visionen*; Bd. 1: Berlin: GITO-Verlag.

Golder, S., & Huberman, B. A. (2005). The structure of collaborative tagging systems. *Growth Lakeland, 32*, 198–208.

Hinchclife, D. (2006). All we got was web 1.0, when tim berners-lee actually gave us Web 2.0 (Bd. 2009). *Social Computing Magazin*.

Hippner, H. (2006). Bedeutung, Anwendungen und Einsatzpotenziale von Social Software. *HMD Praxis der Wirtschaftsinformatik, 252*, 6–16.

Hippner, H., & Wilde, T. (2005). Social software. *Wirtschaftsinformatik, 47*, 441–444.

Johansen, R. (1991). Teams for tomorrow (groupware). *Proceedings of the Twenty Fourth Annual Hawaii International Conference on System Sciences, 3*, 521–534.

John, M., Schmidt, S., & Decker, B. (2005). Community-Management in Unternehmen mit Wiki- und Weblogtechnologien. In: *Proceeding of: Virtuelle Organisation und Neue Medien 2005, Workshop GeNeMe 2005 - Gemeinschaften in Neuen Medien*, TU Dresden, 105–120.

Jüch, C., & Stobbe, A. (2005). Blogs. Ein neues Zaubermittel der Unternehmenskommunikation? Economics – Deutsche Bank Research 53.

Koch, M. C., & Haarland, A. (2003). *Generation Blogger*. Bonn: mitp-Verlag.

Koch, M., & Gross, T. (2007). Computer-supported cooperative work. *Enzyklopädie der Wirtschaftsinformatik OnlineLexikon, 18*, 204.

Koch, M., & Richter, A. (2007). *Enterprise 2.0: Planung, Einführung und erfolgreicher Einsatz von Social Software in Unternehmen*. München: Oldenbourg Verlag.

Koch, M., & Richter, A. (2008). Social-Networking-Dienste im Unternehmenskontext: Grundlagen und Herausforderungen. In: *Kommunikation Partizipation und Wirkungen im Social Web*. Köln: Herbert von Halem Verlag.

Kolfschoten, G. L., & de Vreede, G.-J. (2009). A design approach for collaboration processes: A multimethod design science study in collaboration engineering. *Journal of Management Information Systems, 26*, 225–256.

Langham, M. (2007). Enterprise 2.0. *Entwickler Magazin* 2007, *1*, 131–136.

Lautenbacher, S., & Buric, C. (2007). Horbare Wissensvermittlung im Pocket-Format. *Personalwirtschaft* 2007, *2*, 20–21.

Lehel, V., & Matthes, F. (2005). User-Centered Social Software - Der Wissensarbeitsplatz der Zukunft? In: *Konferenz zum Einsatz von Knowledge Management in Wirtschaft und Verwaltung KnowTech*. München, BitKom.

Leuf, B., & Cunningham, W. (2002). What Is Wiki. http://wiki.org/wiki.cgi?WhatIsWiki

Lynch, K. J., Snyder, J. M., Vogel, D. R., & McHenry, W. K. (1990). *The arizona analyst information system: Supporting collaborative research on international technological trends* (S. 159–174). Proceedings of the Conference on Multiuser Interfaces and ApplicationsIFIP WG 84 Oct 710 Herakleion Greece.

Manouchehri Far, S. (2010). *Social Software in Unternehmen – Nutzenpotentiale und Adoption in der innerbetrieblichen Zusammenarbeit*. Reihe: Planung, Organisation und Unternehmensführung. Band 127. Lohmar: Josef Eul Verlag.

Millen, D., Feinberg, J., & Kerr, B. (2005). Social bookmarking in the enterprise. *Queue, 3*, 28.

Mittleman, D. D., Briggs, R. O., Murphy, J., & Davis, A. (2008). Toward a taxonomy of groupware technologies. *Groupware Design Implementation and Use, 5411*, 305–317.

Möller, E. (2005). Die heimliche Medienrevolution – Wie Weblogs, Wikis und freie Software die Welt verändern. *Telepolis*, 240.

Müller-Tomfelde, C. (2010). *Tabletops – Horizontal Interactive Displays* (Human-Computer Interaction Series). London: Springer.

Müller, C., & Dibbern, P. (2006). Selbstorganisiertes Wissensmanagement in Unternehmen auf Basis der Wiki-Technologie – ein Anwendungsfall. *Praxis der Wirtschaftsinformatik, 252*, 45–54.

Nastansky, L. (1993). *Workgroup Computing. Computergestützte Teamarbeit (CSCW) in der Praxis. Neue Entwicklungen und Trends* (Bd. 12). Hamburg: Steuer- und Wirtschaftsverlag.

O'Reilly, T. (2005). What Is Web 2.0: Design Patterns and Business Models for the Next Generation of Software. *Design, 6228*, 17–37.

Picot, A., & Fischer, T. (2006). Einführung – Veränderte mediale Realitäten und der Einsatz von Weblogs im unternehmerischen Umfeld. In *Weblogs professionell*. Heidelberg: dpunkt.verlag.

Pleil, T. (2004). Meinung machen im Internet? Personal Web Publishing und Online PR.

Pleil, T. (2005). Öffentliche Meinung aus dem Netz? Neue Internet-Anwendungen und Public Relations. In *Alte Medien neue Medien Theorieperspektiven Medienprofile Einsatzfelder Festschrift für Jan Tonnemacher*. VS Verlag für Sozialwiss.

Pleil, T., & Zerfaß, A. (2007). Internet und Social Software in der Unternehmenskommunikation. In *Handbuch Unternehmenskommunikation*. Wiesbaden: Gabler.

Przepiorka, S. (2006). Weblogs, Wikis und die dritte Dimension. In *Weblogs professionell Grundlagen Konzepte und Praxis im unternehmerischen Umfeld*. Heidelberg: dpunkt.verlag.

Richter, A., & Koch, M. (2007). *Social Software - Status quo und Zukunft*. Technischer Bericht Nr. 2007-01, Fakultät für Informatik, Universität der Bundeswehr München.

Röll, M. (2006). Knowledge Blogs - Persönliche Weblogs im Intranet als Werkzeuge im Wissensmanagement. In A. Picot & T. Fischer (Hrsg.), *Weblogs professionell. Grundlagen, Konzepte und Praxis im unternehmerischen Umfeld* (S. 95–112). Heidelberg: dpunkt.

Sauer, M. (2007). *Weblogs, Podcasting & Online-Journalismus*. Köln: O'Reilly Verlag.

Scheler, U. (2005). *Erfolgsfaktor Networking: Mit Beziehungsintelligenz die richtigen Kontakte knüpfen, pflegen und nutzen* (2. Aufl.). München: Verlag Piper.

Schlichter, J. (2005). Workflow- und Workflow-Systeme.

Schmidt, J. (2006). *Weblogs. Eine kommunikationssoziologische Studie*. Konstanz: UVK.

Schneider, D. (2005). *Instant messaging, neue Räume im Cyberspace Nutzertypen, Gebrauchsweisen, Motive, Regeln*. München: Reinhard Fischer.

Schroll, W., & Neef, A. (2006). Web 2.0– Was ist dran? *Foresight*, 1–6.

Schwabe, G. (2001). *Theorien zur Mediennutzung bei der Gruppenarbeit*. Berlin: Springer.

Söllner, M., Hoffmann, A., Hoffmann, H., & Leimeister, J. M. (2012). Vertrauensunterstützung für sozio-technische ubiquitäre Systeme. *Zeitschrift für Betriebswirtschaft*, Ausgabe: Supplement 4, 2012, Erscheinungsjahr: 2012. S. 109–140.

Stuppert, S. (2006). Telefonieren über Internet: VoIP. http://www.bundestag.de/dokumente/analysen/2006/Telefonieren_ueber_Internet__VoIP.pdf

Sulzbacher, M. (2003). *Virtuelle Teams: eine Möglichkeit, komplexe Aufgaben über Raum, Zeit und Organisationsgrenzen hinweg effektiv zu meistern?* Marburg: Tectum Verlag.

Szugat, M., Gewehr, J. E., & Lochmann, C. (2006). *Social Software. Blogs, Wikis & Co. Schnell + kompakt*. Frankfurt: Entwickler.press.

Teufel, S., Sauter, C., Mühlherr, T., & Bauknecht, K. (1995). *Computerunterstützung für die Gruppenarbeit*. Bonn: Addison-Wesley.

Thomas, D., Hunt, A., Lehmann, F., & Petschke, U. (2004). *Pragmatisch Programmieren - Versionsverwaltung mit CVS*. München: Beck.

Wilbers, K. (2007). Vom einsamen Leser zum sozialen Täter. *Personalwirtschaft*, 2, 10–13.

Zerfaß, A. (2005). *Corporate Blogs: Einsatzmöglichkeiten und Herausforderungen*. BIG BlogInitiativeGermany, 1–9.

Zerfaß, A., & Boelter, D. (2005). Die neuen Meinungsmacher: Weblogs als Herausforderung für Kampagnen, Marketing, *PR und Medien, 4*, 191.

Weiterführende Literatur

Manouchehri Far, S. (2010). *Social Software in Unternehmen - Nutzenpotentiale und Adoption in der innerbetrieblichen Zusammenarbeit*. Reihe: Planung, Organisation und Unternehmensführung. Band 127. Lohmar: Josef Eul Verlag.

Kollaborationsverhalten (Collaborative Behaviors)

10

Zusammenfassung

Für die effektive Unterstützung von Gruppentätigkeiten, für das erfolgreiche Zusammenarbeiten in Gruppen und für das Erreichen des gemeinsamen Gruppenziels spielt das Kollaborationsverhalten eine wichtige Rolle. Die zentralen Inhalte dabei sind die Art und Weise der Zusammenarbeit und das *Wie* des Kollaborationsprozesses. Das Kollaborationsverhalten umfasst alles, was die Teilnehmer zueinander sagen bzw. was in der Gruppe getan wird, um das gemeinsam vereinbarte Gruppenziel zu erreichen. Darüber hinaus ist das Kollaborationsverhalten eng verknüpft mit den Rollen, die im Collaboration Engineering vorliegen. Vor allem der Facilitator und der Moderator wirken unterstützend für die Teilnehmer des Kollaborationsprozesses und begleiten den dynamischen Prozess. Relevant dabei ist das Verhalten eines Einzelnen, aber auch das Verhalten der gesamten Gruppe. Weiterhin Teil des Kollaborationsverhaltens ist die Notwendigkeit des Aufstellens einer Agenda im Rahmen der Vorbereitung: Das Facilitation Process Model (FPM) kommt hier zum Einsatz, mit dessen Hilfe der Kollaborationsprozess in seinem Ablauf schematisch dargestellt werden kann.

In Abschn. 10.1 wird das Verhalten definiert und dessen Bedeutung im Kollaborationsprozess beschrieben. In dem sich anschließenden Abschn. 10.2 wird auf die Planung des Kollaborationsverhaltens eingegangen. Dabei wird beschrieben, wie der kollaborative Prozess zu planen und ein Prozessprogramm aufzubauen ist, um die zu Beginn gesetzten Kollaborationsziele zu erreichen. In Abschn. 10.3 und 10.4 wird zudem dargestellt, wie Gruppen zusammenarbeiten und welchen Problemen sich Gruppenmitglieder in ihrer Zusammenarbeit möglicherweise gegenüberstehen. Abschließend folgt eine inhaltliche Zusammenfassung des Kapitels.

J. M. Leimeister, *Collaboration Engineering,*
DOI 10.1007/978-3-642-20891-1_10, © Springer-Verlag Berlin Heidelberg 2014

Abb. 10.1 Einordnung der
Kollaborationswerkzeuge im
KoPDA. (Eigene Darstellung in
Anlehung an Kolfschoten und
de Vreede 2009)

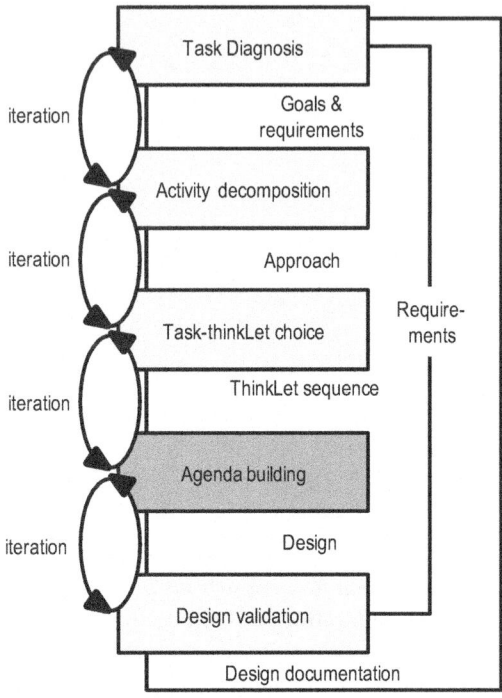

Im Rahmen einer Veranstaltung zu Collaboration Engineering sollen sich die Studenten gruppenweise zusammenfinden und einen Workshop für ein fiktives Unternehmen planen. Ziel des Workshops mit 60 Teilnehmern soll eine bewertete Liste für den Vorstand sein, die Prozesse im Unternehmen identifiziert, mit denen die Mitarbeiter am Arbeitsplatz unzufrieden sind. Jede Gruppe hat zur Aufgabe für diesen Kollaborationsprozess eine Agenda für einen eintägigen Workshop zu erstellen. Lea, Luise, Stefan und Maik finden sich schnell als Gruppe zusammen und überlegen, welche Aktivitäten in dem Workshop zu durchlaufen sind, um das Ziel zu erreichen. Für jede Aktivität denken sie über das passende Werkzeug nach, mit dem diese am besten realisiert werden kann. Weiterhin formulieren sie für jede Aktivität einen Arbeitsauftrag und schätzen ab, in welcher Zeit die jeweilige Aktivität erreicht werden soll. Abschließend legen sie Pausen fest und stellen die Agenda für den gesamten Kollaborationsprozess auf.

Das vorangestellte Beispiel beschreibt eine typische Arbeitssituation in einer Gruppe und fokussiert klar den Verhaltensprozess im Rahmen einer Kollaboration. Das Kap. 10 widmet sich dem Kollaborationsverhalten als ein relevantes Thema für eine erfolgreiche Zusammenarbeit in Gruppen.

Einordnung des Kollaborationsverhaltens im KoPDA   Wie bereits in den vorangegangenen Kapiteln beschrieben, unterstützt das KoPDA-Modell die Entwicklung wiederholbarer Kollaborationsprozesse. Die einzelnen Schritte bauen iterativ aufeinander auf. Die Entscheidungen, die in den einzelnen Schritten getroffen werden, können außerdem die vorangehenden und nachfolgenden Auswahlmöglichkeiten beeinflussen. In einem ersten Schritt wird die zu erfüllende Aufgabe diagnostiziert, während in der darauffolgenden zweiten Phase die Aufgabe in durchzuführende Aktivitäten zerlegt wird. In den anschließenden Schritten werden die Aktivitäten mithilfe konkreter Techniken, Werkzeuge und Verhaltensweisen umgesetzt. Im vorliegenden Kapitel wird der vierte Schritt und damit einhergehend die Entwicklung des Programmablaufs (der Agenda) für den kollaborativen Prozess beschrieben. Das Facilitation Process Model (FPM) stellt den Kollaborationsprozess dar, den der Collaboration Engineer entworfen hat. Sofern die einzelnen Ebenen im Kollaborationsprozess das richtige Ergebnis liefern, kann das im Vorfeld definierte Kollaborationsziel erreicht werden (Abb. 10.1).

10.1   Definition von Verhalten und dessen Bedeutung für die Kollaboration

Behaviorismus

Das Verhalten (engl. behavior) definiert sich als die Summe von Handlungen und Haltungen eines Menschen, die von anderen unmittelbar beobachtet werden können.

Dies ist der Fokus der behavioristischen Schule, die sich mit den äußeren Bedingungen, unter denen ein bestimmtes Verhalten auftritt, beschäftigt und aufzeigt, wie das Verhalten durch Veränderung der Bedingungen beeinflusst werden kann.

Verhalten meint also jede Handlung (agieren und reagieren) zwischen einem Organismus und seiner biologischen und sozialen Umwelt. Es wird unterschieden in das von außen beobachtbare Verhalten (offenes Verhalten) und das indirekt erschließbare Verhalten (inneres Verhalten) (Peters 2011). Das offene Verhalten ist für die andere Person sichtbar und einschätzbar. Dagegen bleibt das innere Verhalten dem Gegenüber verborgen und ist höchstens interpretierbar. Nur für das Individuum selbst ist das innere Verhalten erkennbar.

Das Verhalten tritt in jeder Lebenssituation auf. Zudem ist es von besonderer Wichtigkeit, wenn unterschiedliche Menschen mit verschiedenen Kenntnissen und Meinungen zusammenarbeiten und ein gemeinsames Ziel verfolgen.

Für die effektive Unterstützung von Gruppenarbeiten sowie für die Gestaltung kollaborativer Arbeitsprozesse ist es wichtig, Kollaborationswerkzeuge zu kennen und diese zielführend einzusetzen. Die Kenntnis über Kollaborationswerkzeuge und deren Einsatzmöglichkeiten reicht dabei für die Kollaboration nicht aus: Vielmehr ist ein kollaborativer Arbeitsprozess notwendig, der sowohl im Umgang mit den Technologien als auch beim Prozess selbst behilflich ist. Ein kollaborativer Arbeitsprozess ist ein wiederholbarer Prozess, der dazu dient, ein spezielles Ziel zusammen mit Technologiewerkzeugen, die den

Vorgang unterstützen, zu bewerkstelligen (Briggs et al. o.J.). Im Sechs-Ebenen-Kollaborationsmodell befindet sich das Kollaborationsverhalten auf unterster Stufe und beschäftigt sich mit der Art und Weise der Zusammenarbeit. Hier wird der Frage nachgegangen, „wie" ein Kollaborationsprozess erfolgt. Eine enge Verbindung besteht zu den diesbezüglichen Werkzeugen, die bei einer Gruppenarbeit Anwendung finden. Darüber hinaus ist das Kollaborationsverhalten eng verknüpft mit den Rollen, die im Collaboration Engineering vorliegen. Vor allem der Facilitator und der Moderator wirken unterstützend für die Teilnehmer des Kollaborationsprozesses und begleiten den dynamischen Vorgang. Die Rollen im Collaboration Engineering sind ausführlich in den Kap. 3 und 4 dargestellt worden.

Einbettung von Verhalten in das SEKMo Das Verhalten in Gruppenarbeitsprozessen umfasst alles, was die Gruppenteilnehmer zueinander sagen und was im Team getan wird, um das gemeinsam vereinbarte Ziel zu erreichen. Das Verhalten kann internal (durch eigenes Handeln) oder external (durch das Handeln anderer) sein, stillschweigend oder ausdrücklich den Ablauf der Gruppenarbeit beeinflussen. Geringe Veränderungen im sonst strukturierten Verhalten können zu erheblichen Veränderungen in der Gruppendynamik führen (Briggs et al. 2009).

> Kollaborationsverhalten beschreibt die beobachtbaren Äußerungen, Handlungen und Reaktionen der Gruppenmitglieder sowie die Art und Weise, wie sie untereinander agieren, um das vereinbarte Gruppenziel zu erreichen. Das kollaborative Verhalten kann durchaus ad-hoc und unstrukturiert sein; es kann aber auch periodisch wiederkehrend, strukturiert und geplant sein (Briggs et al. 2009).

Wissenschaftler, die sich mit der Facilitation beschäftigen, untersuchen, wie Gruppen ihr Verhalten strukturieren können, um ihre Produktivität zu steigern (Bostrom et al. 1993). Wissenschaftler aus anderen Disziplinen fokussieren hingegen das Verhalten einzelner Teammitglieder und ermitteln, was zur Verbesserung oder zur Behinderung der Leistungsfähigkeit einer Gruppe führen kann (Harland et al. 2005). Forscher aus dem Bereich Collaboration Engineering beabsichtigen, kollaborative Systeme hervorzubringen, die kollaboratives Verhalten ohne die Intervention eines professionellen Facilitators und spezielles Training für die Gruppenmitglieder hervorrufen (Kolfschoten und de Vreede 2009).

Die kollaborative Arbeit sollte so gestaltet sein, dass zwischen Struktur und Flexibilität eine Balance besteht. Ist das kollaborative Verhalten ungeplant und unstrukturiert, kann es zu einer suboptimalen Umsetzung kommen. Die Produktivität würde sinken und die Bemühungen in der Gruppe würden letzten Endes nur zu unterdurchschnittlichen Ergebnissen führen (Yetter 2006). Regeln und Maßnahmen unterstützen das Verhalten einer Gruppe bei ihrer Arbeit. Zusammen mit Werkzeugen, Prozeduren (welche die Aktivitäten klassifizieren), den Aktivitäten (als Zerlegung der Aufgabe) und den zu erreichenden Gruppenprodukten kann ein Team zur Realisierung eines Gruppenziels geführt werden.

Für die Steigerung der Produktivität und die Sicherstellung eines erfolgreichen Ergebnisses der Zusammenarbeit innerhalb einer Gruppe spielen neben der Zieldefinition, den Gruppenprodukten, den gemeinschaftlichen Aktivitäten, den Gruppenprozeduren und den Kollaborationswerkzeugen auch Verhaltensweisen unter den Teammitgliedern und ihre Fähigkeit zu kommunizieren eine wichtige Rolle. Das Kollaborationsverhalten ist indessen eng mit den Kollaborationswerkzeugen verbunden: Jede kollaborative Arbeit muss durch Werkzeuge verknüpft sein, um die Gruppe effektiv und effizient durch den gesamten Prozess führen zu können. Vor allem die Kommunikation und Interaktion findet immer häufiger asynchron statt. Dies lässt sich beispielsweise bei global agierenden Unternehmen, die strategische Entscheidungen bezüglich ihrer Auslandstochtergesellschaften treffen müssen, beobachten. Mitarbeiter der Führungsebene halten virtuelle Meetings und Workshops ab und diskutieren über mögliche Handlungsalternativen. Ein solches Vorgehen ist in diesem Kontext meist effektiver (zeit- und kostensparender) als ein persönliches Treffen. Der Bedarf an entsprechenden Werkzeugen, die das kollaborative Arbeiten ermöglichen und das kollaborative Verhalten erleichtern, ist in der heutigen Zeit von außerordentlicher Bedeutung und wird weiter ansteigen.

10.2 Planung des Kollaborationsverhaltens

Wie in Abschn. 10.1 beschrieben, wird auf unterster Stufe im Sechs-Ebenen-Kollaborationsmodell der Frage, wie ein Kollaborationsprozess gestaltet werden kann, nachgegangen. Für das Kollaborationsverhalten können zwei Seiten ausgemacht werden: Es gibt zum einen die sogenannte „äußere" und zum anderen die sogenannte „innere" Seite, die im nächsten Abschnitt näher erläutert wird.

Die „äußere" Seite umfasst die Planung des Kollaborationsprozesses und die Vorgehensweise, die genutzt wird, um diesen für den Collaboration Engineer gestaltbar zu machen. Die Planung des Prozesses geschieht mithilfe der Agenda und des Facilitation Process Model. Dies wird im Folgenden beschrieben.

10.2.1 Programmplanung (Agenda Building)

Der Zweck von Collaboration Engineering ist es, wiederholbare Prozesse in der Zusammenarbeit zu gestalten und diese Abläufe für den Einsatz in der Praxis anwendbar zu machen. Hauptprodukt eines Collaboration Engineering-Projektes ist ein fertiger Kollaborationsprozess, der basierend auf dem KoPDA als Verfahrensschema zur Entwicklung gestaltet wird. Nachdem in einem ersten Schritt im KoPDA alle Anforderungen und Einschränkungen der Aufgabe analysiert werden, wird in einem zweiten Schritt der gesamte Prozess aufgespalten, um die einzelnen Tätigkeitsbestandteile zu bestimmen. In einem dritten Schritt werden den einzelnen Aktivitäten thinkLets zugeordnet, bevor Schritt vier, die Programmplanung, beginnt. Unter Einbezug der vorangegangenen Schritte kann in dieser vierten Phase der Programmablauf für den kollaborativen Prozess gestaltet werden.

Das Prozessprogramm erfasst sowohl die Aneinanderreihung einzelner thinkLets als auch die Planung der Aktivitäten und mit ihr die Definition von speziellen Fragen und Anweisungen für die jeweiligen Aktivitäten. Die Planung des Prozesses sollte zudem konkrete Pausen, Präsentationen der Arbeitsergebnisse und andere von der Gruppe durchzuführende Tätigkeiten erfassen. Wichtig ist auch, die notwendige Zeit zu berücksichtigen, die für die Durchführung einer Aktivität benötigt wird (Kolfschoten und de Vreede 2009). Die Planung der Pausen wird häufig vernachlässigt oder ungenügend berücksichtigt, was die Motivation der Teilnehmer negativ beeinflussen kann. Umso wichtiger sind Pausen und deren Einhaltung. Die Zeitplanung bei Gruppenarbeiten ist allerdings schwierig einzuschätzen, da das Zeitfenster, das eine Aktivität voraussichtlich in Anspruch nehmen wird, nie konkret vorhergesagt werden kann. Je besser aber im Vorfeld die Aktivitäten geplant werden, umso realitätsnaher kann die Agenda erstellt werden. Für die Teilnehmer ist eine Orientierung an der Agenda und mit ihr der vorhandene rote Faden wichtig. Nichts ist demotivierender als eine Fehlplanung, die bereits von Beginn an erfolgt.

Das Formulieren konkreter und richtiger Anweisungen stellt für die Gruppe einen entscheidenden Faktor bei der Prozessplanung dar. Folgende Richtlinien gelten in diesem Zusammenhang bei der Formulierung der Fragen und Aufgaben (in Anlehnung an Kolfschoten und de Vreede 2009):

- Den Aufwand klar und unmissverständlich benennen.
- Weniger Komplexität ermöglicht die optimale Nutzung der kognitiven Kapazitäten der Gruppe.
- Konkret im Hinblick auf das gestellte Ziel arbeiten.
- Generierte Outputs sollen als Input nachfolgender Aktivitäten dienen.
- Detaillierte Schlüsselinformationen wie Kategorien, Auswahl- und Abstimmungskriterien, Abstimmungsmaßstäbe, Themen, Aufforderungen und genutzte Werkzeuge (GSS) liefern.

Die Agenda eignet sich hervorragend als Informationslieferant über den aktuellen Arbeitsstand. Sie kommuniziert Informationen an die Gruppenteilnehmer, so dass diese ihren eigenen Arbeitsstand einschätzen können. Den Gruppenteilnehmern wird verdeutlicht, welches Artefakt an welcher Stelle im Kollaborationsprozess erzeugt werden muss. In Abschn. 6.4 wurde die Agenda als Indikator zur Einschätzung des aktuellen Arbeitsstandes bereits genannt.

In Tab. 10.1 ist ein Beispiel für ein Agenda-Format dargestellt. In diesem wird die Agenda für einen Kollaborationsprozess aufgestellt, im Rahmen dessen Risiken, die in der Geschäftsabteilung eines Unternehmens existieren, ermittelt werden sollen. Dieses Agenda-Format beinhaltet alle relevanten Informationen zu jeder Aktivität im Prozess. Diese Informationen sind der Name der Aktivität, der jeweilige Auftrag an die Gruppe, das zu

Tab. 10.1 Beispiel für den Aufbau einer Agenda in einem Kollaborationsprozess. (Eigene Darstellung nach Kolfschoten und de Vreede 2009)

	Aktivität	Frage/Auftrag	Ergebnis	ThinkLet (Muster) Werkzeuge	Zeit
	Einführung in den Workshop	Ziel und Ergebnis vorstellen *Ziel:* Ermittlung der wichtigsten Risiken für relevante Bereiche. *Ergebnis:* Das Erstellen einer Liste von klar definierten Risikofaktoren für jeden Einflussbereich	Verständnis für das Ziel herstellen. Verständnis für GSS, einander kennenlernen	–	9.00
1	Risiken für relevante Einflussbereiche identifizieren	Was sind die wichtigsten Risiken für die folgenden Einflussbereiche: Front Office, Back Office, IT, Produktentwicklung, Management?	Breite Sammlung roher Risikoideen für verschiedene Einflussbereiche	Directed-Brainstorm (Generieren) EBS	9.20
2	Wichtige Risiken herausfiltern	Bitte identifizieren und formulieren Sie das wichtigste Risiko auf Ihrem Blatt neu	Eine Liste klar definierter Risiken	FastFocus (Reduzieren & Verdeutlichen) EBS and Categorizer	9.50
3	Kategorisierung der Risiken in relevante Einflussbereiche	Bitte ordnen Sie jede Risikodefinition dem Einflussbereich zu, der zuständig dafür sein könnte	Erste Verteilung von Risiken über zuständige Einflussbereiche	PopcornSort (Organisieren) Categorizer	11.20
4	Überprüfen der richtigen Kategorisierung jedes Risikos	Bitte prüfen Sie für jeden Einflussbereich, ob diesem alle Risiken richtig zugeordnet wurden	Geeinigt auf die Zuordnung von Risiken in zuständige Einflussbereiche	Bucket-Walk (Bewerten) Categorizer	11.25
	Entscheiden Sie, ob mehr Risiken zu identifizieren sind	Wenn ausreichend Risiken für jeden Bereich identifiziert wurden, kann der Workshop beendet werden. Ist das nicht der Fall, dann Rückkehr zu Schritt 1, um sich mit den Einflussbereichen zu befassen	Entscheidung getroffen, ob mehr Risiken zu identifizieren sind	–	11.50

Abb. 10.2 Darstellung des
Kollaborationsverhaltens

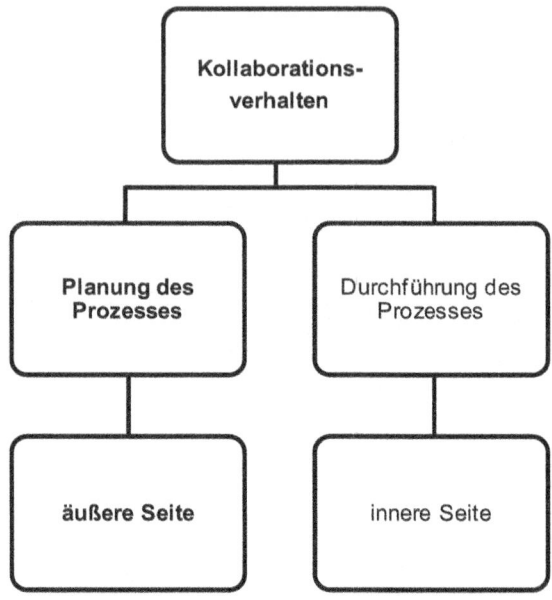

produzierende Ergebnis der Aktivität, das verwendete thinkLet in Verbindung mit den
Mustern der Zusammenarbeit, die in thinkLets umzusetzenden Werkzeuge sowie, zu guter
Letzt, die Zeitfenster für die einzelnen Aktivitäten. In der ersten Spalte werden die Aktivi-
täten durchnummeriert. Lediglich der Start und das Ende des Workshops werden ohne
Nummerierung angegeben.

Das geplante Programm, d. h. die Agenda für den Kollaborationsprozess, lässt sich
dann in einem sogenannten Facilitation Prozess Modell darstellen.

10.2.2   Facilitation Process Model

Das **Facilitation Process Model (FPM)** zeigt die logische Abfolge, in der die Aktivitäten
einander im Prozess folgen. Das Model lenkt die Aufmerksamkeit auf den logischen Fluss
innerhalb des Prozesses von Aktivität zu Aktivität. Jeder Output einer Aktivität dient als
Input für die darauffolgende Tätigkeit. Am Ende führt die Aneinanderreihung aller Handlungen zum Entstehen des Produktes bzw. der Produkte und zielt auf die Realisierung
des Kollaborationszieles ab. Die Aufgabe des FPM ist es, die Anzahl der Arbeitsschritte,
die Aktivitäten und die Namen der thinkLets aufzuzeigen. Mithilfe von drei Symbolen im
Modell wird die Abfolge im Prozess dargestellt (vgl. Abb. 10.2). Ziel des FPM ist die visu-
alisierte Darstellung der Agenda. Besonders gut lassen sich die Fließrichtung im Prozess
erkennen sowie die Aneinanderreihung der einzelnen Aktivitäten.

Jede Aktivität in einem Prozess wird durch ein Rechteck mit abgerundeten Ecken, das sich in weitere fünf Felder teilen lässt, dargestellt. Die Schrittnummer der Aktivität ist im linken oberen Feld zu sehen. Name und genaue Inhaltsbeschreibung – d. h. die Darstellung der konkreten Aufgabe der Gruppe – ist im größten Feld abgebildet. Im linken unteren Feld steht der Name eines Patterns of Collaboration[1], das durch die Aktivität auftritt. Der Name des thinkLets[2] erscheint im oberen mittleren Feld. Im rechten oberen Feld steht die für die jeweilige Aktivität erforderliche Dauer. Jede Entscheidung, die den Prozessablauf beeinträchtigen kann, wird in einem Kreis dargestellt. Unterhalb des Kreises wird das Entscheidungskriterium genannt. Jede Fließrichtung wird durch einen Pfeil dargestellt. Unterhalb des Pfeiles wird das Ergebnis einer früheren Aktivität beschrieben, die gleichzeitig als Input für eine folgende Aktivität gilt (Kolfschoten und de Vreede 2009).

Bezugnehmend auf das Beispiel, für welches unter Abschn. 10.2.1 die Agenda aufgestellt wurde, ist im Folgenden das FPM dargestellt. In der ersten Aktivität „Risikoerkennung in relevanten Arbeitsbereichen" werden vorhandene Risikofaktoren mittels Brainstorming generiert. Als Output dieser Aktivität resultieren zunächst ungefähre Vorstellungen über Risiken, die dann als Input für die zweite Aktivität „Schlüsselrisiken kristallisieren" dienen. In dieser Tätigkeit werden die in der ersten Aktivität generierten Risikofaktoren reduziert und verdeutlicht, um mögliche Schlüsselrisiken zu entdecken. Das Ergebnis der zweiten Aktivität ist eine klare Definition der Risiken. In der dritten Aktivität werden die Risiken organisiert und in relevante Bereiche eingeteilt, so dass als Ergebnis dieser Aktivität Definitionen der Risiken – bezogen auf die jeweiligen Bereiche – vorliegen. Im vierten Schritt findet die Evaluierung statt. Hierbei wird jedes Risiko hinsichtlich der richtigen Einteilung in die Bereiche überprüft. Das Ergebnis dieser Aktivität sind betroffene Bereiche mit korrekten Risikodefinitionen. Wenn keine weiteren Risiken vorliegen, ist der Prozess beendet. Ist dies nicht der Fall, so beginnt der Prozess der Risikoidentifizierung erneut bei Aktivität eins.

Die Erstellung eines FPM ist vor allem wichtig, um sich den Ablauf des Kollaborationsprozesses visuell darzustellen und zu verdeutlichen. Weiterhin ist das FPM für die Überprüfung des Kollaborationsprozesses auf Vollständigkeit notwendig. Aufschluss darüber gibt das Kap. 11 Designvalidierung. Die Abb. 10.3 zeigt ein Prozessmodell für die kollaborative Risikoidentifizierung mit einer Abfolge von vier thinkLets (Abb. 10.4).

Schritt vier im KoPDA beinhaltet die Agenda-Erstellung für die Programmplanung. Neben den thinkLets und den verwendeten Werkzeugen sind auch die Aktivitäten und die Zeitplanung Bestandteil der Agenda. All diese Faktoren beeinflussen die Zusammenarbeit einzelner Gruppenmitglieder.

---

[1] Die Patterns of Collaboration sind Gegenstand des Abschn. 7.4.

[2] Die thinkLets werden in Kap. 8 ausführlich behandelt.

Abb. 10.3 Elemente des Facilitation Process Model. Eigene Darstellung nach Kolfschoten und de Vreede (2009)

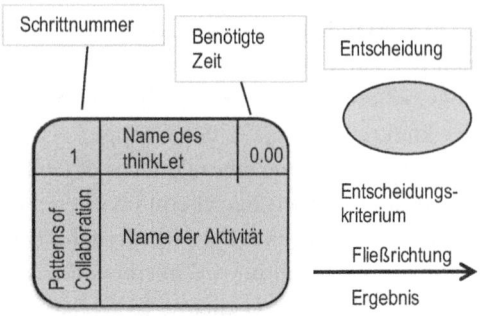

Abb. 10.4 Risikoidentifizierungsprozess als Beispiel für ein FPM. Eigene Darstellung nach Kolfschoten und de Vreede (2009)

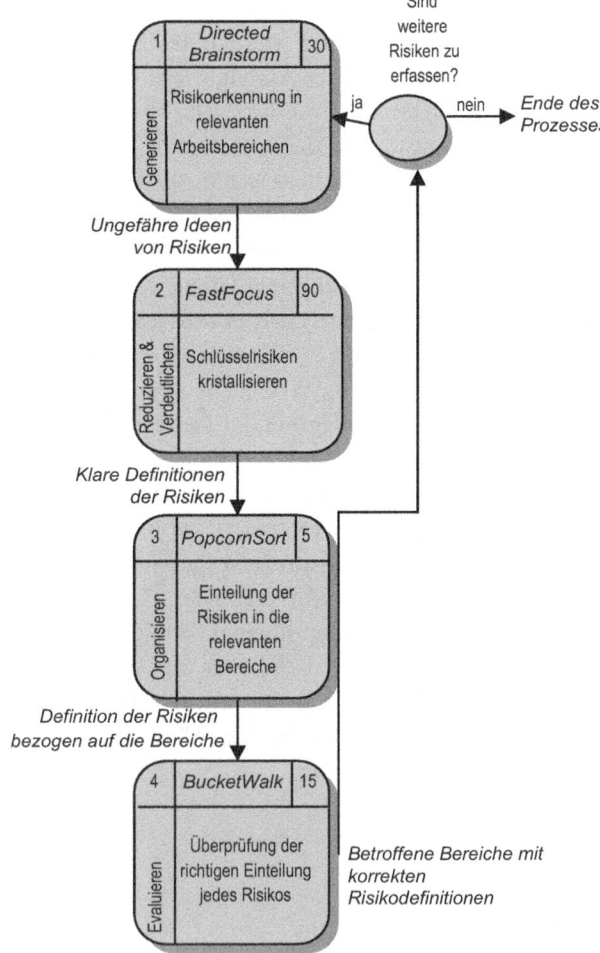

10.3 Durchführung des Kollaborationsverhaltens

Neben der Planung des Prozesses, der sogenannten „äußeren" Seite, beinhaltet das Kollaborationsverhalten auch eine „innere" Seite. Diese umfasst die Durchführung des Prozesses.

Wie eingangs erwähnt, beschreibt das Kollaborationsverhalten beobachtbare Handlungen und Äußerungen der einzelnen Teammitglieder untereinander. Dies meint die Art und Weise, wie eine Gruppe miteinander agiert, um das gesetzte Kollaborationsziel zu erreichen. Diese sogenannte „innere" Seite im Kollaborationsprozess beinhaltet u. a. Regeln, die bei einer Gruppenarbeit beachtet werden müssen. Darüber hinaus umfasst die „innere" Seite die Zusammensetzung der Gruppe, deren effektive Gruppenarbeit unterstützt wird durch unterschiedliche Techniken, um die definierten Ergebnisse erfolgreich zu realisieren. Die Techniken wurden bereits ausführlich in Kap. 8 Gruppenprozeduren erläutert (Abb. 10.5).

10.3.1 Das Verhalten in Gruppen

Kleingruppen bilden im Gegensatz zu den nur lose gekoppelten größeren Subsystemen (loose coupling) den zentralen Zugang, um die Vorgänge in Organisationen verstehen zu können (Weick 1995).

> Im Bereich der Kleingruppenforschung definiert sich eine Gruppe als eine Menge von Individuen, unter denen ein gemeinsames Gruppenbewusstsein (wahrgenommene Gruppenzugehörigkeit) vorherrscht, die eine Gruppenstruktur (Hierarchie, Arbeitsteilung) aufweisen, ein typisches Interaktionsverhalten (Face-to-Face) besitzen und über ein Set an gemeinsamen Normen und Werten (akzeptiertes Verhalten) verfügen (Hertweck und Krcmar 2001).

In der Literatur finden sich verschiedene Definitionen für Gruppen, welche die Kombination einzelner oder mehrerer Merkmale darstellen. Eine sehr umfassende Definition findet sich bei Burghardt (1972):

> Eine Gruppe stellt sich als eine begrenzte Anzahl von Personen (Gruppenmitglieder) dar, die als Folge gemeinsamer Interessen (Gruppeninteressen) und eines damit verbundenen ausgeprägten Wir-Gefühls hinsichtlich bestimmter Gegenstände und Probleme längere Zeit annähernd gleiche Ziele (Gruppenziele) durch gemeinsame Interaktionen (Gruppenhandeln) verfolgen. Zum Zweck eines koordinierten Gruppenhandelns werden den einzelnen Gruppenmitgliedern spezifische Rollen zugewiesen, die miteinander verknüpft sind (Burghardt 1972).

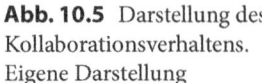

Abb. 10.5 Darstellung des
Kollaborationsverhaltens.
Eigene Darstellung

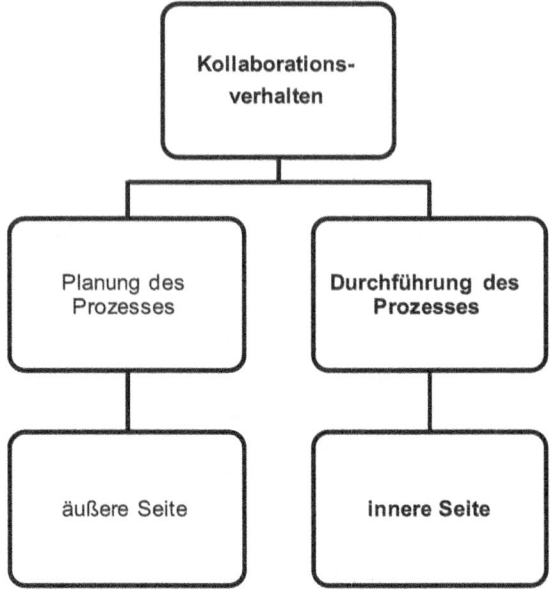

Der Kollaborationsprozess in Gruppen kann durch das Verhältnis Individuum zur Gruppe, durch die Interaktionsstruktur, den Meinungsbildungsprozess und durch das Verhältnis zwischen den Gruppen beeinflusst werden.

10.3.1.1   Einfluss der Gruppe auf das Verhalten des Einzelnen

Das Handeln eines Einzelnen in der Gruppe wird von zahlreichen strukturellen Merkmalen der Gruppe beeinflusst. Diese Merkmale üben einen Einfluss auf den Zusammenarbeitsprozess sowie auf die Methoden und Werkzeuge aus, die bei der Gruppenarbeit zum Einsatz kommen. Im Folgenden sollen wichtige strukturelle Merkmale einer Gruppe bestimmt werden.

Gruppengröße Die Gruppengröße hat einen wesentlichen Einfluss auf das Individualverhalten und den Meinungsbildungsprozess. Eine Studie konnte zeigen, dass sich Dyaden (zwei Gruppenmitglieder) anders verhalten als Triaden[3] und Triaden ähnlich agieren wie größere Gruppen mit bis zu 16 Mitgliedern (Yetton 1983). Die Kleingruppe bildet die kleinste soziale Einheit, in der Menschen zur Interaktion zusammenkommen. Im Extremfall besteht diese aus nur zwei Personen (Dyade)[4], in der Regel zwischen drei und fünf. Eine Gruppengröße von mehr als 20 Personen wird als Großgruppe bezeichnet und

---

[3] Die Triade meint eine Gruppe bestehend aus drei Personen (vgl. Joas H. (2007)) Lehrbuch der Soziologie.

[4] Allerdings führt der Austritt eines Gruppenmitgliedes gleichzeitig zum Zerfall der Gruppe. Somit ist es strittig, ob eine Dyade wirklich als Gruppe bezeichnet werden kann (vgl. dazu Staehle et al. 1999).

zudem als kritisch erachtet. Die ideale Gruppengröße ist abhängig von situativen Merkmalen wie Aufgabenstellung, zur Verfügung stehende Zeit, Arbeitsbedingungen und soziale Qualifikation der Mitglieder (Staehle et al. 1999).

Gruppenstruktur Die Gruppenstruktur beinhaltet die Dimensionen Status, Rolle, Macht und Hierarchie. Die verschiedenen Individuen übernehmen in einer Gruppe die unterschiedlichsten Aufgaben und tragen unterschiedlich zum Gruppenerfolg bei. Der Status eines einzelnen Gruppenmitglieds definiert sich über die Anzahl der Tätigkeiten, mit denen er zur Erreichung des Gruppenziels beiträgt. Bewertet die Gruppe die Tätigkeiten eines Teammitgliedes als positiv, kann ihm gegenüber eine gewisse Erwartungshaltung entstehen und er wächst in eine Rolle hinein. Eine Rolle stellt gewissermaßen eine Macht des Rollenbesitzers dar, wenn dieser in der Lage ist, die erwarteten Fähigkeiten und die typisierten Verhaltenserwartungen auch tatsächlich zu erbringen (Friedberg 1972). Rollen können formaler oder informeller Natur sein. In formalen Organisationen werden diese oft vertraglich festgeschrieben, was eine weitgehende Loslösung von den sie ausfüllenden Individuen ermöglicht (Weber 1997). (Barent 1997) hat eine umfangreiche Sammlung diverser Rollen und ihrer funktionalen Eigenschaften in Sitzungen zusammengetragen, wie Tab. 10.2 zeigt.

Zusammensetzung der Gruppe Neben der Gruppengröße spielt auch die Zusammensetzung der Gruppe bezüglich Homogenität und Heterogenität eine wichtige Rolle. Setzt sich die Gruppe aus eher homogenen Teilnehmern zusammen, kann die Gruppenarbeit durch gemeinsame Erfahrungen, Begrifflichkeiten und Fachkompetenzen erleichtert werden. Eine heterogen zusammengesetzte Gruppe erleichtert demgegenüber die Lösungsfindung, da sich unterschiedliche Perspektiven und Kompetenzen sowie verschiedene Erfahrungen bei den Gruppenteilnehmern auf die zu bearbeitende Aufgabe beziehen (Wessner et al. 2004). Eine Studie hat ergeben, dass der Gruppenleiter bei einer homogenen Zusammensetzung der Gruppe einen mehr emotionalen Führungsstil wählt. Bei einer heterogenen Zusammensetzung der Gruppe entscheidet er sich hingegen für einen eher aufgabenbezogenen Führungsstil. Es konnte aufgezeigt werden, dass der gewählte Führungsstil einen Einfluss auf das Arbeitsergebnis hat (vgl. dazu Hertweck und Krcmar (2001)).

Kommunikationsstruktur Ein weiteres Merkmal, welches das Verhalten des Einzelnen in der Gruppe beeinflusst, ist die Kommunikationsstruktur. Diese ist sowohl Voraussetzung als auch Produkt laufender Interaktionen gleichermaßen. Studien haben ergeben, dass die Zufriedenheit in dezentralen Kommunikationsnetzwerken höher ist als in zentralen. Zwischen der Kommunikationsnetzwerktopologie und der Art der Aufgabenerledigung durch die Gruppenmitglieder existieren weitere Korrelationen. So werden in zentralisierten Netzwerken einfache Aufgaben schneller erledigt als in dezentralisierten. Bei komplexen Aufgaben verhält es sich umgekehrt (vgl. dazu Hertweck und Krcmar (2001).

  Bevor sich der Einzelne in Kollaborationssituationen mit einem anderen Gruppenmitglied einbringt, wird sein Handeln von verschiedenen strukturellen Merkmalen der Grup-

Tab. 10.2 Sammlung von Rollen für Sitzungen. (Eigene Darstellung nach Barent 1997)

Nr	Rolle	Beschreibung
1.	Gruppenleiter	Führt die Gruppe
2.	Protokollant	Erstellt Notizen
3.	Teufelsadvokat	Hinterfragt kritisch
4.	Innovator	Hinterfragt mit Humor und bringt neue Ideen
5.	Initiator	Bringt neue Ideen und Lösungswege ein
6.	Vorwärtstreiber	Motiviert eine Gruppe an kritischen Stellen
7.	High Talker	Agressiver, selbstsicherer Initiator
8.	Mitglied	„normale" Rolle in einer Gruppe, evtl. neues Mitglied
9.	Stilles Mitglied	Moderates, zurückhaltendes Gruppenmitglied
10.	Strebsamer Arbeiter	Abhängiges, aber konstruktives Gruppenmitglied
11.	Unterstützer	Freundliches und objektives Gruppenmitglied
12.	Übertreiber	Redefreudiges Mitglied, das die Interaktion stimuliert
13.	Kritiker	Idealisierend oder skeptisch argumentierend
14.	Konformist	Passt sich der Mehrheit an
15.	Non-Konformist	Trägt seine eigene Meinung nach außen
16.	Fokussierter des Ziels	Verbindet mit Gruppenziel und appelliert bei Abweichung
17.	Zeitnehmer	Überwacht vorgeplante Sitzungszeit
18.	Experte/Berater	Steht für inhaltliche Fragen zur Verfügung
19.	Beobachter	Verfolgt pos. und neg. Aspekte der Gruppendynamik
20.	Produktivitätsbeobachter	Dokumentiert seinen Produktivitätseindruck
21.	Finisher	Stellt Ergebnisablieferung sicher
22.	Organisierer	Zerlegt Arbeitsplan in Aufgaben
23.	Moderator	Externe oder interne Person, die moderiert
24.	Chauffeur	Unterstützt bei Technologienutzung
25.	Facilitator	Verbindet die Rollen Moderator und Chauffeur
26.	Methodenexperte	Hilft bei Unsicherheiten bezüglich Vorgehensweise

pe beeinflusst. Diese Merkmale wurden in diesem Abschnitt dargestellt. Wie der Einzelne das Verhalten in der Gruppe mitbestimmen kann, ist Gegenstand des nachfolgenden Abschn. 10.3.1.2.

10.3.1.2 Einfluss des Einzelnen auf das Verhalten der Gruppe

Der Einfluss des Einzelnen auf die Gruppe wird von zwei Faktoren geprägt: zum einen von der Wahrnehmung des Einzelnen bezüglich der Handlungen der anderen Gruppenmitglieder, zum anderen von der Art, wie andere Gruppenmitglieder das Verhalten des jeweiligen Individuums wahrnehmen. In diesen Handlungs- und Wahrnehmungsprozessen werden gemeinsame Normen und Werte der Gruppe reproduziert und verändert. Eine stetige Wechselwirkung zwischen Wahrnehmung, Zuschreibung, Kommunikation, Handeln, Konformität und Abweichung verändert die Existenz und das Erscheinungsbild der Gruppe.

Hierbei existieren grundlegende Theorien der Wahrnehmung und Zuschreibung individuellen und kollektiven Handelns.

Theorie der Reziprozität der Beziehungen Die zentrale These der Theorie der Reziprozität der Beziehungen besagt, dass im Falle Person A bringt der Person B Sympathie entgegen, Person B langfristig auch der Person A Sympathie entgegenbringt (Backman und Secord 1995). Voraussetzung ist eine positive Selbsteinschätzung der Personen A und B. Bei Personen mit negativer Selbsteinschätzung baut sich gegenseitige Sympathie auf, wenn sie sich ablehnen.

Theorie kognitiver Balancierung Die Theorie kognitiver Balancierung betrachtet die gefühlsmäßige Beziehung zwischen Individuum und deren Zugehörigkeitsgefühl zu Objekten als einen Gleichgewichtszustand. Eine Beziehung zwischen Person A und B gilt als ausbalanciert, wenn beide eine positive oder beide eine negative Einstellung zum Objekt haben (vgl. m. w. V. Hertweck und Krcmar 2001).

Theorie der Verzerrung kategorialer Personenwahrnehmung Die Wahrnehmung und Beurteilung von Personen differenzieren je nach Kontext, in der eine Person wahrgenommen wird. Folgendes Beispiel verdeutlicht dies:

Beispiel

In einer Untersuchung wurde einer Versuchsgruppe 1 ein Mädchen im Rahmen eines Videos in einem ökonomisch ärmeren Umfeld gezeigt. Diese Versuchsgruppe bewertete den Leistungsstand des Mädchens in einem Test automatisch schlechter. Im Gegensatz dazu bewertete Versuchsgruppe 2, der ein Mädchen in einem Umfeld reicher Eltern per Video gezeigt wurde, den Leistungsstand automatisch besser.

Bezeichnet wird diese Verzerrung als Theorie der Verzerrung kategorialer Personenwahrnehmung (vgl. m. w. V. Hertweck und Krcmar 2001).

Attributionstheorie Inhalt der Attributionstheorie ist folgender: Der Mensch deutet das Handeln einer Person als eine Folge ihrer Absichten und nicht als eine Folge der sie umgebenden situativen Bedingungen. Der Handelnde selbst orientiert sein Handeln dagegen meist am situativen Kontext. Auf dieser Differenz beruht der sogenannte Attributionsfehler: Für den Menschen ist es einfacher, Handlungen der Persönlichkeit eines Handelnden zuzuschreiben, anstatt der Situation, aus der heraus er handelt. Aus diesem Grund werden neue Gruppenmitglieder oft stark nach dem ersten Eindruck bewertet. Weiterhin sind wichtige Entscheidungen in einer Gruppe mitunter abhängig von der Einschätzung der Motivation des Leiters einer anderen Gruppe (vgl. m. w. V. Hertweck und Krcmar 2001).

10.4 Entscheidungsunterstützung in der Gruppenarbeit

Im Rahmen einer Gruppenarbeit treffen unterschiedliche Individuen mit verschiedenen Erfahrungen und Kenntnissen aufeinander. Gegeben sei ein Beispiel, bei dem sich vier motivierte Personen für die Gründung eines Unternehmens zusammenfinden. Die vier Gründer definieren mehrere Produkte (beispielweise Erstellen eines Businessplans, Analyse des Marktes, Aufbau eines Kundenstammes usw.), die für die Gründung des Unternehmens erreicht werden müssen. In diesem Prozess müssen Entscheidungen darüber getroffen werden, welche Priorität die definierten Produkte für die Unternehmensgründung haben. Dieses Beispiel verallgemeinernd lässt sich festhalten, dass in jeder Gruppenarbeit Entscheidungen getroffen werden müssen. Je heterogener die Gruppe ist, desto schwieriger kann der Prozess der Entscheidungsfindung ablaufen. Die Teilnehmer einer Gruppenarbeit durchlaufen eine Reihe an Aktivitäten, um Entscheidungen zu bewerten und schließlich auch zu fällen. Auch innerhalb des Kollaborationsprozesses müssen während der Zusammenarbeit von Gruppen Entscheidungen getroffen werden. Aus diesem Grund soll im Nachfolgenden eine Darstellung des Entscheidungsfindungsprozesses erfolgen.

Eine Entscheidung umfasst die Wahl einer Handlungsmöglichkeit aus mehreren, nicht gleichzeitig zu verwirklichenden Alternativen. Ist von vornherein eine eindeutige Lösung ersichtlich (fehlt also der Ermessensspielraum), liegt keine Entscheidungssituation vor (Witte 1980). Viele Wissenschaftler schlagen die Abfolge an Aktivitäten als ein domänenspezifisches Modell zur Zielerreichung vor (Briggs et al. o.J.). Auch Geschäftsprozesse werden oft als eine Abfolge an Aktivitäten spezifiziert. Im Bereich der Betriebswirtschaftslehre wird der Prozess der Entscheidungsfindung typischerweise wie folgt dargestellt:

Entscheidungsprozess Der Entscheidungsprozess ist der geistige Ablauf, der zur Wahl einer Alternative führt. Das Ergebnis des Prozesses ist der Entschluss. Der Entscheidungsprozess drückt sich in einem Phasen-Theorem mit folgenden Schritten aus:

1. Identifizierung des Problems
2. Sammlung von Informationen
3. Gewinnung wählbarer Alternativen
4. Bewertung der Alternativen
5. Entschluss für eine Alternative (Witte 1980).

Der Prozess ist üblicherweise kein rein linearer Vorgang, wie die Abfolge der Schritte vermuten lässt. Vielmehr kann zu nachgelagerten Schritten zurückgegangen werden, vorgelagerte Ebenen können zudem übersprungen werden. Problemidentifizierung und die

Suche nach Informationen und Alternativen sowie deren Bewertung ziehen sich über den gesamten Entscheidungsvorgang hinweg (Witte 1980; Tourangeau et al. 2000; Biemer und Lyberg 2003). Entscheidungen werden also in eine Vielzahl an Aktivitäten zerlegt. Wissenschaftler der Psychologie sehen Aktivitäten als eine Grundlage für problemlösende Taktiken. Die Lösung von Problemen definiert sich als ein Verhaltensprozess, bestehend aus Problemdefinition und Aufgabenformulierung, Finden möglicher Alternativen, Bewertung und Auswahl sowie Prüfung des Lösungsansatzes (vgl. dazu Briggs et al. 2009).

Im Bereich des Collaboration Engineerings prüfen Wissenschaftler die Fähigkeiten ihres Kollaborationsprozesses in Bezug auf die Aufgaben oder die Aktivitäten, die diesen Prozess unterstützen. Nunamaker et al. (1997) nehmen regelmäßig Bezug auf die Aufgaben und Aktivitäten, welche die Nutzer bei der Anwendung von Group Support Systems-Software durchlaufen, wie beispielsweise bei der Generierung, Organisation und Bewertung von Ideen. Flores et al. (1988) gestalten einen Kollaborationsprozess als eine Abfolge von Kombinationen, um den Arbeitsablauf bei einer Gruppenarbeit zu standardisieren.

Probleme bei Entscheidungen Entscheidungen, die in der Gruppe zu treffen sind, stellen ein schwieriges Unterfangen dar. Die Frage dabei ist, ob die Entscheidungen von Einzelpersonen oder auf Basis eines Gruppenprozesses getroffen werden sollen. Dies ist abhängig von der Art des Problems. Bei der Entwicklung verschiedener kreativer Ideen, bei der Beschaffung vieler Informationen oder bei der Bewertung unklarer und unsicherer Situationen sind Entscheidungen in der Gruppe den Beschlüssen von Einzelpersonen vorzuziehen. Einzelentscheidungen sind vorzuziehen, wenn innerhalb des Entscheidungsprozesses eine Reihe von Teilentscheidungen getroffen werden müssen oder wenn das Durchdringen des Problems große analytische Kompetenzen abverlangt (beispielsweise das Erstellen von Regeln und Anweisungen). Gruppenentscheidungen sind somit zumeist effektiv, aber nicht schneller in ihrer Entstehung. Stehen die Effizienz von Einzelentscheidungen oder offene, wenig strukturierte Fragen im Vordergrund, sind Gruppenentscheidungen unterlegen (Kals und Gallenmüller-Roschmann 2011).

Risky Shift Ein besonderes Problem bei Entscheidungen in der Gruppe ist darin zu sehen, dass diese tendenziell riskanter ausfallen. Eine Erklärung dafür ist, dass in der Gruppe ein zu klärendes Problem aus verschiedenen Perspektiven betrachtet wird. Jeder Teilnehmer in der Gruppe verfügt über unterschiedliche Erfahrungen und Kenntnisse, was zu den verschiedenen Perspektiven der Lösungsbetrachtung und letzten Endes zu unterschiedlichen Lösungsansätzen führt. Die Unübersichtlichkeit und die Komplexität des Problems werden hierdurch reduziert. Diese Verzerrung wird auch als Risky Shift bezeichnet. Eine weitere Erklärung für riskantere Entscheidungen in der Gruppe besteht dahingehend, dass risikofreudige Mitarbeiter mit hohem Sozialstatus eine größere Chance haben, die Gruppe zu beeinflussen. Mögliche Konsequenzen einer Entscheidung werden von der gesamten Gruppe getragen, so dass das Risiko nicht von einer Person allein getragen werden muss. Der soziale Charakter der Gruppe kann auch als Erklärungsversuch für riskantere Entscheidungen gesehen werden, denn eine positive Bewertung von Risikobereitschaft wird als soziale Norm gesehen (Brodbeck und Frey 1999).

Group Think Ein weiteres Problem bei der Entscheidungsbildung ist das sogenannte Gruppendenken (Group Think). Dieses Problem tritt primär bei Gruppen mit einer hohen Gruppenbindung auf. Beispielsweise äußert in diesem Fall ein Gruppenmitglied seine Meinung nicht mehr frei, sondern passt sich der Gruppenmeinung an, um auf keinen Widerstand zu stoßen oder um sozial akzeptiert zu werden. Dieses Gruppendenken führt dazu, dass die Entscheidungen in einer Gruppe letztendlich unter dem inhaltlichen Niveau von individuellen Einzelentscheidungen liegen. In Anlehnung an die Ausführungen von (Kals und Gallenmüller-Roschmann 2011) lassen sich neun Symptome für das Gruppendenken identifizieren. Tab. 10.3 stellt eine Übersicht über Symptome für das Gruppendenken dar.

Sowohl der Risky Shift als auch das Group Think gelten als Probleme, die bei der Gruppenzusammenarbeit auftauchen können und denen entgegengewirkt werden muss. Eine Option, diesen Problemen entgegenzuwirken, wird bei dem Gruppenleiter gesehen, der nicht zu stark in die Gruppenarbeit intervenieren sollte. Denkbar ist auch, externe Experten und neutrale Fachleute einzubeziehen. Die Bestimmung eines Mitgliedes aus der Gruppe, welcher die Rolle des Kritikers übernehmen kann, sowie das Aufstellen von Arbeitsgruppen zum Lösen des gleichen Entscheidungsproblems sind als Möglichkeiten anzusehen, um das Risky Shift und das Group Think einzudämmen. Auch Regeln zum Zeitmanagement sollten eingehalten werden, so dass Entscheidungen nicht aufgrund von Zeitdruck vorschnell getroffen werden müssen, vgl. Brodbeck und Frey (1999).

Der Collaboration Engineer sollte bei der Gestaltung und Durchführung des Kollaborationsprozesses entsprechend der beschriebenen Maßnahmen den Risiken, die bei der Gruppenarbeit entstehen können, entgegenwirken.

10.5 Zusammenfassung

Im vorliegenden Kapitel wurde das Kollaborationsverhalten umrissen, welches das Verhalten der Teilnehmer im Kollaborationsprozess thematisiert. Dazu gehört das Verhalten eines Einzelnen, aber auch das Verhalten der gesamten Gruppe. Im ersten Abschnitt wurde aufgezeigt, wie der Kollaborationsprozess systematisiert werden kann. Dazu gehört zum einen das Aufstellen einer Agenda in der Vorbereitung, zum anderen kann mithilfe des FPM der Kollaborationsprozess in seinem Ablauf schematisch dargestellt werden und verdeutlicht dadurch besonders gut die Input-Output-Beziehungen einzelner Aktivitäten.

Kollaboratives Verhalten steht an letzter Stelle im SEKMo. Es meint alle beobachtbaren Äußerungen, Handlungen und Reaktionen der Gruppenmitglieder und die Art und Weise, wie sie untereinander agieren, um das vereinbarte Gruppenziel zu erreichen. Im Kollaborationsprozess kommen verschiedene Techniken und Werkzeuge zum Einsatz, die auf der Ebene der Prozeduren festgelegt werden. Gruppenprozeduren bilden die konkrete Umsetzung, wie eine Gruppe ihre Aktivitäten absolviert. Die einzeln durchgeführten Akti-

Tab. 10.3 Symptome für das Gruppendenken. (Quelle: Eigene Darstellung nach Kals und Gallen-müller-Roschmann (2011), in Anlehnung an Janis 1973)

Symptom	Beschreibung
Illusion der Unanfechtbarkeit	Ursache hoher Konformität im Denken der Gruppenmitglieder
Keine Reflexion gruppeneigener Moral, der Gruppennormen und des Gruppenkodex	
Rationalisierung	Negatives Feedback wird abgewertet, Grundannahmen damit beibehalten
Stereotypisierung (Abwertung) von Meinungsgegnern	
Konformitätsdruck	Dadurch Herstellung von Homogenität der Gruppe, soziale Sanktionierung von Zweiflern
Entscheidungsdruck	Zeitdruck, Isolation und Kohäsion bewirken eine zu rasche Einigung
Illusion von Einstimmigkeit	Schweigen als Zustimmung
Selbstzensur eigener Zweifel	Vermeidung sozialer Sanktionierung, Einsparung von Zeit
Dominanz von „Mindguards"	Mitglieder, die Informationen bewerten, Konformitätsdruck ausüben, Kritiker einschüchtern

vitäten sind für die Entstehung von Gruppenprodukten notwendig. Die Produkte sind eine unverzichtbare Bedingung für die Erreichung des von der Gruppe vereinbarten Kollaborationsziels. Für eine Überprüfung, inwieweit der gesamte Kollaborationsprozess richtig entwickelt wurde, ist eine Validierung notwendig. Wie genau diese Validierung abläuft, wird in Kap. 11 Designvalidierung fokussiert.

10.6 Wiederholungsfragen

1. Wie hängt das Kollaborationsverhalten mit den vorgelagerten Ebenen zusammen?
2. Was sind die Bestandteile der Programmplanung? Was sind die Bestandteile des FPM?
3. Warum ist es notwendig eine Programmplanung und ein FPM aufzustellen?
4. Welche Elemente üben einen Einfluss auf die Handlungen eines Einzelnen bei der Gruppenarbeit aus?
5. Nennen Sie verschiedene Rollen, die während der Gruppenarbeit eingenommen werden können.
6. Welches sind die Schritte des Entscheidungsprozesses und wie verläuft der Prozess?
7. Weshalb können im Kollaborationsprozess Entscheidungsprobleme auftreten?
8. Wie können Probleme der Gruppenarbeit begegnet werden?

Verwendete Literatur

Backman, C. W., & Secord, P. F. (1995). The effect of perceived liking on interpersonal attraction. *Human Relations, 12*, 379–384.

Barent, V. (1997). *Werkzeuge für die moderatorlose Gruppenarbeit: Konzeption, Realisierung, Einsatzpotentiale.* Wiesbaden: Deutscher Universitäts-Verlag.

Biemer, P. P., & Lyberg, L. E. (2003). *Introduction to survey quality* (Wiley Series in Survey Methodology). Hoboken: Wiley-Interscience.

Bostrom, R. P., Anson, R., & Clawson, V. K. (1993). Group facilitation and group support systems. In: L. M. Jessup & J. S. Valacich (Hrsg.), *Group support systems new perspectives* (S. 146–168). New York: Macmillan.

Briggs, R. O., Kolfschoten, G. L., de Vreede, G.-J., Albrecht, C., Dean, D. R., & Lukosch, S. (2009). A seven-layer model of collaboration: Separation of concerns for designers of collaboration systems. 13th Proceedings of the International Conference on Information Systems ICIS: Paper 26. Phoenix, USA.

Briggs, R.O., Kolfschoten, G. L., de Vreede, G.-J., Albrecht, C., Dean, D. L., Lukosch, S. (im Erscheinen). A six layer model of collaboration for designers of collaboration systems. In: J. F. Nunamaker Jr., R. O. Briggs, & N. C. Romano Jr. (Hrsg.), *Advances in collaboration systems* (S. 1–14). Armonk: M.E. Sharpe, Inc.

Brodbeck, F. C., & Frey, D. (1999). Gruppenprozesse. In *Arbeits- und Organisationspsychologie.* Weinheim: Psychologie Verlags Union.

Burghardt, A. (1972). *Einführung in die Allgemeine Soziologie.* München, Verlag Franz Vahlen.

Flores, F., Graves. M., Hartfield, B., & Winograd, T. (1988). Computer systems and the design of organizational interaction. *ACM Transactions on Information Systems, 6*, 153–172.

Friedberg, E. (1972). Zur Politologie von Organisationen. *Mikropolitik.* Opladen.

Harland, L., Harrison. W., Jones, J. R., & Reiter-Palmon, R. (2005). Leadership behaviors and subordinate resilience. *Journal of Leadership & Organizational Studies, 11*, 2–15.

Hertweck, D., & Krcmar, H. (2001). Theorien zum Gruppenverhalten. In S. Gerhard, N. Streitz, & R. Unland (Hrsg.), *CSCW Kompendium* (S. 33–45). Berlin: Springer.

Janis, I. L. (1973). Victims of groupthink: A psychological study of foreign-policy decisions and fiascoes.277.

Joas, H. (2007). *Lehrbuch der Soziologie.* Frankfurt a. M.: Campus Verlag GmbH.

Kals, E., & Gallenmuller-Roschmann, J. (2011). *Arbeits- und Organisationspsychologie kompakt: Mit Online-Materialien* (Broschiert). Weinheim: Beltz Psychologie Verlags Union.

Kolfschoten, G. L., & de Vreede, G.-J. (2009). A design approach for collaboration processes: A multimethod design science study in collaboration engineering. *Journal of Management Information Systems, 26*, 225–256.

Nunamaker, J. F. Jr., Briggs, R. O., Mittleman, D. D., Vogel, D. R., & Balthazard, P. A. (1997). Lessons from a dozen years of group support systems research: A discussion of lab and field findings. *Journal of Management Information Systems, 13*, 163–207.

Peters, U. H. (2011) *Lexikon Psychiatrie, Psychotherapie, Medizinische Psychologie.* Taschenbuch.

Staehle, W. H., Conrad, P., & Sydow, J. (1999). *Management. Eine verhaltenswissenschaftliche Perspektive.* München: Vahlen.

Tourangeau, R., Rips, L. J., & Rasinski, K. (2000). *The psychology of survey response.* Cambridge: Cambridge University Press.

Weber, W. G. (1997). *Psychologische Analyse von Gruppenarbeit.* Bern: Huber.

Weick, K. E. (1995). *Der Prozeß des Organisierens.* Berlin: Suhrkamp.

Wessner, M., Schwabe, G., & Haake, J. (2004). Konzepte für den Lehrenden. In *CSCL-Kompendium. Lehr- und Handbuch zum computerunterstützen kooperativen Lernen.* München: Oldenbourg Wissenschaftsverlag.

Witte, E. (1980). Entscheidungsprozesse. In E. Frese (Hrsg.), *Handwörterbuch der Organisation*. Stuttgart: C.E. Poeschel.

Yetter, G. (2006). Unstructured collaboration versus individual practice for complex problem solving: A cautionary tale, 137–160.

Yetton, P. (1983). The relationships among group size, member ability, social decision schemes, and performance. *Organizational Behavior and Human Performance, 32*, 145–159.

Weiterführende Literatur

Briggs, R., Kolfschoten, G. L., de Vreede, G.-J., Albrecht, C., Dean, D. R., & Lukosch, S. (2009). A seven-layer model of collaboration: Separation of concerns for designers of collaboration systems. *Design*, 1–14. http://aisel.aisnet.org/icis2009/26/.

Hertweck, D., & Krcmar, H. (2001). Theorien zum Gruppenverhalten. In S. Gerhard, N. Streitz, & R. Unland (Hrsg.), *CSCW Kompendium* (S. 33–45). Berlin: Springer.

Designvalidierung (Design Validation) 11

Zusammenfassung

Bevor ein entworfener Kollaborationsprozess eingeführt wird, muss dieser auf Fehler hin überprüft werden. Dies geschieht im letzten Schritt des Kollaborations-Prozess-Design-Ansatzes – der Designvalidierung. Im Rahmen der Designvalidierung wird die Qualität des konzipierten Kollaborationsprozesses anhand unterschiedlicher Bewertungskriterien überprüft. Die Validierung erfolgt hierbei in drei Phasen: Im ersten Schritt wird das Validierungsvorhaben geplant, bevor dann im zweiten Schritt die Validierung durchgeführt wird. Die wesentlichen Ergebnisse der Validierung und die daraus abgeleiteten Handlungsempfehlungen werden dann in der letzten Phase verwertet. Zur Validierung von Kollaborationsprozessen kommen vier Methoden infrage: Simulation, Experteneinschätzung, Testdurchlauf, Pilotierung. Die Simulation dient dazu, die Logik des Kollaborationsprozesses einzuschätzen, während mithilfe einer Experteneinschätzung ineffiziente Bestandteile des entwickelten Arbeitsprozesses identifiziert werden können. Anhand von Testdurchläufen können hingegen Probleme im Rahmen der Facilitation identifiziert werden. Diese Methode ist weiterhin zur Aufdeckung sowohl der erwarteten Wirksamkeit als auch von Verbesserungspotenzialen für die Wiederverwendbarkeit des Arbeitsprozesses geeignet. Die Pilotierung wird schließlich herangezogen, um die Gesamtqualität eines entworfenen Kollaborationsprozesses zu bewerten.

Die Überprüfung eines entworfenen Kollaborationsprozesses ist ein notwendiger Schritt im Rahmen des Collaboration Engineerings. Dadurch können Schwachstellen eines zuvor konzipierten Kollaborationsprozesses aufgedeckt und in einem Folgeschritt eliminiert werden. Vor diesem Hintergrund wird im vorliegenden Kap. 11 die Designvalidierung thematisiert, welche den fünften Schritt im Kollaborations-Prozess-Design-Ansatz (KoPDA) darstellt. In Abschn. 11.1 wird auf die Bedeutung der Designvalidierung für die Entwicklung von wiederholbaren Prozessen der Zusammenarbeit eingegangen. In diesem Kontext werden auch die Kriterien vorgestellt, anhand derer die Bewertung der Qualität eines Kollaborationsprozesses erfolgt. Im Rahmen des zweiten Kapitelabschnitts (Abschn. 11.2)

J. M. Leimeister, *Collaboration Engineering*,
DOI 10.1007/978-3-642-20891-1_11, © Springer-Verlag Berlin Heidelberg 2014

erfolgt zunächst eine Beschreibung der einzelnen Phasen des Validierungsprozesses, bevor dann die einzelnen Validierungsmethoden nacheinander vorgestellt werden. Im ersten Schritt wird dabei auf die Simulation eingegangen. Danach werden mit den Experteninterviews und der Standard-Delphi-Methode zwei Arten von Experteneinschätzungen vorgestellt. Daraufhin werden Testdurchläufe näher betrachtet, bevor schließlich auf die Pilotierung als umfangreichste Validierungsmethode eingegangen wird. Abschließend erfolgt in Abschn. 11.3 eine Zusammenfassung der zentralen Erkenntnisse des Kapitels. Darauf basierend werden in diesem Kapitelabschnitt auch Handlungsempfehlungen für die Anwendung der einzelnen Methoden ausgesprochen.

Beispiel

Anna, Paul und Alex arbeiten im Rahmen eines vom Lehrstuhl Wirtschaftsinformatik angebotenen Seminars als Gruppe zusammen. Um die laufenden Arbeitspakete, die im Kontext des Seminars anfallen, effizient und effektiv bearbeiten zu können, haben die drei Teilnehmer mit Hilfe des Collaboration Engineering Ansatzes ein kollaboratives Verfahrensschema für ihre Gruppe erstellt. Bevor sie das Schema realisieren, haben sich Anna, Paul und Alex vorgenommen, diesen Entwurf des kollaborativen Prozesses zu validieren. Die drei Freunde bitten Professor L., der ein Experte und Forscher in dem Bereich Collaboration Engineering ist, seine Einschätzung zur Qualität des erstellten Entwurfs abzugeben. Professor L. kommt der Bitte nach und entdeckt während seiner Bewertung ein paar ineffiziente Abläufe im Entwurf. Anschließend schlägt er der Gruppe geeignete Lösungen für die Behebung dieser Defizite vor.

Des Weiteren empfiehlt Professor L. den drei Studenten, zusätzlich einen Testdurchlauf vor Beginn der ersten Aufgabenpakete des Seminars durchzuführen. Anna, Paul und Alex denken sich daraufhin eine Aufgabe aus, die den Aufgabenstellungen des Seminars entspricht, und durchlaufen exemplarisch die einzelnen Phasen des Bearbeitungsprozesses. Dabei fällt ihnen auf, dass die von ihnen eingeplanten Ressourcen für die Bearbeitung der Aufgaben nicht ausreichen. Im Rahmen des Testdurchlaufs haben sie festgestellt, dass sie mehr Zeit sowie zwei zusätzliche Computerprogramme benötigen, um die gewünschten Ergebnisse zu generieren. Mit Hilfe der Experteneinschätzung und des Testdurchlaufs kann die Gruppe den erstellten Arbeitsprozess bewerten und diesen auf Basis der Validierungsergebnisse optimieren zu können.

11.1   Bedeutung der Designvalidierung für die Zusammenarbeit

In den vorangehenden Kapiteln wurde erläutert, dass Collaboration Engineering dazu dient, wiederholbare Prozesse der Zusammenarbeit zu gestalten und diese für den Einsatz durch Anwender nutzbar zu machen. In diesem Kontext wurden im Verlauf des vorliegenden Buches die ersten vier Phasen des KoPDA – von der Tätigkeitsanalyse bis hin zur Programmplanung – aufgeführt und die Vorgehensweisen innerhalb der jeweiligen Phasen beschrieben. Nach der Ausführung dieser vier Schritte ist der kollaborative Prozess entworfen und könnte, pragmatisch betrachtet, direkt umgesetzt werden. Dieses Vorgehen ist allerdings nicht empfehlenswert, da der entworfene Prozess bis zu diesem Zeitpunkt noch nicht auf seine Umsetzbarkeit geprüft worden ist. Es besteht daher beispielsweise die Gefahr, dass die für den kollaborativen Prozess geplanten Ressourcen nicht ausreichend sind oder dass sich die ausgewählten thinkLets für die zu Grunde liegende Problematik nicht eignen. Vor diesem Hintergrund empfiehlt es sich, den entworfenen Prozess in einem fünften Schritt zu validieren und dabei u. a. folgende Fragen zu adressieren: Liefert der entworfene Kollaborationsprozess die gewünschten Ergebnisse? Ist der Aufbau des Designs logisch konstruiert? Reichen die eingeplanten Ressourcen zur Abwicklung der Zusammenarbeit aus? An welchen Stellen könnten sich Schwierigkeiten für die Facilitation ergeben?

Verortung der Designvalidierung im KoPDA Kollaborationsprozesse sind das Ergebnis eines vielschichtigen und komplexen Erstellungsprozesses. An definierten Stellen dieses Vorgangs ist es notwendig, die erreichte Qualität des entwickelten Kollaborationsprozesses zu überprüfen. Dadurch können Abweichungen zwischen den festgelegten Anforderungen und den Bedürfnissen und Wünschen der Auftraggeber (z. B. Unternehmensleitung) identifiziert werden (Pohl 2008). Im Rahmen des KoPDA erfolgt die Überprüfung bzw. Validierung des entwickelten Designs im letzten Schritt, da der kollaborative Prozess erst mit Ablauf der vierten Phase (Programmplanung) faktisch fertiggestellt ist. Demzufolge ist der Schritt der Designvalidierung auch erst am Ende des CE-Prozesses angesiedelt. Abbildung 11.1 stellt die Einordnung der Designvalidierung im KoPDA dar.

Sofern Fehler oder Probleme im Rahmen der Validierung aufgedeckt werden, gilt es, die betreffenden Stellen zu überarbeiten und die identifizierten Schwierigkeiten zu eliminieren. Anschließend ist es sinnvoll, den veränderten Prozess wiederholt zu validieren, um überprüfen zu können, ob die Variationen zu einer Verbesserung geführt haben. Durch diese Vorgehensweise kann der kollaborative Prozess schrittweise optimiert und dessen Qualität sichergestellt werden. Auf diese Weise wird ebenfalls erneut ersichtlich, dass der KoPDA keine lineare Abfolge der Designtätigkeiten beinhaltet, vielmehr sind Rücksprünge und Iterationen die Regel. Das Ergebnis der Validierung ist die Entscheidung, ob der untersuchte kollaborative Prozess zur Umsetzung freigegeben wird oder nicht. Die Entscheidung über die Freigabe sollte hierbei vor dem Hintergrund der Erfüllung der im Vorfeld gesetzten Kollaborationsziele erfolgen (Pohl 2008). Zur Validierung werden indessen unterschiedliche Methoden herangezogen, die jedoch erst im anschließenden Abschn. 11.2 aufgegriffen werden. Zunächst gilt es, den Begriff sowie die Ziele der Validierung genau zu erörtern.

Zum Begriff der Validierung Die Validierung wird zumeist in den Ingenieurswissenschaften herangezogen, um im Rahmen des Entwicklungsprozesses die Qualität von

Abb. 11.1 Einordnung der
Designvalidierung im KoPDA.
(Eigene Darstellung in Anleh-
nung an Kolfschoten und de
Vreede 2009)

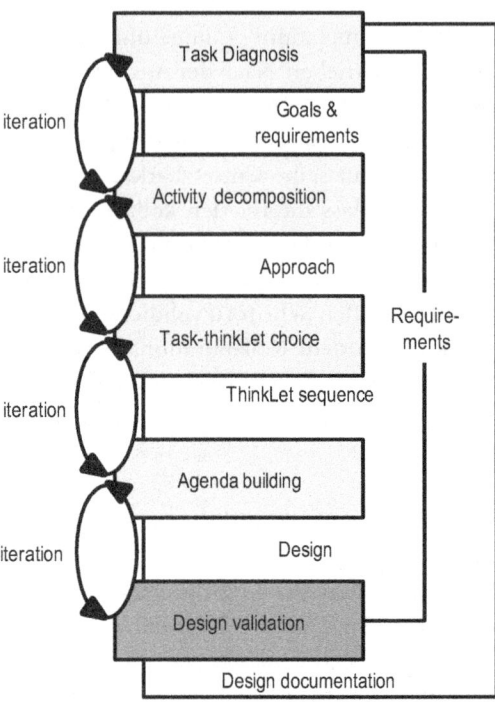

erstellten Produkten (z. B. Fertigungsmaschine) oder Artefakten (z. B. Arbeitssoftware)
überprüfen zu können. Sie tritt insofern als fester Bestandteil in unterschiedlichen Bereichen des Qualitätsmanagements auf, wie beispielsweise in der Medizin-, System-, Prozess-,
Produktions-, Verfahrens- oder Informationstechnik (Balci 2003; Sargent 2005; Thabane
et al. 2010).

Im Rahmen der Qualitätssicherung wird Validierung in Anlehnung an die Qualitäts-
managementnorm ISO 9000:2005 definiert als „die Bestätigung durch objektiven Nach-
weis, dass die Anforderungen für eine bestimmte Anwendung oder einen bestimmten
Gebrauch erfüllt sind". Nach der VDI-Richtlinie 3633 (Verein Deutscher Ingenieure) ist
Validierung eine „Überprüfung der hinreichenden Übereinstimmung von Modell und
Originalsystem".

Der Begriff „Validierung" ist demnach in der Literatur und Praxis nicht einheitlich definiert. Zudem wird dieser Term oftmals synonym zum Begriff „Verifizierung" verwendet.
In den Arbeiten von Robertson und Robertson (2006) sowie Dzida und Freitag (1998)
wird, ebenso wie in der ISO-Norm 9000:2005, zwischen diesen beiden Begriffen unterschieden: Während Validierung ein Begriff für den Nachweis der Zweckmäßigkeit des
untersuchenden Gegenstandes darstellt, ist die Verifikation ein Ausdruck für den Nachweis der Korrektheit einer Spezifikation (Balci 2003). Zum besseren Verständnis soll nachfolgend ein Beispiel aufgeführt werden:

Beispiel

In einem Unternehmen soll im Rahmen des Risikomanagements ein Arbeitsprozess erstellt werden, der es erlaubt, Markt- und Wettbewerbsrisiken rechtzeitig zu erkennen. Der Prozess wird indessen mit Hilfe des KoPDA entwickelt. Nach Fertigstellung gilt es dann, den Arbeitsprozess einer Prüfung zu unterziehen: Im Rahmen einer Validierung wird herausgefunden, ob anhand des konzipierten Arbeitsprozesses die Markt- und Wettbewerbsrisiken auch tatsächlich identifiziert werden. Bezugnehmend auf die Verifizierung wird in diesem Kontext hingegen überprüft, ob der KoPDA zur Entwicklung des Arbeitsprozesses korrekt angewandt wurde. In diesem Zusammenhang wird beispielsweise der Frage nachgegangen, ob die Aufgaben korrekt in Aktivitäten zerlegt oder ob geeignete thinkLets angewandt wurden.

Definition der Validierung Dementsprechend bezieht sich die Validierung auf das generierte Ergebnis (entwickle ich den richtigen Prozess?). Im Vergleich dazu stellt die Verifikation den verwendeten Entwicklungsprozess (z. B. den KoPDA im Rahmen des Collaboration Engineerings) selbst infrage (entwickle ich den Prozess richtig?) (Boehm 1984). Diese Unterscheidung findet im vorliegenden Buch Berücksichtigung, wobei auf die Verifizierung nicht näher eingegangen wird. Zweck der Validierung hingegen ist es, den konzipierten Kollaborationsprozess durch eine Überprüfung zu verbessern. Die Validierung erfolgt stets vor dem Hintergrund der festgelegten Ziele, welche durch die Zusammenarbeit erreicht werden sollen. In Anbetracht der vorangegangenen Ausführungen und in Anlehnung an die Definition von Pohl (2008) soll **Validierung** im Rahmen des vorliegenden Buches wie folgt definiert werden:

Validierung bezeichnet die Überprüfung eines entworfenen kollaborativen Prozesses in Bezug auf die Erfüllung der im Vorfeld definierten Kollaborationsziele.

Nutzen der Validierung Im Rahmen des Collaboration Engineerings wird folglich geprüft, ob der Kollaborationsprozess die gewünschten Erfolge tatsächlich erbringt (Kolfschoten und de Vreede 2009). Die Validierung erlaubt, Aussagen darüber zu treffen, ob anhand des konzipierten Kollaborationsprozesses hochwertige, sich wiederholende Aufgaben vor dem Hintergrund der Zielsetzung gelöst werden können. In diesem Sinne kann durch die Validierung ermittelt werden, ob eine Kollaboration reproduzierbar in der gewünschten Qualität sichergestellt werden kann, sofern die festgelegten Kollaborationsverfahren eingehalten werden. Da das Collaboration Engineering, wie bereits aufgeführt, hochwertige, wiederkehrende Aufgaben fokussiert, beeinträchtigen Fehler in einem entworfenen Kollaborationsprozess die Aufgabenerledigung und können im Rahmen des konzipierten Ablaufs hohe Kosten verursachen. Wird ein Fehler, der in einem konzipierten Kollaborationsprozess enthalten ist, erst bei Umsetzung bzw. Einführung des Prozesses entdeckt, ergeben sich daraus demzufolge schwerwiegende Nachteile: Bedingt durch den Umstand, dass die Zusammenarbeit zunächst eingestellt und überarbeitet werden muss, nachdem der Fehler identifiziert worden ist, werden zuerst Ressourcen verschwendet, da es fraglich ist, ob die bis zu dem Zeitpunkt generierten Kollaborationsergebnisse genutzt werden können. Es ist ebenfalls möglich, dass die Kollaborationsteilnehmer die Motivation verlieren, sofern Teile oder gar der gesamte Kollaborationsprozess wiederholt werden müssen. Weiterhin besteht die Gefahr, dass Fehler im entworfenen Ablauf der Zusammenarbeit dazu führen, dass die im Vorfeld gesetzten Ziele nicht erreicht werden. Zusammenfassend ist festzuhalten, dass die Validierung des erstellten Kollaborationsprozesses ein relevanter Schritt ist, im Rahmen dessen Schwierigkeiten identifiziert und eliminiert werden können. Dieses Verfahren ermöglicht eine Verbesserung bzw. Optimierung des erstellten Kollaborationsprozesses.

In Anlehnung an Arbeiten aus der Evaluationsforschung werden nachfolgend die inhaltlichen Dimensionen der Validierung detaillierter betrachtet. Eine professionelle Validierung sollte folgende Fragen adressieren, um das Nutzungspotenzial von Evaluationen optimal ausschöpfen zu können (Stockmann 2010b):

1. Was (Bewertungsgegenstand) wird
2. wozu (Zweck)
3. anhand welcher Kriterien (Qualitätsmaßstab)
4. von wem (in die Evaluation involvierte Personen)
5. wie (anhand welcher Methoden) validiert?

Qualitätskriterien Wie bereits im Vorfeld erwähnt, können unterschiedlichste Betrachtungsgegenstände validiert werden – z. B. Produkte, Dienstleistungen oder Prozesse. Im Kontext des Collaboration Engineerings fungiert der vom Collaboration Engineer entworfene Kollaborationsprozess als das (1) Objekt der Bewertung. Der (2) Zweck der Validierung im Rahmen des Collaboration Engineerings liegt in der Optimierung des konzipierten Kollaborationsprozesses, um die Effektivität, die Effizienz und vor allem die Nachhaltigkeit eines bestimmten Zusammenarbeitsprozesses steigern zu können. Nachhaltigkeit bezieht sich in diesem Zusammenhang auf die langfristig orientierte Wiederverwendbarkeit und Weiterentwicklung eines kollaborativen Prozesses. Die (3) Validierungskriterien bilden die Bezugspunkte für die Bewertung des Betrachtungsgegenstandes. In der Literatur zum Qualitätsmanagement finden sich zahlreiche Qualitätskriterien, die sich jeweils auf unterschiedliche Bereiche bzw. Disziplinen (z. B. Requirements Engineering oder Software Engineering) beziehen. Diese lassen sich jedoch nur bedingt auf den spezifischen Bereich des Collaboration Engineerings übertragen. In Anlehnung an die bereits in der Literatur aufgeführten Qualitäts- bzw. Bewertungskriterien (Wallmüller 2001) (Pohl 2008) (Stockmann 2010b) sollen nachfolgend diejenigen vorgestellt werden, die im Rahmen des Collaboration Engineerings herangezogen werden können:

- *Vollständigkeit:* Ein Kollaborationsprozess ist vollständig, wenn dieser keine inhaltlichen Lücken aufweist. Inhaltliche Lücken bestehen, wenn nicht jede einzelne Ebene des Sechs-Ebenen-Kollaborationsmodells (SEKMo) im Rahmen des Erstellungsprozesses behandelt wurde. In Bezug auf dieses Kriterium wird insofern zunächst geprüft, ob alle Kollaborationsziele formuliert und die erwarteten Produkte, die ihrerseits zur Zielerreichung beitragen, aufgelistet sind. Weiterhin ist zu untersuchen, ob der gesamte Kollaborationsprozess in Aktivitäten zerlegt worden ist und ob für die Arbeitsweisen innerhalb dieser einzelnen Bausteine (thinkLets) die notwendigen Kollaborationstools definiert wurden. Schlussendlich ist zu überprüfen, ob alle zur Durchführung der Kollaboration notwendigen Aktivitäten und die dafür benötigte Zeit in der Agenda und im Facilitation Process Model (FPM) aufgelistet sind.

- *Konsistenz:* Ein Kollaborationsprozess ist konsistent, wenn dieser inhaltlich logisch aufgebaut ist. Konsistenz beinhaltet auch, dass die einzelnen Komponenten des Kollaborationsprozesses sich nicht widersprechen, also nicht im Konflikt zueinander stehen. In diesem Zusammenhang wird zunächst auf abstrahierter Ebene geprüft, ob die Komponenten der einzelnen Ebenen des SeKMo sich auf die jeweils darüber liegende Ebene beziehen. So wird beispielsweise untersucht, ob die zu generierenden Produkte auch tatsächlich zweckdienlich für die Erreichung der Gruppenziele sind. Konkret gilt es, die einzelnen Elemente des entworfenen Kollaborationsprozesses auf ihre inhaltliche Konsistenz zu überprüfen. Beispielsweise ist zu untersuchen, ob das im Rahmen einer Aktivität verwendete thinkLet zum vorgeschrieben Muster (der Zusammenarbeit) passt.

- *Wiederverwendbarkeit:* Ein Kollaborationsprozess ist wiederverwendbar, wenn dieser auf Basis der geplanten Bausteine (thinkLets, Werkzeuge etc.) wiederholt von den Gruppenmitgliedern durchgeführt werden kann. Dies impliziert, dass die definierten Gruppenziele bei Durchführung des Arbeitsprozesses immer wieder erreicht werden können, ohne dass dieser Ablauf verändert oder angepasst werden muss. Voraussetzung für die Wiederverwendbarkeit ist, dass mindestens zwei (im Idealfall mehr als zwei) Durchläufe erfolgreich (vom Practitioner) ohne die Unterstützung eines professionellen Facilitators durchgeführt werden können.

- *Effizienz:* Ein Kollaborationsprozess ist effizient, wenn es keine vergleichbaren Alternativen (bezugnehmend auf anders konzipierte Kollaborationsprozesse) gibt, anhand welcher die Kollaborationsziele mit einem geringeren als dem gegebenen Input erreicht werden können. In diesem Zusammenhang wird der gesamte Kollaborationsprozess oder nur einzelne seiner Komponenten mit alternativen Lösungen verglichen.

- *Effektivität:* Ein Kollaborationsprozess ist effektiv, sofern durch seine Implementierung die Kollaborationsziele erreicht worden sind. Zur Bewertung der Effektivität wird nach Durchführung des Kollaborationsprozesses ermittelt, ob alle im Vorfeld formulierten Kollaborationsziele – Gruppenziele sowie die Individualziele der Teilnehmer – realisiert wurden.

Zielorientierter Validierungsansatz Wie bereits aufgeführt, fungieren die dargestellten Kriterien als Bezugspunkte für die Bewertung eines Kollaborationsprozesses. Die gesamte Bewertung erfolgt jedoch stets vor dem Hintergrund der Zielerreichung. Dieser Ansatz der Validierung gehört in der Evaluationsforschung zu den sogenannten „zielorientierten Evaluationsansätzen". Hierbei wird im Wesentlichen überprüft, ob und inwieweit die Ziele eines Prozesses, Projektes oder Programms erreicht wurden. Validierungs- bzw. Bewertungsansätze aus diesem Bereich dienen vornehmlich zu Kontrollzwecken. Hierbei wird dem definierten Soll ein entsprechendes Ist gegenübergestellt, wobei die Ergebnisse der Validierung dazu genutzt werden, den überprüften Prozess oder auch die Ziele zu modifizieren (Meyer und Stockmann 2010).

Im Rahmen der Validierung eines kollaborativen Prozesses wird stets überprüft, ob dieser zur Erreichung der gewünschten Ziele führt (vgl. hierzu und zu den nachfolgenden Ausführungen Abschn. 5.1). Der Collaboration Engineer kontrolliert auf Grundlage der zuvor erfolgten Operationalisierung der Ziele den realisierten Zielerreichungsgrad (Ist) mit den formulierten Zielen (Soll). Hierbei vergleicht dieser zunächst, ob der im Rahmen der Validierung realisierte Endzustand auch dem gewünschten bzw. formulierten Endzustand entspricht (Zielinhalt). Weiterhin ist zu untersuchen, ob das Ziel innerhalb der definierten Zeit (Zeitbezug) und in dem gewünschten Umfang erreicht wurde (Zielausmaß). Bei quantitativen Zielen (z. B. Erzielung eines Umsatzwachstums von x %) werden in der Regel nummerische Daten miteinander verglichen, wobei bei qualitativen Zielen (z. B. Verbesserung der Mitarbeiterzufriedenheit) die Zielerreichung auf Basis von zuvor formulierten Kriterien (z. B. Einhaltung von Terminen, Häufigkeit von Rücksprachen) erfolgen muss. Schlussendlich ist auch zu überprüfen, ob die erreichten Zustände sich auch auf den zuvor definierten Bereich beziehen (Geltungsbereich). Sofern die einzelnen Zielaspekte im Rahmen einzelner Tests in der Validierung nicht erreicht wurden, sollte der Collaboration Engineer entsprechende Änderungen an dem Kollaborationsprozess vornehmen, um eine bessere Zielrealisierung zu ermöglichen.

Interne vs. Externe Validierung Neben der Frage, welche Qualitätskriterien im Rahmen der Validierung heranzuziehen sind, ist ebenfalls zu klären, (4) wer die Validierung eigentlich durchführt.

Geplant und mitverfolgt wird die Validierung vom Collaboration Engineer. Die Durchführung der Validierung erfolgt indessen unter Einbeziehung von Personen entweder innerhalb (z. B. relevante Anspruchsgruppen wie Practitioners oder die Zielgruppe) oder außerhalb der Organisation. In diesem Zusammenhang unterscheidet Pohl (2008) zwischen interner und externer Validierung.

Im Rahmen der internen Validierung fällt die Wahl der Teilnehmer ausschließlich auf Mitarbeiter der Organisation, innerhalb welcher der Kollaborationsprozess realisiert werden soll,. Im Gegensatz zu der internen Validierung werden im Rahmen der externen Validierung ausschließlich Teilnehmer involviert, die nicht aus der vom kollaborativen Prozess betroffenen Organisation stammen (Pohl 2008). Die Einbeziehung eines externen Fachexperten stellt beispielsweise eine externe Validierung dar.

Nachdem die restlichen Fragen adressiert wurden, muss im Rahmen der Validierung schließlich noch geklärt werden, (5) wie bzw. anhand welcher Methoden eine Validierung im Kontext des Collaboration Engineerings erfolgen kann. Dieser Fragestellung soll in den nachfolgenden Abschnitten nachgegangen werden.

11.2 Arten der Designvalidierung

Konstruktive vs. analytische Qualitätssicherung Im Rahmen des Qualitätsmanagements wird zwischen konstruktiver und analytischer Qualitätssicherung unterschieden.

Nach Liggesmeyer (2009) beschreibt die konstruktive Qualitätssicherung Maßnahmen zur präventiven Vermeidung von Fehlern im entworfenen Artefakt (z. B. Kollaborationsprozess). Entsprechend erfolgt die Validierung während der Erstellung des Produkts. Die analytische Qualitätssicherung bezeichnet hingegen Maßnahmen zur Überprüfung der Qualität von Artefakten im Anschluss an die Fertigstellung eines finalen Konzeptes (Pohl 2008; Liggesmeyer 2009).

Die Validierung von Kollaborationsprozessen im Rahmen des Collaboration Engineerings ist eine Form der analytischen Qualitätssicherung, da die Validierung als letzter Schritt im KoPDA fungiert. Dies impliziert jedoch nicht, dass die Validierung ein einmaliger Vorgang im Rahmen des Collaboration Engineerings ist. Die Validierung von Kollaborationsprozessen bezieht sich auf einen bestimmten Zeitpunkt sowie den zu diesem Zeitpunkt vorliegenden Kenntnisstand des Collaboration Engineers. Sofern Fehler im erstellten Prozess identifiziert werden, gilt es, diese zu eliminieren. Damit verändert sich auch der erstellte Kollaborationsprozess; die zuvor generierten Validierungsergebnisse sind nach der Veränderung nicht mehr gültig. Demzufolge liefert eine einmalige Bewertung und Freigabe keine Garantie dafür, dass der Kollaborationsprozess auch zu einem späteren Zeitpunkt fehlerfrei ist (Pohl 2008). Insofern ist es sinnvoll, den erstellten Prozess nach jeder Veränderung bzw. Verbesserung zu validieren.

Prozess der Validierung Wie bereits im vorangegangenen Abschn. 11.1 aufgeführt, muss man sich im Rahmen der Validierung mit den Grundfragen auseinandersetzen und sich überlegen: „Wer soll was wozu anhand welcher Kriterien wie validieren". Entscheidend für den Erfolg einer Validierung ist, dass von Beginn an die Ziele der Validierung klar definiert und der Kreis der Beteiligten bestimmt wird. Diese Sachverhalte sind schon im Vorfeld der Validierung vom Collaboration Engineer in Absprache mit dem Auftraggeber (z. B. Unternehmensleitung) zu klären. Im Anschluss an die Durchführung werden dann die Ergebnisse der Validierung verwertet. Insofern lässt sich der Prozess der Validierung idealtypisch in drei Phasen einteilen, die aufeinander folgen (Stockmann 2010a):

1. Planungsphase,
2. Durchführungsphase und
3. Verwertungsphase.

Hierbei ist zu beachten, dass die einzelnen Phasen nicht isoliert voneinander betrachtet werden dürfen, da sich diese gegenseitig beeinflussen bzw. voneinander abhängig sind. Es kann durchaus vorkommen, dass Überschneidungen auftreten oder dass die einzelnen Phasen in spezifischen Fällen in iterativen Schleifen aufgebaut sind (Stockmann 2010a).

Abb. 11.2 Idealtypischer Verlauf einer Validierung. (Nach
Stockmann 2010a)

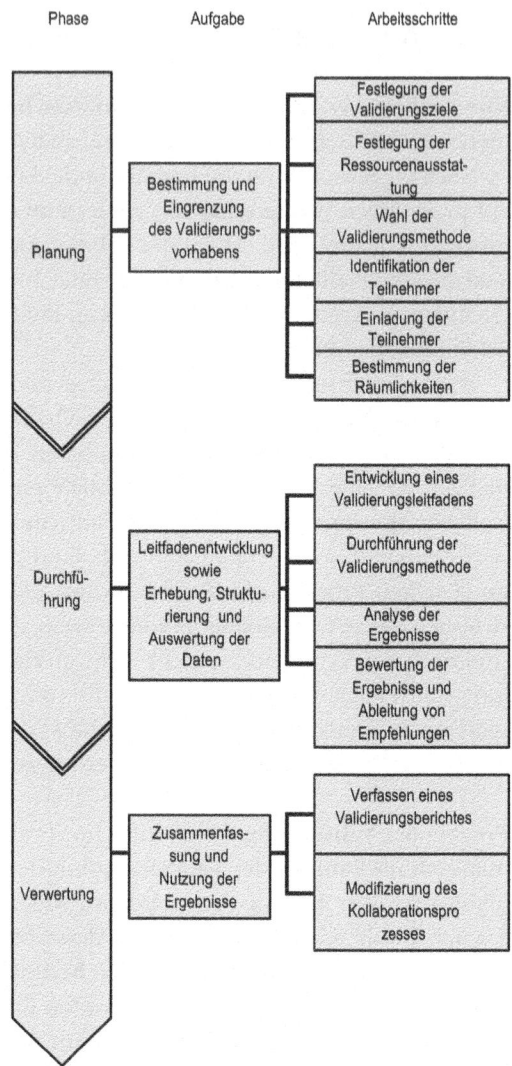

Abbildung 11.2 stellt den Evaluationsablauf mit den einzelnen Phasen und den dazugehörigen Aufgaben und Arbeitsschritten grafisch dar.

Planungsphase   Es empfiehlt sich, jede Validierung in einem ersten Schritt ausführlich zu
planen. Im Rahmen der Planungsphase muss daher das Validierungsvorhaben bestimmt
und eingegrenzt werden. Dieser Aufgabenbereich umfasst Vorkehrungen, die vor der
Durchführung der Validierung getroffen werden müssen. Damit verbunden sind einzelne
Arbeitsschritte, die nachfolgend dargestellt sind (Pohl 2008; Stockmann 2010a).

- Ziel der Validierung: Das Ziel der Validierung sollte klar formuliert, direkt und offen kommuniziert sowie mit den am Validierungsprozess Beteiligten koordiniert werden. Dem Collaboration Engineer obliegt es auch, die zentralen Fragestellungen, die im Rahmen der Validierung beantwortet werden sollten, festzuhalten.
- Festlegung der Ressourcenausstattung: Es muss Klarheit über die für die Validierung zur Verfügung gestellten Ressourcen geschaffen werden. Es muss definiert werden, wie groß der Umfang der vorgesehenen Finanzmittel ist, wie viel Zeit dem Collaboration Engineer für die Validierung eingeräumt wird und eventuell wie viel Personal zur Verfügung steht. Die Bestimmung dieser Faktoren erfolgt in Absprache mit dem Auftraggeber.
- Festlegung der Validierungsmethode: In Abhängigkeit der definierten Ziele der Validierung und der zur Verfügung stehenden Ressourcen ist zu entscheiden, welche und wie viele Validierungsmethoden herangezogen werden. Ebenfalls festgelegt werden muss die Art der Durchführung, d. h. die Entscheidung für eine interne und/oder eine externe Validierung.
- Identifikation der Teilnehmer: Die Auswahl von Personen, die am Validierungsprozess beteiligt werden sollen, erfolgt in Abhängigkeit von den Validierungszielen. Hierbei sollte sichergestellt werden, dass die Teilnehmer ein entsprechendes, für die Bewertung notwendiges Fachwissen aufweisen.
- Einladung der Teilnehmer: Die ausgewählten Teilnehmer sind rechtzeitig über den bevorstehenden Validierungsprozess zu informieren und zu diesem einzuladen. Es empfiehlt sich, den Teilnehmern bereits im Vorfeld Hintergrundinformationen zu liefern sowie diese über die Ziele der Validierung und ihre jeweiligen Rollen zu informieren.
- Bestimmung der Räumlichkeiten: Die Räumlichkeit, in der die Validierung stattfindet, sollte eine geeignete Größe aufweisen. Zudem gilt es, einen Raum auszuwählen, der eine weitgehend störungsfreie Validierungssitzung ermöglicht. Sofern mehrere, voneinander unabhängige Sitzungen bei einer Validierung notwendig sind – beispielsweise bedingt durch den Umstand, dass unterschiedliche Gruppen oder Auftraggeber in die Validierung involviert werden –, müssen mehrere Räume bereitgestellt werden. Zudem ist es notwendig, benötigte Werkzeuge wie Projektoren, Flipcharts oder Karteikarten im Vorfeld zu beschaffen.

Durchführungsphase Im Rahmen der Durchführungsphase wird zunächst ein Validierungsleitfaden entwickelt. Dies erfolgt auf Basis sowohl der zuvor definierten Validierungsziele als auch der ausgewählten Validierungsmethode. Im Leitfaden sind die zentralen Fragestellungen aufgeführt, die der Collaboration Engineer bei der Validierung zu adressieren beabsichtigt. Im Leitfaden sollten Aspekte notiert werden, die der Collaboration Engineer selbst für kritisch hinsichtlich des von ihm entworfenen Kollaborationsprozesses erachtet. Weiterhin müssen für einzelne Validierungsmethoden gegebenenfalls Fragebögen für die Teilnehmer (z. B. im Rahmen von Experteninterviews) vorbereitet werden (vgl. hierzu Abschn. 11.2.2). Ist der Validierungsleitfaden aufgestellt worden, erfolgt im nächsten Schritt die Implementierung der ausgewählten Validierungsmethode. Anschließend werden die aus der Validierung generierten Ergebnisse vom Collaboration Engineer analysiert und bewertet. Daraus können dann Handlungsempfehlungen für die Modifizierung des Kollaborationsprozesses formuliert werden.

Verwertungsphase Die wesentlichen Ergebnisse und die daraus abgeleiteten Handlungsempfehlungen sollten dann in der letzten Phase – Verwertung – in einem Validierungsbericht strukturiert zusammengefasst werden. Diesen verfasst der Collaboration Engineer selbst. Basierend auf den Ergebnissen der Validierung können Aussagen über die aktuelle Qualität des Kollaborationsprozesses vorgenommen werden. Entsprechend kann der Collaboration Engineer die Entscheidung darüber treffen, ob der von ihm konzipierte Kollaborationsprozess implementiert werden kann oder ob dieser noch zu modifizieren ist. Der Validierungsbericht dient als Grundlage für mögliche Veränderungen an dem entworfenen Kollaborationsprozess.

In Anbetracht der vorangegangenen Ausführungen wird deutlich, dass die Wahl der Validierungsmethode (in der Planungsphase) die Ausgestaltung der darauffolgenden Phasen und Arbeitsschritte bestimmt. In der Forschungsdisziplin des Software Engineerings existieren unterschiedliche Methoden zur Designvalidierung. Zelkowitz und Wallace (1998) führen im Rahmen ihrer Studie zwölf Validierungsmethoden auf, die sie in auf historische Werte, auf Beobachtung sowie auf Kontrolle basierende Methoden einteilen (z. B. Fallstudien, Feldstudien, statische Analysen). Allerdings sind nicht alle dieser Methoden für die Validierung von kollaborativen Prozessen geeignet. Kolfschoten und de Vreede (2009) stellen in ihrer Studie vier Methoden zur Validierung kollaborativer Prozesse dar: Pilotierung, Testdurchlauf, Simulation und Experteneinschätzung. Diese Methoden werden in den folgenden Abschnitten separat erörtert. Hierbei erfolgt zunächst eine Definition der einzelnen Methoden. Anschließend werden zum einen die Vorgehensweisen jeder Methode aufgezeigt und zum anderen die Vor- und Nachteile der jeweiligen Methode dargestellt.

11.2.1 Simulation

Der Simulations-Begriff Im Rahmen von Pilotierungen und Testdurchläufen wird ein Untersuchungsgegenstand in einem realen Kontext geprüft. Oft sind Tests und Experimente an realen Systemen jedoch zu aufwendig oder gar nicht praktikabel. Darin wird die grundsätzliche Notwendigkeit für den Einsatz von sogenannten Simulationen gesehen. Simulationen werden als wichtiges Instrument zur Qualitätssicherung sowie zur Eliminierung inhaltlicher und logischer Mängel in Prozessen betrachtet (Sargent 2005; Gadatsch 2010). Der Begriff „Simulation" kommt ursprünglich aus dem Lateinischen und kann mit „Nachahmung" übersetzt werden. Bei der Simulation wird ein Teilaspekt der Realität nachgebildet, um damit experimentieren zu können (Gadatsch 2010). Simulation bedeutet im weitesten Sinne, (theoretische) Experimente oder Tests nicht am Original, sondern an einer geeigneten Nachbildung (Modell) durchzuführen (Gadatsch 2010).

Simulationen werden sehr häufig zur Qualitätssicherung bzw. Validierung im Rahmen des Software Engineerings verwendet (Zhang et al. 2006). Bezieht sich die Simulation auf materielle Güter (z. B. Kraftfahrzeug), so wird in der Regel im Rahmen der Simulation ein stark vereinfachtes Modell aufgebaut bzw. produziert und geprüft. Bei immateriellen Artefakten (wie z. B. Kollaborationsprozessen) können diese lediglich in visueller Form (z. B. skizziert auf einem Papier) dargestellt werden. Hier besteht die Möglichkeit zur grafisch visualisierten Validierung von Prozessen anhand animierter Simulationen. Im Rahmen einer Simulation können Interaktionen von Aktivitäten innerhalb eines Prozesses untersucht werden. Zudem ist es anhand einer Simulation möglich, die Belastung und Inanspruchnahme von Ressourcen durch die Bemessung dieser zu unterstützen (Liem et al. 1997; Gadatsch 2010).

Simulation des Facilitation Process Models   Im Rahmen der Validierung eines Kollaborationsprozesses zieht der Collaboration Engineer den grafisch dargestellten Gesamtprozess (Facilitation Process Model; siehe Abschn. 10.2.2) heran. Mit dem Einsatz der Simulation zur Validierung des Facilitation Process Models (FPM) werden zwei zentrale Ziele verfolgt: Einerseits erfolgt eine formale Modellbewertung im Sinne einer Überprüfung der Ablauffähigkeit des FPM, andererseits gilt es, die Realitätstreue zu validieren (inhaltliche Validierung). Dem ersten Ziel entsprechend überprüft der Collaboration Engineer die formale Korrektheit und Konsistenz des Modells (de Vreede und Briggs 2009). Dies erfolgt, indem er sukzessive den gesamten Prozess durchläuft und dabei versucht, folgende Fragen zu behandeln (Kolfschoten und de Vreede 2009):

- Können auch die Teilnehmer diese Schritte durchlaufen?
- Welche Fragen könnten die Teilnehmer während der einzelnen Aktivitäten stellen und wie sind diese zu beantworten?
- Verfügen die Teilnehmer über alle benötigten Informationen?
- Haben die Teilnehmer die Expertise, die gestellten Fragen und Aufgaben zu behandeln?

Neben der Überprüfung der Ablauffähigkeit des Modells gilt es ebenfalls, fachlich-inhaltliche Aspekte zu validieren: Das FPM bildet einen in der Realität durchzuführenden Prozess ab. Dementsprechend ist zu überprüfen, inwieweit der modellierte Prozess in der Praxis umgesetzt werden kann. Eine Möglichkeit zur inhaltlichen Validierung des FPM besteht darin, dass die Inhalte auf Basis eines Ist-Modells mit unterschiedlichen Beobachtungen in der Realität verglichen werden. Hier gilt es, die festgelegten Eigenschaften der Komponenten (z. B. ausgewählte thinkLets, eingeplante Zeitfenster) des konzipierten Kollaborationsprozesses mit Erkenntnissen aus der Empirie zu vergleichen. So können beispielsweise die eingeplanten Zeitfenster der einzelnen Aktivitäten mit Werten aus empirischen Studien oder mit bereits bekannten „durchschnittlichen" Durchlaufzeiten (für die Aktivitäten) verglichen werden. Zum besseren Verständnis dieser Vorgehensweise soll nachfolgend ein kurzes Beispiel dargestellt werden:

Beispiel

Angenommen im FPM sind für eine bestimmte Aktivität (z. B. Brainstorming) zehn
Minuten eingeplant. In empirischen Studien oder in bereits durchgeführten Workshops
wurden für Brainstorming-Sessions ähnlicher Art im Durchschnitt aber 15 min definiert. Folglich ist es sinnvoll, auch im FPM das Zeitfenster zu erweitern – eventuell um
fünf Minuten.

Ein derartiges Vorgehen sollte der Collaboration Engineer für alle inhaltlichen Komponenten der Aktivitäten durchführen. Zentrale Fragenstellungen hierbei sind:

- Besteht eine Konsistenz zwischen den thinkLets und den Patterns of Collaboration?
- Liefern die einzelnen Aktivitäten die Resultate, die erwartet werden?
- Können nach Durchlauf des gesamten Prozesses die Kollaborationsziele erreicht wer-
  den?

Vor- und Nachteile der Simulation In der Praxis ist es oftmals der Fall, dass die eingeplanten Zeiten in der Agenda nicht eingehalten werden. Dies führt im Verlauf des Kollaborationsprozesses zu einer Unzufriedenheit der Teilnehmer und hat zur Folge, dass die
Motivation zur effektiven Mitarbeit sinkt. Bedingt durch den Umstand, dass alle inhaltlichen Aspekte des FPM geprüft werden, ist es auf Basis der Simulation auch möglich,
Aussagen über die „Richtigkeit" der erstellten Agenda zu treffen. Die Validierung anhand
einer Simulation führt der Collaboration Engineer in der Regel alleine durch. Folglich ist
der Aufwand bei dieser Art der Validierung sehr gering. Nachteilig hierbei ist, dass der
Prozess aus lediglich einer Perspektive validiert wird. Dementsprechend ist anzunehmen,
dass die „Güte" der Simulation im Vergleich zu anderen Validierungsmethoden geringer
zu bewerten ist. In der Praxis wird die Simulation sehr häufig herangezogen – zumeist wird
sie jedoch im Vorfeld zu anderen Validierungsmethoden angewandt.

Durch die Simulation des Prozesses versucht der Collaboration Engineer im Grunde
die Fragen, welche den Teilnehmer gestellt werden, zu beantworten. Außerdem berücksichtigt er, wie diese Fragen in der nächsten Aktivität genutzt werden könnten. Hierdurch
wird die Logik und Konsistenz des entworfenen Kollaborationsprozesses überprüft. Zudem kann durch die Simulation getestet werden, ob jeder Arbeitsschritt die erforderlichen
Ergebnisse liefert (Kolfschoten und de Vreede 2009).

11.2.2   Experteneinschätzung

Ziele von Experteneinschätzungen Aus der Vielfältigkeit an Vorgehensweisen im Collaboration Engineering ergibt sich weiterhin eine Vielzahl an unterschiedlichen Lösungen.
Das Diskutieren des entwickelten Verfahrensmusters mit Kollegen könnte bei der Suche
nach alternativen oder besser geeigneten Lösungen hilfreich sein. Dies stellt zugleich eine
Validierungsmethode dar – nämlich die sogenannte **Experteneinschätzung** (engl. expert
judgements; siehe z. B. (Beecham et al. 2006; Jørgensen 2007)).

Experteneinschätzungen beziehen sich auf Informationen und Auskünfte über spezifische Themenfelder seitens einschlägiger Forscher oder Praktiker, die zu diesen Themen arbeiten (Laver und Garry 2000; Benoit und Wiesehomeier 2009).

Ziel einer Expertenbefragung ist es, anhand eines Gesprächs mit dem Sachverständigen durch dessen Meinung und Erfahrung wertvolle Anregungen und Informationen zu relativ komplexen Problemstellungen zu gewinnen (Böhler 2004; Berekoven et al. 2006). Als Experten kommen Vertreter des Handels, Wissenschaftler, Fachjournalisten oder auch Personen in Betracht, die auf demselben Forschungsgebiet tätig sind (Böhler 2004; Kuß 2007). Hinsichtlich der Durchführung von Experteneinschätzungen gilt es zunächst zu entscheiden, ob im Rahmen der Validierung ein oder mehrere Experten gleichzeitig in die Bewertung miteinbezogen werden. Werden Experten unabhängig voneinander in den Validierungsprozess involviert, handelt es sich um sogenannte Experteninterviews. Erfolgt die Validierung mit mehreren Experten gleichzeitig, wird in der Regel die Standard-Delphi-Methode herangezogen.

Das Experteninterview

Das Experteninterview ist in der wissenschaftlichen Sozialforschung eine gängige Methode der qualitativen Datenerhebung. Es stellt eine mündliche Form der Befragung dar (Pardo Escher et al. 1997).

Hierbei ist es empfehlenswert, die Einzelgespräche möglichst frei und unstrukturiert – zumeist nur unter Verwendung eines „Leitfadens" – zu gestalten (Hüttner 1997; Kuß 2007). Der Leitfaden, der als eine Art Orientierungshilfe fungiert, und die darin enthaltene Reihenfolge der Fragen sind jedoch nicht verbindlich. Vielmehr ist es manchmal sinnvoll, die Fragen auch außer der Reihe zu stellen, um dadurch einen natürlichen Gesprächsverlauf zu erreichen (Gläser und Laudel 2009). Experteninterviews dienen in der Regel dem Erkenntnisgewinn zu Beginn einer Forschungs- bzw. Projektarbeit, um die Grundlage für die Ausarbeitung konkreter Forschungshypothesen zu liefern und somit den Forschungsbereich einzugrenzen (Atteslander 1971). Sie können aber auch dazu genutzt werden, Ideen und Feedback sowie komplexe Antworten zu einem vorliegenden Problem bzw. Sachverhalt (z. B. ein Kollaborationsprozess) zu sammeln.

Vorgehen bei Experteninterviews Im Rahmen der Validierung eines Kollaborationsprozesses durch Experteneinschätzungen gilt es, Experten auf dem Fachgebiet des Collaboration Engineerings zu identifizieren und in die Überprüfung zu involvieren. Dies können renommierte Forscher aus Universitäten, Unternehmen, freien Instituten oder Forschungszentren sein. Der Collaboration Engineer sollte dem geladenen Experten im Vorfeld des Interviews Informationsmaterialien zukommen lassen. Dadurch kann sich der Teilnehmer auf das anstehende Gespräch vorbereiten. Weiterhin gilt es für den Collaboration Engineer, einen Gesprächsleitfaden zu erstellen. Grundsätzlich sollte sich der Leitfaden am Grundgerüst des KoPDA orientieren. Demzufolge stellt der Collaboration Engineer dem Gesprächspartner schrittweise sein Vorgehen bei der Erstellung des Kollaborationsprozesses vor, wobei Feedback und Antworten vom Experten zu Sachverhalten oder Engpässen generiert werden sollten, welche der Collaboration Engineer als (erfolgs-) kritisch betrachtet. Experteninterviews dienen in erster Linie dazu, offene Fragen zu diskutieren und Entscheidungsprozesse voranzubringen. Kritische Stellen im entworfenen Kollaborationsprozess können zusammen mit einem Fachexperten überarbeitet werden. Durch Einzelinterviews mit CE-Experten generiert man Fachwissen von anderen Personen, die eine andere Perspektive besitzen. Die Qualität der Validierung steigt indessen mit der Anzahl der durchgeführten Experteninterviews. Damit steigt allerdings auch der Aufwand der Validierung, da die Interviews in Form von Einzelgesprächen durchgeführt werden. Die Standard-Delphi-Methode stellt derweil eine Validierungsmethode dar, mit deren Hilfe mehrere Experten gleichzeitig in die Validierung miteinbezogen werden.

Standard-Delphi-Methode

Die Delphi-Methode bezeichnet eine systematische, mehrstufige Befragung von Experten mit Rückkopplung (Wechsler 1978). Sie stellt ein qualitatives Prognoseverfahren dar, das 1948 von der RAND Corporation entwickelt wurde und seither in einer Vielzahl von Varianten zum Einsatz kommt (Thonemann 2010).

Dementsprechend lassen sich in der Literatur und Praxis unterschiedliche Varianten der Delphi-Methode identifizieren, wobei die sogenannte Standard-Delphi-Methode die am häufigsten eingesetzte Variante darstellt (Seeger 1979). Diese wurde – ebenso wie die restlichen Varianten – ursprünglich zu Prognosezwecken entwickelt, kann aber auch zur Validierung und Qualitätsverbesserung von Artefakten herangezogen werden (Müller-Kohlenberg 1998). In diesem Zusammenhang soll die Standard-Delphi-Methode auch im Rahmen des Collaboration Engineerings als Validierungsmethode vorgestellt werden.

Vorgehen bei der Standard-Delphi-Methode Hierbei werden mehrere Experten zur Einschätzung des Kollaborationsprozesses einbezogen, wobei sich die Experten untereinander nicht abstimmen dürfen. Im Folgenden soll der Prozess der Standard-Delphi-Methode in Bezug auf die Validierung eines Kollaborationsprozesses vorgestellt werden. Im Rahmen der Standard-Delphi-Methode werden Experten in mehreren Runden zum Kollaborationsprozess befragt. Insofern gilt es im Vorfeld der Validierung einerseits, mehrere Experten aus dem Bereich Collaboration Engineering zu identifizieren, andererseits sollte der Collaboration Engineer auch einen Fragebogen vorbereiten, mit dessen Hilfe die Bewertung erfolgt. Der Fragebogen sollte wesentliche und vor allem aus Sicht des Collaboration Engineers erfolgskritische Aspekte des entworfenen Kollaborationsprozesses thematisieren.

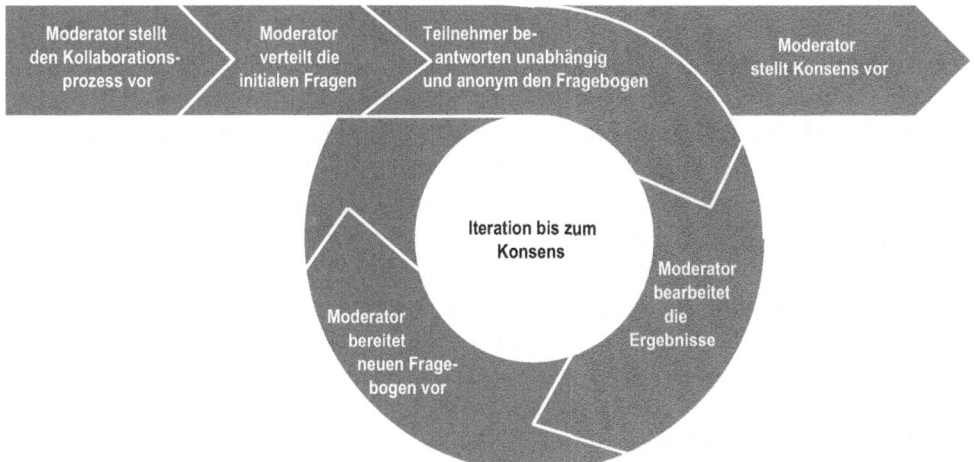

Abb. 11.3 Iterativer Prozess der Standard-Delphi-Methode zur Validierung eines Kollaborations-prozesses. (Eigene Darstellung nach Thonemann 2010)

Iterationsprozess der Standard-Delphi-Methode Im Zuge der Validierung stellt der Collaboration Engineer den Experten in einem ersten Schritt den entworfenen Kolla-borationsprozess vor. Anschließend verteilt er die Fragebögen an die Experten, welche diese anonym sowie unabhängig voneinander ausfüllen und an den Collaboration Engi-neer zurückgeben (Thonemann 2010). Während der Bearbeitung der Fragebögen fin-det keine Diskussion zwischen den Experten statt. Der Collaboration Engineer bewertet anschließend die Fragebögen, indem er die Antworten der jeweiligen Experten zu einer bestimmten Frage miteinander vergleicht. Er notiert die Antworten der jeweils anderen Fachkundigen auf allen Fragebögen. Sobald dieser Schritt erledigt ist, gibt er die Frage-bögen an die Experten zurück. Diese sehen dann auf ihrem Fragenbogen neben ihrer Ant-wort auch die Antworten der übrigen Teilnehmer. In einem nächsten Schritt werden die Experten dazu aufgefordert, Stellung zu möglichen Diskrepanzen zwischen ihren eigenen und den Antworten der anderen Teilnehmer zu nehmen. Dieser Prozess wird solange wie-derholt, bis ein bestimmtes Maß an Konsens hinsichtlich der Qualität bzw. Eigenschaften einzelner Aspekte des Kollaborationsprozesses besteht. Abbildung 11.3 stellt den iterativen Prozess der Standard-Delphi-Methode im Rahmen der Validierung eines Kollaborations-prozesses dar.

Bei der Anwendung der Standard-Delphi-Methode zur Validierung von Kollaborati-onsprozessen stehen nicht Prognosen zu bestimmten Situationen im Mittelpunkt. Viel-mehr liegt der Schwerpunkt auf dem Konsensfindungsprozess, welcher der Generierung eines qualitativen Feedbacks zum Kollaborationsprozess dient (Müller-Kohlenberg 1998). Insofern ist es in diesem Zusammenhang das Ziel dieser Methode, Konvergenzen der Einzelfeedbacks zu erreichen, ohne dass sich die CE-Experten in Gruppendiskussionen gegenseitig beeinflussen (Hansmann 2007). Auf Basis des Feedbacks kann der Collaborati-on Engineer Schwachstellen und Engpässe im entworfenen Kollaborationsprozess identifizieren. Das Feedback kann in diesem Kontext auch mögliche Lösungsansätze zu kritischen Aspekten im Entwurf beinhalten.

Vor- und Nachteile von Experteneinschätzungen Zusammenfassend ist festzuhalten, dass das Diskutieren des entwickelten Verfahrensmusters mit Kollegen – sei es im Rahmen eines Experteninterviews oder anhand der Standard-Delphi-Methode – die Suche nach alternativen oder besser geeigneten Lösungen hilfreich unterstützt. Eine solche Diskussion könnte außerdem ineffektive Teile des Entwurfes identifizieren. Andere Experten aus dem Bereich Collaboration Engineering besitzen eine andere Perspektive und können zudem zum Teil sehr unterschiedliche Lösungsansätze zu identifizierten Problemen bereitstellen. Ein Kollege kann in diesem Fall alternative Ansätze anbieten und die erwarteten Erfolge prüfen. Bei Experteneinschätzungen handelt es sich stets um eine externe Validierung, da die Experten keine Mitglieder der Organisation sind. Die im Rahmen einer Standard-Delphi-Methode generierten (alternativen) Lösungen sind zumeist qualitativ hochwertig, da die Lösungen auf einem Konsens mehrerer Experten beruhen. Weiterhin können die Experten, begründet durch ihr fachspezifisches Know-How, Aussagen zur Konsistenz des entworfenen Kollaborationsprozesses treffen. Nachteilig ist hierbei jedoch, dass andere Experten lediglich eine eingeschränkte Sicht auf den erstellten Kollaborationsprozess haben. Sie können somit die Ideen und Konzeptionen des Collaboration Engineers, welche dieser im Entwurf implementiert hat, eventuell nicht nachvollziehen. Die Validierung anhand der Standard-Delphi-Methode hingegen kann auch sehr kostenintensiv werden, da die Durchführung dieser mehrere Experten erfordert und viel Zeit in Anspruch nehmen kann – insbesondere wenn mehrere Iterationen durchgeführt werden müssen. Hier ist abschließend festzuhalten, dass mit der Standard-Delphi-Methode interessanterweise ein kollaborativer Prozess herangezogen wird, um einen entworfenen Kollaborationsprozess zu validieren.

11.2.3   Testdurchlauf

Definition von Testdurchläufen Um mögliche Schwachstellen und Risiken aufzudecken und die entworfene Lösung zu optimieren, können kollaborative Prozesse vor der Einführung einem Probelauf unterzogen werden. Solche Probeläufe werden auch als Testdurchläufe (engl. Walkthroughs) bezeichnet (Gabrielli et al. 2005; Matera et al. 2006). Hierbei wird der konzipierte Kollaborationsprozess von ausgewählten Teilnehmern dem Entwurf nach durchgeführt.

> Im Rahmen eines Testdurchlaufes wird die Funktionalität des Prüfungsgegenstandes – hier der kollaborative Prozess – anhand von Beispielen, Szenarien und Testfällen durchgespielt (Wallmüller 2001).

Bei Testdurchläufen handelt es sich um eine informelle Validierungsmethode, deren Hauptkriterium darin besteht, dass der Collaboration Engineer seinen erarbeiteten Entwurf einzelnen Anspruchsgruppen (z. B. Auftraggeber, Practitioner, Facilitator) vorstellt und diesen mit ihnen durchführt. Auf Basis der Präsentation und des Probelaufs können dem Collaboration Engineer Hinweise zu eventuellen Stolperfallen und Schwierigkeiten gegeben werden, die der Collaboration Engineer im Nachhinein eliminieren kann. Testdurchläufe erfordern keine formale Festlegung der Rollen. So bedarf es bei dieser Methode nicht der Anwesenheit eines Moderators, der den Prozess leiten würde. Vielmehr präsentiert allein der Collaboration Engineer den übrigen Teilnehmern seinen Entwurf.

Die Motivation zur Ausführung von Testdurchläufen liegt in der Möglichkeit, die Tragfähigkeit des entworfenen Kollaborationsprozesses zu überprüfen und in diesem Zusammenhang Anregungen und Meinungen Dritter einzuholen, die auch aus anderen Fachbereichen stammen können. Durch einen interaktiven Prozess in einer (interdisziplinären) Gruppe können Fehler identifiziert werden, die ein Collaboration Engineer selbst nicht hätte aufdecken können.

Methodik von Testdurchläufen Im Kontext eines Testdurchlaufes obliegt die Planung und Durchführung in der Regel ausschließlich dem Collaboration Engineer. Dieser wählt die Teilnehmer aus und lädt sie zur Teilnahme am Testdurchlauf ein. Die Auswahl der Mitwirkenden beschränkt sich zumeist auf einzelne Personen aus der Anspruchsgruppe, es können aber auch Mitglieder anderer Abteilungen der Organisation einberufen werden, um hierdurch eine interdisziplinäre Mitgliedergruppe generieren zu können. Bei einem Testdurchlauf handelt es sich insofern um eine interne Validierung. Unterlagen oder Informationsmaterialien werden in der Regel im Vorfeld nicht verteilt (Pohl 2008). Im Rahmen der Durchführung des Testdurchlaufes präsentiert der Collaboration Engineer der Teilnehmergruppe schrittweise und detailliert den von ihm erstellten Kollaborationsprozess und weist in diesem Zusammenhang auf kritische Stellen hin, zu denen die Teilnehmer Stellung beziehen sollen. Hierbei empfiehlt es sich, Protokoll zu führen, um die kritischen Aspekte und mögliche Lösungsansätze, die von den Teilnehmern vorgeschlagen werden, festzuhalten.

Vor- und Nachteile Testdurchläufe als Validierungsmethode im Rahmen des Collaboration Engineerings sind dazu geeignet, mögliche Stolperfallen und Schwierigkeiten für die Facilitation aufzudecken. Bedingt durch den Umstand, dass der Collaboration Engineer selbst referiert, ist es ihm möglich, Moderationsprobleme zu identifizieren. Dies ist ein kritischer Aspekt insbesondere im Hinblick auf die Tatsache, dass der kollaborative Prozess nach Fertigstellung an einen Anwender übermittelt wird und demzufolge möglichst einfach zu moderieren sein sollte. Schließlich ist dem Moderator im Rahmen von Collaboration Engineering eine zentrale Rolle inhärent: Er nimmt Einfluss auf das Verhalten der beteiligten Personen und hat die Aufgabe, den Kollaborationsprozess am Laufen zu halten. Dementsprechend beeinträchtigen Probleme bei der Moderation den Erfolg eines kollaborativen Prozesses.

Auf Basis von Testdurchläufen können weiterhin Aussagen über die Annahme des Prozesses durch die Teilnehmer getroffen werden, indem die am Validierungsprozess Beteiligten Feedback zu diesem Aspekt liefern. Die Teilnehmer schildern im Rahmen des Feedbacks ihre Eindrücke von dem Kollaborationsprozess. Durch eine Diskussion mit den Teilnehmern sollte der Collaboration Engineer hierbei versuchen, folgende Fragen zu behandeln:

- Wie haben die Teilnehmer den Prozess wahrgenommen?
- Waren die Teilnehmer mit den zu erledigenden Aufgaben bzw. Aktivitäten überfordert?
- War genügend Zeit für die Bearbeitung einzelner Aufgaben vorhanden?
- Waren die Aufgabenpakete für alle Beteiligten verständlich?

Hierdurch kann der Collaboration Engineer ebenfalls Aussagen über die Wiederverwendbarkeit des kollaborativen Prozesses generieren. Zusammenfassend ist festzuhalten, dass Testdurchläufe dazu geeignet sind, die erwartete Qualität und Wirksamkeit bzw. Effektivität des kollaborativen Prozesses durch andere Personen aus der Anspruchsgruppe zu validieren. Hierbei werden der Austausch und die Kommunikation von kritischen Aspekten und Ideen mit relevanten Anspruchsgruppen gefördert. Ein wesentlicher Aspekt von Testdurchläufen ist die Konsolidierung unterschiedlicher Sichten auf den kollaborativen Prozess. Ungeachtet dessen sind der Aufwand und die damit verbundenen Kosten hoch, da der gesamte Kollaborationsprozess mit all seinen Komponenten getestet wird. Testdurchläufe sind im Vergleich zu Simulationen und Experteneinschätzungen kostenintensiver. Weiterhin ist zu bemängeln, dass auf Basis von Testdurchläufen nur eingeschränkte Aussagen über die Effizienz eines Kollaborationsprozesses getroffen werden können. Dies ist damit begründet, dass Testdurchläufe relativ flexibel sind und das Vorgehen, wie es im Kollaborationsprozess konzipiert ist, nicht explizit eingehalten wird. Eine vergleichsweise umfassendere Methode stellt die Pilotierung dar, welche nachfolgend genauer behandelt werden soll.

11.2.4 Pilotierung

Definition der Pilotierung Testdurchläufe ermöglichen es dem Collaboration Engineer, Erkenntnisse darüber zu gewinnen, ob der Prozess im Großen und Ganzen durchführbar ist. Testdurchläufe sind jedoch dadurch beschränkt, dass der Kollaborationsprozess nicht vollständig unter „realen" Bedingungen geprüft wird, da z. B. beliebige Personen an der Testdurchführung teilnehmen können und es nicht zwangsweise die Practitioner sein müssen, die beim Test mitwirken. Ein Test unter möglichst realen Bedingungen kann jedoch Aufschluss über eine große Bandbreite von Qualitätsaspekten geben. Solche realitätsnahen Testdurchführungen werden als Pilotierung bezeichnet (siehe z. B. Pal et al. 2008).

Eine Pilotierung ist „die initiale Inbetriebnahme im Rahmen eines Einführungsprojektes in einem klar abgegrenzten Bereich" (Herbig und Büssing 2006).

Im Rahmen der Validierung eines Kollaborationsprozesses durch eine Pilotierung werden ausschließlich Practitioner herangezogen – also diejenigen Individuen, die den entworfenen Kollaborationsprozess im Endeffekt anwenden werden. Insofern handelt es sich bei der Pilotierung um eine Variante der internen Validierung. Das wesentliche Ziel einer Pilotierung ist es, auf Basis einer initialen Implementierung aufzuzeigen, dass ein Projekt und die gewählte Einführungsstrategie geeignet sind, um auf die gesamte Organisation übertragen zu werden. Pilotierungen sind aber ebenfalls dazu geeignet, Projektgruppen und die wichtigsten Nutzer einzuarbeiten und auszubilden sowie dazu, das angestrebte Projekt aktiv zu bewerben (Projektmarketing). Sie ermöglichen auch die gezielte Bewertung eines Projektes, indem Kennzahlen (z. B. Zeitaufwand, Höhe der Kosten) eines Projektes validiert und im Nachhinein adjustiert werden können. Pilotierungen stellen demensprechend eine geeignete Methode dar, auf Basis derer ein erstellter Kollaborationsprozess geprüft werden kann.

Eine Pilotierung unterscheidet sich insofern von einem Testdurchlauf in zweierlei Hinsicht: Testdurchläufe sind weniger stark in ihrem Vorgehen definiert und können mit einem geringeren Aufwand umgesetzt werden (Frühauf et al. 2006). Zur Hervorhebung des Unterschieds dieser beiden Methoden soll erneut das bereits aufgeführte Beispiel herangezogen werden, im Rahmen dessen ein kollaborativer Prozess zur Identifizierung bestehender Markt- und Wettbewerbsrisiken konzipiert werden sollte (siehe Abschn. 5.1): Bei einer Pilotierung würde der Collaboration Engineer Mitarbeiter aus der Marketingabteilung in den Validierungsprozess einbeziehen und den Bereichsleiter dieser Abteilung als Moderator fungieren lassen. Hierdurch würde der Prozess in einem kleinen Umfang umgesetzt werden. Bei einem Testdurchlauf könnte der Collaboration Engineer Mitarbeiter aus beliebigen Abteilungen in den Validierungsprozess involvieren. Zudem würde er selbst den kollaborativen Prozess moderieren.

Vorgehensweise bei der Pilotierung   Eine Pilotierung im Rahmen des Collaboration Engineerings ist als Implementierung des kollaborativen Prozesses in kleinem Maßstab zu verstehen. Zunächst gilt es, einen Bereich (innerhalb der Organisation) auszuwählen, in dem die Pilotierung erfolgt. In diesem Zusammenhang sollte darauf geachtet werden, dass der identifizierte Bereich repräsentativ ist. Insofern ist es sinnvoll, Mitarbeiter in die Pilotierung zu integrieren, die auch Teil der Zielgruppe sind. Zudem sollten die Mitarbeiter des entsprechenden Bereiches ausreichend motiviert und interessiert sowie auch qualifiziert sein, um am Pilotprojekt teilnehmen zu können. Charakteristisch für eine Pilotierung ist die strikte Einhaltung des definierten Prozessschemas. Folglich geht es darum, den gesamten Kollaborationsprozess exakt so durchzuführen, wie es im Entwurf festgeschrieben ist. Die Rollen sind ebenfalls klar definiert: Die Person, die nach Fertigstellung und Übergabe des Kollaborationsprozesses als Anwender fungieren wird, übernimmt auch im Rahmen der Pilotierung die Moderation, während der Collaboration Engineer die Pilotierung lediglich beobachtet bzw. mitverfolgt. Es ist allerdings sinnvoll, dass der Collaboration Engineer eine offene Kommunikation gegenüber allen an der Pilotierung beteiligten Personen pflegt und diese beispielsweise auf immer noch theoretisch mögliche Pannen vorbereitet. Dem Collaboration Engineer obliegt es ebenfalls, alle Teilnehmer im Vorfeld zu kontaktieren und über die anstehende Pilotierung zu informieren. Während der Durchführung der Pilotierung sollte der Collaboration Engineer kritische Aspekte (z. B. Stellen, an welchen die Teilnehmer dem Prozess nicht mehr folgen können) exakt protokollieren. Nach Durchführung der Pilotierung sollte ein ausführliches Feedback von allen Beteiligten eingeholt werden. Dabei gilt es, auf die folgenden wesentlichen Fragestellungen einzugehen (Homma und Bauschke 2010):

- Verständlichkeit und Relevanz der Kollaborationsziele, der Botschaften sowie der Vorgehensweise und Logik des kollaborativen Prozesses
- Verständlichkeit verwendeter Unterlagen, Dokumente und Werkzeuge
- Wahrnehmung der Zusammenarbeit, Motivation: Ist der didaktische Aufbau des Prozesses dazu geeignet, zur Mitarbeit zu motivieren?
- Stimmigkeit des Gesamtkonzeptes

Vor- und Nachteile der Pilotierung Der Collaboration Engineer kann auf Basis der Ergebnisse der Pilotierung entscheiden, ob der entworfene Kollaborationsprozess in der Praxis eingeführt wird oder ob dieser noch zu verbessern ist. Die Ergebnisvalidierung ist stets vor dem Hintergrund der Realisierung der zuvor definierten Kollaborationsziele zu betrachten. Sind die Ziele im Rahmen der Pilotierung erreicht worden, kann der Kollaborationsprozess im gesamten Unternehmen umgesetzt werden. Sind die Ziele nur teilweise oder gar nicht erreicht worden, muss der Kollaborationsprozess überarbeitet werden. Die Pilotierung ist hilfreich, um die (Gesamt-)Qualität des Prozesses abzuschätzen. Die Bewertung deckt auf, ob der Prozess mit den gegebenen Ressourcen, Teilnehmern und Prozessleitern erfolgreich durchgeführt werden und hochwertige Ergebnisse hervorbringen kann. Es empfiehlt sich, die Ergebnisse der Pilotierung gemeinsam mit den Teilnehmern zu diskutieren und auszuwerten. Ein wesentlicher Vorteil von Pilotierungen ist, dass das Risiko des Scheiterns eines Projektes deutlich gemindert wird, da der kollaborative Prozess in der Praxis unter realen Bedingungen überprüft wird.

Demgegenüber steht der vergleichsweise große Aufwand für die Vorbereitung und Umsetzung der Pilotierung. Mitarbeiter, die am Validierungsprozess teilnehmen, können ihrer Routinetätigkeit nicht nachgehen. Dementsprechend muss sichergestellt werden, dass während der Validierung die Routinetätigkeiten durch zusätzliche (externe) Arbeitsressourcen weitergeführt werden. Eine weitere Möglichkeit ist es, die Validierung außerhalb der Regelarbeitszeit durchzuführen. Beide aufgeführten Vorgehensweisen verursachen allerdings erhebliche Kosten. Eine Pilotierung muss demzufolge frühzeitig geplant und die Verfügbarkeit der dazu benötigten Ressourcen sichergestellt werden. Je mehr Teilnehmer ein entworfener Kollaborationsprozess umfasst, desto mehr Personen sind im Rahmen der

Pilotierung einzubeziehen, um valide Ergebnisse generieren zu können. Dementsprechend kann insbesondere für eine Pilotierung von weit umfassenden Kollaborationsprozessen ein hoher Aufwand entstehen. So ist eine Pilotierung im Vergleich zu einem Testdurchlauf mit höherem Aufwand verbunden, da bei Testdurchläufen auf formale Festlegungen der Rollen und Vorgehensweisen weitgehend verzichtet wird (Pohl 2008). Dementsprechend hat der Collaboration Engineer auch eine geringere Flexibilität in Bezug auf die Durchführung der Validierung: So ist der Collaboration Engineer auf Teilnehmer beschränkt, die im Endeffekt die Zielgruppe des kollaborativen Prozesses sind, und kann beispielsweise Mitarbeiter aus weniger ausgelasteten Funktionsbereichen nicht in den Validierungsprozess involvieren. Weiterhin kann es im Nachgang der Pilotierung zu einem gewissen Widerstand bei den Mitarbeitern kommen, sofern der Kollaborationsprozess während der Pilotierung erhebliche Mängel aufweist. Dies ist durch folgenden Umstand begründet: Die Teilnehmer – die im Nachhinein auch diejenigen sein werden, die den Kollaborationsprozess durchführen – erfahren, dass der Kollaborationsprozess gravierende Fehler enthält. Hierdurch bekommen sie den Eindruck, dass der Zusammenarbeitsprozess auch im Nachhinein „sowieso schief laufen" wird. Ungeachtet dessen ist festzuhalten, dass anhand einer Pilotierung erhebliche Mängel und Schwachstellen im entworfenen Kollaborationsprozess identifiziert werden können. Im Vergleich zu den übrigen Validierungsmethoden gewährleistet die Pilotierung die realitätsnahe Überprüfung eines kollaborativen Prozesses.

11.3 Zusammenfassende Betrachtung und Handlungsempfehlungen

In den vorangegangenen Abschnitten wurden vier Validierungsmethoden aufgezeigt, die im Rahmen der Designvalidierung eines Kollaborationsprozesses herangezogen werden können. Im nächsten Abschnitt werden in einer zusammenfassenden Betrachtung die aufgeführten Methoden einer kritischen Würdigung unterzogen.

Gesamtüberblick der vier Methoden Die Designvalidierung eines Kollaborationsprozesses ist ein relevanter und notwendiger Akt im Rahmen des Collaboration Engineerings. Da anhand des Collaboration Engineerings ein Kollaborationsprozess zur Bewältigung hochwertiger, wiederkehrender Aufgaben erstellt wird, ist es erforderlich, diesen in einer möglichst hohen Qualität zu erstellen. Stolperfallen, ineffiziente Teile und sonstige Fehler sollten im Entwurf vor der Übergabe des Kollaborationsprozesses an den Practitioner eliminiert werden. Weiterhin sollte zum einen gewährleistet sein, dass der Kollaborationsprozess auch tatsächlich die gewünschten Erfolge erbringt, zum anderen muss der Ablauf so konzipiert sein, dass ein Practitioner diesen ohne die Hilfe eines professionellen Facilitators implementieren kann. Um die vorangegangenen Aspekte zu gewährleisten, muss ein entworfener Kollaborationsprozess in Bezug auf einzelne Qualitätskriterien überprüft und (in einem iterativen Verfahren) optimiert werden. Zur Validierung können indessen die unterschiedlichen Methoden herangezogen werden, die in diesem Kapitel dargestellt wurden. Tabelle 11.1 gibt einen Überblick über die wesentlichen Eigenschaften und Unterschiede der vier vorgestellten Methoden.

Wahl der Validierungsmethode Die Wahl der Validierungsmethode hängt maßgeblich von zwei Faktoren ab: den Validierungszielen und den zur Verfügung stehenden Ressourcen. So erfolgt die Entscheidung für eine bestimmte Methode zunächst abhängig davon, welche Qualitätsaspekte des Kollaborationsprozesses der Collaboration Engineer überprüfen möchte. Dieser Sachverhalt ist in den Validierungszielen formuliert. Es kann durchaus vorkommen, dass ein Collaboration Engineer bestimmte Qualitätsaspekte (wie z. B. die Konsistenz des entworfenen Prozesses) nicht zu validieren beabsichtigt. Dies kann beispielsweise damit begründet sein, dass diese Aspekte bereits validiert wurden oder im konkreten Prozess nicht als kritisch betrachtet werden. Neben den Validierungszielen bestimmt auch die Ressourcenausstattung die Wahl der Validierungsmethode. Es kann vorkommen, dass der Collaboration Engineer auf Basis der Validierungsziele eine Methode auswählt, diese jedoch nicht umsetzen kann, da ihm die benötigten Ressourcen (z. B. Mitarbeiter) nicht zur Verfügung stehen. Unter diesen Umständen muss der Collaboration Engineer auf eine andere Methode zurückgreifen, die mit der entsprechenden Ressourcenausstattung durchgeführt werden kann. Wie aus den vorangegangenen Abschnitten und Tab. 11.1 ersichtlich wird, erfordern die einzelnen Methoden einen unterschiedlich hohen (Kosten-) Aufwand. Pilotierungen haben den vergleichsweise höchsten Kostenaufwand, da hierbei der gesamte Kollaborationsprozess strikt nach Konzeption bzw. Entwurf durchgeführt wird. Eine Simulation stellt hingegen die relativ kostengünstigste Validierungsmethode dar.

Handlungsempfehlungen Allgemein ist zu berücksichtigen, dass die Wahl der Validierungsmethode an den jeweils spezifischen Kontext des Kollaborationsprozesses gebunden ist. So ist die Wahl der Validierungsmethode neben den zur Verfügung stehenden Ressourcen und Zeit auch abhängig von anderen den Kollaborationsprozess betreffenden Faktoren: einerseits von der Komplexität der Aufgaben, die anhand des kollaborativen Prozesses erarbeitet werden sollen, andererseits vom Umfang des Kollaborationsprozesses. Hier ist zu klären, ob der Kollaborationsprozess für bestimmte Projekte oder Workshops gedacht ist oder ob dieser einzelne Organisationsbereiche oder gar die gesamte Organisation betrifft. Daraus ergibt sich dann auch die Anwenderzahl als ein weiterer Bestimmungsfaktor für die Wahl der Validierungsmethode. Ungeachtet der vorangegangenen Ausführungen können Empfehlungen und Vorschläge allgemeiner Art in Bezug auf die Wahl der Validierungsmethode ausgesprochen werden: Simulationen sollten stets in jedem Erstellungsprozess im Rahmen der Validierung durchgeführt werden. Zur Durchführung erfordern sie lediglich den Collaboration Engineer selbst. Weiterhin bedarf eine Simulation auch keiner aufwendigen Vorbereitung, da der Ablaufplan (FPM) und die Agenda des Kollaborationsprozesses bereits im vorangegangenen Entwicklungsschritt (Agendaentwicklung) erstellt und grafisch dargestellt worden sind. Sofern der Collaboration Engineer neben der Simulation auch andere Validierungsmethoden zu implementieren beabsichtigt, empfiehlt es sich, die

Tab. 11.1 Validierungsmethoden. Eigene Darstellung

Methode	Beschreibung	Vorteile und Nutzen	Nachteile und Risiken
Simulation	Überprüfung des FPM (Facilitation Process Model) Durchführung erfolgt durch den Collaboration Engineer	Genaue Bewertung der Konsistenz desKol-laborationsprozesses möglich Überprüfung der Richtigkeit der Agenda Sehr geringer Durch-führungsaufwand Sehr geringe Kosten	Realitätsferne Überprüfung: Nur eingeschränkte/ theo-retische Aussagen zur Annahme, Wiederver-wendbarkeit, Effizienz und Effektivität des Kollaborationspro-zesses möglich
Experteneinschätzungen:			
Experteninterview (Ein-zeln und unabhängig)	Leitfadengestütztes Tiefeninterview mit Experten aus dem Bereich Collabora-tion Engineering Face-to-Face Einzelinterviews Vorformulierung von Leitfragen zu kritischen Aspekten Durchführung durch den Collabo-ration Engineer	Generierung von (neuen, alternativen, besser geeigneten) Lösungen zu kri-tischen Aspekten/ Engpässen Bewertung der Konsis-tenz möglich Relativ geringer Aufwand	Lediglich einge-schränkte Aussagen zur Annahme, Wie-derverwendbar-keit und Effizienz des Kollaborationsprozes-ses möglich Lösungsansätze der Experten nicht passend zum spezi-fisch konzipierten Kollaborationsprozess
Standard-Delphi-Me-thode (Gruppenbasiert)	Leitfadengestützte, simultane, aber unabhängige Befra-gung mehrerer Experten Vorformulierung von Leitfragen zu kritischen Aspekten Iterativer Prozess, bis ein Konsens hinsichtlich der kritischen Aspekte erreicht ist Collaboration Engi-neer moderiert den Ablauf	Generierung von (neuen, alternativen, besser geeigneten) Lösungen, die qualita-tiv hochwertig sind Identifikation ineffek-tiver Komponenten des Kollaborations-prozesses	Hoher Aufwand bedingt durch lang-wierigen Konsensfin-dungsprozess Lediglich eige-schränkte Aussa-gen zur Annahme, Wiederverwendbar-keit und Effizienz des Kollaborationsprozes-ses möglich

Tab. 11.1 Fortsetzung

Methode	Beschreibung	Vorteile und Nutzen	Nachteile und Risiken
Testdurchlauf	„Flexible" Implementierung des kollaborativen Prozesses in kleinem Maßstab, wobei der konzipierte Ablauf nicht strikt eingehalten wird Einbezug von Teilnehmern aus beliebigen Abteilungen der Organisation Collaboration Engineer moderiert den Ablauf	Identifikation von Schwierigkeiten hinsichtlich der Facilitation Aussagen zur Annahme des Prozesses durch die Teilnehmer Überprüfung der Effektivität möglich	Aufwand und Kosten für Durchführung sind hoch Lediglich eingeschränkte Aussagen zur Effizienz möglich
Pilotierung	Implementierung des kollaborativen Prozesses in kleinem Maßstab mit festgelegtem Ablauf Einbezug von Teilnehmern, die den kollaborativen Prozess im Nachhinein anwenden werden Collaboration Engineer beobachtet den Ablauf lediglich	Realitätsnahe Überprüfung Umfassende Bewertung der Gesamtqualität (Adressierung *aller* Qualitätskriterien) Identifikation gravierender Mängel im Gesamtprozess	Sehr kostenaufwendig Gefahr von Widerstand der Teilnehmer bei der anschließenden Implementierung

Simulation stets als erstes durchzuführen. Hierdurch wird sichergestellt, dass grobe Fehler und Stolperfallen vom Collaboration Engineer selbst identifiziert werden. Experteneinschätzungen sind bei „neuartigen und komplexen" Aufgaben heranzuziehen. Behandelt der Kollaborationsprozess Aufgabenstellungen, die durch einen hohen Neuartigkeits- oder Komplexitätsgrad gekennzeichnet sind oder für den Collaboration Engineer selbst relativ neu sind, ist es insbesondere hilfreich, Meinungen anderer Experten aus dem Bereich Collaboration Engineering heranzuziehen. Diese könnten – eventuell bedingt durch den Umstand, dass sie ähnlich komplexe und neuartige Aufgaben zuvor behandelt haben – nützliche Empfehlungen liefern. Stehen ausreichend Ressourcen zur Verfügung, so empfiehlt es sich, die zumeist aufwendigere Standard-Delphi-Methode den Einzelinterviews vorzuziehen, da ein von mehreren Experten gebildeter Konsens in diesem Kontext nützlicher sein kann. Pilotierungen liefern im Vergleich zu den anderen Validierungsmethoden in der Regel den größten Erkenntnisgewinn, da man hierbei einen Kollaborationsprozess unter gänzlich realen Bedingungen überprüfen kann. Sie erfordern jedoch auch den größten (Kosten-) Aufwand. Insofern können sie, beispielsweise bedingt durch Budgetrestriktionen, nicht immer ausgeführt werden. Sofern jedoch ein Kollaborationsprozess einen größeren Anwenderkreis adressiert (z. B. eine gesamte Abteilung eines Unternehmens oder eine Gesamtorganisation), ist die Durchführung einer Pilotierung notwendig. Wie bereits aufgeführt, besteht bei Pilotierungen folgendes Risiko: Die Teilnehmer, die auch im Nachhinein die Anwender des Kollaborationsprozesses sein werden, entwickeln eine negative Einstellung gegenüber dem kollaborativen Prozess, sofern gravierende Schwierigkeiten während der Implementierung auftreten. Wenn die Teilnehmer beispielsweise erfahren, dass die Gruppenziele – welche zweckdienlich für die Erreichung ihrer persönlichen Ziele sind – anhand des Kollaborationsprozesses nicht planungsgemäß erreicht werden können, verlieren sie die Motivation zur Mitarbeit. Folglich kann die Annahme des Prozesses im Nachhinein in der Praxis scheitern. Angesicht dieses Sachverhaltes ist festzuhalten, dass gravierende Fehler im Kollaborationsprozess im Vorfeld einer Pilotierung eliminiert werden sollten. Sofern die zur Durchführung einer Pilotierung erforderlichen Ressourcen nicht ausreichend sind, gilt es, einen Testdurchlauf als Validierung durchzuführen. Testdurchläufe liefern einen ähnlich großen Erkenntnisgewinn wie Pilotierungen, sie sind aber mit einem geringeren (Kosten-) Aufwand verbunden. Im Rahmen eines Testdurchlaufes können zwar nicht alle Qualitätsaspekte (wie bei einer Pilotierung) überprüft werden, die wesentlichen jedoch schon.

Im Idealfall sollte ein Collaboration Engineer alle vier vorgestellten Validierungsmethoden durchführen, um die Güte eines entworfenen Kollaborationsprozesses exakt bestimmen zu können. Sofern dieses vor dem Hintergrund der Zeit- und Ressourcenbereitstellung möglich ist, empfiehlt es sich, zunächst eine Simulation durchzuführen, gefolgt von Experteneinschätzungen (Experteninterviews und/oder Standard-Delphi-Methode) und einem Testdurchlauf. Erst am Schluss sollte dann eine Pilotierung erfolgen (Tab. 11.2).

Die im Rahmen der Validierung generierten Ergebnisse werden genutzt, um den entworfenen Kollaborationsprozess an bestimmten Stellen zu modifizieren und damit in der Regel zu verbessern. Es kann weiterhin sinnvoll sein, einzelne Methoden mehrmals durchzuführen, um Aussagen darüber treffen zu können, ob durch die realisierten Veränderungen an dem Kollaborationsprozess bessere Ergebnisse erzielt werden konnten. Eine Validierung erfordert häufig einen höheren Aufwand im Vergleich zu den übrigen Schritten des KoPDAs. Sie ist jedoch ein essenzieller Bestandteil des Collaboration Engineeerings, wodurch die Qualität eines Kollaborationsprozesses sichergestellt wird. Nur ein qualitativ hochwertiger Kollaborationsprozess ermöglicht die Ausführung hochwertiger, wiederkehrender Aufgaben.

11.4 Wiederholungsfragen

1. Wie wird „Designvalidierung" definiert und wo ist diese im KoPDA einzuordnen?
2. Anhand welcher Qualitätskriterien sollt ein Kollaborationsprozess bewertet werden?
3. Was versteht man unter einer „zielorientierten Validierung"?
4. Was ist der Unterschied zwischen einer internen und einer externen Designvalidierung?

Tab. 11.2 Handlungsempfehlungen zum Einsatz der Validierungsmethoden

Methode	Empfehlung zum Einsatz
Simulation	Grundsätzlich sollte eine Simulation bei *jedem* Erstellungsprozess im Rahmen der Validierung durchgeführt werden Eine Simulation sollte *im Vorfeld* zu anderen Validierungsmethoden durchgeführt werden
Experteneinschätzungen	Bei Aufgaben, die durch einen *hohen Neuartigkeits- oder Komplexitätsgrad* gekennzeichnet sind und/oder für den Collaboration Engineer selbst relativ neu sind Bei ausreichend vorhandenen Ressourcen (Zeit und Budget) empfiehlt sich Standard-Delphi-Methode Bei knappen Ressourcen sollten Interviews mit (wenigen) Experten durchgeführt werden
Testdurchlauf	Sofern die für einen Testdurchlauf *notwendigen Ressourcen vorhanden sind* (z. B. Zeit von Auftraggebern bzw. beteiligten Mitarbeitern), sollte zumindest ein Testdurchlauf bei *jedem* Erstellungsprozess im Rahmen der Validierung durchgeführt werden Anwendung sollte idealerweise *nach* der Durchführung von Simulationen und Experteneinschätzungen erfolgen
Pilotierung	Anwendung im Rahmen der Validierung von *Kollaborationsprozessen, die einen größeren Anwenderkreis adressieren* (z. B. eine gesamte Abteilung eines Unternehmens oder eine Gesamtorganisation) Bei einer Abwägung zwischen Testdurchlauf *oder* Pilotierung ist die Pilotierung dem Testdurchlauf vorzuziehen Anwendung sollte idealerweise *nach* der Durchführung von Simulationen, Experteneinschätzungen (und eventuell Testdurchläufen) erfolgen

5. Aus welchen Phasen besteht der Validierungsprozess und was sind die Inhalte der einzelnen Phasen?
6. Welche Validierungsmethoden gibt es und was sind die Vor- und Nachteile der einzelnen Methoden?
7. Wie ist das Vorgehen bei den einzelnen Validierungsmethoden?
8. Worin unterscheidet sich eine Pilotierung von einem Testdurchlauf?
9. Welche Faktoren beeinflussen die Wahl der Validierungsmethode(n)?
10. Unter welchen Bedingungen empfiehlt es sich eine Pilotierung durchzuführen?

Verwendete Literatur

Atteslander, P. (1971). *Methoden der empirischen Sozialforschung*. Berlin: Walter De Gruyter Verlag.
Balci, O. (2003). Verification, validation, and certification of modeling and simulation applications. Association for Computing Machinery New York. *Proceedings of the 2003 Winter Simulation Conference 1*, 150–158.
Beecham, S., Hall, T., Britton, C., Cottee, M., & Rainer, A. (2006). Using an expert panel to validate a requirements process improvement model. *The Journal of Systems and Software, 76*, 251–275.

Benoit, K., Wiesehomeier, N. (2009). Expert Judgements. In S. Pickel, G. Pickel, H.-J. Lauth, D. Jahn, (Hrsg.), *Methoden der vergleichenden Politik- und Sozialwissenschaft (S. 497–516)*. Berlin: Springer Verlag.

Berekoven, L., Eckert, W., & Ellenrieder, P. (2006). *Marktforschung: Methodische Grundlagen und praktische Anwendung*. Wiesbaden: Gabler Verlag.

Boehm, B. W. (1984). Verifying and validating software requirements and design specifications. *IEEE Software, 1*, 75–88.

Böhler, H. (2004). *Marktforschung* (3. Aufl.). Stuttgart: Kohlhammer.

Dzida, W., & Freitag, R. (1998). Making use of scenarios for validating analysis and design. *IEEE Transactions on Software Engineering, 24*, 1182–1196.

Frühauf, K., Ludewig, J., Sandmayr, H. (2006). *Software-Prüfung - Eine Anleitung zum Test und zur Inspektion* (6. Aufl.). Zürich: vdf Verlag.

Gabrielli, S., Mirabella, V., Kimani, S., & Catarci, T. (2005). Supporting cognitive walkthrough with video data: A mobile learning evaluation study. In *Proceedings of the 7th Conference on Human-Computer Interaction with Mobile Devices and Services (MobileHCI)*.

Gadatsch, A. (2010). *Grundkurs Geschaftsprozess-Management: Methoden und Werkzeuge fur die IT-Praxis: Eine Einfuhrung fur Studenten und Praktiker*. 6., aktualisierte Auflage. Wiesbaden: Vieweg+Teubner Verlag.

Gläser, J., & Laudel, G. (2009). *Experteninterviews und qualitative Inhaltsanalyse als Instrumente rekonstruierender Untersuchungen*. Berlin: Springer Verlag.

Hansmann, K.-W. (2007). Prognoseverfahren. In: *Handwörterbuch der Betriebswirtschaft (6. Aufl.)*. Köhler, R., Küpper, H.-U., Pfingsten, A., Stuttgart.

Herbig, B., Bussing, A. (2006). *Informations- und Kommunikationstechnologien im Krankenhaus: Grundlagen, Umsetzung, Chancen und Risiken*. Stuttgart: Schattauer Verlag.

Homma, N., & Bauschke, R. (2010). *Führung und Unternehmenskultur: Den Wandel gestalten - Methoden, Prozesse, Tools*. Wiesbaden: Gabler Verlag.

Huttner, M. (1997). *Grundzüge der Marktforschung*. München - Wien: Oldenbourg: Walter De Gruyter Verlag.

Jørgensen, M. (2007). Forecasting of software development work effort: Evidence on expert judgement and formal models. *International Journal of Forecasting, 23*, 449–462.

Kolfschoten, G. L., & de Vreede, G.-J. (2009). A design approach for collaboration processes: A multimethod design science study in collaboration engineering. *Journal of Management Information Systems, 26*, 225–256.

Kuß, A. (2007). Marktforschung. Grundlagen der Datenerhebung und Datenanalyse. Wiesbaden: Gabler Verlag.

Laver, M., & Garry, J. (2000). Estimating policy positions from political texts. *American Journal of Political Science, 44*, 619–634.

Liem, S., Blecher, G., & Gehr, F. (1997). Simulation in der Geschäftsprozessoptimierung: Konzepte und Weiterentwicklungen. *IM Information Management & Consulting*, 64–68.

Liggesmeyer, P. (2009). *Software-qualität: Testen, analysieren und verifizieren von Software* (2. Aufl.). Heidelberg: Spektrum Akademischer Verlag.

Matera, M., Rizzo, F., Carughi, G. T., & Milano, P. (2006). Web usability: Principles and evaluation methods. In *ICWE'10 Proceedings of the 10th international conference on Current trends in web engineering*, 360–371.

Meyer, W., & Stockmann, R. (2010). Evaluationsansätze und ihre theoretischen Grundlagen. In *Evaluation - Eine Einführung (S. 101–147)*. Opladen und Bloomfield Hills: Barbara Budrich Verlag.

Müller-Kohlenberg, H. (1998). Die Delphi-Methode in der Evaluationsforschung: Eine Pilotstudie zur Evaluation aus Sicht der KlientInnen bzw. NutzerInnen. In M. Heiner (Hrsg.), *Experimentierende Evaluation: Ansätze zur Entwicklung lernender Organisationen*. Weinheim und München: Juventa Verlag.

Pal, R., Sengupta, A., & Bose, I. (2008). Role of pilot study in assessing viability of new technology projects: The case of RFID in parking operations. *Communications of the Association for Information Systems, 23,* 257–276.

Pardo, E. O., Strohm, O., & Ulich, E. (1997). Methodische Grundlagen der MTO-Analyse. Zürich: vdf Verlag.

Pohl, K. (2008). *Requirements Engineering: Grundlagen, Prinzipien, Techniken.* 2., korrigierte Auflage. Heidelberg: dpunkt. Verlag.

Robertson, S., & Robertson, J. C. (2006). *Mastering the requirements process* (2. Aufl.). Addison-Wesley Professional: Reading.

Sargent, R. G. (2005). Verification and validation of simulation models. In M. E. Kuhl, N. M. Steiger, F. B. Armstrong, & J. A. Joines (Hrsg.), *Proceedings of the 37th conference on Winter simulation, 37*(2), 130–143. Winter Simulation Conference.

Seeger, T. (1979). Die Delphi-Methode. Expertenbefragungen zwischen Prognose und Gruppenmeinungsbildungsprozessen - überprüft am Beispiel von Delphi-Befragungen im Gegenstandsbereich Information und Dokumentation. Dissertation. Freiburg.

Stockmann, R. (2010a). Evaluationsprozess. In *Evaluation - Eine Einführung (S. 159–186).* Opladen und Bloomfield Hills: Barbara Budrich Verlag.

Stockmann, R. (2010b). Wissenschaftsbasierte Evaluation. In *Evaluation - Eine Einführung (S. 55–89).* Opladen und Bloomfield Hills: Barbara Budrich Verlag.

Thabane, L., Ma, J., Chu, R., Cheng, J., Ismaila, A., Rios, L. P., et al. (2010). A tutorial on pilot studies: The what, why and how. *BMC Medical Research Methodology, 10,* 2–10.

Thonemann, U. (2010). *Operations Management: Konzepte, Methoden und Anwendungen.* 2., aktualisierte und erweiterte Auflage. Addison-Wesley Verlag: Reading.

Vreede de, G.-J., & Briggs, R. O. (2009). Collaboration engineering: Foundations and opportunities: Editorial to the special issue on the journal of the association of information systems. *Journal of the Association, 10,* 121–137.

Wallmüller, E. (2001). *Software-Qualitätsmanagement in der Praxis: Software-Qualität durch Führung und Verbesserung von Software-Prozessen.* München: hanser Verlag.

Wechsler, W. (1978). *Delphi-Methode, Gestaltung und Potential für betriebliche Prognoseprozesse,* München: Schriftenreihe Wirtschaftswissenschaftliche Forschung und Entwicklung.

Zelkowitz, M. V., & Wallace, D. R. (1998). Experimental models for validating technology. *Computer, 31,* 23–31.

Zhang, H., Huo, M., Kitchenham, B., & Jeffery, R. (2006). Qualitative simulation model for software engineering process. In: *17th Australian Software Engineering Conference (ASWEC 2006).* Sydney, Australien. S. 391–400.

Weiterführende Literatur

Cunningham, D. J. (2010). A structure for formative in evaluation development. *Educational Research, 43*(2), 217–236.

Provus, M. M. (1971). *Discrepancy evaluation for educational program improvment and assessment.* Berkeley: McCutchan Publishing.

Sanders, J. R., & Cunningham, D. J. (1974). Techniques and procedures for formative evaluation. In: *Evaluation educational programs and products.* Borich, G. D. (Hrsg.), Englewood Cliffs: Northwest Regional Educational Laboratory.

Sargent, R. G. (2005). Verification and validation of simulation models. In M. E. Kuhl, N. M. Steiger, F. B. Armstrong, & J. A. Joines (Hrsg.), *Proceedings of the 37th conference on Winter simulation, 37*(2), 130–143. Winter Simulation Conference.

Glossar

Artefakt Artefakte als Gruppenprodukte werden während der Zusammenarbeit durch die Gruppe erzeugt. Sie sind materielle oder immaterielle Ergebnisse des Kollaborationsprozesses.

Aufgabe Eine Aufgabe ist die Verpflichtung, eine vorgegebene Handlung durchzuführen.

Collaboration Engineer Der Collaboration Engineer entwickelt und dokumentiert unter Einsatz von Collaboration Engineering Methoden einen kollaborativen Prozess, welcher mit wiederholbarem Erfolg und voraussagbarem Ergebnis von Practitioners ausgeführt werden kann, ohne dass diese erneut auf ihn zurückgreifen müssen.

Collaboration Engineering Collaboration Engineering ist ein Ansatz zur Entwicklung und zur Umsetzung von Kollaborationsprozessen, die von Practitioners ausgeführt werden können, um hochwertige, wiederkehrende Aufgaben zu erfüllen.

Collaboration Engineering Prozess Der Collaboration Engineering Prozess beschreibt die Vorgehensweise des Collaboration Engineerings in sechs Schritten: Investitionsentscheidung, Problemanalyse, Design, Transition, Implementierung und Andauernde Nutzung.

Commitment Commitment bezeichnet eine innere Überzeugung, die ein Individuum dazu verpflichtet, seine Ressourcen, wie z. B. Zeit, Anstrengung und Wissen, zur Erreichung des Gruppenzieles einzusetzen.

Computer Supported Collaborative Work (CSCW) Computer Supported Collaborative Work ist ein Ansatz zur Unterstützung der Arbeit von Individuen durch Technologie. CSCW betrachtet, wie Gruppen zusammenarbeiten, und versucht herauszufinden, wie Technologie (insbesondere Computer) diese unterstützen kann.

Computer Supported Cooperative Work (CSCW) Das Forschungsgebiet Computer Supported Cooperative Work (CSCW) untersucht in erster Linie auf interdisziplinärer

J. M. Leimeister, *Collaboration Engineering,*
DOI 10.1007/978-3-642-20891-1, © Springer-Verlag Berlin Heidelberg 2014

Basis, wie Individuen in Teams zusammenarbeiten und wie sie dabei durch Informations- und Kommunikationstechnologie (IKT) unterstützt werden können.

Consensus Building Theory Die Consensus Building Theory (CBT) beschreibt in einem kausalen Modell einen Mechanismus, der dazu führt, dass einzelne Kollaborationsteilnehmer sich hinsichtlich eines durch Abwägung der Gruppe entstandenen Vorschlages verpflichten.

Evaluieren Das Pattern of Collaboration ‚Evaluierung' dient der Bewertung der einzelnen Ideen und Entwürfe im Hinblick auf deren Beitrag zur Erreichung der jeweiligen Ziele. Dieses Pattern ermöglicht es der Gruppe, den Nutzen der einzelnen Ideen zu reflektieren bzw. die Meinung der Gruppe über die einzelnen Ideen offenzulegen. Das Pattern verfolgt hiermit die Unterstützung der Entscheidungsfindung und der Gruppenkommunikation.

Facilitation Facilitation ist ein dynamischer Prozess, der die Beziehungen zwischen Menschen, Aufgaben und Technologie verwaltet sowie Aufgaben strukturiert und zur effektiven Erfüllung der Sitzungsergebnisse beiträgt.

Facilitation Process Model (FPM) Das Facilitation Process Model (FPM) zeigt die logische Abfolge, in der die Aktivitäten eines Kollaborationsprozesses einander folgen. Die modelhafte Darstellung lenkt die Aufmerksamkeit auf den logischen Fluss innerhalb des Prozesses von Aktivität zu Aktivität.

Focus Theory of Group Productivity Die FTGP ist ein Erklärungsmodell des Produktivitätsmechanismus, der entsteht, währendeine Gruppe das Erreichen eines Zieles anstrebt und hierzu vereinte geistige Bemühungen aufwendet. Die Focus Theory stellt dar, dass Gruppenmitglieder sich an den drei Prozessen Kommunikation, Konsultation und Informationszugang beteiligen müssen, um produktive Arbeit zu leisten.

Generieren Das Pattern of Collaboration ‚Generieren'dient dem Sammeln von Entwürfen und Ideen innerhalb einer Zusammenarbeit.

Groupware Groupware ist ein computerbasiertes System, das eine Gruppe von Personen in ihrem Aufgabengebiet oder Ziel unterstützt und eine Schnittstelle für eine geteilte Arbeitsumgebung bietet.

Gruppenaktivitäten Mit Gruppenaktivitäten befasst sich die dritte Ebene des Sechs-Ebenen-Kollaborationsmodells. Gruppenaktivitäten sind die Teilaufgaben, deren Erfüllung zu den Produkten führt, mit denen dann wiederum das Gruppenziel erreicht wird.

Gruppenproduktivität Die Gruppenproduktivität setzt sich aus den Komponenten Effektivität und Effizienz zusammen und beschreibt, inwieweit die erzielten Ergebnisse den eingebrachten Ressourcenaufwand rechtfertigen.

Gruppeneffektivität Die Effektivität eines Kollaborationsprozesses ist die Beschaffenheit der erbrachten Resultate im Vergleich zu den gewünschten Resultaten.

Gruppenprodukte Mit Gruppenprodukten befasst sich die zweite Ebene des Sechs-Ebenen-Kollaborationsmodells. Gruppenprodukte sind materielle oder immaterielle Artefakte und Ergebnisse der Gruppenarbeit.

Gruppenprozeduren Mit Gruppenprozeduren befasst sich die vierte Ebene des Sechs-Ebenen-Kollaborationsmodells. Gruppenprozeduren umfassen die Patterns of Collaboration (Muster der Kollaboration) und die Kollaborationstechniken, die eingesetzt werden, um die Aktivitäten durchzuführen.

Gruppenziel Ein Gruppenziel bezeichnet einen von der Gruppe angestrebten Zustand, auf den zukünftige Handlungen der einzelnen Gruppenmitglieder gerichtet sind.

Gruppeneffizienz Gruppeneffizienz beschreibt die Differenz zwischen dem tatsächlichen und dem geplanten Ressourcenverbrauch.

Kollaboration Kollaboration ist die Arbeit von zwei oder mehr Individuen an gemeinsamem Material, die bewusst planvoll darauf ausgerichtet wurde, ein gemeinsames Gruppenziel zu erreichen. Zur Erreichung dieses Gruppenzieles sind Kommunikation, Koordination und Kooperation der beteiligten Akteure notwendig.

Kollaborations-Prozess-Design-Ansatz Der Kollaborations-Prozess-Design-Ansatz (KoPDA) ist ein iterativer Entwicklungsprozess für Kollaborationsprozesse, der folgende fünf Schritte umfasst: Aufgabendiagnose, Aufgabenzerlegung, Auswahl der thinkLets, Agendaentwicklung, Validierung.

Kollaborationsverhalten Mit Kollaborationsverhalten befasst sich die sechste Ebene des Sechs-Ebenen-Kollaborationsmodells. Das Kollaborationsverhalten umfasst alle Aussagen und Aktionen der Teilnehmer mit den verwendeten Werkzeugen, die darauf ausgerichtet sind, das Gruppenziel zu erreichen.

Kollaborationswerkzeuge Mit Kollaborationswerkzeugen befasst sich die fünfte Ebene des Sechs-Ebenen-Kollaborationsmodells. Kollaborationswerkzeuge sind Artefakte oder Systeme, die genutzt werden, um einen Arbeitsvorgang durchzuführen, dereine Gruppe zum Erreichen eines Ziels führt.

Kollaborationsziele Mit Kollaborationszielen befasst sich die erste Ebene des Sechs-Ebenen-Kollaborationsmodells. In diesem Themenfeld werden die Individual- und Gruppenziel erfasst, analysiert und abgeglichen.

Kommunikation Kommunikation ist das aufeinander bezogene Verhalten zweier oder mehrerer Personen und deren Interaktion mit dem Ziel der Übertragung von Information und dem Verständnis von Bedeutungsinhalten.

Konsens bilden Ziel des Patterns of Collaboration ‚Konsens bilden' ist es, die Gruppenmitglieder zu einer Einigung in Bezug auf das gemeinsame Ziel zu bringen.

Kooperation Kooperation ist das Tätigsein von zwei oder mehr Individuen, das bewusst planvoll aufeinander abgestimmt die Zielerreichung eines jeden beteiligten Individuums in gleichem Maße gewährleistet.

Koordination Koordination ist die auf Basis geeigneter Kommunikationsprozesse durchzuführende Abstimmung dezentraler Handlungen und Entscheidungen interdependenter organisatorischer Einheiten im Hinblick auf die optimale Erfüllung der Ziele.

Moderation Moderation unterstützt Arbeitsgruppen dabei, ein Thema, ein Problem oder eine Aufgabe auf die Inhalte konzentriert, zielgerichtet und effizient, eigenverantwortlich, im Umgang miteinander zufriedenstellend und möglichst störungsfrei sowie an der Umsetzung in die alltägliche Praxis orientiert zu bearbeiten.

Organisieren Im Pattern Organisieren werden gleiche Ideen zusammengefasst. Dies schafft ein Verständnis für bestehende Beziehungen zwischen verschiedenen Ideen. Vor allem komplexe Ideen sollen so verständlich gemacht werden.

Patterns of Collaboration (PoC) Die Patterns of Collaboration sind generische, einheitliche Muster der Zusammenarbeit. Sie charakterisieren, durch welche Gruppenaktivitäten eine Gruppe zum Ziel gelangt. Bisher sind im Collaboration Engineering sechs Patterns of Collaboration etabliert: generieren, reduzieren, verdeutlichen, organisieren, evaluieren und einen Konsens bilden.

Practitioner Ein Practitioner ist ein Aufgabenspezialist, der einige wichtige gemeinsame Aufgaben hinsichtlich seines fachlichen Aufgabenbereiches durchführen muss. Da Practitioners keine ausgebildeten, professionellen Facilitatoren sind, muss der an sie übertragene Kollaborationsprozess gut strukturiert und einfach durchzuführen sein.

Reduzieren Das Pattern of Collaboration ‚Reduzieren' dient dazu, die Anzahl der vorliegenden Ideen und Entwürfe zu verringern, um dadurch diejenigen zu identifizieren, denen in der weiteren Bearbeitung mehr Aufmerksamkeit geschenkt werden soll.

Social Software Unter dem Begriff Social Software werden (webbasierte) Systeme zusammengefasst, die vor allem durch ihre einfache Handhabung den Menschen und seine individuellen Eigenschaften als Nutzer der Software in den Vordergrund stellen, für soziale Interaktionen innerhalb (verteilter) Gruppen eingesetzt werden, die menschliche Kommunikation, Kooperation und Koordination unterstützen und somit gemeinsam den Aufbau und die Pflege sozialer Netzwerke sowie die Publikation, Verteilung und Verknüpfung von Informationen und kollektivem Wissen innerhalb dieser fördern.

Soziales System Ein soziales System bildet sich durch ein Geflecht von Kommunikationsprozessen zwischen Menschen. Während technische Systeme von außen durch die Umwelt gesteuert werden, verhalten sich soziale Systeme autonom und werden durch die Umwelt lediglich beeinflusst.

Soziotechnisches System Ein soziotechnisches System ist eine organisierte Menge von Personen und Technologien, welche zur Erreichung eines bestimmten Ziels (der primären Aufgabe) ausgerichtet und strukturiert sind.

System Ein System ist die Gesamtheit einer aus mehreren Einzelteilen bestehenden funktionalen Einheit, die zur Ausführung einer bestimmten Aufgabe oder einer Reihe von Aufgaben dient.

Technisches System Technische Systeme sind das Ergebnis einer Produktion im Rahmen von Arbeit, deren Prozesse von außen gesteuert werden oder deren Selbststeuerung von außen vorgegeben ist oder bei denen die Veränderung der Selbststeuerung von außen lenkbar ist.

Theory Motivated Design Strukturierte Herangehensweise zur Lösung eines gut definierten Problems unter Einsatz einer Theorie, die Einsicht in das Problem gibt, sowie eines Artefaktes, in dem die Theorie zur Problemlösung eingebettet ist. Die Theorie oder Technologie wird dabei wiederverwendet, um andere Probleme zu lösen.

thinkLets thinkLets sind mit Namen versehene, gebündelte Facilitationstechniken, die unter Menschen, welche auf ein gemeinsames Ziel hinarbeiten, vorhersagbare und wiederholbare Kollaborationsmuster hervorrufen.

Validierung Validierung bezeichnet die Überprüfung eines entworfenen kollaborativen Prozesses in Bezug auf die Erfüllung der im Vorfeld definierten Kollaborationsziele.

Verdeutlichen Das Pattern of Collaboration ‚Verdeutlichen‘ dient dazu, innerhalb der Gruppe ein gemeinsames Verständnis hinsichtlich der Ideen, Probleme, Lösungen und Konzepte zu erreichen.

Web 2.0 Wie viele bedeutsame Konzepte hat das Web 2.0 keine festen Grenzen, jedoch enthält es einen anziehenden Kern. Man kann das Web 2.0 als eine Sammlung von Prinzipien und Methoden visualisieren, die zusammen ein Sonnensystem von Seiten bilden und einige oder all diese Prinzipien demonstrieren.

Yield Shift Theory of Satisfaction (YSTS) Die Yield Shift Theory of Satisfaction ist der Gruppe der Selbstregulationstheorien zugeordnet und beschreibt Erklärungsansätze zur Entstehung und Veränderung der Zufriedenheit vor dem Hintergrund der Zielerreichung.

Zielkongruenz Zielkongruenz beschreibt das Ausmaß der inhaltlichen Übereinstimmung einzelner Ziele.

Zufriedenheit Zufriedenheit beschreibt die spontan auftretende Wertschätzung eines Individuums für den Kollaborationsprozess und seine Ergebnisse.

Zustand Ein Zustand als eine Form von Gruppenprodukt wird anders als ein Artefakt nicht direkt durch die Gruppe erzeugt. Stattdessen beschreiben Zustände Änderungen im Verhalten bzw. in der Wahrnehmung der einzelnen Gruppenmitglieder, die durch den Kollaborationsprozess ausgelöst werden.

Gesamtliteratur

Adams, J. S. (1965). *Inequity in social exchange*. In L. Berkowitz (Hrsg.), Advances in experimental social psychology (S. 267-299). New York: Academic Press.

Agres, A., de Vreede, G.-J., & Briggs, R. O. (2005). A tale of two cities: Case studies of GSS transition in two organizations. *Group Decision and Negotiation, 14,* 267–284.

Alby, T. (2008). *Web 2.0: Konzepte, Anwendungen, Technologien* (3. Aufl.). München: Carl Hanser.

Allen, C. (2004). *Tracing the evolution of social software. Life with alacrity* (blog). http://www.lifewithalacrity.com/2004/10/tracing_the_evo.html. Zugegriffen: 12. Nov. 2013.

Allmendinger, J., & Hinz, T. (2002). *Perspektiven der Organisationssoziologie. Organisationssoziologie,* (Kölner Zeitschrift für Soziologie und Sozialpsychologie). Sonderheft 42.

Andler, N. (2009). *Tools für Projektmanagement, Workshops und Consulting: Kompendium der wichtigsten Techniken und Methoden.* (2. erweiterte Aufl.). Erlangen: Publicis Publishing.

Antoni, C. H. (2000). *Teamarbeit gestalten. Grundlagen, Analysen, Lösungen.* Weinheim: Beltz.

Appelt, W., Busbach, U., & Koch, T. (2001). Kollaborationsorientierte asynchrone Werkzeuge. In *CSCW Kompendium.* Berlin: Springer.

Atkinson, J. W. (1964). *An introduction to motivation.* Princeton: Van Nostrand.

Atteslander, P. (1971). *Methoden der empirischen Sozialforschung.* Berlin: Walter De Gruyter Verlag.

Bächle, M. (2006). Social Software. *InformatikSpektrum, 29,* 121–124.

Backerra, H. (1997). *Die sieben Kreativitätswerkzeuge K7: Kreative Prozesse anstoßen, Innovationen fördern.* München: Hanser Fachbuchverlag.

Backman, C. W. & Secord, P. F. (1995). The effect of perceived liking on interpersonal attraction. *Human relations, 12,* 379–384.

Balci, O. (2003). Verification, validation, and certification of modeling and simulation applications. Association for Computing Machinery New York. *Proceedings of the 2003 Winter Simulation Conference 1,* 150–158.

Baltes, B. (2002). Computer-mediated communication and group decision making: A meta-analysis. *Organizational Behavior and Human Decision Processes, 87,* 156–179.

Bandura, A. (1988). Self-regulation of motivation and action through goal systems. In: V. Hamilton, G. H. Bower, & N. H. Frijda (Hrsg.), *Cognitive perspectives on emotion and motivation* (S. 37–61). Dordrecht: Kluwer.

Barbuto, J. E., & Scholl, R. W. (1999). Leaders' sources of motivation and perceptions of followers' motivation as predictors of leaders' influence tactics used. *Psychological Reports 84,* 1087–1109.

Barent, V. (1997). *Werkzeuge für die moderatorlose Gruppenarbeit: Konzeption, Realisierung, Einsatzpotentiale.* Wiesbaden: Deutscher Universitäts-Verlag.

Baumgarth, C. (2008). *Markenpolitik: Markenwirkungen - Markenführung - Markencontrolling.* (3. Aufl.). Wiesbaden: Gabler.

Baun, C., Kunze, M., Nimis, J., & Tai, S. (2009). Cloud computing: Web-basierte dynamische ITServices. *Media*, 134.

Bausch, P., Haughey, M., & Hourihan, M. (2002). *We blog: Publishing online with Weblogs*. Indianapolis: Wiley.

Bay, R. H. (1998). *Teams effizient führen – Teamarbeit, Teamentwicklung, TQM im Team*. Würzburg: Vogel.

Beck, A. (2007). Web 2.0: Konzepte, Technologie, Anwendungen. *HMD Praxis der Wirtschaftsinformatik, 255*, 5–16.

Beecham, S., Hall, T., Britton, C., Cottee, M., & Rainer, A. (2006). Using an expert panel to validate a requirements process improvement model. *The Journal of Systems and Software, 76*, 251–275.

Beinhauer, M. (2004). Knowledge communities – Informationssystem zur Unterstützung des Wissensmanagement in virtuellen Wissensgemeinschaften. *Wirtschaftsinformatik, 46*, 225.

Belkin, N. J., & Croft, W. B. (1992). Information filtering and information retrieval: Two sides of the same coin? *Communications of the ACM, 35*, 29–38.

Benoit, K., Wiesehomeier, N. (2009). Expert Judgements. In S. Pickel, G. Pickel, H.-J. Lauth, D. Jahn, (Hrsg.), *Methoden der vergleichenden Politik- und Sozialwissenschaft (S. 497–516)*. Berlin: Springer Verlag.

Berekoven, L., Eckert, W., & Ellenrieder, P. (2006). *Marktforschung: Methodische Grundlagen und praktische Anwendung*. Wiesbaden: Gabler Verlag.

Biemer, P. P., & Lyberg, L. E. (2003). *Introduction to survey quality* (Wiley Series in Survey Methodology). Hoboken: Wiley-Interscience.

Bienert, J. (2007). Web 2.0 – Die Demokratisierung des Internet. *IM Information Management & Consulting, 1*, 6–14.

Birkenbihl V. F. (2011). *Psychologisch richtig verhandeln: professionelle Verhandlungstechniken mit Experimenten und Übungen*. Heidelberg: mvg Verlag.

Bittner, E. A. C. & Leimeister, J. M. (2014). Creating Shared Understanding in heterogeneous work groups - Why it matters and how to achieve it. *Journal of Management Information Systems, 30* (Spring 2014).

Blood, R. (2004). How blogging software reshapes the online community. *Communications of the ACM, 47*, 53–55.

Boase, J., Horrigan, J. B., Wellman, B., & Rainie, L. (2006). The strength of internet ties. In *Pew internet*.

Boehm, B. W. (1984). Verifying and validating software requirements and design specifications. *IEEE Software, 1*, 75–88.

Bohl, O., Manouchehri, S., & Winand, U. (2007). Unternehmerische Wertschöpfung im Web 2.0. *255*, 27–36.

Böhler, H. (2004). *Marktforschung* (3. Aufl.). Stuttgart: Kohlhammer.

Borghoff, U. M., & Schlichter, J. H. (1998). *Rechnergestützte Gruppenarbeit: Eine Einführung in verteilte Anwendungen* (2., vollständig überarbeitete und erweiterte Aufl.). Berlin u. a.: Springer.

Bostrom, R. P., Anson, R., & Clawson, V. K. (1993). Group facilitation and group support systems. In: L. M. Jessup & J. S. Valacich (Hrsg.), Group support systems new perspectives (S. 146–168). New York: Macmillan.

Boyd, D. M., & Ellison, N. B. (2008). Social network sites: Definition, history, and scholarship. *Journal of Computer-Mediated Communication, 13*, 210–230.

Braly, M. D., & Froh, G. B. (2006). *Social bookmarking in the enterprise*. University of Washington. The information school. http://citeseerx.ist.psu.edu/viewdoc/download?doi=10.1.1.97.6846&rep=rep1&type=pdf

Briggs, R. O. (2006). On theory-driven design and deployment of collaboration systems. *International Journal of Human-Computer Studies, 64*, 573–582.

Briggs, R. O. (1994). *The focus theory of group productivity and its application to development and testing of electronic group support systems.* PhD. Tucson: University of Arizona.

Briggs, R. O., & Grünbacher, P. (2002). EasyWinWin: Managing complexity in requirements negotiation with GSS. In: *Proceedings of the Hawaii International Conference on System Sciences 2002, IEEE Computer Society,* Los Alamitos, CA.

Briggs, R. O., & de Vreede, G.-J. (2009). *ThinkLets: Building blocks for concerted collaboration.* Omaha: Briggs and de Vreede.

Briggs, R. O., de Vreede, G.-J. Nunamaker, J. F. Jr., & Tobey, D. (2001). *ThinkLets: Achieving predictable, repeatable patterns of group interaction with Group Support Systems (GSS).* Proceedings of the 34th Annual Hawaii International Conference on System Sciences 00:9.

Briggs, R. O., de Vreede, G.-J., & Nunamaker, J. F. Jr. (2003a). Collaboration engineering with ThinkLets to pursue sustained success with group support systems. *Journal of Management Information Systems, 19,* 31–64.

Briggs, R. O., de Vreede, G. J., & Reinig, B. A. (2003). A theory and measurement of meeting satisfaction. *Proceedings of the 36th Hawaii International Conference on System Sciences HICSS' 03: 25.3.*

Briggs, R. O., Kolfschoten, G. L., & Vreede, G.-J. de (2005). *Toward a Theoretical Model of Consensus Building.* In: N. C. Romano Jr. (Hrsg.), Proceedings of AMCIS 2005. Omaha, USA: Association for Information Systems, 1–10.

Briggs, R. O., Kolfschoten, G. L., de Vreede, G. J., & Douglas, D. (2006a). Defining key concepts for collaboration engineering. In *Americas Conference on Information Systems, AIS,* Acapulco.

Briggs, R. O., Reinig, B. A., & de Vreede, G.-J. (2006b). Meeting satisfaction for technology-supported groups: An empirical validation of a goal-attainment model. *Small Group Research, 37,* 585–611.

Briggs, R. O., Reinig, B. A., & de Vreede, G.-J. (2008). The yield shift theory of satisfaction and its application to the IS/IT domain. *Journal of the Association for Information Systems, 9,* 2.

Briggs, R. O., Kolfschoten, G. L., de Vreede, G.-J., Albrecht, C., Dean, D. R., & Lukosch, S. (2009). *A seven-layer model of collaboration: Separation of concerns for designers of collaboration systems.* 13th Proceedings of the International Conference on Information Systems ICIS: Paper 26. Phoenix, USA.

Briggs, R. O., Kolfschoten, G. L., de Vreede, G.-J., Albrecht, C., Dean, D. L., Lukosch, S. (im Erscheinen). A six layer model of collaboration for designers of collaboration systems. In J. F. Nunamaker Jr., R. O. Briggs, & N. C. Romano Jr. (Hrsg.), *Advances in Collaboration Systems* (S. 1–14). Armonk: M.E. Sharpe, Inc.

Brodbeck, F. C. & Frey, D. (1999). Gruppenprozesse. In *Arbeits- und Organisationspsychologie.* Weinheim: Psychologie Verlags Union.

Brunhold, J., Merz, H., & Wagner, J. (2000). *Virtual communities: Strategie, Umsetzung, Erfolgsfaktoren.* Landsberg/Lech: Verlag Moderne Industrie.

Bühner M. (2010). *Einführung in die Test- und Fragebogenkonstruktion.* München: Pearson Deutschland GmbH.

Burghardt, A. (1972). *Einführung in die Allgemeine Soziologie.* München, Verlag Franz Vahlen.

Burmester, M., Eberhardt, B., Gerlicher, A., Goik, M., Hahn, J.-U., Hedler, M. et al. (2007). *Kompendium Medieninformatik: Medienpraxis.* Berlin u. a.: Springer.

Bush, V. (1945). As we may think. *The Atlantic Monthly, 176,* 101–108.

Card, S. K. (1988). Theory-driven design research. In McMillan G. R., Beevis, D., Salas, E., Sturb, M. H., & Sutton R. (Hrsg.) *Applications of Human Performance Models to System Design* (S. 501–509). New York-London: Plenum Press.

Chambers, E. G., Foulon, M., Handfield-Jones, H., & Hankin, S. M. (1998). The war for talent. *The McKinsey Quarterly: The Online Journal of McKinsey & Co.,* 1–8.

Chan, K. W., & Mauborgne, R. (1998). Procedural justice, strategic decision making, and the knowledge economy. *Strategic Management Journal, 19,* 323–338.

Chen, H., Hsu, P., Orwig, R., Hoopes, L., & Nunamaker, J. F. Jr. (1994). Automatic concept classification of text from electronic meetings. *Communications of the ACM, 37,* 56–73.

Chen, H. & Lynch, K. J. (1992). Automatic construction of networks of concepts characterizing document databases. *Ieee Transactions On Systems Man And Cybernetics, 22,* 885–902.

Chen, H., Houston, A., Nunamaker, J. F., & Yen, J. (1996). Toward intelligent meeting agents. *IEEE Computer, 29,* 62–70.

Clawson, V. K., Bostrom, R. P., & Anson, R. (1993). The role of the facilitator in computer-supported meetings. *Small Group Research, 24,* 547–565.

Coates, T. (2005). An addendum to a definition of Social Software. http://plasticbag.org/archives/2005/01/an_addendum_to_a_definition_of_social_software.

Cohen, S. G., & Bailey, D. E. (1997). What makes teams work: Group effectiveness research from the shop floor to the executive suite. *Journal of Management, 23,* 239–290.

Comelli, G., & von Rosenstiel, L. (1995). *Führung durch Motivation – Mitarbeiter für Organisationsziele gewinnen.* München: Vahlen.

Conlin, M. (2005). E-Mail is so five minutes ago. *Business Week, 3961,* 111–112.

Cunningham, D. J. (2010). A structure for formative in evaluation development. *Educational Research, 43*(2), 217–236.

Cunningham Ward (2006). Design principles of wiki: How can so little do so much? In *Proceedings of the 2006 international Symposium on Wikis: WikiSym '06. ACM.* New York, NY, USA, 13–14.

Danowski, P., Jansson, K., & Voß, J. (2007). Wikipedia als offenes Wissenssystem. In *OnlineCommunities als soziale Systeme.* Waxmann.

De Laporte, M. (2006). Von der Community zum Social Network: Evolution im Netz: User generated Content als Treibsatz für neue Formen der Kommunikation und eine veränderte Mediennutzung.

Dean, D. L., Hender, J. M., Rodgers, T. L., & Santanen, E. L. (2006). Identifying quality, novel, and creative ideas: Constructs and scales for idea evaluation. *Journal of the Association for Information Systems, 7,* 646–699.

Deci, E. L, & Ryan, R. M. (1985). *Intrinsic motivation and self-determination in human behavior.* New York: Plenum Press.

Delanty, G. (2003). *Community. Key Ideas.* London: Routledge.

Dennis, A. R., & Wixom, B. H. (2002). Investigating the moderators of the group support systems use with meta-analysis. *Journal of Management Information Systems, 18,* 235–258.

DeSanctis, G., & Gallupe, R. B. (1987). A Foundation for the study of group decision support systems. *Management Science, 33,* 589–609.

Dickson, G. W., Lee-Partridge, J. E., Limayem, M., & Desanctis, G. L. (1996). Facilitating computer-supported meetings: A cumulative analysis in a multiple-criteria task environment. *Group Decision and Negotiation, 5*(1), 51–72.

Döring, N. (2003). *Sozialpsychologie des Internet: Die Bedeutung des Internet für Kommunikationsprozesse, Identitaten, soziale Beziehungen und Gruppen.* Göttingen: Hogrefe, Verlag für Psychologie.

Dorsch, F., Häcker, H. O., & Stapf, K.-H. (2004). *Dorsch Psychologisches Wörterbuch.* Bern: Hans Huber.

Duarte, D. L., & Snyder, N. T. (2001). Mastering virtual teams: Strategies, tools, and techniques that Succeed. San Francisco: Jossey-Bass.

Duivenvoorde, G. P. J., Kolfschoten, G. L., Briggs, R. O., & de Vreede, G.-J. (2009). Towards an instrument to measure successfulness of collaborative effort from a participant perspective. *Proceedings of the 42nd Hawaii International Conference on System Sciences. HICSS '09.* Hawaii, 1–9.

Dzida, W., & Freitag, R. (1998). Making use of scenarios for validating analysis and design. *IEEE Transactions on Software Engineering, 24,* 1182–1196.

Ebersbach, A., Glaser, M., & Heigl, R. (2005). *WikiTools: Kooperation im Web.* Xpert.press. Berlin: Springer.

Ebersbach, A., Glaser, M., & Heigl, R. (2008). The social web: Research and opportunities. *Computer, 41,* 88–91.

Ebner, W., Leimeister, M., Bretschneider, U., & Krcmar, H. (2008). *Leveraging the wisdom of crowds: Designing an IT-Supported ideas competition for an ERP software company. Proceedings of the 41st Annual Hawaii International Conference on System Sciences HICSS 2008, 49,* 417-427.

Ellis, C. A., Gibbs, S. J., & Rein, G. L. (1991). Groupware: Some issues and experiences. *Communications of the ACM, 34,* 39–58.

Emery, F. E., Thorsrud, E., & Trist, E. L. (1969). *Form and content in industrial democracy: Some experiences from Norway and other European countries* (Bd. 3). London: Tavistock Publications.

Farrell, S., & Lau, T. (2006). Fringe contacts: People-tagging for the enterprise. Social Networks. IBM Research Report. *Computer Science.* http://domino.watson.ibm.com/library/CyberDig.nsf/papers/53299B30AD986C78852571B0004F46A9/$File/rj10384.pdf

Fischer, R., Patton B. M., & Ury, W. (2004). *Das Harvard – Konzept.* Frankfurt a. M.: Campus Verlag GmbH.

Fjermestad, J., & Hiltz, S. R. (1999). An assessment of group support systems experimental research: Methodology and results. *Journal of Management Information Systems, 15,* 7–149.

Flores, F., Graves, M., Hartfield, B., & Winograd, T. (1988). Computer systems and the design of organizational interaction. *ACM Transactions on Information Systems, 6,* 153–172.

Forster, J. (1978). *Teams und Teamarbeit in der Unternehmung. Eine gesamtheitliche Darstellung mit Meinungen und Beispielen aus der betrieblichen Praxis.* Bern: Haupt.

Fremuth, N., & Tasch, A. (2002). *Virtuelle und mobile Communities. Begriffserklärungen und Implikationen für Geschäftsmodelle.* Arbeitsberichte des Lehrstuhls fur Allgemeine und Industrielle Betriebswirtschaftslehre an der Technischen Universitat München. Hrsg.: Prof Ralf Reichwald.

Frese, E. (1980). Aufgabenalayse und -synthese. In E. Frese (Hrsg.), *Handwörterbuch der Organisation.* Stuttgart: Schaeffer-Poeschel Verlag.

Friedberg, E. (1972). Zur Politologie von Organisationen. In *Mikropolitik.* Opladen.

Fritz, W., & von der Oelsnitz, D. (2006) *Marketing. Elemente marktorientierter Unternehmensführung,* 4. erweiterte und aktualisierte Auflage. Stuttgart: Kohlhammer.

Frost, I. (2006). Das Wikipedia-Phänomen. Wissensmanagement, *9.*

Frühauf, K., Ludewig, J., Sandmayr, H. (2006). Software-Prüfung - Eine Anleitung zum Test und zur Inspektion (6. Aufl.). Zürich: vdf Verlag.

Führer, A., & Züger, R. M. (2007). Projektmanagement – Management-Basiskompetenz: Theoretische Grundlagen und Methoden mit Beispielen, Repetitionsfragen und Antworten. Zürich: Compendio Bildungsmedien AG.

Furnham, A. (1997). *The psychology of behaviour at work: The individual in the organization.* New York: Psychology Press.

Gabrielli, S., Mirabella, V., Kimani, S., & Catarci, T. (2005). Supporting cognitive walkthrough with video data: A mobile learning evaluation study. In *Proceedings of the 7th Conference on Human-Computer Interaction with Mobile Devices and Services (MobileHCI).*

Gadatsch, A. (2010). *Grundkurs Geschaftsprozess-Management: Methoden und Werkzeuge fur die ITPraxis: Eine Einfuhrung fur Studenten und Praktiker.* 6., aktualisierte Auflage. Wiesbaden: Vieweg+Teubner Verlag.

Gallupe, R. B., Dennis, A. R., Cooper, W. H., Valacich, J. S., Bastianutti, L. M., & Nunamaker, J. F. Jr. (1992). Electronic brainstorming and group size. *Academy of Management Journal, 35,* 350–369.

Gamma, E. (2001) *Entwurfsmuster. Elemente wiederverwendbarer objektorientierter Software.* München: Addison Wesley Verlag.

Garret, J. J. (2005). Ajax: A New Approach to Web Applications. https://courses.cs.washington.edu/courses/cse490h/07sp/readings/ajax_adaptive_path.pdf

Gebert, D. (1992). Arbeitsgruppe. In *Handwörterbuch der Organisation.* Stuttgart: C. E. Poeschel Verlag.

Gerick, T. (2007). *Wissen ist Markt: die Soziale Revolution – vom Web 2.0 zu Enterprise 2.0. In: 4. Konferenz Professionelles Wissensmanagement – Erfahrungen und Visionen;* Bd. 1: Berlin: GITO-Verlag.

Gläser, J., & Laudel, G. (2009). *Experteninterviews und qualitative Inhaltsanalyse als Instrumente rekonstruierender Untersuchungen.* Berlin: Springer Verlag.

Golder, S., & Huberman, B. A. (2005). The structure of collaborative tagging systems. *Growth Lakeland, 32,* 198–208.

Grap, R. (1992). In Neue Formen der Arbeitsorganisation für die Stahlindustrie. Aachen: Augustinus.

Grochla, E. (1978). *Einführung in die Organisationstheorie.* Stuttgart: Poeschel.

Grünewald, N., & Pagenkemper, C. (2004). *Qualitätsmanagement mit neuen Arbeitsformen - in Arbeitshilfe zur Planung, Einführung, Qualifizierung und Auditierung von Qualitätsmanagementsystemen unter Einbeziehung teilautonomer Gruppenarbeit.* Renningen: Expert Verlag.

Guzzo, R. A. (1996). Fundamental considerations about work groups. In M. A. West (Hrsg.), *Handbook of work group psychology.* Chichester: Wiley.

Haack, J. (2002). Interaktivitat als Kennzeichen von Multimedia und Hypermedia. In Klimsa I. (Hrsg.), *Information und Lernen mit Multimedia und Internet. Lehrbuch für Studium und Praxis.* Weinheim: Beltz.

Hacker, W. (2005). *Allgemeine Arbeitspsychologie. Psychische Regulation von Wissens-, Denk- und körperlicher Arbeit,* 2., vollständig überarbeitet und ergänzte Auflage. Bern: Huber Verlag.

Hahn, J., Moon, J. Y., & Zhang, C. (2008). Emergence of new project teams from open source software developer networks: Impact of prior collaboration ties. *Information Systems Research, 19,* 369–391.

Hansmann, K.-W. (2007). Prognoseverfahren. In: *Handwörterbuch der Betriebswirtschaft (6. Aufl.).* Köhler, R., Küpper, H.-U., Pfingsten, A., Stuttgart.

Harland, L., Harrison, W., Jones, J. R., & Reiter-Palmon, R. (2005). Leadership behaviors and subordinate resilience. *Journal of Leadership & Organizational Studies, 11,* 2–15.

Hartmann, M., Rieger, M., & Funk, R. (2007). *Zielgerichtet moderieren: ein Handbuch für Führungskräfte, Berater und Trainer.* Weinheim: Beltz.

Haug, C. (1998). *Erfolgreich im Team: Praxisnahe Anregungen für effiziente Team- und Projektarbeit.* München: Beck.

Heider, F. (2013). *The psychology of interpersonal relations.* Hilldale: Psychology Press.

Heinen, E. (1968). *Einführung in die Betriebswirtschaftslehre.* Wiesbaden: Gabler.

Henschel, A. (2001). *Communities of practice: Plattform für individuelles und kollektives Lernen sowie den Wissenstransfer.* Bamberg: Difo-Druck.

Herbig, B., Bussing, A. (2006). *Informations- und Kommunikationstechnologien im Krankenhaus: Grundlagen, Umsetzung,* Chancen und Risiken. Stuttgart: Schattauer Verlag.

Herrmann, T. (2001). Kommunikation und Kooperation. In: Schwabe G., Streitz N., and Unland R. (Hrsg.), *CSCW Kompendium* (S. 15–25). Springer.

Herrmann, A., & Huber, F. (2008). *Produktmanagement: Grundlagen, Methoden, Beispiele.* Wiesbaden: Gabler Verlag.

Herrmann, A., Huber, F., & Braunstein, C. (2001). Gestaltung der Markenpersönlichkeit mittels der „means-end"-Theorie. In: Esch, F.-R. (Hrsg.), *Moderne Markenführung: Grundlagen - Innovative Ansätze - Praktische Umsetzungen.* Wiesbaden: Gabler.

Hertel, G., & Konradt, U. (2007). *Telekooperation und virtuelle Teamarbeit.* München: Oldenbourg Wissenschaftsverlag.

Hertel, G., Geister, S., & Konradt, U. (2005). Managing virtual teams: A review of current empirical research. *Human Resource Management Review, 15,* 69–95.

Hertog, F. D., & Tolner, T. (1996). Groups and teams. In *International encyclopedia of business and management.* London: Routledge.

Hertweck, D., & Krcmar, H. (2001). Theorien zum Gruppenverhalten. In S. Gerhard, N. Streitz, & R. Unland (Hrsg.), *CSCW Kompendium* (S. 33–45). Berlin: Springer.

Herzberg, F., Mausner, B., & Snyderman, B. B. (1959). The motivation to work. *Journal of Economic Issues, 51*(4), 157.

Hinchclife, D. (2006). All we got was web 1.0, when tim berners-lee actually gave us Web 2.0 (Bd. 2009). *Social Computing Magazin.*

Hippner, H. (2006). Bedeutung, Anwendungen und Einsatzpotenziale von Social Software. *HMD Praxis der Wirtschaftsinformatik, 252,* 6–16.

Hippner, H., & Wilde, T. (2005). Social Software. *Wirtschaftsinformatik, 47,* 441–444.

Höfferer, M., & Sandrieser, B. (2009). Von der Zusammenarbeit im zweiten und der Collaboration im ersten Leben. *HMD* 46.

Hoffmann, F. (1973). *Entwicklung der Organisationsforschung.* Wiesbaden: Gabler.

Hoffmann, F. (1980). Aufgabe. In E. Frese (Hrsg.), *Handwörterbuch der Organisation.* Stuttgart: Schaeffer-Poeschel Verlag.

Hoffmann, A., Schulz, T., Hoffmann, H., Jandt, S., Roßnagel, A., & Leimeister, J. M. (2012a). Towards the use of software requirement patterns for legal requirements. In *2nd International requirements engineering efficiency workshop (REEW)* at RESFQ 2012 (Essen). Seyff, N.; Madhavji, N. H., Essen, Germany.

Holmer, T., Haake, J. M., & Streitz, N. (2001). Kollaborationsorientierte synchrone Werkzeuge. In *CSCW Kompendium.* Berlin: Springer-Verlag.

Hölzle, C. (2006). *Personalmanagement in Einrichtungen der sozialen Arbeit. Grundlagen und Instrumente. Weinheim:* Juventa.

Homma, N., & Bauschke, R. (2010). *Führung und Unternehmenskultur: Den Wandel gestalten - Methoden, Prozesse, Tools.* Wiesbaden: Gabler Verlag.

Hornstein, E. von, & Rosenstiel, L. von (2000). *Ziele vereinbaren - Leistung bewerten.* München: Langen.

Hüttner, M. (1997). *Grundzüge der Marktforschung.* München - Wien: Oldenbourg: Walter De Gruyter Verlag.

Isermann, O. (2004). *Traditionelle und virtuelle Teams.* Hamburg: Verlag Dr. Kovač.

Janis, I. L. (1973). Victims of groupthink: A psychological study of foreign-policy decisions and fiascoes. 277.

Joas, H. (2007). *Lehrbuch der Soziologie.* Frankfurt a. M.: Campus Verlag GmbH.

Johansen, R. (1991). Teams for tomorrow (groupware). *Proceedings of the Twenty Fourth Annual Hawaii International Conference on System Sciences, 3,* 521–534.

John, M., Schmidt, S., & Decker, B. (2005). Community-Management in Unternehmen mit Wikiund Weblogtechnologien. In: *Proceeding of: Virtuelle Organisation und Neue Medien 2005,* Workshop GeNeMe 2005 - Gemeinschaften in Neuen Medien, TU Dresden, 105–120.

Jørgensen, M. (2007). Forecasting of software development work effort: Evidence on expert judgement and formal models. *International Journal of Forecasting, 23,* 449–462.

Jüch, C., & Stobbe, A. (2005). Blogs. Ein neues Zaubermittel der Unternehmenskommunikation? *Economics – Deutsche Bank Research,* 53.

Jung, H. (2006). *Allgemeine Betriebswirtschaftslehre* Oldenbourg Verlag.

Kals, E., & Gallenmuller-Roschmann, J. (2011). *Arbeits- und Organisationspsychologie kompakt: Mit Online-Materialien* (Broschiert). Weinheim: Beltz Psychologie Verlags Union.

Kamal, M., Davis, A. J., Nabukenya, J., Schoonover, T. V., Pietron, L. R., & de Vreede, G.-J. (2007). *Collaboration engineering for incident response planning: Process development and validation.* Proceedings of the 40th Annual Hawaii International Conference on System Sciences (HICSS).

Kanfer, R. (1991). Industrial and organizational psychology. In: Dunnette, M. D., & Hough, L. M. (Hrsg.). *Handbook of industrial and organizational psychology* (Bd. 1). Palo Alto: Consulting Psychologists Press.

Kast, F. E., & Rosenzweig, J. E. (1970). *Organization and management: A systems approach.* New York: McGraw-Hill.

Katzenbach, J. R., & Smith, D. K. (1993). The Discipline of teams. *Harvard Business Review, 71,* 111–120.

Kauffeld, S. (2001). *Teamdiagnose.* Göttingen: Hogrefe-Verlag.

Keiser, O. (2002). Virtuelle Teams. Konzeptionelle Annäherung, theoretische Grundlagen und kritische Reflexion. In *Managementwissen*. Frankfurt: Peter Lang.

Kerzner, H. (2008) *Projektmanagement: Ein systemorientierter Ansatz zur Planung und Steuerung (Key-Competence)*. Heidelberg: Redline GmbH.

Khalifa, M., & Liu, V. (2003). Determinants of satisfaction at different adoption stages of internet-based services. *Journal of the Association for Information Systems, 5*(4), 206–232.

Klein, H. J., Wesson, M. J., Hollenbeck, J. R., & Alge, B. J. (1999). Goal commitment and the goal-setting process: Conceptual clarification and empirical synthesis. *Journal of Applied Psychology, 84*, 885–896.

Koch, M. C., & Haarland, A. (2003). *Generation Blogger*. Bonn: mitp-Verlag.

Koch, M., & Gross, T. (2007). Computer-supported cooperative work. *Enzyklopädie der Wirtschaftsinformatik OnlineLexikon, 18*, 204.

Koch, M., & Richter, A. (2007). *Enterprise 2.0: Planung, Einführung und erfolgreicher Einsatz von Social Software in Unternehmen*. München: Oldenbourg Verlag.

Koch, M., & Richter, A. (2008). Social-Networking-Dienste im Unternehmenskontext: Grundlagen und Herausforderungen. In: *Kommunikation Partizipation und Wirkungen im Social Web*. Köln: Herbert von Halem Verlag.

Kolfschoten, G. L. (2007). *Theoretical foundations for collaboration engineering*. Department of Systems Engineering Faculty of Technology Policy and Management Delft University of Technology.

Kolfschoten, G. L., & Veen, W. (2005). *Tool Support for GSS Session Design*. System Sciences, 2005. HICSS' 05. Proceedings of the 38th Annual Hawaii International Conference on:1–10.

Kolfschoten, G. L., Appelman, J. H., Briggs, R. O., & de Vreede, G.-J. (2004). *Recurring patterns of facilitation interventions in GSS sessions*. System Sciences, 2004. Proceedings of the 37th Annual Hawaii International Conference on 00:10.

Kolfschoten, G. L., Briggs, R., de Vreede, G.-J., Jacobs, P., & Appelman, J. (2006a). A conceptual foundation of the thinkLet concept for collaboration engineering. *International Journal of Human-Computer Studies, 64(7)*, 611–621.

Kolfschoten, G. L., Briggs, R. O., & de Vreede, G.-J. (2006b). *Definitions in collaboration engineering*. Symposium on Case and Field Studies of Collaboration (HICSS39), 16–23.

Kolfschoten, G. L., den Hengst-Bruggeling, M., & de Vreede, G.-J. (2007). Issues in the design of facilitated collaboration processes. *Group Decision and Negotiation, 16*, 347–361.

Kolfschoten, G. L., Lowry, P. B., Dean, D. l., & Kamal, M. (2008). A measurement framework for patterns of collaboration. Working Paper. In R. O. Briggs, G.-J. De Vrede, G. L. Kolfschoten (Hrsg.), *Report of the workshop on collaboration engeneering*, January 7th, 2008.

Kolfschoten, G. L., & de Vreede, G.-J. (2009). A design approach for collaboration processes: A multimethod design science study in collaboration engineering. *Journal of Management Information Systems, 26*, 225–256.

Konradt, U., & Hertel, G. (2002). *Management virtueller Teams: Von der Telearbeit zum virtuellen Unternehmen*. Weinheim: Beltz.

Korsgaard, M. A., Schweiger, D. M., & Sapienza, H. J. (1995). Building commitment, attachment, and trust in strategic decision-making teams: The role of procedural justice. *Academy of Management Journal, 38*, 60–84.

Kraus, R., & Woschée, R. (2009). Commitment und Identifikation mit Projekten – Ein Praxisbuch für die erfolgreiche Projektleitung. In M. Wastian, I. Braumandl & L. von Rosenstiel (Hrsg.), *Angewandte Psychologie für Projektmanager* (S. 187–206). Springer: Berlin.

Kreißl, G., & Schmidt, A. M. (1995). Unterweisungsproben. *Muster für Prüfung und Praxis*. Renningen-Malmsheim: Expert verlag.

Kreutzer, R. (2010). *Praxisorientiertes Marketing: Grundlagen- Instrumente- Fallbeispiele*. 3., vollständig überarbeitete und erweiterte Auflage. Wiesbaden: Gabler Verlag.

Kroeber-Riel, W., Weinberg, P., & Gröppel-Klein, A. (2009). *Konsumentenverhalten* (9. Aufl.). München: Vahlen.

Kuß, A. (2007). Marktforschung. Grundlagen der Datenerhebung und Datenanalyse. Wiesbaden: Gabler Verlag.

Langham, M. (2007). Enterprise 2.0. *Entwickler Magazin* 2007, 1, 131–136.

Laucken, U. (1974). *Naive Verhaltenstheorie.* Stuttgart: Klett Verlag.

Lautenbacher, S., & Buric, C. (2007). Horbare Wissensvermittlung im Pocket-Format. *Personalwirtschaft* 2007, 2, 20–21.

Lauth, H.-J., Pickel, G., & Pickel, S. (2009). Methoden der Vergleichenden Politikwissenschaft. Eine Einführung.

Laux, H., & Liermann, F. (2005). *Grundlagen der Organisation: Die Steuerung von Entscheidungen als Grundproblem der Betriebswirtschaftslehre* (6. Aufl.). Berlin: Springer Verlag.

Laver, M., & Garry, J. (2000). Estimating policy positions from political texts. *American Journal of Political Science, 44,* 619–634.

Lechner, U., & Schmid, B. F. (2001). *Communities – business models and system architectures: The Blueprint of MP3.com, Napster and Gnutella revisited.* System Sciences, 2001. Proceedings of the 34th Annual Hawaii International Conference on System Sciences (HICSS 34).

Lehel, V., & Matthes, F. (2005). User-Centered Social Software - Der Wissensarbeitsplatz der Zukunft? In: *Konferenz zum Einsatz von Knowledge Management in Wirtschaft und Verwaltung KnowTech.* München, BitKom.

Leimeister, J. M. (2012). *Dienstleistungsengineering und -management.* Berlin, Heidelberg: Springer.

Leimeister, J. M. (2005). *Virtuelle Communities für Patienten: Bedarfsgerechte Entwicklung, Einführung und Betrieb.* Wiesbaden: Deutscher Universitätsverlag.

Leimeister, J. M., & Krcmar, H. (2003). Virtuelle Communities. *wisu – Das Wirtschaftsstudium, 32,* 659–668.

Leimeister, J. M., Huber, M., Bretschneider, U., & Krcmar, H. (2009). Leveraging crowdsourcing: Activation-supporting components for IT-based ideas competition. *Journal of Management Information Systems, 26,* 197–224.

Leuf, B., & Cunningham, W. (2002). What Is Wiki. http://wiki.org/wiki.cgi?WhatIsWiki

Levi, D. (2007). *Group dynamics for teams* (2. Aufl.). Thousand Oaks: Sage.

Lewicki, R., Saunders, D., & Barry, B. (2009). *Negotiation: Readings, exercises and cases.* New York: McGraw-Hill International Edition.

Lewin, K. (1948). *Resolving social conflicts.* New York: Harper & Row.

Lewin, K. (1952). *Field theory in social science: Selected theoretical papers.* D. Cartwright (Hrsg.). London: Tavistock.

Licklider, J. C. R. (1960). Man-computer symbiosis. *Ire Transactions On Human Factors In Electronics, HFE-1,* 4–11.

Licklider, J. C. R., & Taylor, R. W. (1968). The computer as a communication device. *Science and technology, 76(2),* 3.

Liem, S., Blecher, G., & Gehr, F. (1997). Simulation in der Geschäftsprozessoptimierung: Konzepte und Weiterentwicklungen. *IM Information Management & Consulting,* 64–68.

Liggesmeyer, P. (2009). *Software-qualität: Testen, analysieren und verifizieren von Software* (2. Aufl.). Heidelberg: Spektrum Akademischer Verlag.

Lin, D. (2013). Die fünf Quellen der Motivation bei der Nutzung von Enterprise Wikis. *11th International Conference on Wirtschaftsinformatik,* 643-657.

Lipnack, J., & Stamps, J. (1998). *Virtuelle Teams: Projekte ohne Grenzen.* Wien: Ueberreuter.

Lipnack, J., & Stamps, J. (2000). *Virtual teams: People working across boundaries with technology.* Chichester: Wiley.

Locke, E. A. (1968). Toward a theory of task motivation and incentives. *Organizational Behavior and Human Performance, 3,* 157–189.

Locke, E. A. (1976). The nature and causes of job satisfaction. In: Dunnette (Hrsg.), *Handbook of industrial and organizational psychology* (S. 1297–1349). Chicago: Rand McNally.

Locke, E. A., & Latham, G. P. (1990). *A theory of goal-setting and task performance.* Englewood Cliffs: Prentice Hall.

Locke, E. A., Shaw, K. N., Saari, L. M., & Latham, G. P. (1981). Goal Setting and task performance: 1969–1980. *Psychological Bulletin, 90,* 125–152.

Lodewijkx, H. F. M., Rabbie, J. M., & Visser, L. (2006). "Better to be safe than to be sorry": Extinguishing the individual—group discontinuity effect in competition by cautious reciprocation. *European Review of Social Psychology, 17,* 185–232.

Lucas, H. C. (1981). An experimental investigation of the use of computer-based graphics in decision making. *Management Science, 27,* 757–768.

Lüdtke, O. (2006). *Persönliche Ziele junger Erwachsener.* Münster: Waxmann Verlag.

Lynch, K. J., Snyder, J. M., Vogel, D. R., & McHenry, W. K. (1990). *The arizona analyst information system: Supporting collaborative research on international technological trends* (S. 159–174). Proceedings of the Conference on Multiuser Interfaces and ApplicationsIFIP WG 84 Oct 710 Herakleion Greece.

Macharzina, K. (1999). *Unternehmensführung: Das internationale Managementwissen – Konzepte – Methoden – Praxis.* Wiesbaden: Gabler.

Manouchehri Far, S. (2010). *Social Software in Unternehmen - Nutzenpotentiale und Adoption in der innerbetrieblichen Zusammenarbeit.* Reihe: Planung, Organisation und Unternehmensführung. Band 127. Lohmar: Josef Eul Verlag.

Markus, U. (2002). Integration der virtuellen Community in das CRM: Konzeption, Rahmenmodell, Realisierung. In *Electronic Commerce* (Vol. 15). Lohmar: Eul.

Matera, M., Rizzo, F., Carughi, G. T., & Milano, P. (2006). Web usability: Principles and evaluation methods. In *ICWE'10 Proceedings of the 10th international conference on Current trends in web engineering, 360–371.*

Matzdorf, P., & Cohn, R. (1992). *Das Konzept der themenzentrierten Interaktion* (S. 39–92) TZI. Pädagogisch-therapeutische Gruppenarbeit nach Ruth C. Cohn. Stuttgart: Klett-Cotta.

Matzel, L. D., Collin, C., & Alkon, D. L. (1992). Biophysical and behavioral correlates of memory storage, degradation, and reactivation. *Behavioral Neuroscience, 106,* 954–963.

McClelland, D. C. (1987). *Human motivation.* New York: Cambridge University Press.

McGrath, J. E. (1991). Time, interaction, and performance (TIP): A theory of groups. *Small Group Research, 22,* 147–174.

Meffert, H., & Bruhn, M. (2006). *Dienstleistungsmarketing: Grundlagen - Konzepte - Methoden.* Wiesbaden: Gabler Verlag.

Mento, A. (1987). A meta-analytic study of the effects of goal setting on task performance: 1966–1984*. *Organizational Behavior and Human Decision Processes, 39,* 52–83.

Mento, A. J., Martinelli, P., & Jones, R. M. (1999). Mind mapping in executive education: Applications and outcomes. *Journal of Management Development, 18,* 390–416.

Meyer, W., & Stockmann, R. (2010). Evaluationsansätze und ihre theoretischen Grundlagen. In *Evaluation - Eine Einführung (S. 101–147).* Opladen und Bloomfield Hills: Barbara Budrich Verlag.

Millen, D., Feinberg, J., & Kerr, B. (2005). Social bookmarking in the enterprise. *Queue, 3,* 28.

Mintzberg, H. (1983). *In structure in fives: Designing effective organizations.* Englewood Cliffs: Prentice-Hall.

Mittleman, D. D. (1995). Planning and design considerations for computer supported collaborative environments. *Journal of the Association for Information Systems, 10.*

Mittleman, D. D., Briggs, R. O., Murphy, J., & Davis, A. (2008). Toward a taxonomy of groupware technologies. *Groupware Design Implementation and Use, 5411,* 305–317.

Mobley, W. H., & Locke, E. A. (1970). The relationship of value importance to satisfaction. *Organizational Behavior and Human Performance, 5,* 463–483.

Mohrman, S. A., Cohen, S. G., & Mohrman, A. M. (1995). *Designing team-based organizations: New forms for knowledge work.* San Francisco: Jossey-Bass.

Möller, E. (2005). Die heimliche Medienrevolution – Wie Weblogs, Wikis und freie Software die Welt verändern. *Telepolis*, 240.

Müller-Kohlenberg, H. (1998). Die Delphi-Methode in der Evaluationsforschung: Eine Pilotstudie zur Evaluation aus Sicht der KlientInnen bzw. NutzerInnen. In M. Heiner (Hrsg.), *Experimentierende Evaluation: Ansätze zur Entwicklung lernender Organisationen*. Weinheim und München: Juventa Verlag.

Müller-Tomfelde, C. (2010). *Tabletops – Horizontal Interactive Displays* (Human-Computer Interaction Series). London: Springer.

Müller, C., & Dibbern, P. (2006). Selbstorganisiertes Wissensmanagement in Unternehmen auf Basis der Wiki-Technologie – ein Anwendungsfall. *Praxis der Wirtschaftsinformatik, 252*, 45–54.

Nagasundaram, M. (1991). Goal centered dialogues: A process structuring model for group decision support systems. *11th Annual Conference on Decision Support Systems*: Manhattan Beach (USA), 195–203.

Nagasundaram, M., & Dennis, A. R. (1993). When a group is not a group – the cognitive foundation of group idea generation. *Small Group Research, 24*, 463–489.

Nastansky, L. (1993). *Workgroup Computing. Computergestützte Teamarbeit (CSCW) in der Praxis. Neue Entwicklungen und Trends* (Bd. 12). Hamburg: Steuer- und Wirtschaftsverlag.

Nastansky, L. (1995). *Groupware – Kommunikation, Kollaboration, Koordination*. Paderborn. Vorlesungsskript.

Neuland M. (2003). *Neuland-Moderation*. Bonn: Managerseminare Verlag.

Newell, A., & Simon, H. A. (1972). *Human problem solving*. Englewood Cliffs: Prentice-Hall.

Niederhuber, M., & Bart, P. (2010). *Systematisches Vorgehen beim Problemlösen Methoden und Techniken*. Geographic Information Technology Training Alliance.

Noor, M. A., Grünbacher, P., & Briggs, R. O. (2007). *A collaborative approach for product line scoping: A case study in collaboration engineering* (S. 216–223). Proceedings of the 25th conference on IASTED International Multi-Conference: Software Engineering.

Nunamaker, J. F. Jr., Dennis, A. R., Valacich, J. S., Vogel, D. R., & George, J. F. (1991). Electronic meeting systems to support group work. *Communications of the ACM, 34*, 40–61.

Nunamaker, J. F. Jr., Briggs, R. O., Mittleman, D. D., Vogel, D. R., & Balthazard, P. A. (1997). Lessons from a dozen years of group support systems research: A discussion of lab and field findings. *Journal of Management Information Systems, 13*, 163–207.

O'Reilly, T. (2005). What is web 2.0: Design patterns and business models for the next generation of software. *Design, 6228*, 17–37.

Odiorne, G. S. (1965). *Management by objectives: A system of managerial leadership*. New York: Pitman Pub. Corp.

Oliver, R. L. (1996). Varieties of value in the consumption satisfaction response. *Advances in Consumer Research, 23*, 143–147.

Pal, R., Sengupta, A., & Bose, I. (2008). Role of pilot study in assessing viability of new technology projects: The case of RFID in parking operations. *Communications of the Association for Information Systems, 23*, 257–276.

Palmer, J. W., & Griffith, D. A. (1998). An emerging model of web site design for marketing. *Communications of the ACM, 41*, 44–51.

Pardo, E. O., Strohm, O., & Ulich, E. (1997). Methodische Grundlagen der MTO-Analyse. Zürich: vdf Verlag.

Peters, U. H. (2011) *Lexikon Psychiatrie, Psychotherapie, Medizinische Psychologie*. Taschenbuch.

Pfeiffer, W. u.a. (1995). *Etymologisches Wörterbuch des Deutschen* (3. Aufl.). München: Deutscher Taschenbuchverlag.

Picot, A., & Fischer, T. (2006). Einführung – Veränderte mediale Realitäten und der Einsatz von Weblogs im unternehmerischen Umfeld. In *Weblogs professionell*. Heidelberg: dpunkt.verlag.

Piepenburg, U. (1991). Ein Konzept von Kooperation und die technische Unterstutzung kooperativer Prozesse in Burobereichen. In *Kooperative Arbeit und Computerunterstützung*. Stuttgart: B.G. Teubner Verlag.

Pleil, T. (2004). Meinung machen im Internet? Personal Web Publishing und Online PR.

Pleil, T. (2005). Öffentliche Meinung aus dem Netz? Neue Internet-Anwendungen und Public Rela-tions. In *Alte Medien neue Medien Theorieperspektiven Medienprofile Einsatzfelder Festschrift für Jan Tonnemacher*. VS Verl. für Sozialwiss.

Pleil, T., & Zerfaß, A. (2007). Internet und Social Software in der Unternehmenskommunikation. In *Handbuch Unternehmenskommunikation*. Wiesbaden: Gabler.

Plenge, J. (1964). Drei Vorlesungen über die allgemeine Organisationslehre, Essen a.d. Ruhr, 1919. In *Cognito ergo sumus. Eine Auswahl aus den Schriften von Johann Plenge*. Berlin: Duncker & Humblot.

Pohl, K. (2008). *Requirements Engineering: Grundlagen, Prinzipien, Techniken*. 2., korrigierte Auf-lage. Heidelberg: dpunkt. Verlag.

Powers, R. F., & Dickson, G. W. (1973). MIS project management: Myths, opinions and reality. *California Management Review, 15*, 147.

Pritchard, R. D., Jones, S. D., Roth, P. L., Stuebing, K. K., & Ekeberg, S. E. (1988) Effects of group feedback, goal setting, and incentives on organizational productivity. *Journal of Applied Psychology, 73*, 337–358.

Provus, M. M. (1971). *Discrepancy evaluation for educational program improvment and assessment*. Berkeley: McCutchan Publishing.

Przepiorka, S. (2006). Weblogs, Wikis und die dritte Dimension. In *Weblogs professionell Grundlagen Konzepte und Praxis im unternehmerischen Umfeld*. Heidelberg: dpunkt.verlag.

Püttjer, C., & Schnierda, U. (2002). *Die heimlichen Spielregeln der Verhandlung: So trainieren Sie Ihre Überzeugungskraft*. Frankfurt a. M.: Campus.

Quibeldey-Cirkel, K. (1999). *Entwurfsmuster: Design Patterns in der objektorientierten Softwaretech-nik*. Wiesbaden: Gabler Wissenschaftsverlage.

REFA (1991). *Methodenlehre der Betriebsorganisation – Grundlagen der Arbeitsgestaltung*. München: Verband für Arbeitsgestaltung, Betriebsorganisation und Unternehmensentwicklung.

Reineke, W. (1990). *Das Verhandlungsbrevier*. Köln: Datakontext Verlag GmbH.

Renault, S., Mendez-Bonilla, O., Franch, X., & Quer, C. (2009). A pattern-based method for building requirements documents in call-for-tender processes. *International Journal of Computer Science and Applications, 6*, 175–202.

Reynolds, T. J., & Gutman, J. (1988). Laddering theory, method, analysis, and interpretation. *Journal of Advertising Research, 28*, 11–31.

Richter, A., & Koch, M. (2007). *Social Software - Status quo und Zukunft*. Technischer Bericht Nr. 2007-01, Fakultät für Informatik, Universität der Bundeswehr München.

Richter, F., & Pohland, A. (2010). Arbeitsintegrierte Ansätze der Personalentwicklung. In: J. Ryschka, M. Solga, & A. Mattenklott (Hrsg.) *Praxishandbuch Personalentwicklung: Instrumente, Konzepte, Beispiele* (S. 137–175). Wiesbaden: Gabler Verlag.

Robbins, S. P. (2001). *Organisation der Unternehmung*. München: Pearson Studium.

Robertson, S., & Robertson, J. C. (2006). *Mastering the requirements process* (2. Aufl.). Addison-Wesley Professional: Reading.

Roethlisberger, F. J., & Dickson, W. J. (1939). *Management and the Worker*. Cambridge: Harvard University Press.

Röll, M. (2006). Knowledge Blogs - Persönliche Weblogs im Intranet als Werkzeuge im Wissens-management. In A. Picot & T. Fischer (Hrsg.), *Weblogs professionell. Grundlagen, Konzepte und Praxis im unternehmerischen Umfeld* (S. 95–112). Heidelberg: dpunkt.

Rosenstiel, L. von (2003). *Grundlagen der Organisationspsychologie-Basiswissen und Anwendungs-hinweise* (5. überarbeitete Aufl.). Stuttgart: Schaeffer-Poeschel.

Rubel, B. (2006). *Organisatorische Gestaltung der Leistungsbeziehungen in Kommunalverwaltungen. Dissertation Universität zu Köln*. Wiesbaden: Gabler Verlag.

Rubel, B., & Frese, E. (2007). *Organisatorische Gestaltung der Leistungsbeziehungen in Kommunalverwaltungen*. München: Deutscher Universitäts Verlag.

Sanders, J. R., & Cunningham, D. J. (1974). Techniques and procedures for formative evaluation. In: *Evaluation educational programs and products*. Borich, G. D. (Hrsg.), Englewood Cliffs: Northwest Regional Educational Laboratory.

Santanen, E. L., & de Vreede, G.-J. (2004). Creative approaches to measuring creativity : Comparing the effectiveness of four divergence thinkLets. *Techniques 00*, 1–10.

Santanen, E., Kolfschoten, G. L., & Golla, K. (2006). *The collaboration engineering maturity model*. Proceedings of the 39th Annual Hawaii International Conference on System Sciences (HICSS 06) 1–16.

Sargent, R. G. (2005). Verification and validation of simulation models. In M. E. Kuhl, N. M. Steiger, F. B. Armstrong, & J. A. Joines (Hrsg.), *Proceedings of the 37th conference on Winter simulation*, 37(2), 130–143. Winter Simulation Conference.

Sauer, M. (2007). *Weblogs, Podcasting & Online-Journalismus*. Köln: O'Reilly Verlag.

Schanz, G. (1991a). *Motivationale Grundlagen der Gestaltung von Anreizsystemen* (S. 3–30). Stuttgart: Poeschel.

Schanz, G. (1991b). *Handbuch Anreizsysteme*. Stuttgart: Schaeffer-Poeschel.

Scheler, U. (2005). *Erfolgsfaktor Networking: Mit Beziehungsintelligenz die richtigen Kontakte knüpfen, pflegen und nutzen* (2. Aufl.). München: Verlag Piper.

Schenk, B., & Schwabe, G. (2001). *Moderation*. In *CSCW Kompendium*. Berlin: Springer.

Scherer, J. (2007). *Kreativitatstechniken: In 10 Schritten Ideen finden, bewerten, umsetzen*. Offenbach: GABAL-Verlag GmbH.

Schilling, G. (2005). *Moderation von Gruppen: Der Praxisleitfaden für die Moderation von Gruppen, die gemeinsam arbeiten, lernen, Ideen sammeln, Lösungen finden und entscheiden wollen*. Berlin: Schilling Verlag.

Schlichter, J. (2005). Workflow- und Workflow-Systeme.

Schlicksupp, H. (1998). *Innovation, Kreativitat und Ideenfindung*. München: Vogel Verlag.

Schmidt, J. (2006). *Weblogs. Eine kommunikationssoziologische Studie*. Konstanz: UVK.

Schneider, H. D. (1975). *Kleingruppenforschung*. Stuttgart: Teubner.

Schneider, D. (2005). *Instant messaging, neue Raume im Cyberspace Nutzertypen, Gebrauchsweisen, Motive, Regeln*. München: Reinhard Fischer.

Scholz, C. (2002). Virtuelle Teams - Neuer Wein in neue Schläuche. *Führung und Organisation, 71*, 26–33.

Schroll, W., & Neef, A. (2006). Web 2.0– Was ist dran? *Foresight*, 1–6.

Schubert, P. (1999). *Virtuelle Transaktionsgemeinschaften im Electronic Commerce. Management, Marketing und Soziale Umwelt*. Lohmar: Josef Eul Verlag.

Schwabe, G. (2001). *Theorien zur Mediennutzung bei der Gruppenarbeit*. Berlin: Springer.

Schwarz, P. (1996). *Management in Nonprofit Organisationen: Eine Führungs-, Organisations- und Planungslehre fur Verbände, Sozialwerke, Vereine, Kirchen, Parteien usw*. Bern: Haupt Verlag.

Schweitzer, M. (1980). Arbeitsteilung. In E. Frese (Hrsg.), *Handwörterbuch der Organisation*. Stuttgart: Schaeffer-Poeschel Verlag.

Seeger, T. (1979). Die Delphi-Methode. Expertenbefragungen zwischen Prognose und Gruppenmeinungsbildungsprozessen – überprüft am Beispiel von Delphi-Befragungen im Gegenstandsbereich Information und Dokumentation. Dissertation. Freiburg.

Senst, E. (2001). *Virtuelle Teamarbeit: Ein Lernprogramm im Medienverbund zur Einrichtung und Betreuung virtueller Teams*. Kiel: Sensed-Media.

Shepherd, M. M., Briggs, R., Reinig, B. A., Yen, J., & Nunamaker, J. F. Jr. (1995). Invoking social comparison to improve electronic brainstorming: Beyond anonymity. *Journal of Management Information Systems, 12*, 155–170.

Smith, A., & Recktenwald, H. C. (1999). *Der Wohlstand der Nationen. Eine Untersuchung seiner Natur und seiner Ursachen*. München: Deutscher Taschenbuch Verlag.

Söllner, M., Hoffmann, A., Hoffmann, H., & Leimeister, J. M. (2012). Vertrauensunterstützung für sozio-technische ubiquitäre Systeme. *Zeitschrift für Betriebswirtschaft*, Ausgabe: Supplement 4, 2012, Erscheinungsjahr: 2012. S. 109–140.

Staehle, W. H., Conrad, P., & Sydow, J. (1999). *Management. Eine verhaltenswissenschaftliche Perspektive*. München: Vahlen.

Steinmann, H., & Schreyögg, G. (2005). *Management: Grundlagen der Unternehmensführung; Konzepte Funktionen Fallstudien*. Wiesbaden: Gabler Verlag.

Stockmann, R. (2010a). Evaluationsprozess. In *Evaluation - Eine Einführung (S. 159–186)*. Opladen und Bloomfield Hills: Barbara Budrich Verlag.

Stockmann, R. (2010b). Wissenschaftsbasierte Evaluation. In *Evaluation - Eine Einführung (S. 55–89)*. Opladen und Bloomfield Hills: Barbara Budrich Verlag.

Stöger, G., & Thomas, G. (2007). *Teams ohne Grenzen: Und es geht doch: Virtuelle Teams erfolgreich vernetzten, führen, leben*. Zürich: Orell Füssli Verlag AG.

Stuppert, S. (2006). Telefonieren uber Internet: VoIP. http://www.bundestag.de/dokumente/analysen/2006/Telefonieren_ueber_Internet__VoIP.pdf

Sulzbacher, M. (2003). *Virtuelle Teams: eine Möglichkeit, komplexe Aufgaben über Raum, Zeit und Organisationsgrenzen hinweg effektiv zu meistern?* Marburg: Tectum Verlag.

Sundstrom, E., McIntyre, M., Halfhill, T., & Richards, H. (2000). Work groups: From the Hawthorne studies to work teams of the 1990s and beyond. *Group Dynamics, 4*, 44–67.

Sydow, J. (1985). *Organisationsspielraum und Büroautomation*. Berlin: de Gruyter.

Szugat, M., Gewehr, J. E., & Lochmann, C. (2006). *Social Software. Blogs, Wikis & Co. Schnell + kompakt*. Frankfurt: Entwickler.press.

Teufel, S., Sauter, C., Mühlherr, T., & Bauknecht, K. (1995). *Computerunterstützung für die Gruppenarbeit*. Bonn: Addison-Wesley.

Thabane, L., Ma, J., Chu, R., Cheng, J., Ismaila, A., Rios, L. P., et al. (2010). A tutorial on pilot studies: The what, why and how. *BMC Medical Research Methodology, 10*, 2–10.

Thiemer, J. (2004). *Erlebnisbetonte Kommunikationsplattformen als mögliches Instrument der markenführung — dargestellt am Beispiel der Automobilindustrie*. Dissertation. Universität Kassel.

Thomas, D., Hunt, A., Lehmann, F., & Petschke, U. (2004). *Pragmatisch Programmieren - Versionsverwaltung mit CVS*. München: Beck.

Thonemann, U. (2010). *Operations Management: Konzepte, Methoden und Anwendungen*. 2., aktualisierte und erweiterte Auflage. Addison-Wesley Verlag: Reading.

Torkzadeh, G. (1999) The development of a tool for measuring the perceived impact of information technology on work. *Omega, 27*, 327–339.

Tourangeau, R., Rips, L. J., & Rasinski, K. (2000). *The psychology of survey response*. Cambridge: Cambridge University Press.

Trist E. L., & Bamforth, K. W. (1951). Some social and psychological consequences of the Longwall method of coal-getting. *Human Relations, 4*, 3–38.

Tubbs, M. E. (1986). Goal-setting: A meta-analytic examination of the empirical evidence. *Journal of Applied Psychology, 71*, 474–483.

de Vreede, G.-J., Boonstra, J., & Niederman, F. A. (2002). *What is effective GSS facilitation? A qualitative inquiry into participants' perceptions*. Proceedings of the 35th Annual Hawaii International Conference on System Sciences HICSS35 02, 616–627.

de Vreede, G.-J., Davison, R. M., & Briggs, R. O. (2003). How a silver bullet may lose its shine – Learning from failures with group support systems. *Communications of the ACM, 46*, 96–101.

de Vreede, G.-J., & Briggs, R. O. (2005). *Collaboration engineering: Designing repeatable processes for high-value collaborative tasks*. System Sciences, 2005. HICSS '05. Proceedings of the 38th Annual Hawaii International Conference on System Sciences, 1–17.

de Vreede, G.-J., & Briggs, R. O. (2009). Collaboration engineering: Foundations and opportunities: Editorial to the special issue on the journal of the association of information systems. *Journal of the Association, 10*, 121–137.

Valacich, J. S., Jessup, L. M., Dennis, A. R., & Nunamaker, J. F. Jr. (1992). A conceptual framework of anonymity in group support systems. *Group Decision and Negotiation, 1,* 219–241.

Van Gundy, A. B. Jr. (1988). *Techniques of structured problems* (General Business & Business Ed.). New York: Van Nostrand Reinhold.

Vroom, V. H. (1964). *Work and motivation.* New York: Wiley.

Wallmüller, E. (2001). *Software-Qualitätsmanagement in der Praxis: Software-Qualität durch Führung und Verbesserung von Software-Prozessen.* München: hanser Verlag.

Weber, W. G. (1997). *Psychologische Analyse von Gruppenarbeit.* Bern: Huber.

Wechsler, W. (1978). *Delphi-Methode, Gestaltung und Potential für betriebliche Prognoseprozesse,* München: Schriftenreihe Wirtschaftswissenschaftliche Forschung und Entwicklung.

Weick, K. E. (1995). *Der Prozeß des Organisierens.* Berlin: Suhrkamp.

Weiner, B. (1986a). *An attributional theory of motivation and emotion.* Springer series in social psychology. New York: Springer Verlag.

Weiner, B. (1986b). *Motivationspsychologie.* Weinheim: Beltz.

Wessner, M., Schwabe, G., & Haake, J. (2004). Konzepte für den Lehrenden. In *CSCL-Kompendium. Lehr- und Handbuch zum computerunterstützen kooperativen Lernen.* München: Oldenbourg Wissenschaftsverlag.

Wheelan, S. A. (2009). Group size, group development, and group productivity. *Small Group Research, 40,* 247–262.

Wilbers, K. l. (2007). Vom einsamen Leser zum sozialen Täter. *Personalwirtschaft, 2,* 10–13.

Winkler, H. (1997). Docuverse: Zur Medientheorie der Computer, 381.

Wiswede, G. (1992). Gruppen und Gruppenstrukturen. In *Handwörterbuch der Organisation.* Stuttgart: CE Poeschel Verlag.

Witte, E. (1980). Entscheidungsprozesse. In E. Frese (Hrsg.), *Handwörterbuch der Organisation.* Stuttgart: C.E. Poeschel.

Wölm, J., & Rolf, A. (1992). Zur Geschichte der Gruppenarbeit. In *Kooperative Arbeit und Computerunterstützung.* Gottingen: Verlag für Angewandte Psychologie.

Womack, J. P., Jones, D. T., & Roos, D. (1991). *Die zweite Revolution in der Automobilindustrie.* Frankfurt: Campus Verlag.

Wuttke, T. (2010). *Das PMP-Examen: Die gezielte Prüfungsvorbereitung.* Heidelberg: mitp, eine Marke der Verlagsgruppe Hüthig-Jehle-Rehm GmbH.

Yetter, G. (2006). Unstructured collaboration versus individual practice for complex problem solving: a cautionary tale, 137–160.

Yetton, P. (1983). The relationships among group size, member ability, social decision schemes, and performance. *Organizational Behavior and Human Performance, 32,* 145–159.

Yoon, Y., Guimaraes, T., & O'Neal, Q. (1995). Exploring the factors associated with expert systems success. *MIS Quarterly, 19,* 83–106.

Zelkowitz, M. V., & Wallace, D. R. (1998). Experimental models for validating technology. *Computer, 31,* 23–31.

Zerfaß, A. (2005). *Corporate Blogs: Einsatzmöglichkeiten und Herausforderungen.* BIG BlogInitiativeGermany, 1–9.

Zerfaß, A., & Boelter, D. (2005). Die neuen Meinungsmacher: Weblogs als Herausforderung für Kampagnen, Marketing, *PR und Medien, 4,* 191.

Zhang, H., Huo, M., Kitchenham, B., & Jeffery, R. (2006). Qualitative simulation model for software engineering process.In: *17th Australian Software Engineering Conference (ASWEC 2006).* Sydney, Australien. S. 391–400.

Zimmermann, H.-J. (1980). Netzplantechnik. In E. Frese (Hrsg.), *Handwörterbuch der Organisation.* Stuttgart: Schaeffer-Poeschel Verlag.

Zupancic, D. (1999). Ein Blick in die Zukunft virtueller Gemeinschaften. *IO Management, 5,* 42–46.

The manufacturer's authorised representative in the EU is Springer
Nature Customer Service Centre GmbH, Europaplatz 3, 69115 Heidelberg,
Germany. If you have any concerns regarding our products, please
contact ProductSafety@springernature.com

Printed and bound by CPI Group (UK) Ltd, Croydon, CR0 4YY
27/04/2026
02097638-0006